金 凌 / 著

潮起海西

福建省早期经济体制改革与
对外开放的往事

海峡出版发行集团｜海峡文艺出版社

图书在版编目（CIP）数据

潮起海西：福建省早期经济体制改革与对外开放的往事/金凌著. —福州：海峡文艺出版社，2025.7
ISBN 978-7-5550-4024-8

I. F127.57—53

中国国家版本馆 CIP 数据核字第 20255K09U0 号

潮起海西

——福建省早期经济体制改革与对外开放的往事

金　凌　著

出 版 人　林　滨
责任编辑　余明建
出版发行　海峡文艺出版社
经　　销　福建新华发行（集团）有限责任公司
社　　址　福州市东水路 76 号 14 层　　　邮编　350001
发 行 部　0591—87536797
印　　刷　福建新华联合印务集团有限公司
厂　　址　福州市晋安区福兴大道 42 号
开　　本　787 毫米×1092 毫米　1/16
字　　数　352 千字
印　　张　26.5
版　　次　2025 年 7 月第 1 版
印　　次　2025 年 7 月第 1 次印刷
书　　号　ISBN 978-7-5550-4024-8
定　　价　68.00 元

如发现印装质量问题，请寄承印厂调换

在八十岁生日聚会上的发言

感谢各位嘉宾光临，感谢陈桦同志对这次聚会的支持，她本要来的，因省委叫她开会来不成了。感谢方贤明、林建星、刘义云三位同志对这次聚会的精心安排。我从来不过生日的，这一次同意过，无非是想借这个平台，抒发个人的感恩之情。省体改委的老同事很多，我画了一条线，就请省体改委撤销后还有来往的老同事，以及个人的亲朋好友。

我感恩什么呢？一要感恩这个时代。感恩政治的清明和卫生条件的改善，让我能够快乐地活到八十岁。二要感谢我的胞妹金莹谛的关爱和对我无微不至的照顾。莹谛妹对我的照顾，得到她老伴柴正烁的支持。三要感谢省体改委的同志，你们都很年轻，显得朝气蓬勃。我是最年长的一个，和他们在一起，使我忘掉了自己的年龄，忘了老之已至。四要感谢许多具体问题上关怀我的人，这些我都不会忘记。感谢陈明义书记指示省委办公厅让我住在东大门小区，得以就近得到莹谛妹的照顾。不会忘记余丽晶处长积极向省委组织部反映，引起了一位省委组织部副部长兼省人大法制委主任的领导干部的重视。他向黄小晶省长反映，请黄省长签字，把我的人事关系转到省政府办公厅。不会忘记省政府办公厅老干处处长陈立坚和老干处全体同志张开双手接纳了我，使我感受到了组织的温暖。

所有帮助过我的人和相关的事，我都没有忘记，在这里深深地鞠一个躬，祝好人一生平安。

目　录

南下情愫散记

今年福州的春天来得特早，樱花、桃花已经开过，当下正值生命力强盛的杜鹃花，在三月燠热的阳光下展现一片灿烂。我拿出保存了64年的绑腿卷，注视着这3米多长的草绿色粗布，想重温那段青春岁月。我的"华东随军服务团"布胸章已在分配工作后奉命上交，但我留下了铁皮制作的画着"八一"字样的五角星军帽徽，装在一个小盒子里，在21世纪家庭某个喜庆时刻，交给孩子，他们十分珍惜。我的行军装备——军帽、军装、斗笠、干粮袋、背包布、水壶，还有底座上打着小洞、用根绳子绑在水壶上的搪瓷饭碗，再加一条自己配备的低档皮带，装束出一个十七岁女青年怀揣梦想走进福州的那一切粗糙物品，都已没有了。即使仅存的这两个绑腿卷——为了减轻走路胀痛而包裹在军裤外面小腿部位的装备，我能熟练地用它们鳞片状地自下而上盘旋或S形的上下缠绕、最后呈现出一个漂亮的多重人字形图案，既不会太松而滑落，又不会太紧而弄伤肌肉——也因"文革"中把它们带到偏僻的宁化县山区期间，为了连接起来晒棉被，而剪掉了那用来最后固定绑腿卷的末梢七八寸长的小布条，因此也就无法重现它的功能。然而，这又有什么关系呢？记忆依然如此鲜活，像眼前的杜鹃花，火红火红。

我是怎么走上南下路的？这要从怎样长大说起。

一、日寇铁蹄下的生活

（一）繁华都市里的城中村

前不久，我从中央电视台和《中国电视报》上看到一则红色历史，讲的是20世纪三四十年代几名共产党员在上海接力式冒死保管中央文库直到解放的事。其中，在日寇侵略时期曾一度将中央文库秘密转移到"新闸路1851弄金家巷嘉运坊"，由一名年轻党员扮成邮差，巧妙地突破日伪划地封锁的铁丝网，将两万多份文件又转移到另一个地方。这个"新闸路金家巷"就是我们家聚族而居的村子，到我记事的时候，已成为工人和各类劳动者居住的"城中村"。日寇用铁丝网分隔了租界和华界（越界筑路地段），而嘉运坊和金家巷正位于铁丝网的东西两侧，密集的民居之间曲折的小路，可以绕过铁丝网。这种地理位置标志了我们家在繁华都市里的贫民生活。从我家向南，到热闹的静安寺、百乐门舞厅只有十分钟行程；向北，到中国近代纺织业集中的小沙渡路大自鸣钟步行半个多小时。祖母告诉我，她青年守寡，迈着两只粽子似的小脚，在小沙渡的缫丝厂里每日劳作十多个小时，拉扯大了两男一女。女儿虽长大，却死于肺痨病。我爸成年后做出租汽车司机，可算是十里洋场的一种新兴服务业，全家尚能温饱。

（二）封锁线外贩米

上海沦陷后，年幼的我看到郊区的难民流离失所，不少人涌到我们那城中村投亲靠友，同时市面日益不景气，我家日子也越来越不好过了。于是父亲到香港谋生，靠老乡相帮，在中国航空公司谋得一个职位。1941年12月8日日军偷袭珍珠港，18天后攻占香港，父亲逃难，颠沛流离到了重庆，在交通银行就业；接着和已经全面沦陷的上海音讯隔断，我妈带着三个女儿失去了经济来源。妈妈小时候种地，青年时在纺织厂织布，体质很好。她决定到沪杭铁路线外侧的日寇清乡区贩运大米到市区，赚些生活费。之前，我的大姨父，郊区一个菜农，越过铁路到自家的菜地劳动，被日寇杀害，失踪几天后，大姨妈找回来一具尸体。这笔血债，我们深记在心。我妈第一次去冒险，女儿们揪心地等待了一天一夜，太阳升到半空时等到了她空着手回家。原来他们一群偷运大米的贫民，夜间两次遇到牵着大狼狗巡逻的日本兵追赶。他们扔掉大米狂奔，还是被拦住了。东洋鬼子凶狠地叽里呱啦训话，日伪翻译官讲了一通，最后说你们可以走了，妈妈刚抬步又被叫住，被重重地扇了一记耳光，因为没有向鬼子鞠躬。她那晚走了几十里路，失掉了贩米的本钱，还受了屈辱。她借钱再干，后来虽然没有遇到成队鬼子，但每次通过封锁隔离郊区的铁丝网关卡，受到持枪日军的盘查和威吓不知有多少。我在三姐妹中是老大，每年放暑假时，妈妈带我一起去背米、过关卡。二十多里外的漕河径镇，四十多里外的七宝镇，乡村尘土飞扬的大路上，都留下了我妈背着三十多斤大米、带着我这个十岁孩子匆匆奔波的足迹。有次妈妈背米蹚过小河，体力不支跌倒在水中，浑身是水还是坚强前行。通过这些，我具体感受了日寇对中国人民的蹂躏和民族孱弱遭受外敌欺凌的痛苦。几十年后，我曾去那些地方追寻这段苦难往事，那里已成为徐家汇商圈，所见已经是繁华的商城密布、高楼大厦林立的新天地了。

（三）好学生、童工小苦力

在我妈无比艰苦劳作的身旁，经常会出现我幼小的身影。日伪时期，物资奇缺，百姓生活水平低下。我除了背米，还经常跟着妈拂晓前在市区的米店、香烟店门前，用尽全身力气挤压排队，手背上被用蓝墨水书写编号，为的是通过买卖这些紧缺物资赚些小钱。妈妈既要让我算一个号码，多购到一份低价商品，又怕把我轧伤而前挡后推，倾力保护我。我还到过她做临时工的织布厂、香烟厂，帮做些辅助活或顶替她加班，尽管没能帮上什么大忙，但或许有我在身边，她不会感到孤独无助。而在妈妈独自外出，搭火车在沪宁线、沪杭线沿途小站跑单帮，带去一块块花布和香烟，带回当地的大米，那个时候我在家确实成了好帮手。假期里我到中山公园西南有日军把守的周家桥关卡外郊区，往返走二十多里路，背回两捆甚至三捆价钱便宜的稻草，供祖母给我们烧饭，或者摆在弄堂口出卖。我把妈妈从关卡外背回的大米，一斗一斗地（每斗重15斤10小两）背到卡德路现在名叫石门一路的电车站马路边自发形成的米市场上，等待买主。我放学后在妹妹们的配合下夜以继日地织网兜，每个网兜的加工费够买一块豆腐乳，解决一天的配菜。我们自己吃的散发着霉味的碎米稀饭，也是由我把夹杂在碎米中的许多沙石挑出来。在这样的生活中，我走过了十岁、十一岁、十二岁。

生活虽然如此艰苦，妈妈却坚持让我们姐妹三人读书。我在来之不易的求学中，不仅学到了知识，而且初步体验了抗日的诉求。我就读的学校名启明小学，紧靠铁丝网东侧。记得念小学四年级时，某天老师一进教室，就对学生们说："谢团长昨天死了。"看到我们一脸茫然，就简要讲述了谢晋元团长率领八百壮士在四行仓库英勇抗战的事迹，我由此懂得了一些淞沪抗战全民族救亡图存的历史，激起了对抗日英雄的敬仰。那时日寇实行奴化教育，向小学校派教员，强迫开设日文课。派给我们班的日文教员，是个流里流气的中年妇女。她穿着长及踝部的男式黑风衣，上课时背过双手抄起风衣，在课堂里踱来踱去，叫学生跟着她连珠炮似的嚎叫："阿、衣、呜、嗳、喔……""阿、卡、萨、他、那……"着实叫人讨厌。刚教完五十多个片假名，换了个男教员，既教日文，又教国语。但他中文程度太差，读了很多白字，譬如把"谨慎"念作"勤真"，根本不够条件教国语。同学们很气愤，向校长夫人归老师（实际管理学校日常事务）反映。待到上课时，教室里七嘴八舌，一片混乱。那人教不下去了，就去找归老师交涉，很快又回到教室说：归老师讲她抽查了五年级几个学生的国语课文朗读，发现学生读错了很多字。他问你们中谁被抽查了？问了两遍没人回答。我知道这是归老师为了保护反映问题的同学而把信息来源变了一下，如果没人应答，脱节了，岂不穿帮了？虽然我没有反映问题，但我是级长，我得连接上这个环节，也正好明明白白证实教员的低能，于是自认是被抽查的。那个教员把我带到归老师处，后面跟着一群同学。归老师指定课本上某些段落叫我念，我当然照念那些白字，归老师当场纠正读音。那人脸上青一阵白一阵，连声说"我考虑考虑"，走了。可是十多天后，他又来了，这次除教日文外，不教国语，改教常识课。看来，日寇强迫，校方也无奈。我们小学生高兴了没几天，只能把仇视、鄙视藏在心底。

读书要缴学费，学校给了我一个学期的全额奖学金。以后我到离家很远的新闻报馆申请，考取了报馆的贷学金，并通过每个学期的学习成绩核查，提供从小学六年级起，一直到我进入爱国女中读书的学费。但困苦的生活雪上加霜，读到初中二年级时，因右足踝关节上一个伤口化脓溃烂，且因营养不良和走路过多不能自愈，只好辍学。接着妈妈得了一场急病，几天高烧不退，昏迷不醒，孩子们围着她哭，她奇迹般地挣脱死神苏醒了。好心的邻居看我们如此境况，设法让我到法租界重庆南路俗名"马律司"地段的一家香烟厂当童工，糊香烟盒子，每天糊两千多个，劳动十小时以上，外加来回路上走一个半小时。做工将近一个月，因没钱也不懂得送礼，工头把我辞退了。妈妈则在病后继续奔波跑"单帮"。

（四）迎来抗日战争胜利

这时已到1945年夏季，有一天飞机突然出现在天空，还有子弹飞啸，大家说恐怕是美国飞机，都又惊又喜。随后，妈妈慌慌张张地跑回家里，说是她正走在马路上，遇到飞机用机关枪扫射，前面一个老人随着"哒哒"声流血倒地，子弹打穿了他的脑袋。我们暂时不敢外出了。以后日子怎么过？还没想出法子，却已峰回路转。第二天一觉醒来，邻居们高兴地相告，听到广播日本投降了。这是真的吗？远处响起了鞭炮声，人们纷纷涌到马路上欢呼雀跃。是真的！侵略者失败了，梦魇般的日子结束了。

二、接受进步思想

（一）"胜利"是一场新梦魇

"想中央，盼中央，中央军来了却遭殃"，这话一点不假。久盼的胜利，万民欢腾，街上挂满了中、美、英、法四国或再加上苏联的小国旗，大家希望国民政府建设好国家，百姓扬眉吐气，安居乐业；实际却是给收复区带来了物价飞涨，百姓生活重陷贫困的新灾难。日本投降后，我家很快收到爸爸一笔汇款：几十张每张面值25元的关金券。妈妈叫我把这种国民政府发行、价值高于法币的钞票，一张张地拿到百乐门舞厅对面的银圆黑市上换日伪储备券。起初一张关金券可以换到六七天的生活费；可是随着接收大员的到来，政府规定了货币兑换比率，法币、关金券正式进入流通，物价大涨，一张关金券只够一两天生活费了。紧接着，父亲又寄钱来了，几个月后他自己也回家了，过惯了苦日子的我们似乎感到这些钱够吃几年。而随着通货膨胀，货币迅速贬值。一部分存到一家汽车行里的钱，很快变得什么都不值了。其余的钱爸爸用来与朋友合伙买一部旧汽车跑出租，生意不好再卖掉，经过来回折腾，也化作了短期生活开销。这样，父亲多年省吃俭用的微薄积蓄，也是我们母女四人在上海含辛茹苦得不到任何接济而积累在父亲手里的活命钱，在不到半年里化为乌有。这时我已回到爱国女中读初三，开始关心时事，逐渐了解到：共产党也有一支军队在敌后坚持抗战，蒋介石独吞胜利果实，拒绝联合各党派实行民主政治，并且积极准备内战。再看看接收变"劫收"，贪官污吏搜刮民脂民膏，汉奸逍遥法外，美国大兵搂着"吉普女郎"到处横行，工人继续失业的现实，想想我们家在"胜利"后的可悲遭遇，我和许多人一样，对曾经寄予美好期待的国民党政府由失望而怀疑、不满。

（二）公祭昆明惨案遇难烈士

1945年12月，在内战阴霾笼罩下，昆明国民党当局对反对内战要求和平的学生运动实施血腥镇压，于再等四名师生遇害，数十人受伤，酿成震惊全国的昆明"一二·一"惨案。这引起昆明各界更大反抗，连续罢课、游行，并迅速波及全国。1946年1月13日，上海七千余名学生聚集到江宁路安远路玉佛寺，公祭悼念于再烈士。我在高中同学发动下，随爱国女中近二十个同学于上午八点多钟来到玉佛寺，大雄宝殿前的院子里已经排满了学生队伍，我们挤在了后面，见到公祭台两侧挂满了挽联。有人含泪教唱挽歌："安息吧，死难的同学，别再为祖国担忧。你们的血照亮了路，我们会继续前进……"悲怆的歌声表达了大家的悲痛和抗争。著名爱国民主人士柳亚子、马叙伦等在公祭过程中讲话，许广平、沙千里等出席了公祭，还有各界代表发言，愤怒声讨国民党当局各种倒行逆施，甚至用血腥手段对付手无寸铁的进步学生的法西斯罪行。公祭结束后，群情激愤，举行游行。当局阻挡不成，就采取监视威吓。我校队伍走出寺门时，只见马路两旁站满了警察，端着上了刺刀的步枪，如临大敌，以后又一路监视我们，沿途有成群结队的市民围观（后来从同学处听到，那天有不少便衣特务，带着手枪，混在人群中，随时准备出手镇压）。游行队伍近万人转入主干道静安寺路，浩浩荡荡向东行进。大家情绪激昂，无所畏惧，不断振臂高呼口号："严惩昆明惨案杀人凶手""反对内战，中国人不打中国人""我们要民主""我们要和平""撤退美国驻军""we want democracy"。经过中央日报社所在地时，稍作停留，反复呼口号示威。天气寒冷，我们一天没有吃饭喝水，也不觉得饥渴，一直饱含激情，游行到外滩，下午三四点钟解散回家。

胜利后的上海，国民党恢复统治还不久，就发生了这样声势浩大的群众游行示威，有力地向反动统治者展示了人民群众的要求和力量，使我受到一次深刻的爱国民主教育，思想有所觉醒。以后我又多次到八仙桥基督教女青年会参加讲座，获得许多知识。那时我政治认识虽幼稚，但已从幼年时那种本能地为争取个人和家庭的生存而奋斗的状态前进了一步，开始关注社会，关心国家前途。

（三）参加募捐、义卖助学

当时爱国女中还没有学生自治会，同学的进步活动由高中学生中的先进分子组织、发动。继玉佛寺公祭后接着开展义卖助学活动。初三班参加的同学增加了，大家聚集在礼堂里糊信封，拿去义卖。以后又上街募捐，我们六七个人仍走静安寺路向东，沿途有好心人捐个五六元的，很小的数字。我们决定到舞厅、咖啡馆、证券大楼去，那里都是有钱人，可能会有更多捐助。其实，我们想错了。走进仙乐斯舞厅（解放后改成杂技剧场），遭到了舞兴正浓的阔佬们的白眼，他们一毛不拔；证券大楼里的人更对我们表示明显的讨厌；惠顾商店、酒吧的顾客也多数不捐。这使我们深深感到人间的不平等：一端是纸醉金迷的生活而又冷酷无情，另一端是莘莘学子面临的失学。不过，我们也遇到了正义和爱心，有两大笔捐款至今没有忘记。一笔是在南京西路名为"美雅"的高档茶室内，两位西装革履正在小酌交谈的绅士，对我们的劝募争着掏钱，和善地用派克笔在收据上签名，捐款一百元，我们喜出望外。有位同学悄悄告诉大家，那人是梅兰芳。其余同学不认识梅兰芳，也顾不上多看一眼，更没有怀疑，宁愿相信京剧名家梅兰芳关怀清寒学子了。另一笔是在南京路三阳南货店的贵宾区，一位仪态端庄的少妇正坐着等待店员配货，她爽快地捐出五十元，签名的字迹也十分洒脱。这两笔捐款让我们心底热潮涌动（已记不清当时日常使用的货币最小单位数，所述捐款额是相对比例）。

除募捐、义卖外，爱国女中高中同学还举行义演助学，排演进步剧作家吴祖光的话剧《少年游》，在当时上海最华美的剧场兰心大戏院演出三场。可能因为我是初三班的级长，安排我在彩排的那场担任招待员，实际上没有招待什么人，只是看戏，也是我仅有的一次，进入该剧场看演出。而剧中四个女大学毕业生于北平沦陷时期的人生选择，地下革命者在凶险环境中的秘密工作，以及最后冲出黑暗、"到我们解放了的国土去"的行动，则给了我启蒙。

（四）追求民主进步

1946年夏我初中毕业，由于初二只读了个把月，代数和化学两门课基本没学，就利用暑假自学，那年我考取了江苏省立上海中学商科。该校是一所具有80多年历史的沪上名校，高中部设理工商三个科十七个班。占地四百多亩的宽广校园，地处郊区两周回家一次的寄宿生活，繁重功课的压力（部分课程采用大学教材或英文原版），封闭式的精英教育，以及校方严厉的控制，把学生和社会运动隔离开来。但我们生活在动荡的年代，封闭是办不到的，许多人各以自己的方式和途径去认识社会，追求进步。例如，1947年后入校的理工科一些同学，从争取改善学生的伙食待遇入手，宣传发动同学，扩大党的影响，进而建立地下组织，解放前夕开展了护校斗争。在商科，则是一些老师的进步言论，推动了学生的觉醒。影响较大的是常务导师顾正光，他起先教我们会计学，后来执教货币银行学。针对当时蒋政权在深重政治经济危机下，1948年滥发天量金圆券形成恶性通货膨胀，接着限制物价，导致投机猖狂，民怨沸腾，社会震动的现实，顾老师撇开课本，自编讲义，用货币理论系统分析金圆券反经济原理的本质，揭露蒋经国到上海"打老虎"只是保护了少数权贵寡头利益的欺骗性，引导学生对蒋政权更加憎恨。他还鼓励我们多去图书馆阅读《展望》《观察》等进步杂志，关心国家命运。学校开展演话剧等文娱活动时，他向我们班推荐排练著名话剧人黄佐临辛辣讽刺官场劣迹的剧本《梁上君子》，我反串一个伪巡官。该剧在学校礼堂向全校同学演出，进行到一半就被校长下令停演。1949年初解放大军节节胜利，反动政权面临覆亡时，他又把毛泽东的《新民主主义论》《论联合政府》等小册子给我班部分同学传阅。大家看到了实现国家民主富强的希望在共产党。

在这期间，我参加了向我提供贷学金的中建服务社的一些活动。我在考入高中的同时，考取一笔贷学金，承诺资助从高中阶段直到大学毕业的全部学杂食宿费。贷金生共十一人，上海中学学生占了四名。这个团体的领导人王艮仲先生是位爱国民主人士，全国解放后任政务院参事、全国政协委员、常委。贷金生有时会去参加他们的讲座，如郭沫若作访苏印象报告等，受到启迪。1947年和1948年两个暑假，我们分成两组到他在浦东创办的中建合作农场和浦东地方建设公司周浦工作站进行暑期服务，接触到农村的一些情况。我参加合作农场的一组，和本校同学朱哈娜共办一个农童学校，只有一间教室，教20多个孩子读书识字。同时和组里成员一起开展农家访问，用文字记述他们的贫穷生活；向农民宣传卫生知识；在医务室医生不在时，按照医生规定的消毒程序，给农民打防疫针。我第一次见到进口的拖拉机、抽水机在滨海冲积土平原上高效运作；碰到王先生邀请的欧阳予倩、于伶等进步戏剧家来场考察，哈娜突然见到她初中同学、欧阳予倩的女儿，激动得拥抱跳跃。固然，我们对农家的访问和服务很肤浅，但在进步与反动两大力量的搏击中，是热烈拥护进步力量，跟上了时代潮流。几十年后，我和进入清华大学的理科同学费祥俊、朱哈娜相聚于王先生在北京的寓所，共叙各自一生走过的路，我们都没有虚度。

1949年4月21日，人民解放军万樯齐发，胜利渡江，国民党军向南溃退。不久，其一支队伍进入我们学校，通向市区的沪闵公路上设了关卡。这天正逢周末，高中部同学已经回家。第二天我们返校得知，校车停开，只得在半路上折回家里。过了几天，接到校方通知，高三年级五个班结束学业。某日集中到震旦大学校园，由已经去了台湾又临时飞回的校长颁发了毕业证书。

三、家庭难阻南下决心

（一）偷跑

5月25日，我满腔喜悦庆祝上海解放。这时，投身到汹涌的革命洪流中，直接参加建设新时代的激情十分强烈。至于等待复旦大学招生升学之类去向已非我所愿。因上海中学离家太远且将近一个月没有联系，我就要妹妹金莹谛代我与爱国女中的学生会联系。她随我之后就读该校，积极参加学生运动，那年读高一。我们很快如愿，一同报名参加南下服务团，但是遭到父母亲反对。我们不懂得做说服工作，决定偷跑，把换洗衣服零零星星偷出，寄存在莹谛同学处。报到那天，写了封短信放在一个隐蔽地方，但又怕父母亲发现不了而着急，我吩咐在小学读书的小妹，拖到晚上佯装偶然发现，交给爸妈。就这样，我和莹谛以不同借口，于6月30日早上先后离家，"参加革命去了"。

"参加革命"这个在20世纪四五十年代之交，广大热血青年努力追求和引以为荣的行动，并非什么时髦之举，或者个人的某种心血来潮，而是社会大转折时期的一种历史现象。近代苦难的中国，经历了百年的追寻和奋斗，已经到了埋葬黑暗迎接光明的转折点。一代人有一代人的追求，就我那一代的许多人来说，由于亲身经受了民族的耻辱，目睹并参与了反抗蒋政权的腐败，青年人追求实现国家富强、百姓幸福、民族振兴的梦想，一代青年的中国梦所系，很自然地选择了在共产党领导下，推翻黑暗统治、建立新中国的道路。推翻蒋政权，解放全中国，摆脱帝国主义欺凌，建设一个民主富强、人民当家作主的美好社会——这就是我当时理解的"革命"。虽然正确的革命人生观尚未建立，理性的感悟更谈不上，理想主义情怀很浓，但时代的召唤让我热烈向往，心无旁骛。

（二）追阻

然而，对于我那小家，两个大女儿偷跑，无异一场地震。爸妈对共产党、解放军并无成见，只是不了解。他们后来衷心拥护共产党、新中国，都以积极诚实的劳动，表达了对新中国的热爱。两人都多次被评为劳动模范、先进工作者，获得很多荣誉，妈妈还出席了上海市第二次工人代表大会，被选送纺织工业系统杭州疗养基地休养。当时他们不支持我们的选择，主要因不舍得我们远离，更担心我们的安全，不知道我们究竟要去哪里，干什么。妈妈三天三夜粒米不进，爸爸同样焦急。他们在报纸公布的西南、东南服务团名单中找到了我们的名字，接着到集中点大夏大学、沪江大学逐处找人，终于在第三天到复旦大学淞庄宿舍区一间间宿舍的寻找中，认出了我们从家里拿走的毯子，就等着和我们见面，再三劝导我们回家，自然无功而返。

过了两天，爸妈又来了。这次是在通向淞庄的路边凉棚内待了很久，妈妈痛哭失声，我和莹谛也跟着流泪，但就是不答应离队回家。这时一位举止斯文的戴眼镜青年走近我们，他可能已旁观了一会儿，就劝慰我爸妈：此番去福建，沿途未解放地区有军队在前面打仗扫平，我们是跟在后面的，一路还是太平的；而且参加南下的学生很多，他自己也参加了，她们两人年纪小，大家会相互关照，请家长放心。爸妈听后似乎心宽了些，退而求其次，叫我们留下一人，我和莹谛谁也不肯。后来我们认识了这位说话在理帮助解惑的热心同志，碰巧编在同一个中队，名叫姚贯一。

以后爸妈又来团两次，在复旦登辉堂外等待我们听报告散场。他们告诉我已找到王艮仲先生确认继续资助贷学金，动员我留在上海念大学，仍被我拒绝。爸妈四次到复旦大学劝阻，情感的激荡逐次减弱，最后似觉我们走意已决，不能挽回了，妈妈摸出三个银圆一个小金戒指硬塞给我，备姐妹两人不时之需。过了几天，莹谛的一个地下党员同学，公开的身份叫"老团员"，因把仅有的一枚银圆缴了党费，是她真心主动的，联想到家里生活很困难，而哭了起来。我摸摸小布袋里装着的银圆和小戒指，也不禁想着爸妈今后的生活有多寂寞艰难。这些东西值钱不多，我们却视作宝贝，它承载着双亲的爱，一直不舍得花掉，保管到抗美援朝时，卖给人民银行换成人民币，像当年那个地下党员缴党费那样，悉数捐给了国家——我们心目中更加重要的伟大母亲。

（三）告别

报到后在淞庄十几天的集训，是我接受为人民服务思想教育和培养革命优良作风的开始。我编在四大队三中队第一分队第四班，开初是一名学员，后来当班长，过着准军事化生活。通过学习文件和听取华东军区、华东局领导干部报告，我的眼界打开。参加革命干什么、怎么干，不再是一堆朦胧的概念，似乎开始具体化了。而大队、中队两级领导朴实的谈吐，平易近人的作风，善于把自己摆进去、用敞开心扉的交流来对我们进行教育的方式，让我终身受益。最不会忘记在淞庄饭堂里一次将要吃完午饭的时刻，天气炎热，突然一个军人跳上饭桌，高声招呼："同学们，静静，我是四大队政委谢镇军。听我讲几句话。"没有事先通知，没有陪同，没有主持，没有人介绍身份，就这么简单地对我们全体学员开始履行他的政委工作。他根据前段学习中提出的问题，指明了要求，并且针对学员中不少人自负文化水平高而"敲打"我们。他说："别以为你们是大学生、中学生，就不得了。我是留学生，日本留学生，这些文化不够用的……"让我真实看到了共产党干部的可敬形象。这一段学习，我的思想认识有了提高。紧接着建团教育，我和莹谛都第一批参加了新民主主义青年团，我被选为团支部副书记。顾定华同志是我的入团介绍人。

7月16日沪江大学礼堂举行新团员宣誓大会后，17日全体放假一天。看来离沪就在近日，姐妹俩高高兴兴准备回家告别。有些同志提醒，会不会被家里扣留。我们有自信，能冲破任何阻挡，一定会按时归队。况且根据爸妈的态度，似已出现转机，我们理应回去，必须回去，和他们见上一面。到了家里，说明来意，爸妈再也没提什么，忙着烧几个好菜，给我们饯行。临别两老送出家门，直到近马路口。这时我想到此番南下，道路还是崎岖的，不知何时再见；想到抗日战争时全家相依为命何等不易，现在只有年幼体弱的小妹陪伴两老，父母的养育之恩我很难报答，控制不住感情，大哭起来。妈妈看着心疼，反而倒过来安慰我们："别哭了，你们去吧。就像鸟一样，长大了，要飞，怎么也拦不住。我们会想开的。"母亲啊，你慈祥宽阔的胸怀，装下了自己所有的割舍和牵挂，只为对孩子的爱。

四、行军路上

（一）敌情中的历练

探家归队的当晚发了军装。7月18日做出发准备，每人领到两个大面包，大家不知所措，我本想装在随身挎包里，后来学别人做法，撕碎塞进干粮袋，大部分浪费了。那晚中队部通讯员祝延政同志教我们打背包打绑腿，忙得不亦乐乎。折腾到半夜十一点多，兴奋难眠，索性头枕背包，躺在木板床上和衣休息。19日凌晨三点钟集合，乘敞篷卡车，我以为出发了，哪知在某处等了好久，以后又转移到另一个地方等候，直到天亮很久才登上火车。据说是车辆调度的问题，说明战争打乱的节奏还未恢复。回顾当时两个多月的行军生活，深感战争的硝烟依然弥漫，战时痕迹仍是我们行军的基本环境。我们不仅主要用两只脚走完了从上海到福建的两千五百里长途，更重要的是历练了战争的延续和继承人民军队的优良传统，开始了或者初步完成了从学生到战士的转变。

战时环境首先表现在蒋军的空中袭击。火车离开上海不到15公里，在莘庄就遭遇敌机扫射，牺牲四人，伤十四人。我们举行了追悼会，三年多前我在玉佛寺唱过的挽歌再次响起。"安息吧，死难的同学"改成了"安息吧，死难的同志"。革命啊，多少人为之流血牺牲，前赴后继。我给家里写了封短信，通过团部寄出，简单报告已经出发了，说明是19日下午在莘庄写的，暗示我和莹谛是平安的。其实爸妈哪有这么细心，看出玄机。南下服务团遇袭的消息在上海传开，父亲不让我妈知道，独自承受焦虑。此后队伍继续南下，为了防空，一般夜间行车，到远离铁路的村子里宿营，十里八里不等，我们开始走路了。

其次表现在运输线的破坏和运输装备的简陋。团部各级领导尽了一切努力，安排我们安全顺利前进，但当时环境就是这样艰险。特别是在上海到浙江江山的一段，因不断修理被破坏的路桥，维修机车，乃至遇铁路职工逃走，无人调度，火车经常走走停停，紧急刹车，前进缓慢，有一次还换坐木帆船，徒步跨越架空的路轨。而乘坐的车厢更是七拼八凑。我们中队离沪时挤在一节铁皮闷罐车上，大家席地而坐，没有窗户，铁门关好，盛暑留一条缝通风；从松江到杭州，总算坐着老式的客车；而从浙江贺村到江西上饶，则站立在运载牲畜的敞开式货车上，夏夜凉风扑面，我总感臭气阵阵，转身手搭车厢木栅栏，沾了一手猪粪。

第三，表现在残余匪特妄想反攻大陆，破坏骚扰频仍。行军途中，敌情不断，有前脚匪特洗劫刚逃窜的，后脚袭击我们驻地的，股匪活动离我们只有几里地的，还有部分战友零星遭遇匪特的，更多是夜间在山里打冷枪的。团部除了在指挥层面上配置警卫部队，由经验丰富的领导同志带队先行侦察搜索，及时调整行军路线（原计划走仙霞岭，因该线路匪患猖獗，后改道武夷山入闽），以保障安全行军外，对我们这些学生兵则普遍进行应对战斗情况的教育训练，并在各中队建立武装警卫班。开始时也出些小差错，如夜行军中悄声传话，有的心情紧张没听清楚，传不下去，但很快达到了训练要求。有次摸黑行军，我还带着睡意，迷迷糊糊朝前走，突然听到"啪、啪"清脆的枪响，大家立即就地卧倒，近旁一位同志跌进路边水沟，全体始终悄无声息。接着前面传来消息，是某个领导的警卫员手枪走火，一场虚惊，却也考验了我们临机处置能力。参加中队警卫班的同志特别辛苦，早晚两头行军，夜间站岗放哨，警惕匪特随时偷袭，让我们这些"小鬼"得以安心休息，恢复体力，胜利完成了行军任务。

第四，表现在按照人民军队本色，塑造了我们的品格。行军不是简单走路，是军事化的集体行动。行军过程中，践行政治思想领先的教育工作，一切行动听指挥的严格纪律，团结互助吃苦耐劳精神和临危不惧不退战斗作风的实际锤炼，上下级平等且上级率先垂范的民主生活，服从人民利益遵守群众纪律的首要准则，所有这些，都体现了人民军队的优良传统。我们在应对残敌的环境中，一天行程七八十里，跋山涉水，宿茅棚，睡门板，比邻猪圈，汗水湿透军装，脚底磨出血泡，每次离开驻地前，我都见到中队民运委员郭毅平同志正在逐处检查：地扫干净了吗？门板装好了吗？借老乡的东西归还了吗？一件都不能马虎。实际的锻炼，让我们一步步向人民战士的标准靠拢。

（二）抱病翻越分水关

从江西上饶起结束坐车，从此全程走路。到铅山休整了十天，我们班有的体弱同志经再三动员去了第五大队，留下的"壮汉"一律轻装，朱泽同志贡献一条大床单，把全班轻装出的行李缝成大包，由汽车运送。在铅山庆祝了福州解放，做了思想小结，并已在浙江、江西境内进行过拉练的我们，精神抖擞地踏上了入闽通道，身材矮小却步伐矫健的朱黎同志走在我们班最前面。几天的行军，爬山越岭，福建在望。

过闽赣两省分水岭的前一天，中队宿营在一个小山村，据文浩同志收集的资料，名叫桥头沟。分配我们四班住在一个挂着"进士及第"之类匾额房子的厅堂内，房舍高敞，门板宽大，与此前多数住的低矮农舍，不可比拟。日落前全班安顿完毕。获悉村尾有口水井，也属山村少见。我暗忖着山沟里竟出了大读书人，举步到井旁洗漱，顿觉凉意沁透全身。但见一抹斜阳映照着苍翠群峰，四周静谧，似入诗境。我心境安恬，不禁多洗了几把脸，多冲了几次脚，也没觉察井边已经无人。

晚上接通知，每班抽一人帮厨，做大饼给战友带上，明天冲刺分水关。的确，一路行军炊事班最辛苦，我们休息之时，正是他们忙碌时刻。又遇上收编的一部分俘虏兵，有的开了小差，炊事班不断减员。前一段，中队部已安排身强体壮的男班，轮流帮他们挑水抱柴，这次公差扩大到女班，按传统，自然由我代表我们班去执行了。我身体素来健康，这次出乎意外（其实是因冲凉生病了），一面擀饼，一面感到全身发热，头痛欲裂，勉强撑到结束休息，希望恢复过来。次日照往常一样，近三点钟起床，三点半出发，不但没有好转，而且加了腹泻。心想"今天过分水关，是最关键最有意义的一天，我得坚持呀"，拖着沉重的脚步，沿公路盘旋而上，一弯又一弯，似乎没有尽头。而望望逶迤前进的队伍，恰似矫捷游龙，向高处不断昂首挺进，这种壮观场面着实令人振奋。我眼看着有些男同志索性走出公路，绕开弯道，抄近路爬山了；自己却喘着粗气，越走越慢，跟前面越离越远。队伍拖得很长，我和其他一些体弱的人掉队了。行军中曾帮助过很多体弱"小鬼"的副分队长王叶华同志走近我，亲切地发问："你从来不掉队，今天怎么跟不上了？"得知我生病，就要帮我背背包。是为了不愿加重别人的负担，还是不想让那壮美的刹那留下遗憾，或者兼而有之，总之我揪着背包不放，坚持向越来越陡峭的山顶移步。终于，海拔2500米的分水岭在我脚下了。已有很多同志站在写着"闽赣交界"的界碑旁照相、欢呼、鼓掌。我也经历了这激动人心的时刻。那是1949年8月27日。

进入福建后，一路涓涓细流顺山势而下，有人说别看它不起眼，那是闽江源头。午前到达大安镇，群众已经逃光，我们班在一间杂货店（或者是中药铺）里休息。窄小的门板一头着地，一头搁在低矮门槛上，我精疲力竭，不顾满地鸡鸭粪便，不吃不喝，倒头躺下。中队部通知，大安溪已让前头经过的作战部队很多兵病倒，不准下溪洗澡。

傍晚宿营在又一个山村，据文浩同志资料名小江村。我立马到中队部看病，卫生员给了一大包泻药，大概是当时治疗发烧、腹泻的唯一良方，意在让体内毒物索性泻干净。这可让我直发怵。女同志行军中最犯难两件事。一是洗澡。僻静处小溪内穿着衣服泡泡澡，到福州发现我头上长了虱子。二是如厕。我家虽是工人家庭，究竟还住着几间祖屋，过的城市生活；离家进入山区农村，碰到不少难题。我首次在浙江的一个房子外面的农家厕所内，见到满地蛆虫爬出粪坑，坑边一段横木搭在两根底部埋于土里的木棍上，反复琢磨不知如何使用。在江西我曾爬上七八阶木梯，登临一人多高、直径也有一两米的木质大粪桶。这次准备大泻特泻，夜间黑灯瞎火怎么办？赶紧提前"侦察"。所幸房东的厕所在附近屋内，有谁给了我半小盒火柴，多次夜起摸黑进厕所，擦根火柴看清粪坑位置，解决了大问题。要感谢副班长陈彬同志的照顾，帮我整好地铺，送水端饭。我平安度过了那个记忆深刻的夜晚。

（三）中队长带我上街买鞋

我的体力恢复很快，泻药发力后，凌晨轻松上路了。走了半程，遇溪流湍急，断桥还未修复。于是十几个身强力壮的男队员手持绑腿，组成两道人墙，站于溪中，保护众人拉着绑腿过溪，其实他们自己脚踩乱石，有时也被急流冲得东倒西歪。这时想到《上饶集中营》书里关于著名的赤石暴动的叙述，也是类似场景，莫非我们已踏上新四军先辈们英勇斗争逃出牢狱的故地？后来被告知暴动发生地不在此处，依然心潮难平。

上午到达崇安城关，中队住进天主教堂。正在解开背包，中队长王鹤亭同志手提用大手帕包就正立方形的一大摞人民币，来四班叫我买鞋去。此事我倒忘了。从铅山出发后，发现我那胶底黑布面的力士鞋（一种低档胶鞋）已经大部分磨损，要求更新一双，从分队、中队、大队层层反映直到团部供给处，答复已经没鞋了。记不清我怎么会有两双力士鞋，尺码一样，颜色基本相同略显深浅差别，我挑了两只鞋底磨损较少者，凑成一双，走到了崇安。自己已忘记的事，中队领导却记住了：我需要一双鞋。一双合脚的鞋，是顺利行军的重要装备，以至由中队长亲自出马处理，组织上这样关心队员，着实使我感动感激。看看那双拼凑起来的鞋底，确又磨损了一层。我就跟着中队长上街买鞋了。

中队长老王同志是山东南下干部，身材高大，历练丰富。山东老解放区干部穿惯手纳的布底鞋，对硬底鞋可能感受不深。他带我在地摊上、小店里逐家认真挑选，最后选中一双轮胎底米白色帆布面、形似皮鞋的，说"这双结实"。我试穿合脚，付款成交，大手帕里的钞票高度立即塌了一大截。

崇安休整几天后，中队部动员要连续行军，先经建阳到建瓯，两百五十里。我穿上那双与众不同、貌颇气派的新鞋，喜滋滋出发。但是轮胎硬底磨得脚痛，行军又一贯不穿袜子，走出不到十里地双脚底已是血泡累累，休息时有人给我点燃的香烟头熏血泡，一点没用。忍痛走了四十五里路，歇脚等待午饭，说是下午还要走十五里才能宿营，但有收容的汽车可以搭乘。我于是"打破记录"（不坐车），午饭后到炎热的公路边加入等待坐车的一伙里。等了近两个小时，汽车还没来，心想走路的同志可能开始出发了，对坐车的决定有些后悔。等到爬上汽车，车内拥挤闷热，除了可免于脚痛，一切都不如走路痛快。到了宿营地黄土镇，炊事班已经先到，大队伍正在路上。我蹩进炊事班讨水喝，班长老卢同志不愧是老兵，拿出一根缝衣针，在火上烤了烤，针后拖根白线，放菜油里浸了浸，把我脚底水泡逐个横穿而过，血水流出，立刻不痛了。

黄土镇敌情颇重，近日时有匪徒骚扰，中队部部署加强警卫，严加防范。好在我的脚病已治好，方便应对意外。此后重新启用那双旧鞋，走经武夷宫，警惕匪特，顾不上欣赏风景。走进建阳，但见城关遭到轰炸一片断垣残壁，我们在乡里把干粮袋装满米，有的男同志还背了柴爿，来应对后续暂时筹不到粮草的困难。走到建瓯，沿路多次遇到已被解除武装的国民党兵，衣衫褴褛，遍身污浊，手持拐棍，成群结队趁夜凉在公路上和我们反向北行。走向南平，遭滂沱大雨，个个全身湿透，坚持冒雨行军，拂晓前悄悄坐在公路边民舍外休息，群众晨起开门感动，热情烧汤泡茶。中队部命令必须军容整齐入城，于是整好军帽，扣好风纪扣，步伐一致，雄赳赳气昂昂进入南平市区。我们离福州越来越近了。

至于那双还没有为我服务的新鞋，觉得到福州有用，不舍丢弃；又因鞋帮太硬，背包带捆不住，就用鞋带扎在背包带上，我背着一路晃晃荡荡进入建瓯。后来全中队所有背包坐船，队员空身走路，是行军中仅有的一次，待见背包到达时新鞋剩了一只，只得扔掉。

（四）执行首项任务：街头宣传

福建很多县已经解放。为了恢复经济，巩固政权，满足军队后勤保障，必须让人民币迅速进入新区，这就得把民间流传的银圆驱逐出市场流通，而这要靠广泛地发动群众。全团进入崇安后，热火朝天地开展了使用人民币的宣传活动。我们中队也组织了宣传队，除了寓宣传于文化娱乐的形式外，还组织几个人准备街头演讲宣传，叫我参与其中。先在宿营地天主教堂向全队同志试讲，指导员点评，说我准备还较充分，简明扼要，讲清楚了问题。其实，这全是六班朱育人老大哥的努力成果。当时我和六班好几位老大哥他们都来自复旦大学会计系，参加中队文娱委员会的活动，主要任务办墙报。朱育人同志体态略显肥胖，字体却十分娟秀，后来长期在闽北工作。他自告奋勇帮我准备了一个详细提纲，从全国全省的胜利形势和光明前景，讲到人民币的坚实后盾和买卖银圆的危害，最后提出对革命群众的希望要求。我只是把这个提纲略加演绎、串联成篇，这对自己也是一次学习提高。上街宣传的那天，唱歌、演剧、扭秧歌，很快吸引了群众，我和其他演讲同志逐个站上高凳，作口头宣传。以后队伍到达福州，全团又举行了一次规模宏大丰富多彩的宣传活动。第四大队抽出的宣传队员，集中住在格致中学，由二中队指导员主持，排练许多节目。格致中学的军乐团也参加了宣传活动。我除了在街头剧中担任群众演员外，仍参加演讲组，主要宣传党的城市政策，禁止买卖和使用银圆。组里会讲福州话的同志洒脱自如地开讲，不会福州话的配以翻译。在集中期间，我还结识了格致中学的学生积极分子，他们年龄只比我们小两三岁，把我们当作大哥大姐那样仰慕、信任，亲切对待，使我既受鼓舞又感惭愧。

崇安和福州的两次街头宣传，按我当时的政治思想水平，估计不会出彩，想起倒有后怕。但当时我把这视作参加革命后的第一项任务，不知天高地厚，大胆接受，设想作为共产党的兵，要尽力传达党的声音。

五、难忘福州第一个冬天

10月中旬，我们陆续分配工作。革命理想具体到了解放福建、建设福建的现实，落实到了每项实际的有时甚至是琐碎的事务上，同时也把南下期间培养的优良作风尤其是艰苦奋斗的作风传承了下来。

（一）仍然每天走远路

我分配在福州贸易局（福州贸易公司），隶属市政府，但业务覆盖闽侯行署各县和晋江行署的莆田、仙游等经济区，领导人大都是山东南下干部。报到那天，老干部们为了表达欢迎心意，烧了几面盆还来不及煮烂的鸡鸭肉之类好菜，在宿舍里招待我们三四十人站着饱餐一顿（我们早已习惯在行军中用面盆打菜、站着吃饭）。于是其他单位战友中传开了贸易局有好饭吃的佳话，我们似乎也有些得意。其实，此后福州厨师天天让我们吃价钱最便宜的红糟烧蚬仔、米汤泡芥菜，日久未免令人皱眉。按供给制伙食标准还有一些结余，过春节才改善了一番。

　　福州贸易公司办公场所在南台小桥头，接收的原中央信托局旧址，宿舍远在仓前山太平巷，相距四十分钟行程。宿舍里除了床铺，没有其他生活设施。晨起睡眼惺忪，即步行到小桥头，在那里洗漱，开始了一天所有的生活、工作、学习活动，夜晚伴着星光回太平巷倒头睡觉。这种生活平时还不觉怎样，只是有次我生病发烧，半夜要喝开水，室友遍找不到，摸黑敲开隔壁男生宿舍房门讨水，同样没有。好在年轻，坚持一下也就过去了。倒是每天来回一个半小时的走路，驱使我赶快用积攒起来的三个月津贴费买了双低腰的回力球鞋，来代替那双凑合着走进福州的力士鞋。这样的天天走路，走到冬天，已是早晚两头不见日光，却保持了我们艰苦朴素的本色，而且充满乐趣。冬天要好好洗个澡，我们会结伴从小桥头步行到东街口省立医院，少说也有十五里路吧。医院内有口汤井（温泉井），旁设两间冲澡木屋。我们穿着军装无人盘问，径直到井旁，打水提水冲澡。接着找在城里的战友串门，再走回小桥头，愉快地度过了周末。春节里，我走到宫巷内的市文化馆看花灯展览，惊叹福州的花灯真是琳琅满目，巧夺天工。至于步行到安泰桥畔的南华戏院（后改造为大众电影院），听市委领导同志作政治大报告，更是心欢脚轻了。在走路中我还感受到了福州人民群众对革命干部的关爱。有次夜间我在蒙蒙细雨中走到仓前山观音井，雨越下越大了，正欲拔脚快跑，忽然一顶油纸伞撑到头上，原来是旁边一中年男子主动与我合伞，叫我别急。两人走至上藤路的丁字路口，不再同路，此人又坚持要随我拐弯送到太平巷。为了不给群众添麻烦，也出于些许自我防范意识，我再三婉拒，于是他又把雨伞塞给我，声称自己可以冒雨，家近几步就到。我又再三推辞，他才怏怏而去。这位群众主动显示的善意，透露了他对新政权的衷心拥护，而推及关怀它的工作人员。我不仅感动，而且高兴。

（二）秉烛学习

福州贸易公司虽是企业单位，政治学习却抓得很紧。每天早起到办公室，洗漱完毕，先学习一小时，再吃早饭。福州经常停电，冬天日短也十分寒冷，往往天还没亮就点起蜡烛，饿着肚子，学习讨论。除此之外，每两周上一次党课，星期六的晚上，全体供给制人员参加。由经理盛一群同志针对干部思想情况和出现的问题，进行革命人生观、事业观教育。盛经理讲课深入浅出，谈革命理想结合实际，既有表扬，又有对事不对人的批评，语言生动风趣，大家听得入耳入神。以后我逐步理解，公司领导之所以重视政治思想教育，一方面是市委统一部署，全市各单位普遍重视，另一方面也出于公司的实际需要。一是公司接收了原中央信托局一批留用人员，须对这些人员团结教育改造，并教育党团员善于同他们共事。二是公司开展业务面对众多私商，经济领域的斗争十分尖锐复杂。三是南下服务团几十名战友进入公司，补充了新鲜血液。我们文化程度虽高，却无实践经验，要从最具体的工作做起，或者有些岗位很重要（如管理仓库），不一定能被理解。因此来自圣约翰、复旦、交通大学的大学生跑交易所、代售税票、简单记账、当仓库管理员之类情况很普遍，难免会产生一些思想问题。由于公司思想教育抓得比较紧，战友中很多人迅速成长为骨干，不久即独立负责，到新环境中开辟工作了。

（三）随时准备空袭

蒋军逃台后，依仗其空中优势，不断用飞机袭扰，福州经常拉响防空警报。福州贸易公司位于繁华商业区边缘，四周民房密集，极易着火。第一次听到警报声时，南下的同志都能冷静应对，在原地待命。当地人员有的比较惊慌，个别的甚至躲到办公桌下。这也难怪，抗战以来的几场战役中，福州屡遭轰炸，百姓曾付出沉重代价。公司领导很快采取措施，凡有账本的，每人发一块正方形龙头细布，防空警报一响，立即包好账簿带在身边，所有人都从后门撤出，分散至小街道民房周围。这种情况频繁发生。

公司确也遭到了轰炸，发生在与贸易公司合署的贸易局观音井宿舍，原来的中央航空公司旧址。那是个产生故事的地方。最初省委机训队曾短暂驻过。后来，台湾一位驾机起义降落福州义序机场的飞行员住过那里，我曾和一些同志自发地去观看，听这位操着四川口音的飞行员应我们要求，介绍他如何在黑夜摸进机场，偷开教练机，飞机发动不起差点掉泪，终于"离地三尺就有自由"，飞行中拒不回答指挥所询问以拖延追击，最后飞机降落还来不及隐蔽好就受到追击扫射等过程，真是惊心动魄。再后来，这里成了贸易局宿舍，一次敌机轰炸炸塌了这座房子的墙，一位服务团战友腿部受伤，治疗了好久。

贸易系统两年多后又遭一次大规模轰炸，那时我已调至省商业厅办公室工作。时值夜间，南台被炸后烧起大火，群众纷纷抢救财物逃生。位于该地的厅属省水产公司陷于火海，厅里准备组织力量救援，办公室彻夜电话联系，温附山厅长还叫机要秘书坐了他的汽车进灾区联络，但因交通管制救援力量无法进入，只得依靠公司自救。幸得全部人员和财产安全撤出，用卡车运到厅里暂栖。这次大轰炸福州人民损失严重，南台大片木屋化为焦土，敌人又欠下一笔血债。

（四）两斤重的棉被

供给制的待遇有规定标准，每天一斤半大米和少许菜金。每月发津贴费可购得一支牙膏或两块洗衣皂。入伍后曾发过一套粗布内衣裤。革命者的生活要求不高，我们过得很愉快。冬天到了，按供给标准，发给棉衣一套，絮十二小两棉花，另有二斤棉花作盖被。国家还处在结束战争、摧毁旧政权的困难阶段，这样的安排我们完全理解。福州虽是南方，冬天却比较寒冷，我穿着一套夹衣裤和家里寄来的毛衣，而把十二小两棉花都拼到棉被里，再买了用稻草编织的草垫作为褥子，福州底层百姓都用此物。但是总和二市斤十二小两（每市斤十六小两）的棉被难御严寒，我冻得感冒了。新参加工作的福州进步青年朋友从家里拿来棉被支援我们（过冬后归还），这种深情厚谊令人难忘。我的那床是谢佑权同志拿来的，他以后进厦大攻读研究生，已成为资深教授。次年我还继续购买那种廉价的稻草垫过冬，每年一床，春来丢弃。直到调至商业厅，因全身长了风团，奇痒无比，内科医生不懂皮肤病，好久才确诊是过敏引起的荨麻疹，找到过敏源是草垫，可能那年未在日光下曝晒透，从此和它拜拜。这是后话。

（五）和私商打交道

国有贸易企业和私商打交道，既要利用他们发展经济的积极性，又要警惕他们的破坏性。后者主要表现在两方面：业务来往中防止国家利益的损失和思想领域的拒腐蚀斗争。我最初在公司办公室从事庶务会计，不接触私商。简单的庶务会计工作，对于曾经学过全套商业会计实务的我，实属轻而易举。我就利用闲暇，主动把杂乱无章堆满了一个小房间的旧办公用品，诸如玻璃墨水缸、记事牌、砚台、铁皮夹、红蓝墨水、便用笺之类，来个大清理，不能用的报废，能用的登记入账。当时公司对留用人员比较放手使用，办公室和总务组两级领导都由他们担任。上司看我颇积极，就给我增加工作：保管办公物品并上街采购，笔墨纸砚、杯碗瓢盆，什么都有。有次我去购买照明常需的蜡烛，店主认定我是贸易公司的，就套问公司商品价格怎么制定，我随口应了一句"参照上海"。一想不对，价格斗争最激烈，这是商业秘密，立即改口"我不懂"应付了。我去文具店购买一批毛笔（公文书写都用毛笔），想给公家省点钱，提出按原价打八折，店员略作商量，满口答应，但开列发票的单价和总金额两栏仍填原价，经我提醒，他们胸有成竹，按八折收款，就是不改发票，在我坚持下，勉强在发票上补写"打八折"三字。这种写法不明不白，故我拿回出账时，自己注明打了八折之后的实付金额。以后我才醒悟，打折扣可能是商界的默契，他们预留了让我贪污的空间，其实我连想都没想。另一次到瓷器店买碗，数量较多，我要他们送货，也是满口答应。但成交后，店里又提出不送货了，送我一笔钱，雇辆三轮车。有了上次买毛笔的经验，我要他们把车子叫来，直接把车钱交给拉车师傅。总之，我虽不像做业务工作的同志那样较多接触私商，且脑中没有任何想攫取好处的概念，但也需时时警惕。而做业务的同志，也都廉洁奉公，警钟长鸣。

对于上司，我积极完成他们布置的任务，不打折扣，同时恪尽财务责守，毫不含糊。公司所用账册都由国营印刷厂承办，不致有大问题。而大量的文具用品，均由总务组长交代某固定店主送货，我只是做验收付款，反复多次后产生疑问。据有经验的战友说，采购成批物资要经估价（询价）对比，就向总务组长建议，先多店估价，再定供货商。见他依然我行我素，我就自行制作了一批常用文具的估价表，发给三家文具店。对比结果，固定供货商的价格较之他们，多数高于，个别也有低于的。我直率地向组长提出，后来答复，固定供货方愿按低位价格退钱，我请示党支部同意后，就这样处理了。"三反"运动中总务组长交代，该文具店老板曾送他进口的派克金笔。让我联想起，那时叫我这个十七八岁的女孩子单枪匹马去买大量碗盆，且需逐个挑选，可算勉为其难，或许是他的一种报复。而对我来说，不厌其烦地完成那些琐碎具体的事务，却是我后来不断成长的起点。

青春的岁月流淌。此后我跟着福建人民趟过艰苦的经济建设，也曾随着共和国的历史迂回曲折；到那已不算青春的岁月时，尽心尽力，为改革开放事业添砖加瓦；最后和南下战友们一样，迎来了满头白发，各用不同方式度过晚年。回顾60多年的岁月，我们的汗水洒入福建大地，福建人民的乳汁哺育我们逐步成熟。60多年的前进脚步，不论是疾行，还是蹒跚，甚至被迫跟跟跄跄，串串脚印书写了六个字"寻梦、追梦、筑梦"，为的是圆那国家进步富强、民族振兴、人民幸福的中国梦。

（2013年3月执笔，7月完稿）

经济体制改革的新形势与我们的再认识

党的十二届三中全会通过的《中共中央关于经济体制改革的决定》，展示了我国以城市为重点的整个经济体制改革的蓝图，标志着我国经济体制改革进入了新的发展阶段，由探索性的单项改革进入了具有目标模式的全面配套改革，改革将在相当广阔的领域内和相当深刻的程度上进行。在改革的新形势面前，许多我们原来习惯了的熟悉的东西不适应了，许多新思想、新观念、新方法需要我们去学习、去树立、去掌握,在改革实践中去完成一次再认识。今天发言的题目是：经济体制改革的新形势与我们的再认识。谈三个问题，一、改革就是解放生产力；二、改革面临的新形势和任务；三、对几个重要问题的认识。

一、改革就是解放生产力

社会主义的根本任务就是发展生产力。建国三十多年来，我国社会经济面貌发生了巨大的变化。但是，应当承认，社会主义的优越性未能充分地发挥出来。除了历史的、政治的、思想的原因之外，经济方面的一个重要原因，就是旧体制的种种弊端束缚着生产力更大的发展。这种体制，三中全会《决定》概括为是一种僵化的模式，导致社会经济生活缺乏活力。经济体制改革的基本任务，就是要把马列主义普遍原理与中国实践相结合，建立起具有中国特色的充满生机和活力的社会主义经济体制，使社会生产力蓬勃发展，达到增强国力、改善人民生活，加速实现四化的目的。

为了说明这个问题，我们不妨回顾一下5年来我省走过的路程。十一届三中全会进行了指导思想上的拨乱反正，为经济体制改革创造了前提条件。我省从1979年开始进行扩大企业自主权的试点，少数饮食服务业进行承包，城乡集市贸易市场开始逐步恢复。特别是中央决定我省在对外经济活动中实行特殊政策、灵活措施以来，开放和改革这两只轮子把福建经济由封闭型转向开放型。这不但推动了我省对外经济工作的发展，而且带动了内部经济体制的改革。

改革、开放在探索中前进。1981年至1983年，在农村改革取得重大突破的同时，城市改革逐步展开。工业企业扩大自主权与经营承包责任制相结合，在商品流通领域贯彻"三多一少"体制，农村供销社恢复合作商业性质，生产资料开始作为商品进入流通领域；国有企业实行利改税第一步改革。对外开放方面，1980年兴办厦门经济特区，开辟新的口岸，进入国际金融市场、筹集资金；利用侨资、外资，引进先进技术；下放部分进出口商品经营权，成立了一批工贸公司，1980年至1983年累计出口总额超过了过去28年的总和。

1984年是改革之年，改革、开放的步伐大幅加快。省委、省政府把经济体制改革、对外开放两件大事摆在重要的议事日程，主要领导同志亲自抓，抓住搞活企业这一中心环节，实行简政放权；工业、商业、建筑业、外经、科研等各行业一齐行动，全面推进；开始从单项改革发展为配套改革，从生产领域扩展到流通、基建、科技等各个领域，并且正在向纵深发展。今年主要抓以下几件事情：

（一）年初，省体改委会同有关部门制定了劳动合同工制，奖金基数限额联税发奖制，合同工和集体工养老金保险，退休费用统筹等几项改革办法这几项改革办法为实行第二步利改税后，企业能在相同条件下展开竞争创造了条件。

（二）下放外经工作审批权限，加快引进工作的步伐

厦门特区扩大到全岛并实行自由港的某些政策，福州列为十四个沿海开放城市之一，并兴办马尾经济技术开发区；吸引侨资外资，兴办各项生产建设事业的工作有了突破性的进展。

（三）把"松绑"放权作为扩大企业自主权，搞活企业的突破口

省政府、省人事局、省劳动局、省计委、省物委、省财政厅、银行等综合部门和各专业主管厅局都作出"松绑"放权的若干规定。

在劳动用工方面，企业有权自行招收合同工、临时工；在同城区企业可自行商调职工，有权奖励、惩罚，甚至开除表现不好且屡教不改的职工。

在人事管理方面，厂长、经理有权选聘任免中层干部、调动职工、引进人才，企业自定机构设置和人员配备比例。在工资奖金方面，企业有权选择工资形式自费改革工资，有权对干部实行职务和岗位津贴；奖金同效益挂钩上不"封顶"，下不"保底"。

在财务管理方面，企业按国家规定的比例提取各项留利和专项基金，在规定的使用范围内，厂长、经理有权自行支配使用，企业提取的五金(生产发展基金、新产品试制基金、后备基金、更改基金、大修理基金)可统筹安排、合理使用。企业有权对多余、闲置、报废的固定资产处理；提取燃料、原材料的节约奖在年度中间可按实际预提和掌握使用，只在年终对全年节约奖计提金额上报审批。

在物价管理方面，对农副产品实行大管小活的原则，完成统、派购任务后的一、二类农产品和三类农产品价格一律放开，鲜活产品价格实行季节差价、地区差价，尽量放活；日用工业品实行浮动价格，小商品实行市场调节，企业定价；实行按质论价，缩小物价管理范围。

各地、市、县也相应地采取了一些搞活企业的措施。基层企业对放权

的反映是：人权放得快、经营管理权放得宽、财权放得稳。

（四）请"包"字进城，在企业安家

全民所有制重点企业，健全内部承包责任制；小型企业放开，有的转为集体经营，有的实行全民所有、集体或个人承包经营。据福州、南平、泉州、漳州四个市的不完全统计，截至8月底，在国营工业企业中推行各种不同形式的经营承包责任制的占96.5%。

（五）改革建筑业和基本建设管理体制

省政府制定了《关于搞活建筑业若干政策的暂行规定》，1984年全省投资额中有2%实行投标招标，建设项目52个。建安企业全面推行百元产值工资含量包干。投资包干制在城市住宅和大中型重点建设项目中试行。

（六）改革商品流通体制，实行多渠道、少环节、敞开式的经营

实行批零交叉经营，有的地方已实行二、三级批发合并。供销社恢复集体性质，按照集体经济的办法管理，做到"三个转变""两个支持"，实现一个中心。生产资料作为商品进入市场，扩大市场调节的比例。现有计划供应和市场调节的比例，省级物资部门为80∶20；地区为60∶40；县为30—40∶70—60，使供需矛盾紧张趋势有所缓和。

（七）改革二轻集体工业管理体制

省政府制定了《关于二轻集体所有制工业若干政策问题的规定》。从政策上支持改官办为民办，变全民为集体。二轻集体工业提出"企业自己管、盈亏自己负、干部自己选，工人自己招，工资自己定"的改革原则，并据此制定和落实具体的政策。至8月底，二轻系统企业有72.4%推行各种形式的经营承包责任制。

（八）改革科技体制

今年第一批实行科研有偿合同制和课题承包责任制试点的科研所有6个。科研与生产结合，搞科研、生产、供销一条龙，如福建省亚热带果品花卉技术开发公司、莆田花果开发公司、闽东机电开发公司，还成立了一批科

技生产联合体。

（九）实行第二步利改税，正确解决国家与企业的关系，既保证国家财政收入稳定增长，又能使企业在完成上缴税收任务后有更多的使用留利自主权，为促进企业搞活经营，在比较接近的条件下开展竞争，创造了条件

改革、开放解放了生产力，促进了我省经济建设的向前发展，经济形势发生了显著的变化。1983年，全省工农业总产值163亿元，五年增长51%，平均每年递增8.6%，人均国民收入403元，五年增长40%，平均每年递增6.9%，预计今年全省工农业总产值可达190亿元以上，可提前一年达到"六五"计划规定的指标。在生产发展的基础上，人民生活有了改善。1983年全省职工平均货币工资821元，比1978年增长35%，农民人均收入301元，比1978年增长1.2倍。五年来共就业85万人，平均每年17万人，1983年城乡储蓄存款余额26亿元，比1978年增长三倍。基础设施的建设取得很大的成绩。建设两个机场：扩建了福州机场，1983年投入使用；新建了厦门国际机场，1983年10月正式通航。两个港口：福州马尾港疏浚整治后，七千吨船只可以乘潮进港，两个五千吨级和两个万吨级泊位全部建成；厦门东渡港第一期工程四个泊位已初具规模，其中一个五万吨级和一个集装箱泊位已建成投入使用。两个电信：福州程控电话已开通使用，厦门程控电话已提前建成。两条铁路：鹰厦、外福铁路改造，通过能力提高到七百万吨。两个电站：永安火电厂扩建，新增装机20万千瓦，今明两年各投产10万千瓦，沙溪口水电站装机30万千瓦，正在施工，预计1987年前可投产。

在对外经济活动中也取得了很大成绩，到1984年11月，累计利用侨资、外资共签订合同466项。合同规定客商投资额5亿美元，已实现1.8亿美元。举办中外合资企业87个，合作经营企业99个，独资企业6个。五年来，我省利用外资进口先进设备5000多台套，其中不少是具有国际水平的。通过141项的补偿贸易，进口设备和物资近2000万美元，这些设备对老企业的技术改造发挥了显著的作用。这几年来通过引进先进技术设备共改造了200多个企业。电子行业从1979年以来，引进了31条元器件生产线和整机装配线，增强了产品配套能力，促进了产品升级换代，1983年总产值比1979年增长5倍，利润增长4倍。厦门经济特区建设有了很大进展。湖里工业区的第一期工程（1.1平方公里）的七通一平，今年内可基本完工，房建开工面积44万平方米，预计年底竣工面积可达30万平方米，筼筜新市区计划中的28幢高层建筑，已开工10幢，年内还将新开工5幢。今年头九个月，已签订合同75项，外商投资额1.6亿美元，比前四年总和增长一倍多，而且大项目逐渐增多。今年以来，引进技术改造现有企业已投产23项，预计年底还可投产20项。

以上事实表明，"要取得进步，我们就必须大胆解放思想，坚决进行改革，敢于发明创造，同一切束缚生产力发展的经济模式和常规决裂"。生产力是生产方式中最活跃、最革命的因素，改革不适应生产力发展的生产关系，是生产力发展的本质要求。改革就是解放生产力。

二、当前改革面临的新形势和任务

邓小平同志说，《决定》是我们的又一个雄心壮志。"农村改革后三年就面貌一新，城市的改革少则三年，多则五载，也能大见成效。"这是对改革的展望，是极为鼓舞人心的。中国正处在一个社会大变革的年代，这是我国形势的本质特征。当前我们面临着近几年来最好的形势，概括起来，有四点：

第一，改革和开放的步子加快，国民经济全面高涨。今年全国粮食、棉花、油料、经济作物全面丰收。初步预计今年工业总产值可比去年增长12.5%。1至9月社会商品零售额比去年同期增长13.3%，全国财政收入比去年同期增长19.4%。我国从北到南，包括沿海十四个城市、四个经济特区和海南岛，形成对外开放的前沿阵地。全国进行经济体制综合改革的试点城市已达五十二个。

今年我省的经济形势发展同全国一样令人鼓舞，国民经济发展实现了"两位数""三同步"。今年1至11月，工业总产值增长18.8%；财政收入为15.17亿元，比去年同期增长15.6%，提前一个月完成年度计划。

第二，改革有了总目标、总模式。党的十二届三中全会通过的经济体制改革的决定，对具有中国特色的社会主义经济体制模式作了深刻的概括，为我们设计了一幅宏伟蓝图。中国特色的经济体制模式基本要求是：一是要使企业充满生机和活力；二是促进生产力的发展；三是要坚持社会主义道路。它有六大特点：1.在公有制基础上有计划地发展商品经济；2.社会主义计划经济必须自觉地依据和运用价值规律；3.充分重视经济杠杆的作用；4.实行政企职责分开、简政放权，增强企业活力；5.反对平均主义，鼓励一部分人先富起来；6.长期坚持发展多种经济形式和经营方式。

第三，在世界范围的经济形势中考察，我国的经济发展前景十分广阔。今年西方经济处于比较有力的回升阶段。许多外国经济分析家指出，当今世界经济中心将由大西洋移向太平洋，估计在本世纪末，太平洋即将取代大西洋的地位，成为世界经济中心。我国国务院国际问题研究中心总干事宦乡也认为：亚太地区的政治、经济日益活跃，正朝着一个极有希望的前途发展，将来可能发展成为人类经济活动的重要中心之一。

世界经济形势对于位处太平洋东岸的我国是十分有利的。我省位于这一地带的黄金海岸线上更是得天独厚。因此必须抓住机会、锐意改革、坚持开放、建设四化、迎接挑战。

第四，我省到本世纪末所面临的任务是极为繁重的。最近国务院在我省召开的福建广东两省进一步贯彻特殊政策，灵活措施的会议，初步确定今后五年的目标：1990年两省要完成大多数骨干企业的技术改造,有一部分企业要赶上国际水平，要创造一批拳头产品，后十年经济要有更大的增长。广东1982年实现翻番，福建1988年实现翻番；1995年实现翻两番。到2000年，我省人均工农业产值和人均国民收入如要达到全国第九位，实现走在全国四化建设的前头，每年需以11%的速度增长。若各省、市都以1978年至1983年五年的平均速度（这五年的平均增长速度我省居全国第四位）发展，到2000年我省在全国居第十四位；若各省、市都以1980至1983年年平均速度增长，到2000年我省在全国只居第二十位。这说明我省在全国经济比较中还处在落后的地位。要赶超、要走在四化建设的前头，唯一的出路在改革。只有改革走在全国的前头，四化建设才有希望走在全国的前头。

胡耀邦同志11月3日在徐州视察工作时指出：十二届三中全会对城市经济体制改革已经明确了方向，有了总方针、总政策。但是，城市改革比农村复杂得多，计划体制、价格体系、工资制度怎么改，科技、教育体制怎么改，如果没有一系列具体政策、具体措施，改革还是搞不好。要把中央决定真正落实，还需要精心指导，需要全党同志花费巨大的精力，扎扎实实工作。躺在一万七千字的《决定》上睡觉，是完不成改革的。耀邦同志的这个意见，非常重要。就是指示我们必须把《决定》精神同实际情况结合起来，创造性地贯彻执行《决定》。我国幅员辽阔，各地情况差别很大，一定要坚持一切从实际出发的唯物主义态度，根据省情、市情、县情制定改革措施，坚决做到具体情况、具体问题、具体分析，拿出切实可行的办法来。

改革要从福建的实际出发。那么福建有哪些特点？初步考虑，有如下几点：一是与台湾隔海相望，是统一祖国的基地；二是历来是对外开放的。隋唐以后，我省就有许多人到海外谋生；三是地处亚热带，又是山、又是海，资源比较丰富。从自然、历史形成的状态说有三大优势，山、海、侨；从经济现状与全国水平和先进地区比较有三大劣势，穷、弱、差；我认为，中央赋予我省特殊政策、灵活措施，作为对外开放的前沿地带是福建的最大优势。我们要靠改革，运用特殊政策、灵活措施的法宝，去改变穷弱差的劣势。

11月上旬省委召开工作会议，根据中央决定的精神，要求经过调查研究，抓紧制定全面改革的实施方案。同时，从省情出发，制定了《福建省近期经济体制改革的设想》，也就是经济体制改革近期要抓的几项主要任务。《设想》提出，体制改革要突出一个"放"字，落到一个"活"字。要抓住搞活企业这个中心环节，坚持"四放"：即思想解放、内外开放、权力下放、政策放宽；搞好"六活、三改、一配套"：即搞活企业、搞活流通、搞活城市、灵活对外、搞活侨乡、搞活人才，物价改革、工资改革、机构改革和配套改革。

搞活企业。关键是要贯彻落实扩大企业自主权的规定，排除中间梗塞，把自主权真正放到基层企业。小型企业全面放活，照章纳税后自主经营，有的可改为由职工、集体或个人承包经营、租赁经营。大中型企业进一步搞活，准备在有些企业试行产品产量递增包干的办法，扩大自销产品的比重。增强企业自我改造和自我发展的能力。在企业内部普遍建立和完善以承包为主的多种形式的经济责任制。实行厂长负责制、厂长任期制。

搞活流通。继续贯彻三多一少的流通体制，冲破一、二、三级批发层次，根据商品合理流向和社会实际需要，按照专业划细的原则，调整、设置商业批发机构，其经营范围不受行政区划的限制。加快组建各种贸易中心。搞活物资供应，建立物资贸易中心。对计划外的物资要开拓市场。放开、搞活，高进高出，低来低去，实行市场调节。

搞活城市。下放省地属企业的行政管理权。现已下放七家省属企业，经省委工作会议讨论和会后进一步研究落实，第二批293家企业日内就可下放。非经济部门的企业下放问题正在研究，一些不宜省地管的事业单位也要下放，这项工作也在研究中。这样做的目的，是为了更好地发挥城市的中心作用，有利于城市统一组织社会化生产和流通。

灵活对外。更加开放就必须更加灵活、把中央和省的统一政策跟本地区、本行业的实际相结合。中央有关部门有几种规定的，选择适当灵活的规定执行；有一定幅度的，可以从宽掌握；有的事，在不违背中央统一政策的前提下，可适当变通灵活。对于外贸体制改革，中央有统一部署，总的精神是政企职责分开，工贸结合，技贸结合，进出口结合。要增设地方性外贸公司，确定一批大中型企业，积极创造条件，直接对外。要进一步下放外经管理权限。不分沿海内地，在配套资金、原材料、能源自求平衡的条件下，地市可以批400万美元以下的项目，县政府可以审批200万美元以下的项目。大力发展对台贸易。从明年开始，在地方留成外汇中，要核定给企业的外汇留成比例，除限制进口的商品外，不必再层层报批，以调动企业创汇的积极性。

搞活侨乡。实行更加优惠的政策，鼓励华侨回乡办厂开店。

搞活人才。冲破人才的"部门所有制""地区所有制"，提倡人才交流，积极开展智力流动。采取多种形式，发挥已离、退休的专业技术人员的专长。

物价改革。要等待中央统一部署。积极做好出台的各项准备工作。这项工作敏感，各方面都很关注，中央持慎重态度。这是一种结构性的调整，不是物价普遍轮番上涨。物价改革将和工资改革结合研究，要教育群众消除疑虑。

工资改革。大的部署等中央，各地可根据具体情况选择一些企业试点。福州市今年选择22家企业学福日先进管理经验，实行工资同上缴利税总额挂钩，效果很好。煤炭系统实行吨煤工资含量包干，建筑业推行百元产值工资含量包干，也取得了良好效果，要继续推行。企业工资总额同经济效益挂钩问题，这一段，我们也组织力量搞调查研究，开讨论会、座谈会，提出了一些初步的设想，有工资总额同纯收入（工资加利润）挂钩、非同步增长；单位产品工资含量加系数，工资总额与净产值挂钩。这些思路，我们认为方向都是对头的，可以选择试点。行政、事业单位的工资改革要等中央统一部署。

机构改革。正在对机械厅、商业厅、经贸委进行调查研究，准备先行一步。明年要着手清理行政性公司，从明年一季度起，行政性公司不得再向企业收取"管理费"。要积极发展全省性的行业协会和松散式的联营公司。

配套改革。四市一县的综合试点正在抓紧制订改革方案有的已拿出初稿。

《设想》十个方面的内容要得到全面的贯彻实施，并取得成效，需要全省人民的共同努力。首先，我们在指导思想上必须树立起新的观念，改造我们的工作作风和方法。

（一）要立足于"放"，在"放"字上大作文章

农村改革的突破，抓了一个"包"字。城市改革的突破，要抓一个"放"字。我们说要坚持"四放"，思想解放是前提，只有彻底地清除了"左"的思想影响，用十二届三中全会《决定》的精神武装自己，树立起新观念，用新观点去看待新问题，去解决新问题，我们的路子就会走顺得多了。内外开放是根本，内外开放的直接结果就是解放生产力。对内开放和对外开放可以互相促进。各兄弟省之间有许多长处可以弥补我们的短处，我们也有自己的优势支持他们，通过这种横向经济联系，把国内经济搞活。国内经济活了，对外开放也就有了更好的物质基础。另一方面，通过对外开放的冲击，使振兴中华成为民族的强烈意愿，使世界上一些科学的管理制度能为我所用，就会对国内的改革产生一种持续的压力和动力。对外开放促进对内开放，对内开放支持对外开放。开放本身就是一种改革。权力下放、政策放宽是保证，把自己捆自己的绳索解掉，大家都有一种责任，一种权力，齐心协力去发展生产力。

（二）要发挥各方面的积极性去闯

开放、改革是项创新的工作，是全党、全国的两件大事。靠个别部门、个别人去干不行，一定要从上到下，全党一起动手。各级党委、政府，各个部门都有改革的任务，都有把改革搞好的责任。他们对本部门的旧体制弊病最了解，有深切的体会，应当积极地提出方案，并且大胆付之试行。领导机关不要去包揽一切改革的事情。因为既包揽不好，也包揽不了。领导机关的

责任在于精心地指导。企业本身的文章，主要靠企业自己去做。

改革靠热情、靠闯劲不够，还要靠知识。要坚持理论联系实际，深入调查研究，抓试点解剖麻雀、总结经验指导全局。《决定》指出，"不论是老中青干部，总的来说都缺乏现代化建设所需的新知识新经验，都要重新认识自己，都要重新学习"。最近中央领导同志建议，中央和国务院各部门，首先是经济部门司局长以上干部，省、自治区、直辖市经济部门局处长以上干部，包括省委常委、副省长，从现在起，每人都要亲自领导或过问一个企业的改革工作，参与改革的全过程，取得直接经验。省里有四市一县的综合改革试点，各地区也应当有自己的综合试点。

（三）树立起新的指标参照系

过去我们总是习惯于纵向的比较，缺乏横向的比较，这是封闭式经济的观察法。同历史比可以看到我们的进步，看到我们的成绩，这当然是必要的。但是如果只停留在这种比较上，容易使我们满足于现状，视野不开阔，思想受禁锢。因此，有必要进行横向的比较，把世界经济发展作为我们指标的参照系，这是开放式经济的观察比较法。通过横向的比较，就能看到我们的落后距离，寻找赶上去的方向和办法。

三、对几个重要问题的认识

党的十二届三中全会通过的关于经济体制改革的决定，从理论上阐明了社会主义经济的一系列根本问题，原来许多理论上的禁区和陈腐观念都被彻底冲破了。有许多新理论观点，我们要深刻树立并掌握运用，还需要下一番苦功学习和实践。这些理论观点是马克思主义的基本原理和中国实际相结合的产物，是经过30多年社会主义建设的实践再认识而形成的，是当前和今后改革的重要理论指导。现在着重谈两大问题，一是增强企业活力；二是改革宏观管理。

（一）增强企业活力是经济体制改革的中心环节

过去我们进行多次的体制改革，都没有触及增强企业活力这个根本问题。这是由于我们在理论上不承认社会主义经济是商品经济，因此，也就不承认社会主义企业是相对独立的经济实体，是自主经营、自负盈亏的社会主义商品生产和经营者，而是把企业作为国家经济管理机构的附属物。这种体制造成了企业吃国家的"大锅饭"，职工吃企业的"大锅饭"，企业无权、无责、无利，内无动力，外无压力，失去活力。现在，我们在理论上解决了社会主义经济是商品经济，是在公有制基础上的有计划的商品经济。从而也就承认了社会主义企业的地位，再也不是行政机构的附属物，而是自主经营、自负盈亏的商品生产者和经营者，具有自我改造和自我发展的能力，成为具有一定权利和义务的法人。企业是国民经济的细胞，企业的状况如何直接决定着国民经济的状况。我国城市企业提供的税收和利润，就占全国财政收入的80%。城市企业是否具有强大的活力，对于我国经济的全局和国家财政经济状况的根本好转，是一个关键问题，因此说增强企业活力是以城市为重点的整个经济体制改革的出发点和落脚点。围绕增强企业活力这个中心环节，要确立国家和企业、企业和职工这两方面的正确关系，这是整个经济体制改革的本质内容和基本要求。企业活力具体来说有四个方面的含义：一是企业具有生产经营的应变能力；二是企业具有竞争力；三是企业具有自我改造和自我发展的能力；四是企业具有不断为国家多作贡献，提高职工物质文化生活水平的能力。我们认为应从以下几个方面搞活企业。

1.政企职责分开是搞活企业的前提条件。中央《决定》指出，今后各级政府部门原则上不再直接经营管理企业。根据马克思主义的理论和社会主义的实践，所有权同经营权是可以适当分开的。如果全民所有制的各种企业都由国家机构直接经营和管理，那就不可避免地产生严重的主观主义和官僚主义，压抑企业的生机和活力，因此说必须实行政企职责分开。下放企业是政企职责分开的一个重要内容但不是全部内容。必须指出，我们这次下放企业不同于过去多次的下放企业，其实质内容是企业与政府部门脱钩。

下放企业的核心内容是落实企业的自主权，不是"婆婆"的更换。现在，我们的一些同志还没有完全树立起这个新观念，还习惯于用过去的老观念看待这次的企业下放，说什么企业产品面向全国，不宜下放；企业是师、团级，下放后城市管不了；据说有的城市要把下放企业肢解，充实各区力量，有的城市管理部门准备平调企业的人财物，所有这些观念和做法都是十分不对的。我们一定要把属于企业的生产经营权原原本本地交还给企业。具体说就是要落实国务院关于给企业扩权的十条规定和中央《决定》指出的六个方面的自主权。各级党政部门、政法机关和社会经济组织都必须尊重企业的自主权和法人地位，不得刁难歧视。有的地方政府部门不承认企业厂长组阁任命的中层干部应享的政治待遇，连听报告也不通知，这是十分错误的、是破坏落实企业自主权的行为。我们各级领导同志一定要把扩大企业自主权这项工作做好。

企业的行政管理权放在所在城市，主要是企业向所在城市登记注册。城市政府对企业的直接领导权力，主要是在宪法规定的范围内，拟定并颁布适合本城市情况的管理条例或政策规定，依法规定征收税费，按规定范围任命企业的主要领导干部，检查监督企业执行政策和完成国家指令性计划情况。城市政府的主要职能是管城市建设，管好服务。管好公用设施的建设，搞好社会管理，为各个企业的生产发展创造良好的条件，而不是直接干预企业的事务。我们强调充分发挥城市的中心作用，主要是发挥城市作为经济、信息、科技、教育和各种综合服务的中心等经济功能，以及建立在这个基础上的城市有关部门必要的组织、指导和协调作用。企业以城市为依托，开展内联外引，促进自身改造和发展，不断增强活力。

2.确立国家和企业、企业和职工这两方面的正确关系，是以城市为重点的整个经济体制改革的本质内容和基本要求。国家与企业之间有政治关系与经济关系两方面。就经济方面而言，国家与企业之间不应当是行政的隶属关系，而只能是一种经济关系。经济关系说到底是利益关系，这种利益关系是社会总体劳动者与企业局部劳动者之间关系的体现。我们通过利改税，把企业与国家在利益上的分配关系用法律形式固定下来。正确处理国家与企业的关系之后，企业吃国家大锅饭问题就基本解决了。企业在交税后剩下的利润就归自己自负盈亏。在这种情况下，企业有支配留利的自主权，把企业内部的分配关系放活。企业可以根据生产的发展情况和自己的留利水平，进行技术改造和一定程度上的扩大再生产。我省决定把企业折旧基金全部留给企业，这样企业在财力支配上有较大的回旋余地，增强自我改造和自我发展的能力。

社会主义企业与职工的关系表现在两个方面，一是企业职工在企业中的民主权利和主人翁地位，一是在分配关系上职工的劳动与自身物质利益的关系。这方面关系处理好了，就解决了职工吃企业大锅饭问题，企业就有了发展的内在动力。职工的主人翁地位，主要表现在企业的职工和他们选出的代表参加企业民主管理的权利。企业内部要坚持以法治厂。职工应以主人翁的态度自觉遵守各项制度，为企业发展出谋献策，发明创造。企业实行厂长负责制，企业领导者的权威同劳动者的主人翁地位是统一的，同劳动者的主动性创造性是统一的。企业与职工的分配关系必须贯彻按劳分配原则。《决定》指出，今后还将采取必要的措施，使企业职工的工资和奖金同企业的经济效益的提高更好地挂起钩来。今年福州市选择二十二家企业试行标准工资总额和企业经济效益挂钩的办法，在实践中收到很好的效果。

企业的经济效益以什么指标来核算、评价，这是一个很值得研究的问题。不论企业的工资总额同哪种经济效益指标挂钩，都受价格变动因素的影响。价格不合理因素是历史形成的，调整价格、理顺价格又是改革的一项重要步骤。随着价格的调整，有的企业由盈变亏，有的企业扭亏为盈，这给我们研究经济效益同工资和奖金挂钩带来一定的困难。我们既要承认现状的不合理，又要采取积极的办法，解决价格调整影响经济效益的因素，从中找到一个合适的标准尺度，使企业工资能够随效益增长而增长。另一方面我们还要把企业工资总额增长同今后生活消费品价格指数的涨落挂起钩来，保证职工的工资收入不至于因为调整价格而下降，并要做到有所上升。影响企业经济效益的因素，还有国家对企业总投资多少不同，企业的有机构成不同，同类企业之间的劳动生产率也不同，也就是说企业有一部分的经济效益是由国家投资带来的，这部分应当归国家所有。企业之间还存在级差收入问题，企业的级差收入也应当归国家所有。这样使企业基本上能够根据自己的劳动贡献大小获取不同的工资总额，不至于形成另一种苦乐不均。

企业工资总额是同净产值、利税、纯收入中的哪一种指标挂钩，是同步还是非同步增长好呢？我认为，一是要在理论上站得住脚；二是有利处理三者关系；三是有可供核算的基础资料。工业企业的情况比较复杂，挂钩方法不能采取一刀切，应当根据不同行业的特点，采用不同的效益指标和不同挂钩办法，不同的增长比例。

对企业内部的分配，要扩大工资差距，拉开档次，以充分体现奖勤罚懒，奖优罚劣，充分体现多劳多得，少劳少得，充分体现脑力劳动和体力劳动、复杂劳动和简单劳动、熟练劳动和非熟练劳动、繁重劳动和非繁重劳动之间的差别。对企业内部老工人的劳动报酬，既要尊重现实，又要照顾历史。老工人在他们的青壮年时代，所付出的劳动并没有得到相应的劳动报酬，他们是为社会作出了贡献的，对于他们过去劳动报酬不合理应给予一定的补偿，企业要正确处理好这方面的关系，尤其是承包的厂、店。企业内部要真正实现按劳取酬，首先要有健全的核算基础资料，和各项经济责任制。评价工人的劳动强度，要注意到今后企业进行技术改造，劳动者的体力劳动逐步减少，而脑力劳动的强度逐步增多这个趋势。工人在提高文化素质方面，提高操作技术等方面投入了相当的劳动。按照脑力劳动与体力劳动的关系，劳动者的收入应当增加，而不是减少。

3.放活企业的产供销。过去企业的产供销都是由政府经济管理部门直接安排的，企业只是埋头生产，不问市场。现在这种办法已远远不适应经济发展的需要了。企业是自主经营、自负盈亏的商品生产者，它必须关心市场的供需变化情况，必须遵循价值规律的客观要求。对关系国计民生的重要产品，国家可实行指令性计划，但必须以尊重企业经济利益为前提条件，并保证完成计划所需要的原材料、燃料。指令性计划的范围要缩小到最低的限度。国家统一调拨的产品数量必须对企业留有余地。计划内部分，企业也要有一定比例的留成自销。为了使企业有后劲，避免鞭打快牛，应当对上缴产品的数量规定基数和一定的递增额，实行产品产量递增包干，其余部分全部自销。企业之间供需关系可以通过合同契约的形式确定。在国家指令性计划之外，企业生产的产品品种、数量、规格完全由企业自己决定，所需要的原材料主要通过市场调节和企业之间相互协作关系解决。

（二）改革宏观管理体制，做到大的方面管住管好，小的方面放开放活，适应微观搞活的需要

宏观管理体制主要有三大方面，一是计划体制；二是组织机构及其管理职能；三是经济调节制度。《决定》对这三部分的改革都在理论上作了深刻的阐述，指明了改革的方向。

1.社会主义计划经济是在公有制基础上的有计划的商品经济。明确这个观点，是社会主义政治经济学理论的重大突破，是贯穿《决定》全文的一条主线，是计划体制改革的理论依据。长期以来，在人们的思想上形成了计划经济只是和社会主义公有制相联系的，而同商品经济则是互相排斥、相互对立的。把商品经济等同于资本主义，把价值规律的作用等同于生产的无政府状态，限制发展商品经济，违背价值规律的客观要求，使我们在经济建设上走了不少的弯路。但是，人们在实践中认识到，在社会主义阶段，不仅不能取消商品经济，而且要大力发展商品经济。既然是商品经济，就要遵循价值规律的客观要求，就要充分利用商品货币关系。因此，我们的计划体制应该是自觉依据和运用价值规律的、统一性同灵活性相结合的体制。

改革现行的计划体制，就是要有步骤地缩小指令性计划的范围，扩大指导性计划的范围和市场调节的部分。这次省制定的《关于改进计划管理体制的意见》，把原来实行指令性计划的工业产品，由69种减少为20种；人民生活必需的重要商品实行指令性计划，由原来的50种减少为18种；省计委管理的实行指令性计划的出口商品由321种减为31种。这些还很不够，今后还要进一步地彻底改革。

商品经济必然要求有市场，进行商品交换，这种交换是开放式的，它可以跨越地区界限、国家界限。我们是实行特殊政策的省份，与国际经济的联系将会愈来愈密切，要更多地运用价值规律和市场机制来调节我们的经济活动。我们计划经济的目的就是经常地、自觉地平衡。现在我们强调的平衡不同于过去所实行的实物指令性计划指标的平衡，而是全社会经济活动的平衡。过去我们主要控制产品的平衡，而不注意控制价值的平衡，这种办法实际上是微观控制而不是宏观控制，其结果是微观控制过死而宏观没有控制好。因此，要把握住宏观平衡就必须从价值平衡入手，控制总需求和总供给。国家把一些大的比例关系管住，其他方面就可放开，实行指导性计划。国家通过价格、利率、财政补贴、税收和控制一定量的财力、物力和外汇实行有计划的调节，保证指导性计划的实现。

2.国家经济管理职能的变化。过去我们的国家机构包揽了许多企业的事情，事关全局的发展战略和长远计划目标却没有去研究，许多政府部门应当管的事情没有管好。《决定》明确规定了政府机构管理经济的主要职能应该是：制定经济和社会发展的战略、计划、方针和政策，制定资源开发、技术改造和智力开发的方案；协调地区、部门、企业之间的发展计划和经济关系；部署重点工程特别是能源、交通和原材料工业的建设；汇集和传播经济信息、掌握和运用经济调节手段；制定并监督执行经济法规；按规定的范围任免干部；管理对外经济技术交流和合作。归纳起来就是规划协调、服务监督八个字。

这样政府管理机构经济的主要职能，要从过去只管直属企业，转向管理全行业；从管理国营企业具体的生产经营决策，转向管理行业发展的方针、政策、规划、指导和协调；从单纯以行政手段管理，转向以经济手段管理为主，掌握运用经济杠杆。省政府主要管经济发展全局的战略决策、方针政策和经济布局，省政府的有关部门要管好重大比例关系和重要的综合平衡、行业规划、全省性的指令性计划、财政收支、重大基建项目的审批、重要商品的价格管理，按规定的范围任免干部和运用经济杠杆。政府机构通过行业协会沟通和企业的关系。行业协会既不是经济实体，也不是一个管理层次，它是半官半民的松散联合。它的主要任务是，对行业发展进行统筹、规划、协调；搞好服务、提供信息、开发新技术；对发展本产业的方针、政策、法规提出建议；打破地区、部门界限，推动多种形式的联合，发展横向经济联系，为搞活企业，发展生产服务。

3.经济调节制度和经济立法。计划体制的改革也要突出放字，放与管要结合，管不是原来办法的管理，而是用经济调节手段、法律手段进行管理，达到宏观控制的要求。这样就相应地提出价格改革、税收改革、信贷改革和完善经济立法、司法制度的问题。价格的改革是牵涉千家万户的大事，也是经济体制改革成败的关键。只有把价格关系理顺，才能正确使用价格这个杠杆。信贷的作用，现在还没有被人们所普遍认识。资本主义国家是金融资本控制工业资本，通过利率的调整达到引导产业结构的调整。现在我们是固定利率，很难起调节作用，利率应当是变化的，对国家支持发展的项目要低利率，甚至贴息；对国家限制发展的项目要高利率，甚至不给贷款。

经济搞活了，经济立法司法工作就是保障经济秩序的重要手段。现在企业感到摊派任务很重，自主权受侵犯，告状也不敢告，就因为我们缺乏经济立法，缺乏应有的法律手段来保护。有的企业同主管部门签订了承包合同，因为超过承包基数很多，主管部门就可以多次更改合同，把企业的利益限得死死的，这样的合同还有什么法律效力，怎么取信于民呢？在现实生活中还会看到造成巨额损失的官僚主义者可不负任何一点责任，甚至仍有高迁的可能，这也是我们的经济立法不健全的结果。法治不健全，讲克服长官意志，按经济规律办事就很难。改革也需要法律来保护。

（本文为1985年全省地市劳动局长研究班讲稿）

经济体制改革与税制改革问题

省税务局领导同志要我来讲一下经济体制改革的有关问题，我想借此机会和同志们沟通一下经济体制改革的情况，为同志们研究税制改革提供一些意见，同时也是向在座的各级税务局的领导同志请教，请各级税务局的领导同志进一步重视改革、研究改革、支持改革、推进改革。

下面我想以《经济体制改革与税制改革问题》为总题目，讲三个问题：一是我省经济体制改革进展的情况；二是今年城市经济体制改革的任务；三是建立新经济体制对税制改革提出的要求。讲这些问题仅供同志们参考，不对的地方请同志们批评指正。

一、我省经济体制改革进展情况

1979年7月，中央赋予我省实行"特殊政策，灵活措施"，也就是我省城市经济体制改革的开始。几年来的改革，依据社会主义经济是在公有制基础上的有计划商品经济这一科学认识，改革与对外开放紧密结合，以搞活企业为中心环节，从分配领域入手，逐步扩大到生产领域、流通领域，对政府机关的管理体制和管理方法也作了一些相应的改革。经过八年多的努力，我省经济运行机制已经发生初步变化，原有的僵化的经济体制受到了多方面的冲击，社会主义商品经济在各个领域都有了可喜的开拓。

（一）企业已经开始重视把市场摆在决定自身生存和发展的首位，活力有所增强

由于国家对企业生产经营活动管理方式开始改变，指令性计划缩小，国家统一定价的品种减少，市场调节部分扩大，从而削弱了政府主管部门对企业生产经营活动的直接干预，强化了企业自主权。企业安排生产经营活动有了一定的自主权。据1189户工业企业的调查统计，自行安排生产经营计划的比重，由1983年的38%增加到1985年的47%，产品自销比重1985年占67%。企业已初步摆脱行政附属物的地位，向着独立的商品生产者转化。在资金使用方面，由无偿拨补改为有偿贷款，要求流动资金不断增殖和固定资产投资尽快形成效益，开始成为企业决定使用资金的基本尺度。通过利改税，把国家和企业的利分配关系用法律形式固定下来，既保证国家收入的稳定增长，又在不同程度上使企业、职工的利益同生产经营的效益联系起来，激发企业的利润动机，从而使企业的经营方向开始从面向计划生产转为注重市场需求。据1189户企业调查，在选择考核企业经济效益的主要指标时，七项指标中选择实现利税为主要指标的占41.9%，居第一位。这表明企业追求利润动机的增强。现在，多数企业（78.8%）认为经过几年的改革，企业确实比以前活了，同时也愈来愈深刻地体会到市场竞争的压力。

（二）以公有制为主体，多种所有制形式并存和共同发展的格局已经形成

党的十一届三中全会后，在坚持全民所有制占主导地位的前提下，积极发展城乡集体经济，适当发展个体经济，并在一定范围内允许中外合营企业、外国独资企业的发展，适应了社会生产力的水平，促进了商品生产的发展。1986年工业总产值中，全民所有制占53.4%，集体所有制占21%，村级以下乡镇企业占17.8%，其他经济占7.8%，在结构上有了很大改善。在公有制经济内部，经营方式也进行了不少改革，推行了各种不同形式的承包责任制。1986年在探索所有权与经营权适当分离，实行租赁制和股份制方面有了良好开端。商业小企业已有90%以上放开经营，经营者有了充分的自主权和相应的利益、责任，使搞好企业经营具有了内在的动力和压力，经营状况得到了明显的改善。工业小企业实行租赁制后，效果也十分明显，如青阳陶瓷厂濒临倒闭，实行租赁后由原先年亏损7.4万元转为盈利21万元，上交税收增长了2倍多。

（三）条块分割的体制受到了冲击，社会化、专业化分工协作开始取代"小而全"的经济格局

主要表现在突破了原有经济管理体制的模式，优化了生产要素的组合，形成了新的生产力。经过几年的工作，特别是1986年在全国体改工作会议之后，全省横向经济联合形成热潮。联合的跨度增大，远至甘肃、辽宁，近至毗邻的江西、浙江、广东，而且全省加入上海经济区，与省外城市之间的经济交往有了进一步发展，企业间的联合和协作形成了比较稳固的关系。1986年全省与省外签订各种经济技术协作项目400项，这对扬长避短，发展我省经济，起到十分积极的作用。省内山海之间的联合也得到加强，形成沿海以内地为依托，内地以沿海为窗口，相辅相成，共同发展的局面。厦门、漳州、泉州、龙岩南部四地市共签订联合协议、合同、意向书372项，提出联合项目96项，参加联合的企业达200多家。以福州为中心的北部五地市也频繁进行了多边、双边的洽谈，并将联合项目初步落实到企业。在全省各地，跨地区、跨部门、跨所有制的各种联合体和企业群体有较大的发展。仅县以上工业企业组建的以名优产品为"龙头"，以骨干企业为依托，紧密型、半紧密型的经济联合体达210个。这些联合体的形成，优化了生产要素的组合，促进了生产和经济效益的提高。据福州市12个联合体统计，联合后新增产值达5000万元，上交税利1000多万元。实践表明，横向经济联合本质上适应有计划商品经济的要求，不仅在广泛的范围内对旧的管理体制进行"撞击反射"，而且有利于产业结构的调整，有利于加速社会主义统一市场的形成，其意义是十分深远的。

（四）打破了闭关自守的格局，实行了对外开放

几年来，我们创办了厦门经济特区、马尾经济技术开发区，开放福州老市区和闽南厦、漳、泉三角地区，从而形成了福州至厦门对外开放的前沿地带，在吸收外资，举办合资、合作、独资企业，多渠道筹集国外资金，发展对外贸易，开展劳务合作，引进先进技术、设备等方面都取得很大的成绩，在开拓两个市场、利用两种资源的道路上迈出了坚实的步伐。

（五）不合理的价格体系得到局部调整，价值规律调节作用日益加强

1979年以来，我们实行"放调结合、小步前进"的方针，先后几次较大幅度地调整和改革价格体系，特别是1985年的价格改革，迈出了勇敢的一步。在价格管理体制上也突破了原来集中过多，管得过死的模式，实行统一领导、分级管理。价格改革的主要效果，在于遵循价值规律和供求法则，调节生产、消费和分配，促进商品生产的发展和产业结构、消费结构的调整。在开放价格的同时，也注意了保持市场物价的基本稳定，坚决制止哄抬物价和乘机搭车涨价，避免轮番涨价，以保障人民生活的安定。

（六）社会主义市场规模拓展，市场机制发生作用的范围正在逐步扩大

改革消费品统购包销为选购，恢复和发展城乡集市贸易，初步形成了"三多一少"的商品流通体制，活跃了地区交流，使消费品市场繁荣，购销兴旺。1986年在三个方面又有了新的开拓。一是边境贸易进一步发展，扩大了本省与邻省产品的交换，仅浦城县边境贸易额就突破2亿元，福鼎县边境商品交易头一次成交额就达5800万元。二是具有地方特色的十个专业商品市场形成。这些市场辐射范围广，吸收力大，如晋江石狮服装市场、古田白木耳市场等已成为全国的专业中心市场。三是乡镇企业生产的小商品进入全国大都市，并且走向世界。1986年出口交易总值突破3亿元，比1985年增长40%多。

生产资料已开始作为商品进入流通领域，计划外物资进入市场的比例逐年扩大。1985年在全省物资购销总额中，市场调节部分已占41%。尽管物资市场还很不健全，但横向交流毕竟逐步发展起来了。

短期资金市场已有雏形。各地开始利用信贷资金的时间差、空间差，开展同业资金拆借，初步改变了信贷资金纵向管理，按行政区划流动的旧模式，实现了横向融通，调剂了资金余缺。据不完全统计，1986年全省横向拆借资金5亿多元。在建立短期资金市场的同时，着手探索长期资金市场，开展外汇调剂业务，发展多种金融机构，使探索运用市场机制筹集和融通资金，提高资金的使用效益，有了良好的开端。

此外，技术市场在我省也有了萌芽。

（七）国家对经济活动的管理，正在探索从直接控制转向间接调控，由以行政办法为主转向经济、法律、行政三种办法的结合

在计划体制、基本建设管理体制、财政税收体制、劳动工资制度等方面，都进行了一定的改革，对搞活微观机制、加强和完善宏观控制，起到了不同程度的作用。

总之，这几年的改革，取得了明显的进展，促进了我省经济的持续发展，而且使人们受到了商品经济生活的锻炼，转变了人们的思想观念，造就了一批勇于改革的人才。总结几年来改革的成效，有几点体会：一是改革有助于培养财源，改善财政经济的困难状况；二是改革有助于对外开放的发展，特别是造就商品经济赖以运行的经济机制，具有特殊的重大意义；三是改革有助于经济发展模式的转换。总之，改革是我省经济发展和对外开放的必然要求，是历史趋势，不可逆转。

二、1987 年经济体制改革的主要任务

今年经济工作和体制改革总的指导思想，全国省长会议已经明确地提

出来了，今年着重狠抓两件大事，一是广泛开展增产节约、增收节支运动，二是继续深化改革，重点增强农业后劲和搞活企业，特别是大中型企业。从我省的实际情况看，今年经济工作的难度比较大，但是经济体制改革还要前进。改革要从服务于经济，促进经济发展出发，稳步地推进，在可能情况下再争取在一两个方面有新的突破。当然经济建设的安排，也要体现为改革创造宽松环境的精神。基于这样的认识，省体改委初步提出的1987年改革的主要任务，概括起来讲是：继续围绕一个中心（搞活企业），搞活"两通"（融通和流通），探索建立三个市场（资金、生产资料和劳务市场），组织四个方面的改革试验（机构、股份制、住房和企业工资改革）。具体有以下五个方面的任务：

（一）深化企业改革，进一步增强企业活力，这是今年经济体制改革的重点

关于这个问题，不久前国务院下达了1986年第103号文件，对于继续简政放权，改革企业领导体制，增强企业自我改造、自我发展能力，改进工资奖金分配制度，清理撤销行政性公司以及鼓励发展企业集团等都有具体规定。我省深化企业的改革，要全面贯彻这个文件精神。今后搞活企业的改革，不能只在减税让利上作文章，应当着重改善企业内部经营机制。从这一要求出发，今年着重抓好：

1.按照所有权与经营权适当分离的原则，积极推行租赁、承包等经营责任制，给经营者以充分的经营自主权，从而逐步转变企业的经营机制。在全民所有制的小型商业零售企业中全面推行，并在全民所有制的小型工业企业积极试行，还可选择少数亏损或微利的全民所有制中型企业进行试验。

2.加快推行厂长（经理）负责制的步伐，在全省所有的城市，所有国营工贸重点骨干企业，都要全面推行厂长（经理）责任制。定企业确立以厂长为中心的行政生产指挥系统。实行厂长负责制要结合实行厂长（经理）任期目标责任制，并同经营者的个人收入挂钩。全面完成任期内年度责任目标，经营者的个人收入可以高于职工平均收入1至3倍，做出突出贡献的，还可再高些，完不成的，扣减厂长的个人收入，体现责、权、利相结合的原则。

3.下决心清理、撤销行政性公司。对行政性公司的清理已经提了两年，因为情况比较复杂，迟迟未能下手。这涉及解除对企业中间揽权，以更好地体现简政放权、搞活企业的原则，也是行政改革的实际步骤。今年一定要解决这个问题。基本做法是，先停止其管理企业的行政职能，对其现有职能进行分解，凡属于企业的经营自主权，需不折不扣地交给企业，其承担的行政职能移交给政府有关部门。这样分解后，没有必要存在而可以马上撤销的行政性公司，要立即撤销，对其中确有条件转为独立核算、自负盈亏的经营型或服务型的经济实体的，要在上半年内转变，到6月底不能转变的，一律撤销。

4.总结发展横向经济联合的经验，进一步研究推进横向经济联合的政策。把横向经济联合的重点放在引导、鼓励、支持组建以出口创汇和名优特产品为龙头，以大中型骨干企业为主体的，企业集团和企业群体，发展生产科研联合体。

（二）推进金融改革、搞活融通

金融改革对于微观搞活，宏观控制都有重要的意义。因此改革的步子可以迈得更积极一些。这也是今年改革的一个重点。福州市已列入全国金融体制改革的试点城市，厦门市作为经济特区，步子可以迈得更大一些。此外，泉州、三明、南平作为省里综合改革的试点城市，也要搞好金融体制改革的试点。

1.有步骤地开拓和建立资金市场。包括组建同业资金拆借市场，推动资金横向融通；推行票据承兑贴现再贴现，逐步形成票据贴现市场，在厦门、福州、泉州建立外汇调剂中心，同时有领导地探索长期资金市场，在国家宏观控制下，发行债券、筹集长期资金。

2.专业银行企业化经营的试点，核定利润留成和信贷基金，实行在国家计划指导下的自主经营、独立核算、自负盈亏、自求平衡。先在福州、厦门两地进行。

3.以国家银行为主体，发展多种金融组织形式，包括发展城市信用合作社，把农村信用社放开搞活，使其充分享受群众合作金融组织的自主权。

4.改善金融的宏观控制，合理调节信用规模，促进社会总供给和总需求的基本平衡。

（三）进一步抓好内外贸体制改革，搞活流通

关于内贸体制，要继续发展当前活跃的商品流通局面，解决国营商业企业活力不足问题，使其在多渠道竞争中发挥主渠道作用。同时，不断探索新的商业形式和经营方式，发展商业企业之间，商业与科技、生产企业之间的横向联合，拓宽商品流通渠道。在外贸体制方面，主要是落实已经确定的改革措施，抓好出口商品生产基地建设，发展出口生产企业集团，增强出口创汇能力。

（四）探索建立三个市场，除了在金融改革中要开拓和建立资金市场以外，还要探索建立生产资料市场、劳务市场

1.探索建立生产资料市场。近年来，指令性计划分配物资的种类减少，已由过去256种缩小为现在的23种，钢材、水泥、有色金属、化工产品、建筑材料和机电设备等主要物资，也已不同程度地进入市场。但从总体上看，我省物资市场尚未真正形成，目前一些主要物资进入市场也有很大的局限性。因此，今年要在部分城市探索开放生产资料市场，重点是钢材市场。着重抓三个方面，一是吸引省外资源进入我省市场，主要通过横向联系，建立稳定的物资来源，以弥补国家计划分配的不足；二是把本省社会库存动员起来，投入市场，解决一边超储积压，一边需要又难买到的状况；三是组织物资生产企业计划外产品进入市场现场交易。在政策上要有利于调动各方面的积极性。建立物质开发基金，以利于经营者组织物质资源的开发；经批准开放钢材市场的地方，销售库存多余钢材的企业，对这部分的销售收入免征营

业税、所得税和调节税，全部留给企业补充流动资金。

2.探索建立劳务市场。通过用工制度改革，新招工人全面实行了合同制，已经为劳动力合理流动创造了条件。但企业原有工人都是实行固定工制度，这部分劳动力流动还比较困难。随着商品经济的发展，势必要求解决这个问题。现在，实际上已经存在劳务市场，或者说是不完全的劳务市场，如保姆市场、乡镇企业的劳动力转移、个体户自行安排就业等等，这方面也有不少的经验可以总结，为全面建立劳务市场提供借鉴。这项改革牵涉面广、政策性强，今年着重在搞好调查研究的基础上制定劳务市场的试验方案，如有可能进行小范围的试验。

（五）搞好四个方面的改革试点

1.机构改革的试点。厦门市是全国十六个机构改革试点城市之一，去年已经做了大量的研究准备工作，今年要迈出改革的步子，组织论证好改革方案，经省委、省政府批准后分步组织实施。其关键是：机构改革要同经济体制改革相结合，同政府部门管理经济职能的转变相结合，而不是单纯的简并机构。

2.股份制试点。这不仅是为了探索所有权和经营权分离的现实途径，而且也是试验筹集社会闲散资金，推动企业横向联合，促进资金横向流动的一种形式。对国内合资联办的企业实行股份制的步子可迈大些，目前暂不向社会发行股票。集体企业可向内部职工发动投资、发行股票，恢复集体所有制的特色，增强企业对职工的凝聚力。

3.住房制度改革的试点。南平市已在去年进行积极的调查研究和预算工作，吸取全国住房制度改革的主要经验，正在制订改革方案。基本模式是：提交房租，同时按标准增发住房券。虽然南平市住房制度改革还未起步，但已经收到初步的效果，现在大面积的四间套房子没人要或少人要了。从近期看，这项改革还需要财政上给予一些支持，但从长远看，有利压缩住宅建设的投资，逐步实现住宅商品化，达到良性循环。据统计我省职工人均住房面积已达7.8平方米，在全国居第二位。住房制度改革也应当从试点开始，积极起步。

4.企业工资制度改革的试点。全省53家企业工改试点效果很好，今年可进一步扩大试点面，经批准后实行。另外，根据两级分配的思路，要选择一些企业试验，把内部工资分配权完全交给企业，由企业自主决定职工工资水平、工资形式，国家主要通过税收调节企业和职工个人的工资收入水平。

以上几个方面的改革任务，省体改委已形成文件，正报请省委、省政府批准。

三、建立新经济体制对税制改革提出的要求

我国经济体制改革的总目标，是要建立起具有中国特色的、符合有计划商品经济发展要求的、充满生机和活力的社会主义经济体制。这是党的十一届三中全会的决定已经明确提出来的。按照这个总体目标，党中央、国务院又要求在"七五"期间要奠定有中国特色的社会主义经济体制的基础，把新经济体制的基本框架建起来。概括起来，要抓好互相联系的三个方面的改革。一是增强企业特别是大中型企业的活力，使他们真正成为相对独立、自主经营、自负盈亏的商品生产者和经营者；二是进一步发展社会主义的商品市场，逐步完善市场体系，使企业活力的发挥能有一个既有动力又有压力的外部环境；三是国家对企业的管理逐步由直接控制为主转向间接控制为主。围绕这三个方面，配套地搞好计划体制、价格体系、财政体制、金融体制和劳动工资制度等方面的改革。这是一个非常艰巨的任务。"七五"计划的第一年已经过去了，还有三年零十个月时间，不论是整体上改革的任务，还是各方面改革的任务，都非常艰巨。其中包括我们的税制改革任务，也是非常艰巨的。

从我省的情况来看，应当肯定，过去几年税制改革已经做了大量的工

作，取得了显著的成效。在税制的结构上，由原来的单一税制开始转向复合税制，陆续开征和修订了二十多个税种，形成了多种税、多环节、多层次的新结构；在国家与企业的分配关系上，通过"利改税"，既保证了财政收入的稳定增长，又有助于发挥税收调节经济的杠杆作用；为适应横向经济联合、产品结构和产业结构的调整，开始推行增值税，避免了重复征税的问题，在对外开放的形势下，开始建立了涉外税制，推动了对外开放的发展等等。所有这些措施，都是花了很大的工作量，进行了大量的调整预算之后实行的。你们既注意自身的改革，又积极地配合整个经济体制的改革，支持了改革，是立了功的。但是，我们又要看到税制改革的任务还相当艰巨，真正要建立起有中国特色的社会主义税收体制，还需要我们继续努力，花更大的力气。为什么这样说呢？

（一）从税收在社会主义经济运行中的地位和作用来看，我们税制改革的任务还相当艰巨

什么叫经济体制呢？经济体制是一定社会中各种经济关系和经济组织管理制度的统称。简单地说，就是经济运行的方式及其相应的管理方法。我国经济体制改革，就是要在坚持四项基本原则的基础上，建立和完善适应社会主义商品经济要求的经济运行方式和管理方法。在整个经济运行和管理方法中，税收有着极其重要的地位和作用。

1.社会主义税收的财政职能，是保证社会主义国家政府机器有效运行的重要基础。在过去产品经济的模式下，税收的这种财政职能基本上是离开价值规律，单纯地服从计划价格来发挥作用的，再加上财政统收统支的体制，税种搞得越来越单一化，变成了仅仅是组织财政收入的工具之一。实践证明，社会主义还要大力发展商品经济，离开了价值规律，单纯着眼于组织财政收入，税收的地位和作用就越来越小。只有在促进商品经济发展的基础上，来发挥税收的财政职能，保证财政收入的稳步增长，税收的路子方能越走越宽，地位和作用也就越来越高。晋江县1980年财政收入1852万元，到

1985年上升到5137万元，增长1.8倍，就是靠发展商品经济增加了税收。

2.社会主义税收的调节职能，是国民经济运行过程中极为重要的机能。过去，在产品经济的模式下，由于实行直接控制，税收的调节作用是很小的，可以说还称不上是个经济杠杆。经过近几年的改革，税收的调节作用已大为增强。但是以建立宏观间接调节体系的要求衡量，还需要继续推进改革。

3.社会主义税收的监督职能，是保证社会主义经济正常运行，建立和维护社会主义商品经济平等竞争秩序的重要条件。现在，这种职能也比过去增强了。但是还存在税种之间的矛盾，同一税种的税负畸轻畸重以及偷税漏税等问题，其中有属于执法方面的问题，有的是改革还不配套，也有的是同现行的税收管理体制不适应有很大关系。

因此，要增强税收在社会主义经济运行中的地位和作用，还需要我们坚定不移地继续推进税收体制的改革。

（二）从增强企业活力这个中心环节来说，我们税制改革的任务还是相当艰巨的

搞活企业是经济体制改革的中心环节，是改革的出发点和落脚点。要通过改革，使企业真正成为能够自主经营、自负盈亏的相对独立的商品生产者和经营者。各项改革都要围绕这一中心展开。前几年税制改革的一个很大突破，就是实行了第二步利改税。利改税的实质并非否定企业利润杠杆，而是把财政上缴利润的形式改为征收所得税。对作为商品生产者的企业法人征收所得税，这是符合新经济体制要求的，当前深化企业改革，有许多问题还要靠税收体制改革。比如怎样增强企业自我改造和自我发展的能力，又不能冲击财政平衡，造成财政更大的赤字。要解决这个难题，就需要深入研究很多问题。

1.怎样逐步取消调节税？大家知道，调节税实际是一种"非税"性质的税，当时主要是考虑为了不影响财政收入，才不得不按照"不挤不让"的原

则，采取一户一率"倒调账"的方法设计的。搞的结果，由于基数不合理等原因，造成苦乐不均，大中型企业的活力反而不如小型企业。去年调减了一部分，剩下的大部分如果都取消，现在的财政承受能力又不许可。究竟怎么办？要慎重研究。

2.即使把调节税全部取消，相应增加的企业自我改造和自我发展的能力，全省也才5000多万元，还是很不够的。而另一方面，税前还贷却年年大幅度增长。据对福州市预算内工业企业243家的调查，1985年税前还贷达到5364万元，占实现利润总额的30.72%，这实际上还是投资管理体制上的大锅饭。看来，进一步改革的路子，不仅要取消调节税，而且还要适当调减所得税的税率；同时把税前还贷改为税后还贷。是否还可以考虑把比例所得税改为累进所得税，使国内各种所有制形式的所得税趋于统一，为同等的竞争创造条件。看来，这一步改革非改不可，问题在于何时实行、怎样不影响国家和省的财政平衡。厦门特区是财政包干的，能否先走一步，请厦门的同志考虑。

3.企业工资调节税，奖金税的问题。实行第二步利改税时，原来认为征了所得税，就解决了国家与企业这一层的分配关系，为搞活企业内部这一层的分配关系创造了条件。但现在看来，这个设想未能完全达到，事实上也不可能。现在正在研究企业工资制度改革方案，比较理想的思路是要走"企业自主分配、国家征税"的办法，这种税怎样设计才能合理化体现国家与企业之间第一个层次的按劳分配形式，怎样做到既能控制"公开放权"的渠道，又能防止"隐蔽膨胀"的渠道，既能从总体上调节分配，又有利于企业自主分配，也还有许多难题要研究解决。

（三）从建立和完善市场体系来看，我们的税制改革也还只是刚刚起步

要使企业面向市场竞争，由过去"找市长"变为"找市场"，税制改革还有一系列的问题要解决。比如，税收与价格怎样联动，怎样全面推行增值税，怎样使企业在税负平等的基础上发展横向经济联合、积极地展开竞争。随着价格体系的改革，有中国特色的税收体制究竟是以流转税为主体，还是以所得税为主体，还是以流转税和所得税相结合为主，都需要进一步研究探索。

还有，随着资金市场的发展，投资体制的改革，所有权与经营权的分离，所有制形式的互相渗透和交错，以公有制为主体的多种经济形式和经营方式的发展，又会引起经济利益的一系列变化，必然要求税制改革要与之相适应。

（四）从改变国家经济管理职能和方式来看，税制改革的任务也还相当艰巨

国家管理经济要由直接控制转为间接控制，这就需要综合运用各种经济杠杆，包括税收杠杆，来控制和调节经济运行。就现行的税制来说，虽然已经有六大类、二十多个税种，但真正能够有效地发挥调节经济作用的还不多。比如，为了控制固定资产投资规模而开征的建筑税，并没有彻底解决"投资饥饿症"。征了税，投资还是照样在猛增。还有奖金税虽然在一定程度上控制了消费基金的膨胀，但在有些企业影响了职工的积极性，而且隐蔽的消费基金控制不住。要税务部门减免税的人很多，要税务部门加税的人几乎没有。

还有一个大难题，就是税制怎样配合财政体制的改革。为了妥善处理中央与地方财政的关系，已经提出要实行中央税、地方税、中央地方共享税，要扩大地方运用税收的调节权。但是，由于种种原因，这项改革至今还在研究之中。总而言之，前几年的税制改革已经取得显著的成效，也可以说已经开始进入新的轨道，但今后改革的任务是更艰巨了。我们研究税制改革的目标，评价税制改革进展的程度都要把税制改革摆到经济体制改革的整体联系中去。经济体制的总体改革有赖于各个环节自身的改革，而各个环节的改革又要服从经济体制总体改革的目标的实现。今天提出一些问题，和在座的同

志们共同研究。希望通过这次全省税务局局长会议，使税制改革出现一个新的局面。

（本文为1987年全省税务局局长会议上的讲话）

参加中央党校经济体制改革研究班的学习体会

1984年3至7月，我参加了中央党校和国家体改委联合举办的经济体制改革研究班学习。国家体改委五位领导、经济理论界著名专家和国家机关实际工作者以及党校政经教研室的教师共计二十四人给我们讲课辅导。通过学习马克思主义经济学基本原理和经济体制改革的基本理论，总结我国经济体制改革的沿革，借鉴国外经验，研究了建立中国特色的社会主义经济体制的基本原则和城市体改的主要内容。总的说来，中国特色的经济体制现在尚处于探索阶段，已确定了若干基本原则，但理论依据和总的模式仍有不同的表述，具体内容尚待在实践中丰富、发展。这次学习中，受教的各家之言也不尽一致，但在不少问题上受到很大教益。现将有关城市经济体制改革的一些学习体会，简要汇报如下：

一、研究经济体制改革的基本方向，必须弄清原来体制的主要弊端及其根源

我国经济体制主要弊端是所有制形式脱离生产力发展不同层次的水平；经济管理上单纯靠行政命令，集中过多，统得过死；分配上平均主义：造成经济缺乏活力，物资匮乏，效益不高，人民得到实惠较少。根本原因是违反了客观经济规律，主要是违反了生产关系必须适应生产力状况

的规律、按劳分配规律和价值规律。所谓理顺经济，其实质就是使经济活动符合客观经济规律的要求。研究班着重探讨了社会主义计划经济制度和商品生产、价值规律的关系，认识到商品生产是一种生产形式而不是经济制度，可以在不同的社会制度下存在，并为不同的社会制度服务。社会主义社会依然广泛存在商品生产和商品交换，它同计划经济并不矛盾，而是互相结合、融合，彼此渗透的关系。解决这个问题，不仅具有重要理论意义，而且有重大实践意义。过去，人们往往把价值规律同盲目性自发性等同，把计划经济同商品生产对立，把市场机制排除在计划经济之外，经济体制基本上采取了直接产品分配的模式，这是造成集中过多，统得过死，单纯依靠行政命令的根源。要改革这种体制，使经济具有较强的活力，就必须充分重视利用商品货币关系。这里包含三层意思：第一，计划经济的调节手段，既有计划调节（为主），也包括市场调节（为辅），它们各有不同的作用方式、作用范围和重点，不应把市场机制排除在计划经济之外。第二，进行计划调节时，必须利用价值规律调节生产和流通的作用。经济计划中，包含自觉运用同价值规律相联系的价格、税收、信贷等经济杠杆的作用。第三，计划调节的方法，采取对国民经济的宏观活动进行直接控制，对企业的微观活动运用经济杠杆，进行间接调节，就是"宏观控制，微观搞活"。

就我省经济体制改革的任务来说，应该更多地探索如何在计划调节中运用价值规律以及发挥市场调节辅助作用这两方面的问题。理由有四：（1）针对原体制的弊端；（2）根据省级经济管理的职能，处于承接、协调国家宏观管理和企业微观活动的中间环节，在位置上较之中央一级更接近微观的现实经济运动；（3）相对来说，我省商品经济很不发达，面临着大规模发展商品生产的紧迫任务，且大型骨干企业甚少，绝大部分是中小企业，宜于实行更有弹性的调节机制；（4）对外开放的地位，同资本主义市场经济有频繁联系，要求也有可能，把计划经济和利用商品货币关系巧妙地结合起来，作出灵活反应。否则，不可能有真正的搞活经济。

二、要实现"宏观控制、微观搞活"，寻求把集中的计划管理和利用商品货币关系密切结合的机制，核心是改革计划管理体制，抓住计划、价格和流通三个中心环节

近几个月来，省委、省政府抓了"简政放权，搞活企业"，在机构设置、干部任免、劳动管理、奖金分配等方面，采取了一系列"松绑"扩权措施，无疑是正确的。这些属于企业内部生产关系及生产力要素的合理组织问题，牵扯面较小，改革出现了很好的势头。现在要进而研究的，是那些同外部条件紧密关联的再生产过程诸环节，联系着宏观管理，改革的难度较大，但如果这些方面的改革不跟上，搞活企业还比较困难。现国务院决定，把实行第二步利改税，解决国家与企业的分配关系，作为城市改革的突破口，加强了企业盈亏责任，为其他方面的改革创造了条件。我们应该掌握时机，在抓好利改税、企业内部责任制、奖金不封顶三项小配套的同时，积极主动地搞活流通和进行计划、价格管理体制的一定改革，以期在这些主要环节上有所前进。

全国计划管理体制的改革，已制订了一个初稿，在有些问题上有两种意见。关于宏观控制的范围、关于计划管理形式分为指令性计划、指导性计划和市场调节三种，原则上都是认识一致的，问题在于如何正确划分三种管理形式的范围。企业生产经营计划的自主权究竟有多大，决定于国家要不要控制实物指标，控制到什么程度。国家体改委顾问廖季立同志等，主张企业以经济合同为基础，自行制订计划，通过市场的横向联系，实现产销衔接和平衡，对少数国家必须掌握的重要产品，下达订货、供货任务，作为指令性指标，由企业保证完成。这可能是一种较好的办法。当前，在全国没有统一改革之前，我们可在自己的权限内，先行研究缩小指

令性指标的范围，除骨干企业生产的能源、紧缺原材料、重要工业设备以及极少数人民生活必需的重要消费资料实行指令性计划外，一般产品以及产品虽重要，但系中小企业零星分散生产的，均可实行指导性计划，国家运用经济杠杆进行调节。而且指令性调拨的数量不宜绷得过紧，计划内产品企业一般要有一定比例的自销。至于那些品种繁多、替代性强、无关国计民生的小商品，可以放开，实行市场调节。物资管理体制也要相应改革，主要保证重点建设和骨干企业；对于计划外和非计划的一块，可开设物资贸易中心，开展市场调节。

流通领域连接着生产和消费两头，是再生产过程的重要环节。搞活流通，不仅是密切城乡联系的前提，而且是搞活城市各单个企业的最重要外部条件。组织以中心城市为依托、发展横向联系的经济网络，必须首先改革流通体制。这方面改革的原则、办法都已有了，重要的是要使有关部门充分认识这一工作的意义，从而加快步伐。城市要着重抓紧批发商业的改革，办好工业品贸易中心，真正做到人不分公私，地不分南北，开放市场，打掉官商，促进竞争。竞争的意义在于：第一，使省外先进产品在我省市场的竞争中，逼着本地企业转轨变型，提高素质。第二，在竞争中发展壮大自己，这是最根本的一面。要制定一些政策，鼓励工商协力，采取省内外联销、展销、代销、厂店挂钩、开设门市部、代理行等多种方式，积极打出去，开拓市场（包括向国际市场开拓和推进沿海"洋货"向内地流动）。贸易中心是否同二级站合并，还可研究。为了避免垄断，形成新的官商，当前应以代理、服务为主，也可适当开展自营业务。

许多商品价格严重背离价值，影响其他方面的改革，成为矛盾焦点。对于这一敏感问题，既要慎重对待，服从全国统一步调，也不宜消极等待。可以先行研究改革价格管理体制，把相当一部分定价权下放到中心城市，并与计划管理体制配套，扩大企业自行定价或产销协商订价的权限。价格管理的方式，要将单纯的统一定价改为管理中准价、浮动价、最高限价等多种方

· 64 ·

式。以便在价格总水平基本保持稳定的前提下，使部分商品的价格逐步向价值靠拢，使企业的自主权和经济效益得到比较真实的体现，为物价全面改革打下基础。

以上只是原则设想，建议省政府责成有关部门进行研究，制定具体方案。

三、我们在计划、价格、流通等方面实行比较开放的体制，会不会影响宏观失控，影响物价上涨

这是大家最为关心的问题。对此，应作具体分析。关于宏观协调发展问题，主要靠在全国范围内安排好总供给和总需求的平衡。我们省内只要抓住：（1）实行第二步利改税。财政收入有了可靠保证；（2）控制好基建总规模和重点项目；（3）消费基金是在经济效益提高基础上有控制的适当增长。那么，不至于出大的问题。关于物价，我认为：（1）工业生产资料价格的部分上涨（市场调节部分），企业在搞活后，将增强消化吸收能力；（2）工业消费品的价格，在激烈的竞争中，特别是逐步形成买方市场的进程中，并非注定会上涨，有的还会下跌；（3）对人民必需的重要日用工业品，可以对零售价格进行控制和管理；（4）对群众的消费结构要作分析。为了保证群众生活的安定，我们关注的重点应是人民的生存资料和部分发展资料，其中第一位的依然是食品，群众最为敏感的也是副食品价格。而这几年来副食品价格事实上是上涨的，只能依靠搞活经济、发展生产来解决；（5）稳定物价的基本前提是购买力和商品可供量的平衡。在调节机制放活后，生产上去了，人民收入增加了，将从根本上有利于稳定物价（不是冻结），或有能力承受物价的一定程度上涨。在价格问题上，我们需要多作宣传，统一认识。

总之，在计划经济中利用商品货币关系，是体制改革的一项历史性任

务，我们除根据全国统一部署行动外，还应当多方面积极探索。否则，谈不上经济体制改革走在全国前头。其实，许多兄弟地区已经走在前头了。除大家已知者外，还有无锡市五年内工农业总产值以13.3%速度递增，市区工业企业市场调节比重每年占40%左右，计划调节和市场调节互相渗透、交叉，出现各种变形，市场调节部分也受到计划调节的某些制约。该市一位参加研究班的领导同志，在个别交谈时，讲到其经验是在现行体制下，"最大限度地发挥市场调节的作用"，值得玩味。

四、为了掌握重点，取得经验，协调各项改革的配套，建议选择若干中心城市，给予权力，进行综合改革的试点

党的十二届三中全会即将召开，经济体制改革工作面临着崭新的形势，体改机构的建设和体改干部的培训已是当务之急，安志文同志在研究班结业式上也有布置。我回省后当请示郭、罗二位领导同志，另提方案。

（本文是一篇学习心得报告。福建省委常务书记胡宏1984年8月13日批示："报告写得不错，发各委、办、厅局参阅。"）

与改革同行

——改革亲历者口述历史

　　1978年12月，党的十一届三中全会恢复了实事求是的思想路线，决定把全党工作着重点转移到社会主义现代化建设上，确定了改革开放的方针，开启了当代中国历史新纪元。1979年7月，党中央、国务院批复广东、福建两省报告，赋予两省先行对外开放，实行特殊政策灵活措施，并试办深圳、厦门等四个经济特区，从此福建省改革开放的航船扬帆起航。

一、福建省早期的经济体制改革

（一）省领导叫我搞体改工作

　　省委把1983年定为改革之年，决心大步推进改革。为此，加强了组织上、思想上、措施上的准备。是年三四月间，有次在省政府大门口遇到胡平省长，他叫我去搞体改工作。接着见之于文字，由省政府办公厅答复国家体改委："经省委研究，省体改委主任由省长胡平兼。办公室领导人肖苏（时任省政府副秘书长，后来仍在省政府工作）、金凌。"又接着省委正式发文，胡平兼任省体改委主任。当时，还没有机构和专职工作人员，但改革开放的脚步声声催紧，体改专设机构也在加紧筹备中。省委任命了副省长兼秘书长王一士等三个体改委副主任。8月下旬，省体改委（办）领导三人、工作人员两人陆续到位，开始正式运转，日常工作由专职副主任郭亮如主持。

当时，我的身份是省政府办公厅副主任，分管体改工作。

9月19日，我们造访国家体改委，童大林的秘书用汽车把我们接进中南海。童副主任召集试点组、调研组、理论科教组等几个组的负责人，向我们介绍了他们近期工作重点，童也讲了指导性意见。通过他们介绍，我们了解到，在指导思想上，城市改革要从研究企业改革入手，解决好国家与企业、企业与职工、企业与市场关系，中央领导同志提出要重视提高企业素质，要有企业家来办好企业。另一个问题，是要从市管县扩展到研究经济区的建立，城市间的联合，商品流通要搞活。此外童大林充分肯定我省抓改革决心很大，鼓励大胆干，不要等待，就叫"试点"，省里自己试。

在京期间，我们还拜访了财政部利改税办公室主任陶省隅司长。陶司长把利改税称作开启城市改革的一把钥匙，特别是第二步利改税，把第一步利改税的税利并存，完善为全部用缴税形式解决国家与企业关系，可以促进企业更加关心经济效益。他详细介绍了第二步利改税的办法和全国初步测算结果。

这次赴京，使我们在指导思想上得到启迪，并对全国将推出第二步利改税获得明确信息。

（二）福建省经济体制改革的起步

1983年，全党、全国已把工作重心转移到经济建设上以来，各方面已深切感到高度集中的计划经济体制束缚生产力的发展，都在努力寻求给经济注入活力。虽然还受到意识形态的束缚和姓社姓资的困扰，但在实践中，群众有了很多创造，已经启动的挣脱旧体制束缚的步伐，同国家开始放松管制相结合，开拓前进。经过几年努力，使经济体制改革有了一个良好开端。这表现在对内搞活与对外开放已经起步，从农村和城乡流通领域开始，取得了不同程度突破。

自项南同志1981年初主政省委后，福建省农村联产承包责任制迅速推开，到1982年已普遍推行。在此基础上，农村出现了分工分业的趋势，各种专业户和联合体蓬勃兴起，早先的社队企业也冲破了"三就地"（就地取材、就地加工、就地销售）的限制，这两支队伍迅速发展为方兴未艾的乡镇企业，积极扩大商品生产。1982年，乡镇企业已达4.5万个，产值22.8亿元，比1978年分别增加33.6%和1.49倍。农村生机益然。在商品流通领域，较早地普遍恢复了集市贸易，放宽了政策，大批农民进入流通，从肩挑车推发展到长途运销、经营批发业务。城市也出现了私人摆摊开店，特别是在饮食业、修理服务业、小杂货业等行业中纷纷兴起，从而涌现了城乡第一代个体、私营商业企业，在城乡之间架起了桥梁。1982年全省非国有的商业网点已达3.6万多个，从业人员7.4万多人，分别占总数的85%和52%，较之1980年增加了2.45倍和2.25倍。个体营业额占社会商品零售额的比重，1980年占0.81%，1983年上半年上升到4.4%。工业品的销售环节，过去由国营商业统购包销的工业消费品，已改变为商业选购、定购，工厂自销、工商联营等多种形式，有些生产资料开始作为商品进入流通。以上改革，初步改变了城乡分割、地区封锁、产需脱节的局面，活跃了城乡经济特别是农村经济。

在价格管理上，绝大部分三类农副产品和手工业品放开了价格，实行市场调节。由国家定价进行统购派购的一、二类农产品，从1979年的49种减至1983年的8种，列入省计委收购上调计划的16种。即使还保留的计划收购商品也放松了完成统购派购任务后的管制，超基数部分国家根据需要加价收购，或者同供应紧缺的农业生产资料挂钩，调动了生产者积极性。

国有企业改革方面，1981年起推行利润留成、盈亏包干等多种形式的经济责任制，到1982年底推行企业达1400多家，在其中114家工业企业进行了初步扩权的试点。国有商业企业也于1983年推行经济责任制。

在对内搞活方面，农村改革取得了突破，生产发展、流通活跃，农业商品率大大提高；城市的流通领域，体制外的一块显现了活力，正在向"多种经济形式、多种经营方式、多渠道少环节"的三多一少流通体制前进；国有工商企业怎么改则还在摸索，初步推行的经济责任制成效还待观察。总体上说，福建省城乡经济体制改革起步较早，其特点是发挥了市场调节作用和多种所有制的较快发展。这是农村联产承包责任制后来居上、群众中商品经济意识底蕴较深、国有大工业骨干企业稀少以及对外开放等诸多因素共同作用的结果。

对外开放是福建省重大改革举措，虽起步不久，也出现不少亮点。如创办了厦门经济特区；成立全国第一家信托投资公司——华福公司；向国外商业银行贷款800万美元，建立远洋船队；与邮电部合作，从日本引进万门程控电话，1982年11月投产，福州出现了中国大陆第一个程控电话局，开全国各省改善通讯设施之先；为吸引外资，引进先进技术设备，设立并公布了100项技改项目库；最早成立的福日电视机和厦门华美烟草两家中外合资公司，在一片争论声中，以其经营效益站稳了脚跟；特别是利用科威特政府低息贷款，1年10个月建成全国第一个由地方投资和利用外资的厦门国际机场，既是改革开放的产物，也为加快对外开放提供了条件。

但是，当时还处在冲破计划经济束缚的开始阶段，对于该怎样改革、改革到什么目标，全国还没有一个总体规划，还在走一步，看一步，摸着石头过河。然而，一个省的改革，不仅在战略目标上、而且还要考虑在具体措施上与全国衔接。在福建省现实经济生活中，一方面，在体制开始转轨初步呈现活力的同时，也出现了摩擦和新的问题，主要是紧俏商品仍然短缺而许多工业品又不适销对路；国有和供销合作社商业面临民企竞争，日益萎缩和困难；工商企业机制僵化，效益不高。我们认识到，必须解决好对企业管得过多，统得过死，企业吃国家大锅饭，职工吃企业大锅饭的问题；必须进一步放宽政策，发挥市场调节作用。另一方面，推进改革，又受到两个因素制约。一个是国家各部门具体规定的限制，如劳动用工制度、工资制度、奖金限制、企业留利水平等，都管得很严，而且还牵涉本省财政承受能力。第二个是一些认识问题在干部中还没有完全解决，如敢不敢提商品经济，敢不敢充分发挥商品生产和价值规律的作用（更不要说摒弃计划经济了），个体经济是否是社会主义经济组成部分等等，这些今天看来很清楚的问题，当时还是需要解放思想，"大胆"思考的。因此，城市改革如何推进，需要探索。

为了研究深化改革的方向和措施，省政府由胡平省长主持，召开了一系列座谈会。胡平指出，省政府工作要牵牛鼻子，抓计划、财政、体改；搞好改革要抓领导干部学习，抓力量组织，抓试点。分管副省长及省体改委也分别召开各地市各厅局领导同志参加的座谈会，调查研究，并总结了部分基层企业的经验，还邀请财政部陶司长来闽举办第二步利改税讲座，指导抓好测算工作。省体改委理出了一个1984年深化改革的意见。1983年11月29日省政府常务会议讨论批准了省体改委提交的意见，并交予省体改委具体准备召开全省会议作出部署。

（三）福建省第一次体改工作会议

1984年1月9日至14日，福建省政府召开全省第一次体改工作会议，由胡平省长作会议总结，部署工作。各地市分管领导、省直综合部门、部分专业厅局及部分重点县负责同志80多人参加。国家体改委委员李岩到会指导并讲话。会议提交了推进经济体制改革的设想，几个单项改革方案和十几个典型经验。

这次会议，首先学习中央领导同志关于经济体制改革的讲话和中央1号文件，听取省体改委关于四年来改革进展情况的报告，对"要不要""能不能"加快改革步伐，怎样加快改革步伐，进行认真讨论。省政府提出，作为全国"一盘棋"中的一个省，既要遵循全国的统一部署，又不能在改革动作上等待观望、左顾右盼。只要把握好方向，当前的改革有利于为今后改革创造条件，就要大胆进行。到会者统一了思想认识。

会议部署了1984年重点抓好的几项改革。一是贯彻中央1号文件精神，进一步推进农村改革，对此，省委、省政府将召开全省农村工作会议具体部署。二是做好第二步利改税准备工作，按全国部署于1984年10月推行。旨在用缴税代替上缴利润，处理好国家与企业关系，解决企业吃国家大锅饭问题，为落实企业自主权、进一步解决企业内部关系创造条件。三是按照商品生产特点和商品经济内在联系，改革流通体制，重点突破批发环节的改革，实行二三级批发机构合并，不分等级层次，让零售企业自由进货，由过去的基本上是分配职能改为行使流通职能。四是改革劳动用工制度和奖金、退休金发放办法。国有企业新招收人员推行劳动合同制，目的是想先在新进人员中改变用工"统包统配"，打破能进不能出的铁饭碗（但是，后来劳动合同工又变成固定化，打破铁饭碗是很费劲的）。企业发放奖金采取由省体改委制订的核定基数与上交税利挂钩方法，既有控制又不搞平均"封顶"，以调动企业和职工积极性。但这一办法后来在国家统一规定下停止执行。五是按照社会化大生产的客观要求，发挥中心城市组织经济的作用。通过市带县（三明已于1983年撤销行署设市，晋江、龙溪也要很快实行），并下放省属企业到市，推进企业改组联合。特别是先抓好闽南经济区的开发工作，以厦门特区和厦门口岸为窗口，组织跨地区的经济联合体。部署了调整计划商品目录，扩大指导性计划和市场调节范围。进一步推进价格改革，进行蔗糖和茶叶生产管理体制两个专项改革。会议确定福州、厦门、泉州、三明四市和龙海县进行综合改革试点。

福建省第一次体改工作会议是在全国尚无改革总体规划的情况下，对全省改革作出总体部署，并在省政府领导下，把各级体改机构推到了第一线，显示了改革的热情，是一次积极的行动，国家体改委专门印发简报介绍交流。此后，省政府基本上每年都要召开一次体改工作会议，部署经济体制改革。

（四）中央党校第一期体改研究班

福建省体改工作会议后，3月至7月，我参加了由中央党校和国家体改委联合举办的第一期体改研究班。学习分两个阶段进行，第一阶段学习《资本论》（第三卷）有关马克思主义再生产的理论，在认真读书基础上，由中央党校教授讲课。第二阶段紧密结合实际，学习研究我国经济体制改革的理论、方向、基本原则和主要内容。国家体改委邀请了刘国光、蒋一苇、林子力、厉以宁等一批力主改革的著名专家，还有国家体改委委、局两级领导，国务院有关部门的部级领导，做了十几场专题报告。理论与实际结合，分析了计划经济的弊端，改革的必要性和改革的方向，还介绍了苏联和东欧国家的经济体制改革和西方资本主义国家体制情况，听取了全国一些先行改革的企业经验。

这次学习的主要收获，是从理论上讲清了社会主义制度下发展商品生产和商品交换的必要性，有的还提出了企业的独立自主地位。当时，受历史条件的制约，多数研究成果还只提商品生产，不提商品经济；只提多种经济"形式"，不提多种经济成分；在计划与市场的关系上，实行计划调节为主、市场调节为辅，或曰引进了市场机制的计划经济等等。但总的取向是强调冲破僵化的计划经济，发展商品生产，充分运用价值规律，在宏观控制下搞活微观经济，这都具有开拓性的意义。这期研究班为全国各主要省市培养了一批从事经济体制改革的骨干力量，学习结业时，我写了学习心得和论文各一篇。学习心得报告省领导，省委常务书记胡宏同志看了，认为报告写得还不错，批示发给各委、办、厅、局参阅。我在心得报告中，分析了旧体制的主要弊端和根源；提出了寻求"宏观控制，微观搞活"，把计划管理和利用商品货币关系密切结合的机制，抓计划、价格和流通改革三个主要环节；并借用外省的实践，提出在现行体制下，要"最大限度地"发挥市场调节的作用。事后看来，要抓的重点环节讲得还不全面。这些是我的粗浅认识。经济体制改革若浩瀚大海，要钻研的问题很多很深。后来的实践中，计划体制改革经历了漫长而曲折的过程。而我始终重视并坚持市场取向的改革，重视体制外经济的搞活和主张把价格改革放在先行的位置，应当说，这次研究班的学习给我打下了重要的思想基础。

在中央党校学习期间，福建55位厂长、经理发出呼吁松绑放权的公开信，省委书记项南即批示在3月的《福建日报》发表，由此掀起了推动部门放权、扩大企业自主权的热潮。我从《福建日报》看到这一消息后，十分关注。结合机关寄来的材料，我了解到，省委提出了"给三权"（人权、财权、经营管理权），"增三力"（动力、活力、压力），工业生产实现两位数三同步（产值、上缴税利、销售收入）增长。省政府颁发了下放企业技改审批权，改革国有企业人事管理制度等有关工贸经济政策的7个文件，总的精神是推进改革，下放权力，放宽政策，搞活经济。并决定把省体改委会同劳动局、财政厅制定的"联税浮动发奖制"的试行范围扩大到所有内部经济责任制比较健全的企业；放开国有小企业的经营方式；在55家呼吁松绑的企业实行厂长负责制的试点。省直各有关部门也制定了对企业放权的相关措施。松绑放权的呼吁，在全国引起巨大反响，《人民日报》加按语全文发表。改革的热潮令人振奋。

5月，福建省应国家体改委和国家经贸委邀请，由省经委副主任黄文麟率领一批锐意改革的厂长、经理到北京中央有关部门讲演，介绍改革经验。5月20日，福州铅笔厂厂长龚雄、闽东电机公司一位领导干部到中央党校体改研究班介绍，重点介绍了福州铅笔厂对国家实行3年递增包干的经验。

二、经济体制改革全面铺开

1984年10月，党的十二届三中全会通过了《关于经济体制改革的决定》，系统阐明了中国经济体制改革的性质、基本任务、中心环节、重点等一系列重大问题。《决定》突破了把计划经济同商品经济对立起来的传统观点，指出中国的经济制度是建立在公有制基础上的有计划的商品经济，商品经济的充分发展，是社会经济发展的不可逾越的阶段。从此，福建省和全国一样，加快了城市改革的步伐，也就是转入了整个经济体制的全面改革。

（一）以国企改革为中心环节

《决定》的公布，让我们明确了指导思想和方向，促进全省原已蓬勃兴起的若干方面的改革更加如火如荼。省委召开常委会认真学习《决定》，吸收有关部门参加，讨论贯彻实施意见。此时，我已是省体改委副主任，根据省委讨论意见，省体改委起草了全省《近期经济体制改革的设想》，又经省委工作会议讨论和部署，由省政府于1984年11月发布。《设想》确定：抓住搞活企业这个中心环节，坚持"四放"，即思想解放、内外开放、权力下放、政策放宽。搞好"六活三改一配套"，即搞活企业、搞活流通、搞活城市、灵活对外、搞活侨乡、搞活人才、物价改革、工资改革、机构改革和配套改革。

福建省于1985年实行的两个投入产出总承包，不仅包生产，而且包基建，则继续推行。一是对重点骨干企业三明钢铁厂实行投入产出承包责任制，包扩大生产能力和主要产品产量，包基建项目和投资。确定从1985年至1990年的6年内，该厂利润上交和产品上调量基本维持基数，产品价格平议结合，新增利润除提取福利基金外全部用于归还贷款，固定资产折旧费面上企业要上缴30%，对该厂采取全部留给企业，实行工资总额与上缴利税挂钩浮动。国家则保证协定的铁矿石、煤炭、电力、运输等外部生产条件。要求该厂依靠自行积累，完成把钢的生产能力从24万吨增加到50万吨的扩建任务，总投资为2.63亿元。二是对省属煤炭企业实行行业投入产出总承包。确定从1985年起的6年中，省煤炭局"包产量，包盈亏，包基建总投资，包开工规模和投产能力"。企业不得亏损，盈利全部留用。这两项措施，旨在增强各该行业的活力和实力，是体制改革的有益探索。面上的企业，利改税后出现的一个普遍问题是留利过低，企业缺乏自我积累自我发展能力。

在松绑放权基础上，1985年4月，省政府颁布了搞活企业的10条措施，包括：进一步扩大企业产供销自主权；对大中型企业减免调节税和提高折旧率，以增强企业技术改造和产品开发能力；发展经济联合；扩大燃料、原材料节约奖范围；禁止摊派；清理整顿公司等。通过省委、省政府采取的一系列措施，企业在生产经营方面有了一定自主权，开始有了一些活力。但是仍有反映放权不落实，近期经济体制改革设想规定的一些措施，也还没有全面贯彻，企业还不可能自主经营。省和各地市体改委、经委几乎年年都要检查企业自主权落实情况，重申或出台一些放权措施而前进一步，但步子不大。

6月，省经委、省体改委联合向省政府提交了《关于检查企业自主权落实情况和进一步增强企业活力的意见》的报告，据对205家工贸企业的调查，人事任免、招工用工权不落实的占76%；工资浮动、奖励权不落实的占70%；产品自行定价权不落实的占66%；发展横向经济联合权不落实的占51%；还存在中梗阻问题。对此，省委书记项南批示："中梗阻要解决，要把有关厅长找来做思想工作，干扰严重的单位要考虑采取措施，对此软弱无力不行……报纸要有反映，有评论。"省政府在批转该联合报告中严肃要求各地高度重视，坚决放权，不走回头路。对揽权不放、放了又收、严重干涉企业自主权的单位和个人，上级要考虑采取措施。于是，福州市组织了7个检查组，用7天时间深入企业做重点检查，市政府根据检查情况对企业工资基金、奖励基金、效益工资、加班费的提取和管理等问题又做了具体规定。三明市召开了34个企业座谈会，市有关部门领导参加，解决企业自主权不落实问题。其他各地市也都有推进。

在普遍推行经济责任制的同时，还选择部分企业进行配套改革试点。包括：改革企业领导体制，推行厂长负责制，有的结合实行任期目标责任制，到1985年底有400多家实行。改革人事管理制度，科室人员能上能下，破除终身制。改革劳动管理制度，劳动组合由部门、车间负责人自主选人。改革工资奖励制度，在建筑企业普遍实行百元产值工资含量包干，在煤炭企业实行吨煤工资含量包干。在工商企业，试行工资与经济效益挂钩浮动，1984年开始试点，1985年达到189家，主要分布在福州126家，三明30家。采取标准工资同实现利润挂钩浮动，企业在工资总额内实行浮动工资、计件工资，超定额计件、浮动升级等多种分配形式。试点效果不错，企业产值与利润增长均高于面上企业。1985年9月，国务院通知采取工资总额同企业经济效益挂钩浮动办法试点，按照其规定的试点企业比例，福建省只能试53家，其他的暂停试点，改按原来提取奖励基金办法，这给干部、职工带来一些思想波动。再者，福建省虽是实行特殊政策灵活措施的省份，但试点企业的确定，省里无权批，都要逐个上报劳动部（工改领导小组）批准。1986年，试点企业再缩减为45家，其中工业43家，商业2家。改革面不断缩小。有些企业反映的所谓承包"两上两下"，多折腾。就是指：利改税停止了利润包干；工资与效益挂钩，实行了又叫停。

1986年，省领导决定我主持体改委的日常工作。4月，省体改委对1189户国有工业企业问卷调查，细分的数据表明，企业的生产经营计划、自销产品定价、物资选购等同缩小指令性计划、扩大市场调节范围及价格管理改革相联系的自主权，相对落实得较好；与政治体制相联系的人事任免、机构设置等自主权，常受主管部门硬性要求，较难落实；涉及宏观控制的，如工资奖金、劳动用工、技术改造等，是放了又收；没有法律保障的，企业有权也不敢用，如对职工的奖惩权，对表现极坏工人的除名等。这表明企业扩权虽然有所前进，但依然步履艰难。12月，省政府分管领导指示并亲自参加，省体改委、省经委召开由政府部门和理论研究单位共19个单位200多人次参加的搞活企业7个专题研讨会，虽提出了在大中型企业实行多种形式的经营责任制，但对此没有作为主题研讨。

1987年4月，在全省体改工作座谈会上，省体改委阐述了承包经营责任制对于转换企业经营机制的积极意义，提到其主要不足是没有规范化。因为从改革方向说，稳定国家和企业利益关系应当是税制，故承包制具有过渡性；但在目前是有利于挖掘企业潜力，形成自我激励自我约束机制（后来的事实说明，自我约束机制是不足的）的有效办法，要下功夫推行。会议对要注意的问题和配套改革，都作出了部署。六七月，省委主要领导亲自抓承包经营责任制，省政府颁发了《在国营大中型企业推行承包经营责任制的意见》，于是掀起了一个小高潮。各地政府都成立了深化企业改革办公室，地市体改委抽人参加。参与承包指标的核定、合同的签订落实以及跟踪的检查，曾是这一年地市体改委的重要工作。1987年底，全省预算内国有工业企业已有1250家实行了各种形式的承包经营责任制，占企业总数95%。

承包经营责任制实行了两轮：1987至1989或1990年；1990至1993年。在当时历史条件下，对深化国营企业改革起了一定作用，企业的领导人和广大职工对推动经济发展作出了贡献。但是，承包制本身蕴含着一系列难以克服的缺陷，主要有：（1）国家财产所有权和企业经营权各自的权限仍没有明确界定，没有真正实现两权分离，承包只能负盈，难以负亏。根本问题是产权主体不到位。（2）缺乏正确评价企业经营业绩的标准，不利于公平竞争。承包的形式一户一策，一厂一议。承包基数只是依据每个企业历史实绩，没有同行业平均水平的参照，没有横向比较，因此存在着鞭打快牛，照顾慢牛，以及苦乐不均的情况。而且核定基数采取一对一谈判，企业凭借掌握内部信息的优势，尽力设法压低基数。（3）约束机制不足。承包合同容易受到市场波动的影响而包不死，往往是"合同硬，兑现软""奖励硬，处罚软"。（4）助长了企业短期行为。承包都有一定期限，企业经营者更多地考虑在本届经营中看得见的利益，而且更多地片面追求职工利益，职工也追求收入的快速增长，攀比心理较重，奖金越发越多越不能满足职工要求，再加上对企业财务状况的审计不严格、不配套，虚增利润、利用各种手段增发奖金、实物等现象比较普遍，忽视企业长远发展。

在改革国有大中型企业的同时，省里部署，放开工业和商业的小企业，但在实际执行中，只有商业小企业是放开了。厦门市在1984年9月至1985年初的4个多月时间内，全市93家商业小企业全部放开经营。其中，实行国家所有、集体经营占23.65%，转为集体所有制占21.51%，租赁经营占54.8%。他们坚持由企业自愿选择经营形式，不搞一刀切；公开招标，择优录用租赁者；转制企业实行有偿转让；企业与公司隶属关系不变，职工全民身份不变。放开后，人事管理权、业务经营权、在缴足税费后的财务管理权完全自主，实现了自主经营自负盈亏，大大提高了企业经营者的积极性。1985年营业额、实现利润、上缴税收、企业留利比1984年增长40—60%不等，人均奖金增长90%。到1985年底，全省95%国营商业小企业都已放开经营。但也碰到问题。福建省对转为集体所有制和租赁经营的小企业，其财务制度执行集体所有制办法，后来财政部规定，仍要执行全民所有制办法，使政策兑现不了。

为配合国企改革，福建省搞了一项具有创新意义的改革，即社会保障制度的改革。当时，作为企业改革的配套，由省财政厅和体改委提出方案，在国有工交企业实行"职工退休金全省统筹"，以解决原来由企业支付退休金，新老企业苦乐不均，特别是老企业因退休职工众多不堪重负的问题。其办法是"全省统筹，分级管理，差额调剂，总额平衡"，退休职工与原企业不脱钩。企业不论有无退休职工、退休职工多少，均按工资总额一定比例（起步时缴20%）缴交退休基金，实际支付给职工的退休费则由退休基金管理部门拨付给企业。为了减少阻力，对因参加统筹而减少或增加留利的企业，结合第二步利改税，对留利基数做适当调整。经1984年准备，1985年运行，全省纳入退休基金统筹的工交企业1997户，职工60万人，统筹离退休职工8.7万人，统筹退休基金6999.6万元，其中有740户企业减轻了负担。厦门市从1985年下半年起，将统筹范围扩大到全市所有国有企业。全省58.12%的市县商业局，对其所属的国有商业企业也实行了退休费用统筹。这项改革暂由各级财政部门下设企业退休基金管理所承办，1987年7月移交劳动部门。我们不仅是全国最早实行退休费统筹的省份，而且起步就是省级统筹。从1989年1月起，又从工交企业扩大到全部国有企业纳入统筹，延续至今20多年，具体做法已进一步完善，而省级统筹，在全国则还没有实现全面覆盖。

（二）所有制结构的调整

福建省所有制改革起步较早，发展很快。由于经济基础薄弱，缺少大型国有骨干企业，改革开放后国家有限资源又主要集中于基础设施建设，因此，领域广阔的经济发展任务，落在了非国有的那一部分经济成分上；福建省所有制结构的调整，主要表现于包括集体、个体、私营和外商投资企业等多种所有制经济的壮大上。

1984年，建立乡政府和村级自治组织后，原来的社队企业纷纷突破国家规定的"三就地"原则，也突破了传统的集体所有制形式，利用"闲钱、闲人、闲房"，办起了前店后厂式的小作坊，发展很快。1983年省委在晋江陈埭召开现场会后即呈燎原之势。1984年比1983年，一年内全省乡镇企业数增加了1.16倍，企业总收入增长90%，利润和缴税均增长50%左右。此后几年均以百分之几十的速度递增。即使在遭受晋江假药案挫折后的1986年，企业个数虽减少20%，但其他指标仍都增长一至二成。从事的产业也不断拓展，如在漳州大量进入农产品加工业。在山区多数从事当地丰富的资源开发，少数依托紧邻国有大企业的技术优势、管理优势和产品质量优势，通过联合或接受扩散，对原材料产品进行深度加工增值，有着较高起点。

与此同时，省委于1984年提出城镇集体企业要实行"企业自己管、盈亏自己负、工人自己招、干部自己选、报酬自己定"的"五自"方针，同年省政府出台了《关于二轻集体所有制工业若干政策问题的规定》，对其经济性质、作用，以及生产经营管理、供销渠道和价格、资金和税收、收益分配、工资福利、人才培养及技术改造、领导和管理等作出明确的规定。虽然各级手工业联社和政府的第二轻工业厅局还是一套机构，在行政管理和国家宏观控制领域的计划经济色彩不可能一下就消除，但集体企业的民主性、群众性和灵活性均已明显增强。接着在集体企业中推行承包经营责任制，对妥善处理国家和企业的经济关系，调动企业积极性，起了一定作用。

1986年前后，原建阳地区和三明市的一些二轻集体企业、街办企业开始试行股份合作制。如南平电子仪器厂、建瓯雨伞厂、永安纸箱厂等。其做法是：企业清产核资，把历年积累作为集体股，按人头平均和工龄、职务贡献相结合的原则，大部分量化到职工个人名下，参与分红，不得退股、转让。

在组织制度上，成立股东大会或股东代表大会，选举企业领导人，作出企业经营重大决策。在分配制度上，既有劳动分红也有股金分红。这样做了以后，不仅为设备陈旧、经济拮据、难以发展的中小企业筹得了资金，扩大了生产，更重要的是把集体企业的产权主体明晰到每个职工，解决了传统的集体所有制企业仍被职工称作"财产都姓公，主人两手空"的主体缺位状况，建立了企业与职工的直接利益关系，从而大大增强了企业凝聚力，调动了职工积极性。省体改委早期关注的股份制萌芽，包括了这些股份合作制企业。我曾去多个企业考察，注意到它们产权明晰的决策机制、激励约束机制和筹集资金的能力，真正做到自主经营、自负盈亏。

福建省多种所有制经济发展的另一条主线就是对外开放。福建省自从1979年7月经国家批准对外开放，1980年10月设立厦门经济特区，1984年5月福州列为沿海开放城市，同时设立马尾经济技术开发区，1985年2月闽南厦漳泉三角地区等11个县市列为沿海经济开放区，1988年初又有21个县市列为沿海开放县以及一批重点卫星城镇享受开放区优惠政策，至此全省已具有多层次的对外开放，沿海开放地区已达33个县（市、区），土地面积41626平方公里，占全省总面积34.4%，人口1710万人，占全省总人口60%左右。对外开放不仅直接使中外合作、中外合资和外商投资的"三资"企业作为一种新的经济形式在福建省产生，率先形成了多元的所有制结构，而且间接带动了其他多种所有制经济的发展。

1985年，在全省工业总产值中，全民所有制企业的产值占56.5%，其余43.5%来自包括集体、个体、私营和中外合资等其他经济类型工业。此后，随着市场的进一步发育和扩大，国内国外两个市场的对接和互补，多种所有制经济迅速壮大，从初始单个细小的经济体发展为活跃于许多领域、实力强大的经济力量。

（三）横向经济联合蓬勃发展

从1984年起步的横向经济联合，到1986年、1987年有了很大发展。

1986年3月，国务院召开全国第一次城市经济体制改革工作会议，各省市区领导和体改委负责人与会。田纪云副总理部署工作，把发展横向经济联系作为这一年改革的重要任务。会议之后，国务院及国家有关部门下发了一系列支持横向经济联合的政策规定，对现行规定有一些突破。

4月，胡平省长采纳省体改委建议，组织各厅、局力量由领导干部带队，分赴福州、三明、泉州、建阳4个地市开展城市经济体制改革，重点进行横向经济联合的调查研究。根据调研中发现的问题，主要是财政税收体制、贷款规模、技改计划、劳动工资、物资供应、工商登记乃至统计处理，按块块、按所有制管理，影响了进行横向经济联合的发展，由省政府和有关厅局又制定补充规定，有针对性地解决。这一年福建省横向经济联合发展很快，企业间的联合和地区间的"结对子"经济技术协作相互结合，形成了一个热潮。1986年底全省已建立跨越生产、流通、科技领域各种不同形式的联合体2800多家，省内外参加联合的企业和单位6500多个。

企业间的横向经济联合，有多种内容和形式。其中，具有重要作用的是，在中心城市，围绕龙头产品的零部件生产协作，逐步形成一条龙生产的大型联合体，仅福州市就有此类联合体11个。具备条件的，发展为由不同层次，包括松散层和紧密层联合形式的企业群体，有的进而发展为企业集团。这种联合，实现了跨部门、跨地区、跨所有制的生产要素优化组合，并促进了企业组织结构的调整，形成了新的生产力。例如，福州在第一开关厂多层次横向联合基础上，成立了开关总厂，对其主导产品，连续6年保持部优称号的高压开关柜的生产，采取总厂负责关键件的制造和新产品的开发，而把零部件制造乃至产品总装交给5个合资、合营的分厂，并带动几十个小厂包括乡镇、集体企业进行专业化协作，形成以总厂为核心，半紧密型分厂和松散的协作厂为外围，具有不同层次、不同形式联合的企业群体。在不增加投资不增加设备的情况下，产品质量得到保证，产量和利润两年增长1倍多；并且开发了多项新产品，其中带电显示装置，达到了国际先进水平。闽东电机集团是全省第一个突破地区（福州、宁德）、部门、所有制界限的集团公司，曾在国家经委召开的全国23个集团公司联络会议上被选为沿海片的片长，后来发展为股份公司。

企业与高等院校、科研部门的产学研联合，对加速企业技术改造，促进新产品开发和新技术运用，起了很大作用。到1986年全省与80多所科研单位开展了技术咨询、技术开发、技术转让等各种合作，与全国重点大学和科研单位签订技术协作协议670多项。龙岩地区通过与省内外的科技联合，开发了硅锰合金、人造宝石、核苷酸、漂粉精等一批新产品，有的填补了福建省空白。龙海铸造厂与福州大学机械系合作，解决了球墨铸件的质量问题，每吨成本降低150元，产值增长50%，利润增加一倍半。总之，福建省企业间横向联合的蓬勃兴起，对于冲破旧体制的束缚，建立开放型的经济联系，促进生产要素流动，推动技术进步，以城市为中心带动县、乡企业繁荣，发展社会生产力，并促进企业结构调整和企业制度的变化，都有相当意义。

除了企业间的联合，省际和地区间的经济技术合作也有组织地开展起来，城市间纷纷结对子开展友好市活动，地区间成立经济协作区，推动企业间的联合和协作形成比较稳固的关系。特别是省内沿海与山区的联合，发展为政府间的对口支援，形成以厦门为中心，联结闽南三角开放地带和闽西老区；以福州为中心，联结闽东北五个地市的经济协作关系。十几年来这一模式日臻成熟，发挥了沿海中心城市两个扇面的辐射作用，成为山海优势互补，促进贫困地区脱贫的一项举措。

（四）探索企业股份制改革

在发展横向联合的基础上，由于一些企业遇到资金困难，出现了某些企业以筹集资金为主要目的，以资产、技术为横向联合纽带的股份制形式。此外，一部分由职工集资认股，以资带劳兴办的城镇集体企业，以及大量乡镇企业合资联办的形式，都引起了人们的注意。在国有企业改革中很难实现的两权分离、政企职责分开、自主经营、自负盈亏，使省体改委开始聚焦到股份制上面。这个时候，全国提出了股份制的试点，北京天桥百货商场改成股份公司，起了示范作用。

自1985年起，省体改委在历次省政府召开的全省性会议上的发言，都部署股份制改革的试点，并着手组织体改系统力量加以推动。一是召开理论研讨会和总结典型经验；二是制定股份制试点的指导性文件，有领导地推动；三是到现场面对面指导。早期出现的股份制形式的企业有10多家，主要集中在福州市和原来的建阳地区（后来的南平地区），三明、漳州也有。多数是城镇集体企业或国有小企业，通过向职工集资认股改为股份制企业，实际上是股份合作制。比较重要的有，省委常务书记胡宏抓试点的福州东街口百货大楼于1986年11月改制为股份有限公司，南平五交化批发站以吸收供货对象投资入股方式成立股份公司，还有虽属于集体企业但1986年就获市人民银行批准发行股票的福州自动化仪表厂，建阳橡胶机械厂除职工集资入股外，还争取到化工部设计院以技术入股。首批股份制企业对股份经济还不太明了，其股份构成往往风险和利益不对称，带有债券的很多痕迹。如同股不同权同利、职工股保本、派息又分红、定期终止等等。但已初步改革治理结构，建立了股东大会、董事会。

与此同时，关于股份制的理论思考也开始萌动。在1985年8月省委宣传部、省体改委等7个单位联合召开的"城市经济体制改革理论讨论会"上，青年学者陈明森、王铮分别提出了股份公司同样适用于发展社会主义。有了一定的实践与理论准备，省体改委于1986年10月在福州市东门一个村办的招待所里召开了"社会主义股份制经济理论和实践研讨会"，并作出工作部署。开会场所条件十分简陋，但与会的试点企业代表、青年学者、各地市和省直有关部门体改工作者50多人倾注了很大热情。记得华侨大学有一位从日本进修回来的学者闻讯还赶来参加研讨会，福建师范大学、厦门大学、福州大学、福建商业高等专科学校等高校也都有派代表参加。我在会上提出，社会主义公有制形式具有多样性，国有企业经营机制应该进行多方面的探索。

股份制多元化的产权主体和内部管理体制有利于摆脱行政主管部门对企业生产经营的干涉，同时使激励和约束机制较好地结合，是一种实现两权分离、政企职责分开，达到自主经营、自负盈亏的有效形式。而就集体所有制经济来说，股份制形式正是恢复了真正的集体所有制模式。因此，各级体改部门要大力推动试点。在研讨会上，大家对股份制的性质、基本原则、相关政策、如何引导纠正不规范的作法等取得了一些共识；企业和实际工作者则更重视股份制集中资金的功能。这次研讨会对推动试点起了很好的作用，与会的体改部门和企业代表回去都积极行动起来。

省体改委为了引导试点的健康发展，草拟了《社会主义股份制试验方案》，对试点的原则和范围、股份制企业的性质、股权设置、股票发行和管理、财政税收政策和盈亏自负等都作出可操作性的规定。该方案经过多次论证修改，于1986年12月上报省政府，1987年2月经分管省领导同意，由省体改委下发试行。我们当时提倡股份制，都要加上"社会主义"这个前缀词，意在强调股份制是社会主义的一种企业制度。

（五）创建新的价格形成机制

较之磕磕绊绊的企业改革，价格改革相对比较顺利，效果也好。1985年，列为"慎重初战，务求必胜"的价格改革，及以后两年的消化补充继续稳步推进，其实质是为走向自主经营的企业法人提供必要的市场环境。当时，我们在工作中深切感受到，没有发育的市场，企业不可能真正自主经营。企业界流传着以后有问题找市场不找市长的说法，其实，当时许多问题找市场解决不了还得找市长，也就不可能实现政企职责分开。而理顺价格是使各种商品自由流动，使市场机制发挥作用的前提。

据此，价格改革不能单纯在国家定价的圈子内升升降降，而是必须改变价格形成机制，有步骤地放开价格，使大部分商品由国家定价为主改变为市场决定价格为主。而价格的放开，要考虑国家财政和社会承受能力，只能是逐步的，对一些重要商品还要采取"调"的方式，使扭曲的价格体系得到改善，并逐步向市场价格靠拢。1985年的价格改革就是这样一个重要步骤。省政府根据全国统一部署又走快一拍，精心组织，从前一段的"放调结合，以调为主"改变为"放调结合，以放为主"。价格的放开也是对商品购销制度的改革，把统购、派购、计划收购、计划供应逐步改变为开放市场，放开经营。改革的初步成果引起生产、消费、企业、居民各方面的松动，使省体改委不少同志体会到，在互相咬住的"螃蟹体制"中，突破口就在价格改革。经济体制改革以企业改革为中心如果简单理解为仅仅在企业改革单一动作上着力，往往事倍功半。

1985年至1987年，价格改革及与之相联系的商品购销政策的重大转变，涉及主要农副产品和与人民生活密切相关的重要副食品。主要是调整了粮食、油料购销价格，提高茶叶、甘蔗收购价格，放开猪、蛋、禽、水产、蔬菜等鲜活商品价格，福建省重要商品木材价格也放开了；改革粮食统购制度为倒三七比例的合同收购（即三成按统购价，七成按加价）；缩小粮油计划供应范围，对酿造、食品加工业如酱油、糕饼、豆腐等豆制品的粮油原料改按议价供应。从而在农村全面取消了重要农副产品的统购派购制度，放开市场；在城市取消了副食品对居民的定量供应，实行敞开供应。这是一个重要的转折，且涉及千家万户。不仅如此，改革还指向计划管制严格的工业产品，对紧俏工业消费品，如冰箱、电视机、收录机、自行车等取消了凭票供应，拉开了许多商品的季节差价、质量差价、地区差价。当时，预计会带来一定程度的物价上涨，采取了应对措施。一是价格改革采取走小步，有控制的推进。1985年迈出较大步子后，1986年、1987年以巩固为主，相机推出一些补充、完善的项目；二是与工资改革配套推出；三是由政府把原来因购销价格倒挂和企业经营亏损而给予的财政补贴，用来补贴城镇居民因改革而增加的副食品支出，改暗补为明补；四是抓好副食品生产基地建设，增加国有商业调控市场的物质基础；五是搞好市场管理，制止哄抬物价。因此，尽管1985年福建省和全国一样零售物价指数有较大上升（上升10.6%），其根本原因是投资膨胀,经济过热,而物价的上涨能被群众接受。

价格改革的"初战"比较平稳地走出去了。从国家负担角度看,旧的购销价格倒挂已初步拉平,但国家还要补贴流通企业经营费用和投资办副食品基地。主要意义在于极大冲击计划经济。其效果是促进了生产,改革当年生猪生产就大幅度增长,短缺的商品逐渐增加,物资日益充裕,市场日益繁荣,消费者的不同需要得到了满足。1986年物价指数上升幅度回落到5.9%。1986年7月,匈牙利政府有个代表团到福建省考察交流。我向他们介绍了福建省这次价格改革以及调整所有制结构、搞活企业情况,他们认为讲得很好,很重要。

这几年价格改革的另一个重要步骤是,实行生产资料价格双轨制。一轨是属于国家计划内调拨的产品和原材料执行国家计划价格;另一轨是属于生产企业超计划生产和留成自销部分执行市场价。这较之1984年对生产资料超计划部分虽允许参与市场调节,但仍控制一定的上浮幅度或须经审批的做法,又前进了一步。之所以采取价格双轨制,是由于重要物资严重短缺,其生产、调拨由国家计划控制,形成环环相扣的链条,如果轻易打破这种安排,势必引起一连串连锁反应。在保持这一块原有的体制并有计划地逐步调价的同时,对增量部分也就是企业超产所得的部分导入市场机制,既不致造成大的连环涨价,又能调动各方面的积极性,增加生产搞活供应。这又是渐进式改革的一个特点。1985年全省按指令性计划分配的物资品种,已从1978年的689种缩减为21种,物资企业购销总额中市场调节部分占到41%。原来设想建立生产资料市场,把企业自销部分、企业积压库存及其他社会资源可供调剂的部分吸引入市场。但因各方面认识不一致,进展较慢,到1987年初只在福州、厦门建立了三个钢材市场。双轨制也出现了一些弊端。某些掌握资源的单位和个人擅自将计划内产品转计划外出售,进行倒买倒卖、投机倒把,腐败现象滋生,有人形容为"商品搞旅游,价格滚雪球"。两害相权取其轻,这是一种改革的成本,但不能长久下去,必须解决。这也促使我们后来下决心加快了双轨制的并轨，向市场轨靠拢。

（六）开放市场，搞活流通

按照城乡通开、货畅其流的要求，继续向三多一少的流通体制前进。对国有商业和供销社商业进一步改革，放手发展个体私营商业，拓展乡镇企业和工业企业自销产品。在管理上，撤除大部分检查关卡，敞开城门，福建省流通领域出现了十分活跃的局面。

国有商业的改革，着重在改进批发体制和放活小企业两个方面推进。批发企业打破按行政区域固定划区供应办法，让零售商业按商品合理流向自由选择进货，并探索建立新的商业组织形式。有的建立批零兼营的公司，有的成立贸工结合的联合体，更多地举办综合性或专业的贸易中心，还兼具服务功能，实行开放式经营，人不分公私，货不分内外，多种经济形式的商业单位都可参与购销活动。至1985年底，国有商业和供销社已建立各种贸易中心（货栈）179个，成交活跃。对国有小商业放开放活，继厦门市率先全面放开之后，其他各地市也相继进行改革。1985年底全省1860多家小企业放开经营，占总数95%，其中国家所有集体经营占放开企业数72.6%，转集体所有制占8%，租赁经营占19.3%。

供销合作社经过3年的改革，开始恢复"三性"，深购远销，摆脱困境，向新的阶段发展。主要是为发展农村商品经济提供系列化服务，至1986年底，已建800多个综合服务站，52处商业储运设施向社会开放，由供销社为主提供运销和服务，深受社员欢迎。

流通领域还出现了一支新的生力军——乡镇企业，它的崛起，产生了几十万供销大军，仅泉州就有50万人。他们走南闯北，向全国渗透，足迹遍及内蒙古、新疆等边远地区及各地小城镇，并进军大中城市，设立销售点几千个，从而建立了遍布全国的销售网和信息网，为发展乡镇企业做出了很大贡献。

这几年，流通领域的一个重要特点是乡镇企业、个私商业等计划体制外的购销活动十分活跃，国有商业、供销社商业所占的比重继续收缩。1986年社会商品零售总额中，集体商业占36.7%，个体商业占22.2%。价格改革和重要商品购销政策的变动，使市场进一步开放，又把一部分原来束缚于计划经济框架内的城乡生产经营者的活力释放了出来，出现了消费品市场的空前繁荣。仅粮行米店1985年底就达5434家；据10个城市统计，集市贸易鲜活商品的成交量已超过国有商业零售量50%以上。商品流通的搞活，具体表现为市场的不断扩大。1985年全省农贸市场达1347个，成交额21亿元，比1984年增长34%，集市贸易的地位已从个人间的互通有无调剂余缺，发展为一条不可缺少的重要流通渠道。在城市和集镇，各种鲜活商品批发市场、日用工业品市场、小商品市场、商品专业市场如雨后春笋般发展起来。特别是在乡镇企业发达地区，形成了从原料、零配件到制成品以及运输服务配套的发达的专业商品市场，聚集商户几百上千，街市绵延数里，入市人数数以万计，车水马龙川流不息。全省有十大专业市场，如石狮的服装、晋江磁灶的建筑陶瓷、南安官桥的粮食、南安仑苍的家用水暖器材、古田的白木耳、莆田的鞋市场等，均已辐射全国。这些专业市场以商品交易为中心，还带动了运输、餐饮、金融、包装、加工甚至加工装备制造业的发展，对联结产销、活跃城乡经济发挥了重要作用。

十二届三中全会以来的改革总体上是蓬勃发展的，人们有一种积极向上的气势，对改革充满期待，探索改革支持改革的热情很高。同时，改革又是摸着石头过河，在不断遇到问题解决问题中前进的。因此，各级党委、政府都比较重视调查研究，掌握实际情况，并到现场办公，帮助基层解决问题。尤其值得一提的是，1986年，大规模开展的还有关于企业活力和社会对改革心理反应的问卷调查。我们研究和利用全部问卷调查结果，完成了10个系列研究报告。这些报告反映了我们省体改委领导和主要骨干当时的认识状况，认为改革从企业—市场—宏观体制改革三个层面依次推进，现在应进入以宏观经济体制改革为重点、并将三个层面的改革互相结合互相推进的阶段。

三、经济改革向纵深推进

党的第十三次全国代表大会于1987年10月召开。大会政治报告系统阐述了我国社会主义初级阶段的理论，把是否有利于发展生产力作为一切工作的出发点和根本标准。报告对经济体制改革的理论、性质、任务和指导原则的阐述，较之十二届三中全会又有前进。报告提出社会主义有计划商品经济的体制，总体上应是"国家调节市场，市场引导企业"的运行机制。

（一）实施沿海发展战略

1988年初，中央提出沿海地区经济发展战略。主要精神是利用国际国内两个市场两种资源，大力发展两头（原材料、销售）在外的外向型经济，大进大出，参与国际经济大循环。并决定广东、福建进行综合改革试验，在改革开放中继续先行一步。

3月，我出席国家体改委召开的贯彻沿海经济发展战略座谈会，这是国家体改委首次以外向型经济发展为主题，讨论改革如何围绕开放的会议。会议结束时，试点司司长周少华叫我留京，接着参加国家体改委对福建省《关于深化改革、扩大开放，加快外向型经济发展向中央请示》文件的论证会。福建省这个进行综合改革试验的文件，于广东已经先期获准类似文件后上报，内容11条，主要涉及金融、外经外贸、对台经济合作、计划、价格、财政体制等国家宏观控制比较严格的领域，要求放宽政策，赋予省里更大的调控权限和利益照顾。如果获得批准，将对现行体制有重大突破，对促进福建省外向型经济的发展起重要作用。此外，还有企业改革和农村改革、劳动工资改革、科技教育改革、房地产改革、政治体制改革等，也写进了文件，但具体内容同全国面上差不多，没有更多特色。福建省这个文件上报后，省领导和财政、银行、计委等部门都已分别向中央领导同志和有实权的国家相关部门进行了汇报、沟通，取得了支持。

至于国家体改委对这一文件的论证，为什么很紧迫地放在国务院讨论的前一天，是福建省要求的，还是其他原因，我不清楚。只是我在3月21日向蔡宁林副省长汇报沿海开放地区会议精神时，看到他频繁接听正在京的省委书记陈光毅、秘书长赵学敏电话，讲的是省领导谁去参加，陈光毅去不去，而且一再改变，从这些迹象看来，似乎并非福建省要求，且事出突然，省委既重视又有些忐忑。最后决定由王兆国、蔡宁林带领汇报小组（省政府副秘书长、财政、银行、计委的领导同志4人）去，我也去了。

　　3月22日，会议由中央政治局委员、国家体改委主任李铁映主持，听取福建汇报后，部分委领导、司局和体改研究所负责人有准备地发了言。所提意见都涉及福建贯彻外向型经济发展战略和综合改革试验的体制框架应有自己的特点等重大问题。最后，李铁映总结，允许福建先以这个文件为基础进行试验，实施中可能超过。分析福建改革对全国的影响是利大，承担的风险比广东小，鼓励福建以厦门特区及沿海为重点，以企业为主体，大胆实验，建立一套适应外向型经济的体制。同时吩咐办事人员向国务院报告，国家体改委已经通过了。我当时的心情似乎一块石头落了地。汇报小组在准备次日到国务院办公会议听会时，财政厅厅长潘心城积极主张我也要去，我也认为既是讨论"深化改革，扩大开放"的文件，我也参与，对推进福建省改革和上下沟通是有好处的，蔡副省长决定把我增入汇报小组。

　　3月23日，田纪云副总理主持国务院办公会议，审议福建的《请示》，省委、省政府主要领导和分管领导以及汇报小组成员都到会了，由于会前做了大量工作，文件很顺利通过了。从这一过程看，使人感觉中央领导（如李铁映）同志对福建改革开放很关心、很支持，但国家和省两级体改委的职能还不够完整，还没有较好的机制和手段，以保证事前就能深入地介入类似涉及全面改革的决策的制定。

　　深入贯彻十三大精神和沿海地区经济发展战略，使福建省面临一个重大转变。国务院在《关于福建省深化改革、扩大开放、加快外向型经济发展的批复》（以下简称《11条》）中指出："福建进行综合改革试验，在改革开放中继续先行一步，不仅有利于加快福建省经济的全面发展，有利于实现沿海经济发展战略，而且有利于促进对台湾的经济贸易合作，实现祖国统一大业。"怎样利用国务院给予的综合改革试验权，从单纯的对外开放政策优惠，转向进一步改革旧的体制，创造市场化的环境，努力同国际市场接轨，以服务于对外开放的需要，以及某些新建企业和城市，一开始就按新体制运行，是改革的重点要求，也是一项更为严峻的任务。当时，福建省政府很重视加强经济体制改革的力度，同实施沿海经济发展战略紧密结合起来，许多改革方案都提上议事日程，研究推出。省体改委也自觉地贯彻省政府部署。1988年（有的延续到1989年）相关的改革掀起新一轮高潮，各种试验纷纷出台，工作显得特别紧张而热烈。这一年推出的重大改革措施，涉及社会主义商品经济的深层机制，触动了旧体制的部分关键部位，如外贸体制、投资体制、价格闯关，甚至进入了某些禁区，如外汇交易、房地产市场。改革不仅在企业机制上着力，而且从多方面促进市场体系发育。

为了实施沿海发展战略，国家提出外贸体制实行"统一对外"和"自负盈亏、放开经营、工贸结合、实行代理制"的原则，其关键在于"自负盈亏、放开经营"，而自负盈亏，端掉大锅饭，又是放开经营的基础。据此，福建省从三方面展开改革。一是重组外贸经营机构，将省对外贸易总公司与各专业进出口分公司脱钩，各自独立经营，集中力量做大做强。二是赋予并支持各地市外贸公司、省级工贸公司和有条件的县级生产企业以进出口经营权，可以直接对外。对经营品种放开一批，联合对外一批。三是推行外贸承包经营责任制。根据福建省出口商品构成特点、地区分布、经营现状和全省综合平衡的需要，将中央下达的指标对下承包。这一措施，体现了超前改革精神、权责利一致原则，理顺了各方面关系（政企关系、工贸关系、特区普区关系），从而一举端掉了外贸大锅饭。

对于外贸体制改革，王兆国省长和分管的游德馨副省长抓得很紧很实，省政府常务会议进行了三次十分务实的研究，并经省委常委会讨论通过，迈出了关键性的步伐。1988年至1990年外贸出口额，分别比上年增长65.5%、18.2%和34.7%，1990年达到22.3亿美元，比1987年增长1.6倍。在全国的位次，从1987年的11位，到1988年跃升为第8位，1990年进而居第6位，跨入了全国出口创汇先进行列。1991年进入新一轮承包，出口额29.26亿美元，又比1990年增长30.7%。

（二）县域综合改革试验

在渐进式改革中，改革的试点具有超前性、探索性、示范性的作用，既期望试"对"，也允许试"错"，从中总结经验教训。1988年，遵循解放思想、鼓励探索的指导思想，积极推出了综合配套试验和各种单项改革试点。

其中，最具有创新意义的是石狮市综合改革试验。石狮原为泉州市属晋江县的一个镇，是著名侨乡，由于与海外联系密切，历来市场繁荣，交易活跃。改革开放后，随着泉州各地同海外交往日益频繁和乡镇企业的崛起，石狮发展成了以小商品、服装为特色，辐射省内外的重要交易中心。石狮行政区和经济规模本不够建市条件，但因其明显的活力和独特的优势以及在闽南三角地区改革开放中发挥桥头堡作用的预期，1987年12月，经国务院批准，把石狮和相邻地区共三镇一乡从晋江县划出，建立省辖的县级市——石狮市，委托泉州市（地级）代管。

1988年1月18日，省政府常务会议确定，石狮建市由省体改委牵头给予指导。省体改委积极、主动、有效地开展了工作。2月1日，我与几位助手到泉州，同市体改委接触，工作开始起步。石狮建市，贯穿着综合改革试验一步到位的精神。在对石狮经济体制格局和经济发展特点深刻认识的基础上，围绕经济社会发展，建立一套有利于对外开放和市场机制充分发挥作用的宏观调控体制、行政管理体制、外贸外经体制、要素市场培育以及城市发展规划等全面的试点，达到活而不乱，同时抓紧精神文明建设，不仅促进了石狮本身的发展，而且对全省的综合改革试点，起到了突破口作用。

　　石狮的试点，引起中央国家机关有关部门关注，省直各部门解放思想，做了大量工作。省体改委根据长期积累的认识，针对石狮具有民营企业多、市场比较发达，基本上不受指令性计划控制以及同海外境外联系密切、机制灵活的特点，提出石狮建市的原则。一是"体制上更活一点"，基本实行市场经济，致力于发展外向型经济。其所有制结构以集体、个体、私营经济为主，三资企业占相当比重；商品价格放开，微观经济活动完全自主；加快培育市场体系，超前建立"国家调控市场，市场引导企业"的经济运行机制。二是"经济管理权限上更大一点"，赋予相当于泉州地级市的同等权限。财政体制上给予活力。省里确定石狮由泉州市代管的，主要是指行政领导关系、干部管理、协调石狮与邻县关系等事项。三是政府机构设置必须同以上两点相适应，但不应就事论事。首先要弄清政府职能为：制定经济社会发展战略和实施政策；搞好城市建设，提供基础设施；通过立法和行政管理，保证企业按照一定规则，进行平等竞争；加强法治，做到社会安定，保证侨商外商有安定的经营环境；促进科、教、文、卫等社会事业发展。在弄清政府该管什么不该管什么的基础上确定机构设置，实行小政府大社会。既不搞上下对口，也不简单地比照现有县级机构设置加以改良。蔡宁林常务副省长兼省体改委主任把这一条概括为"机构上更小一点"，明确市政府主要工作是规划、协调、服务、监督。四是"干部素质更强一点"，特别是领导干部思想要开放。实行公务员制，干部工资待遇相应提高。这些意见经向省领导汇报，并与若干主要部门沟通，在3月7日省政府听取泉州市政府和省体改委专题汇报会议上，得到采纳。与会的许多部门领导，思想解放，提出了许多好主意。如省委组织部领导提出，石狮按新体制运转后，党委职责是对社会经济发展进行宏观决策，并把工作重点真正转到党的工作上。财政厅提出"放水养鱼"的财政体制原则。建委、经委领导同志也表示，虽然石狮没有他们的对应机构，但他们拥护不搞"上下对口"，以后照样支持。最后蔡副省长对石狮超前建立新经济体制和加强精神文明建设做了高屋建瓴的总结，并且对工作步骤和分工做出了明确安排。确定：建市工作由泉州市、省体改委、石狮筹备组分工负责。省对建市的指导由体改委牵头，人事局、编委、外经贸委、建委、计委、财政厅等就各自专题分工负责，下去调研，提出意见。泉州市具体负责建市工作以及与邻县关系的协调，在本级权限内的事由泉州解决，涉及省里权限者与省体改委商量。要求3月份搭好筹备组班子，国庆节前完成建市工作。会议形成了文件印发。这样，石狮建市的指导原则进入了省政府决策，而且明确了省体改委指导建市的任务、职责和程序，既使省级各部门在职权范围内大胆开展工作，又使涉及几个部门的问题，有专门的单位进行协调。以后，蔡宁林在有关会议的讲话及文件批示中，又多次强调：石狮机构编制不搞"上下对口"；各部门凡涉及石狮有关重要问题的行文，应事先与省体改委、特区办（对外开放工作）通气。对某些涉及石狮对外开放的文件，蔡指示：由省体改委商外经贸委、特区办等一致后，由三委联合下文。这些重大决策和工作程序，王兆国省长和相关分管副省长都给予了支持。

自3月7日专题汇报后，省体改委即派方贤明、林伟民再到石狮调研座谈，广泛听取华侨和工商企业界代表、银行、税务以及镇乡干部的意见。调研中了解到：石狮建市已引起不少华侨、侨商关注，纷纷表示投资、捐赠意愿，香港晋江同乡会会长亲自回乡了解建市动向，探讨投资事宜；各界代表普遍要求坚持好政策，不要把"活狮"搞成"死狮"；居民则迫切要求解决水、电、路和市容市貌、市政管理问题；镇乡干部亟须解决的问题是土地审批、外经贸签约审批工作。此次调研，进一步总结石狮经济是企业推动型，不同于其他地方由政府推动的特点，后把调研结果理成11条对建市工作的建议向筹备组沟通，9个要求省解决的问题报告省政府。蔡副省长又做了指示给予充分肯定。我们即召开有关部门协调会，商讨分工合作到石狮帮助解决问题事宜，内容涉及城市规划、港口码头建设、财政体制、外经外贸政策和业务渠道、金融和外汇管理、土地审批和开发、公务员制度和干部考任工资待遇等。以后又增加了物资体制、劳动管理。各部门工作一段时间后，省体改委再次召开协调会，了解进度，商讨继续深化的要求，如此反复了两三轮。其间我和相关同志又多次到石狮调研和指导工作，并与泉州市协调。至9月30日石狮市政府挂牌正式成立前，我们总共下去了5次，向省政府做了一次口头汇报，两份书面报告，两份呈阅件，开了4次协调会。各部门通力协作，解决了不少在部门层次基本可以解决的问题，或行文，或核批，或转报省政府批准。省体改委下到石狮的几位干部，敏于思、勤于行，而且非常吃苦。

石狮的对外开放政策，由省体改委和特区办牵头，多次征求有关部门意见。8月17日，王兆国省长主持召开省政府常务会议讨论，给予石狮充分支持，会后以省政府259号文下发明确福建省已有的沿海开放地区、沿海重点工业卫星镇的优惠政策，石狮全市均可享用。并且赋予新的政策，取消对个体、私有经济的歧视，非全民所有制企业（乡企、私企、股份制）在过去的禁区，均可享受与全民、集体企业同等待遇，享受对外开放政策的所有优惠。这些政策放宽和体制改革的重大措施，对引导石狮经济进入外向型轨道起了重要作用。

作为行政管理体制的关键——市政府机构设置，后来被公认为"小政府，大社会"，其经验具有典型意义在于必须立足于经济体制格局和经济发展特点，体现创新精神。省体改委从分解政府职能入手，按"小政府、大社会"一步到位原则，研究提出设置11个工作部门，即办公室、经济局、教科文卫局、侨台外事局、国土建设局、人事监察局、内务局、财政局、工商行政管理局、税务局、公安局。从中可以看出：属监督、监察、执法、治安等需加强的工作，其机构单独设置；属直接控制微观经济活动的部门不再设置，有些工作通过发展社会中介组织来承担；建立新的宏观经济管理部门，按新机制运行；属发展社会事业的部门，适当合并精简，提高工作效率；属工作很重要，但不是靠一个部门力量可以抓起来的，则不设机构，由党委、政府领导亲自抓。体现改革力度最大的是经济局。它撇开了传统的直接控制微观经济运行的模式，实行以间接控制和服务为主，在任务和方法上有根本性转变，包括管理范围的缩小和运作方法的创新。好在石狮本来就没有老一套的管理方式，建立经济局的阻力不大。石狮政府机构设置在基本取得一致意见后，不急于批复，而由省体改委代表省政府通知，先按此框架运行，在运行中明确各自职能。最后由省委、省政府行文，市政府设11个局，市级机关行政编制200名（政法部门等垂直下达编制除外），比一般的县级政府机构减少2/3，人员减少一半。其他领导机构，经省委政治体制改革办公室牵头协调，省委决定，石狮市委设党务工作部和办公室两个工作部门，纪检委和政府监察局合署，暂不设人大、政协。

泉州市为了帮助石狮应对上级原有的管理方式，曾刻了几十个图章。省体改委在次年4月的建市追踪调研中获悉，实际只使用过粮食局、计委、外经委3枚，分别用于到省外调运粮食、到中央有关部委投标争取优惠贷款，以及海关放行手续。但是，或由于个别省直部门的坚持，或有些重要工作具体业务量较大，政府还需要专职办事机构，因此建市不到一年，新增了司法、国土管理、人口和计划生育3个局。石狮本身感到需增设外经局和教育局，市委决定观察一段再说。至于人大、政协、纪检委等领导机构，牵涉到基本制度，后来陆续建立。

在此期间，省体改委向省委、省政府呈送的小结报告，共列出七大项。一是总结石狮经济发展的特点，提出了建市构想。二是确定了财政体制，"划分收支，核定基数，定额上缴，增收全留，一定三年"。基数核定给予较多回旋余地，增收全留用作基础设施建设和建市开办费。后来的实践说明，这是十分有利于石狮积聚财力、增强后劲的体制。三是初步完成城建的总体规划，经两次评审，即将上报审批，为城市建设、开发区布局和土地批租提供了依据。四是帮助研究土地管理办法。既要搞好管理，制止乱占土地；又要改革土地使用制度，实行有偿使用，并对三资和乡镇企业区别处理。为此，石狮坚持规划先行，实行五统一，即统一规划、征地、开发、管理、出让。由市政府从宏观上对土地资源进行合理配置。同时，在土地征用时按15%左右的比例回拨给村里，用于办工业小区和商贸活动，解决了农民失地后的生计及乡镇企业发展的需要。省土地管理局并及时下达了该年度全市用地指标。五是制定石狮对外开放优惠政策。六是研究确定石狮党政机构设置方案，由省委、省政府决策。七是进行人事制度改革。对政府工作人员除有计划选调外，面向全国公开招考选聘，福建省、泉州市两级人事局具体指导。报名922人，通过资格审查892人，录取198人（含条条单独下达编制的公检法工作人员）。其工资待遇在未实行公务员工资制度前，采取"补贴"的办法，由省体改委、人事、财政三家联合下文。再者，非省体改委牵头，属重大人事制度改革的，是对市长、副市长的公开选拔。按照省委决定，在省委政改办和组织部直接指导下，会同泉州市委组织部实施，从参加竞选的40多人中，经选拔、考核，产生了正副市长4人，由上一级泉州市市长任命。这种整套政府领导班子的公开选拔，在全省迄今尚无第二。此外，石狮筹备建市期间，要求解决的成立外贸公司、台贸公司、输变电工程立项、实行浮动电价、设银行分支机构和粮油经营机构、建立生产资料市场等其他问题，在福建省、泉州市各相关部门帮助下，大多都得到了解决。

这些全面的改革措施和建市重大问题之所以在短期内高效解决，关键在省委、省政府思想解放、态度明朗。省政府分管领导蔡宁林既大事抓实，又放手让体改委大胆开展工作，发挥其参谋助手作用。石狮建市工作，省政府领导有5次指示，省政府专题讨论3次，省委讨论1次，可见重视程度。而省直相关部门及泉州市密切配合，态度积极，有的主要领导（如财政厅、建委）亲自调研或组织得力干部下去帮助工作，无疑也是重要因素。

（三）探索宏观调控机制

鉴于金融对促进经济发展的重要作用，省委、省政府都很重视搞活金融。早在1986年10月，副省长王一士就带领央行和各专业行分行的一把手，加上税务局、体改委领导，组成一个颇强阵容，赴沈阳、大连、天津、武汉、上海五市学习考察。其时处在改革初期，考察所到的多数地方已先于我省，开始把单一渠道纵向分配资金改为纵横结合的体系，推动资金的横向流动。主要有：利用资金周转的时间差，发展银行间的资金拆借，短期资金市场搞得较活。长期资金市场也开始启动，对自发的社会集资引导到经批准发行债券或股票，但有的采取抽奖办法鼓励购买。并重视发展金融机构，信用社成立较多。此外，还改进结算办法，普遍建立了票据交换所。此时全国性的交通银行已在上海成立，我对其主张企业也可选择银行，允许企业多头开户、银行业务交叉经营等银行界还有争议的改革举措，以及该行一位领导人思想解放、深谙市场经济运作方法，留下深刻印象。他们也透露了可在厦门设立分行的意思。

考察回来后，于1987年1月召开全省金融体制改革工作会议作出部署。改革围绕着：在人民银行领导下以专业银行为主体的多种金融机构的建立，发展短期资金市场，专业银行企业化试点三个方面推进。由于银行系统垂直领导较强，改革进展是不紧不慢。1988年贯彻沿海经济发展战略，适应发展外向型经济的要求，适当加快了改革步伐。这一年股份制区域性的商业银行——兴业银行正式成立，向社会发行了优先股票。至1988年底，外资、合资银行在福建省设立的分行、代表处增加到了7家，开办了3家证券公司、1个企业证券评级所，新增加城市信用社40家。专业银行企业化试点落实下来，并选择部分储蓄所进行承包经营的试点。加快改进了票据结算清算，在县级地域普遍建立了票据交换所，增加区域性票据结算中心，形成了票据结算网络，使资金入账抵用率由25%提高到50%，加速了资金周转。在资金市场方面，按照全国部署，主要是发展以同业拆借、商业汇票和票据贴现再贴现为主要内容的短期资金市场。长期资金市场方面，允许有价证券转让流通，但实际上只有国库券一个品种，在福、厦、漳、泉开办了国库券交易业务。值得一提的是这一年外汇调剂市场突破了只限于厦门特区的界限，在福州、漳州、泉州、莆田等沿海开放城市设立了外汇调剂中心；省级的外汇调剂中心开业，三明等四个山区的城市可派交易员参与交易；各地的中国银行还承办外汇调剂业务，外汇调剂市场初步形成网络。调剂对象除了企业参加，还扩大到允许个人持有的外汇卖出。解决了侨汇、地方留成外汇特别是实行外贸承包经营责任制后企业留成外汇和以自有外汇组织进口的调剂需要，是年全省共调剂2.71亿美元，比上年增长63%。此外，还在厦门、马尾开发区和福鼎开展了利率浮动的改革试点。

在金融调控方面，国务院赋予福建省比较灵活的权限，规定信贷资金实行切块管理，从1988年起，新增存款全部留给福建，信贷计划由省人民银行统一汇编。对固定资产贷款规模实行比例管理，根据长期资金来源增长额核定一定比例作为新增的固定资产贷款规模。根据全省国民收入的一定比例确定社会集资规模。允许福建省按照外汇自求平衡、自担风险的原则编制对外借款和发行债券的计划，报国家计委和中国人民银行总行核定，对外借款项目由省政府批准，其创汇实行先还债后分成。这些规定后来由于情况变化多数没有得到执行。

投资管理体制和物资管理体制作为计划体制改革的两个核心内容，1988年都花力气做了研究，投资体制改革则开始了探索。为了克服"投资饥饿症""敞口大花钱"，以前几年曾经实行过"拨改贷"，对生产性建设项目的投资由财政拨款改为银行贷款，但没有相应的配套措施，没有解决必要的资本金和配套的流动资金，使企业投产后遭遇许多困难。1988年的投资体制改革，则在宏观上采取措施，改变用行政手段按条条块块分配投资，决策不承担风险、花钱不承担责任的做法。这一年成立了福建投资开发总公司，把财政用于基本建设投资的一部分资金，还有争取国家和省外投资公司合作以及通过综合经营增值等办法，多元化筹集资金，由省投资开发公司作为出资人，联合其他单位或单独投资于新建项目，特别是国家重点建设项目，从而明确了投资主体，承担投资风险和责任，也有对应的权、利。同时划清省与市县各级投资的范围，除了事关全局性建设的基础设施、重点骨干企业、教育卫生等事业的重点项目由省集中投资外，属于地方性的项目由地方自行投资。与投资体制改革相配套，成立福建工程咨询中心，发挥各行各业专家作用，对重点项目进行决策前的评估；继续推行工程项目的招标投标和投资包干责任制、建筑安装企业的百元产值工资含量包干等，发挥竞争和激励机制作用，较好地节约了投资。

（四）价格"闯关"的经验

1988年，中央提出价格改革"闯关"。准备以5年左右的时间（从下一年算起）理顺价格体系，使新旧两种体制并存、摩擦的局面，逐步转变到新体制占主导地位上来。这项改革有一定风险，但不能回避，是准备以一定的物价上涨为代价，换取经济体制的根本转变。我理解，价格"闯关"的意思，一是动到了基础商品；二是牵动全局，举足轻重；三是有风险。这是经济体制转型的要求，也是当时实施沿海经济发展外向型战略的必然选择。

从1988年2月起，省政府就紧张地研究价格改革。王兆国省长、蔡宁林常务副省长亲自领导研究，中心内容是先改革农产品和突出不合理的工业品。在组织领导上，大致分两个层面，一是对轻纺工业品，部分工业原材料和收费的调整，根据全国统一部署福建省适当先行的原则，在省政府领导下，由各级政府物价部门会同有关部门精心设计和实施。二是对粮、油、主要副食品和基础原材料的价格改革，由省委、省政府直接领导，组织动员各方面力量全面配合。特别是粮食属基础产品，波及范围广泛，关系到经济全局，省政府高度重视。在蔡宁林任组长的省价格改革领导小组下面，又专门成立了4人协调小组，由省经贸委主管财贸工作的副主任张华、省物委主任王一华、体改委我、财政厅副厅长张健民组成。方案经反复协调、修改，省政府开了三次常务会议、办公会议讨论，3月14日、5月30日省委又两次召开常委扩大会议，支持省政府所订方案，作出决策。5月，国务院还专门听取广东、福建汇报，研究两省调整粮食购销价格对邻省的影响和衔接问题。粮食销售价格提高（6月1日）前夕的5月31日，省政府召开专员市长会议，部署粮价改革。王兆国省长说：这次改革，全国只有广东、福建两省，体现先行一步。改革要过险关，我们有信心过好这一关，态度大胆积极，方案要周密，组织实施更要严密。

由于这次改革的重要性和影响的广泛性，省政府对方案的制定和组织实施都精心设计，精心安排，组织各部门力量，积极参与。省委宣传部和省物委制定了宣传提纲，有关部门广泛进行了宣传。在各级党委、政府有力领导下，国营商业和工商行政管理部门加强市场调控和市场管理，财政、统计、审计、物资、粮食等部门均各司其职，无一懈怠。改革的出台，比较顺利。

这次价格改革的主要内容是：（1）粮食合同收购价名义上不变，但把各种实物奖售和补贴折算成现金再适当提高，作为生产资料价外补贴，实际上是提高了收购价，使农民得到了实惠。为照顾与赣、浙边界价格衔接，福建省毗邻的5个县仍补实物。后来，1989年粮食年度，国家也统一提高了粮食合同收购价，对冲后，福建省只比国家规定每百斤高出5角钱。换言之，福建省提前一年提高了粮食收购价。（2）提高居民定量供应粮、侨汇粮、饲料粮和农村吃国家供应粮的粮食销售价格。对以粮食为原料的加工业，1985年后已陆续放开，尚未放开的一小部分在这次价改中也一律改按议价供应。食油销价提高，取消油票和原来按人定量的凭证供应。至此，过去按不同供应对象而定的许多复杂的计价办法及旧的购销价格倒挂，除军粮（仍按统销价不动）外，基本拉平；但粮食收购价当年新提价部分，仍存在购销倒挂，即国家仍要补贴经营费用与"价外补贴"，没有拉平，以免销价提高过多，步子过大。（3）肉、蛋、菜、鱼的价格1985年放开时，国家采取扶植生产基地、用粮食换购等措施，掌握货源，平抑物价，故财政还要负担"暗补"。1988年继续放开，随行就市。但由于对副食品基地供应的粮食价格已经变动，故国营商业副食品供应价随之提高，允许企业自行定价。食糖在当年榨季提高了甘蔗收购价，相应提高食糖出厂价和供应价，取消糖票。

至此除黑、白两种商品（粮食、民用煤）尚保留凭票供应外，其余票证已全部取消。（4）调整本省生产的煤炭、原盐两种兼具民用和工业原材料性质的商品价格。煤炭调价后，原则上由用煤企业自行消化，但生活用煤供应价不动，仍由财政补贴。原盐价格偏低，盐民生活困难，财政补贴也重，价格受全国控制，一直压着不动，这次做了必要调整，但提价后外省化工企业不满，国家提出批评；于是又把销往省外的提价退回来，只提高省内盐价。（5）对以上价格调整，采取"调放补管"相结合。考虑到粮、油、肉、蛋、菜等价格上涨的影响，决定对居民适当补贴。这次补贴在1985年基础上进一步完善。除提高补贴标准外，把原来按户粮关系，按人头从粮站发放，改为按职工乘以赡养系数，从工资渠道发放。国家工作人员的补贴由财政负担；职工补贴原则上由企业负担，允许进入成本，困难企业另做处理。同时，新增加对大中专学生的补贴，由学校发放，由财政负担。厦门市"调放补"力度大于全省，对教育部所属大、专学校师生的补贴，也由市里承担。（6）调整工业品价格，包括国家统一调整和福建省相机推出的，计提高轻纺25个品（种）类产品价格，以及重工业产品和交通能源价格共7大类69项。此外，对地（市）县下放价格管理权限；即使省管的价格，也改为控制在某些作价环节，改变两头管死的状况。

由此可见，1988年进行了多方面的改革，从调整价格到作价原则的放宽，从比价关系的改善到主要商品的放开，范围相当广泛，体现了解放思想，积极认真。涉及的品种，从生活资料到生产资料，从重工产品到轻工产品，从基础产品到日用消费品，几乎包括各大类商品项目。改革的力度相当大，提价总额当年约达41亿元，占当年全省社会商品零售总额的21%，对企业、职工、社会各阶层、各领域产生广泛影响。从调整价格的角度看，重点是提高农副产品和煤炭、运输等基础产品价格。而且幅度很大，农产品收购价格提高32.3%，升幅之大为新中国成立以来少有，仅此一项，全省农民人均增收近80元；工业品价格提高近30亿元，主要是生产上游产品和部分紧俏消费品的企业受惠。这对理顺比价关系，促进产品结构调整有很大助益。从价格形成机制看，突出了"放"字，其实质是把改革的触角伸向价格管理体制，导入市场因素，多数商品由市场决定价格，以期从根本上解决价格扭曲问题。总之，作为广东、福建两省先行一步的实践，实际上已经开始闯关。

福建的价格改革成效是显著的。之所以取得成功，除了始终坚定地把握住市场形成价格机制的改革目标，风浪中不动摇不后退这一根本原因外，还在于在实施中注意正确处理改革、发展、稳定关系，采取了适时突破与稳步推进相结合的办法。"适时突破"就是要抓住有利时机，迅速推进改革。表现在改革初期较早抓住机遇，放开了部分农副产品和工业消费品价格，刺激了生产，为改革提供了物质基础，并增强了群众的心理承受能力；1985年和1988年又不失时机，敢于先行于全国，迈出较大步伐，闯过了难关。"稳步推进"就是根据条件和时机，分步前进。全省放开价格，从影响轻微的小商品开始，逐步发展到关系人民生产生活的重要商品，尽管起步较早，也历时10年以上，其中比较集中的动作，断断续续经历了6年。对于关系全局的某些改革，采取由点到面的推进，这对于减少震荡，发挥改革效益，逐步增强社会承受能力，也是必要的。

（五）在治理整顿中推进改革

1988年下半年，全国出现了明显的通货膨胀，物价上涨幅度过大，经济过热。这种状况福建省同样存在。一是银行贷款大幅度增加，市场货币流通量过大，货币由去年同期的净回笼转为净投放；二是物价上涨幅度过大，5月份起零售物价指数逐月上升，9月份涨幅达到36.1%，福州地区于8月份一度出现群众排队提取银行存款和抢购商品之风，而闽南地区尚较平稳；三是原材料、交通、能源等的供给与经济过快增长的不平衡状况日益突出；四是全社会投资规模过大，主要是计划外基建发展太快，且结构不合理，大量集中在加工业和非生产性建设；五是流通领域各种官办公司继续膨胀，1985年清理行政性公司后，已由13000家压到5675家，但近两年又发展到9664家，其中1988年上半年新办的就有1552家，公司林立冲击了正常的商品流通秩序；六是社会分配不公的矛盾日益突出。

9月份以后，全省贯彻中央工作会议和十三届五中全会精神，治理经济环境、整顿经济秩序、继续深化改革。省政府采取的措施是：对各级政府提出控制物价的指标，严格禁止乱涨价，稳定市场；压缩投资规模，清理在建项目；压缩社会集团购买力，严格控制货币投放和信贷规模；开展财税、物价、信贷大检查；清理整顿公司；发展生产，改善和增加有效供给等。经过努力，经济环境得到了初步改善，过大的固定资产投资规模得到控制，货币回笼，信贷情况好转，物价涨势回落。经济体制改革遇到两种情况，一是宏观控制方面的权限大部分由中央有关部门收回，有的宏控措施一刀切。二是治理整顿大量采取行政手段。因此，体制改革是在省级权限内围绕治理整顿审时度势展开的，不可能有比较大的步伐，主要的有：

（1）宣传改革成就，巩固改革成果。针对有些人怀疑当前出现的问题是改革方向错了，中央和省委都布置要宣传改革的伟大成就。1988年11月，省委宣传部召开全省宣传部长会议，我到会发言，系统回顾福建10年改革和对外开放结合的历程和成果，从理论的突破、体制格局的变化到经济社会的发展，都取得了突破性进展，因此我们应当理直气壮地肯定10年改革方向是正确的，成就是巨大的。关于巩固改革成果，主要是坚持外贸承包经营责任制并更趋完善；坚持石狮综合改革试验和其他各单项改革的试点；巩固物价改革成果。省政府领导多次强调已经推出的改革不退回，在物价改革中要做好物资供应，已放开的商品坚持继续放开，不恢复票证，不增加财政补贴。尽管1989年上半年福建省随着全国又出台了部分调价措施，包括提高粮食收购价，适度调整运价、电价和化肥价格等，但1989年物价上涨幅度比1988年下降了7.7个百分点。

（2）推出住房制度改革。南平市房改试点办法于1988年9月1日正式出台，仿效烟台的做法，采取"公有住房提租发券，空转起步，分步实施到位，结余逐年兑现，增支逐年增付"的方法，公房租金由每平方米0.075元提到1.15元，对住公房职工按标准工资24%发给住房券补贴，住私房的没有补贴。这种模式虽然有利于限制干部职工争住大面积公房，但由于短期内职工负担加重过多而遭遇阻力，国家基本无偿提供住房的压力却并未减轻。省政府还给予试点市一定的财力支持，补助商品房启动资金200万元。房改方案经南平市努力运作，反复酝酿和试运转了两年左右才得以出台。有鉴于此，福州、厦门、三明及龙海等地开始进行住宅商品化的探索，从出售部分旧公房起步，盘活存量住宅，回收社会消费基金，也作为治理整顿的一项措施。安溪县步子较大，出售447套，占可出售量的95.6%，回收资金404.7万元，个人实付每平方米150元，基本一次性付清者达98.8%，完成了全县机关、事业单位的住房改革。接着，房改从几个试点市县推到面上，主要方式是推广安溪经验、出售公有住房。1989年上半年，有34个县市成立了房改机构，有一批县制定了出售公有房方案，经批准后付诸实施。

（3）职工养老保险实施到集体、私有企业。全民所有制企业职工退休养老保险全省统筹1989年1月起从工交系统扩大到各行各业，参加单位8855户，职工83.7万人，退休职工15.3万人，分别占企业总数、职工总数和退休职工总数的89.2%、78.1%和77.3%。由省体改委研究制定的集体所有制企业和私有企业职工养老保险两项暂行办法经省政府批准，于1989年7月1日起施行。这是在国务院尚无统一规定前我省率先推出的又一重要改革，突破了社会保险只是局限在国有企业的格局，适应了福建省多种所有制企业中职工老有所养的需要。前者实行基本养老保险和补充养老保险相结合、社会统筹与按人储存积累相结合的方式，企业在缴纳的保费中，除归入社会共济统筹部分的之外，还为职工个人账户缴交一定比例的费用，同时职工也为自己缴纳适量保费。后者实行按人储存积累式的养老保险。其特点是更多地体现企业和职工共同缴纳保险费，并把养老保险的基金分配到职工个人名下，建立个人账户。这两项社会保险经省政府领导批准，由各县人民保险公司承办，在银行设立专户存储、独立核算，以有别于人保公司其他业务的商业性质。之所以交给人保公司承办，既有中央有关部门规定的依据，也着眼于避免同国有企业交费过高和基本上没有个人账户，退休费用的支付缺乏激励机制的模式相混淆。但由谁家承办引发了部门间的许多争议，几年后由人保公司移交给劳动部门办理。

这两年特别是1988年推进经济体制改革充满激情。在省政府直接领导下，各部门各司其职，做了大量工作。省体改委以直接参加物价改革和指导石狮建市为重点，并抓了股份制改革、集体和私营企业职工养老保险制度办法制定，参与了投资体制、住房制度、土地使用制度改革以及省级机关机构改革的研究或试点，发挥参谋作用。因此，工作十分繁忙。我在1988年的工作时间表显示，全年52个星期天休息日中，有32天在工作，占全年休息日的60%。随我一起放弃休息的还有省体改委一大批干部。尽管工作如此紧张，但大家心情十分兴奋，因为这标志着改革的好形势和省体改委进入了自己的位置。

四、邓小平南方谈话前后

（一）质疑改革方向，改革陷入低谷

1989年"六四"风波后，经济体制改革遇到困难，甚至一度陷于停顿。社会上出现一种思潮，认为经济体制改革走错了方向，滑向了资本主义道路。有的著名学者撰文"两种改革观"，对一系列改革措施进行"姓资姓社"的诘难，包括对股份制性质的判断，"引经据典"阐述股份化集中资本，造就了"资本主义"大生产。有的认为，西方经济理论家左右了中国的改革方向，改革必须从他们设计的圈子里跳出来。有的好心人向我透露，据说是某位中央高层领导同志的批示，说的是改革必须从资本主义国家的理论家为我们设计的圈子里面跳出来，因为他们设计的圈子将使中国走向资本主义道路。有的说，前一段不仅存在政治自由化，而且存在经济领域的自由化。外省报刊泛泛列举了经济领域资产阶级自由化的十几个表现。

在福建，对改革的质疑具体集中在以石狮为代表的发展模式（实质是要不要发展个体私有经济和市场经济）及股份制改革上。有的媒体接连发稿反映石狮的"阴暗面"，甚至有某种说法，似乎石狮除了还挂着一面红旗，其他已经变色了。据石狮同志说，有位老同志来石狮考察后，很不满意，午饭都不吃，拂袖而去。石狮处境非常困难。还有人对省体改委干部说："收起你们的股份制吧！"基层单位由于对几年来改革的评价莫衷一是，加之治理整顿期间经济紧缩，思想上也产生了很多问题，甚至把社会经济生活中出现的问题归罪于改革。有的对有明显成效的改革也持怀疑态度，甚至有些领导干部不知还要改什么，认为改革可放一放，只把改革当作了口号。

不少人对发展多种所有制经济心存疑虑，私有企业、乡镇企业等待观望，国家有关部门出台了重新划分乡镇企业所有制性质的文件（俗名"重新划成分"），严重挫伤了乡镇企业所有者再投入的积极性。7月至10月，全省乡镇企业停业2万多家，8月底泉州市乡镇企业产值负增长。市场特别是要素市场萎缩，贷款紧缩，资金拆借受到严格限制，生产资料市场有价无市。企业改革方面，对股份制试点方案不敢审批了，对要不要继续实行厂长负责制，下一轮承包怎么搞，"中心"和"核心"怎么摆，改革的部署要不要调整，都吃不准。某市准备表彰一批厂长，市领导批示，"请纪检、监察、检察等部门逐个审查后再定"，使厂长们甚为泄气。有的职工说："现在是两心（核心、中心）不定，书记没到位，厂长要退位。"有的厂长说："政策吃不准，难以搞改革；配套跟不上，无法搞改革；生产任务重，无心搞改革；任职快到期，不愿搞改革。"显然，不在干部、群众中理清思想，统一认识，明确方向，改革就很难坚持和继续推进。

6月13日，王兆国省长对体改委和经济研究中心领导同志作出指示，我当时外出，后听到转达。其中心思想是，肯定已搞的改革有成绩，要巩固成果，坚持改革开放方向，倒退没有出路。同时也要估计可能遇到的困难，改革步子要稳。省体改委于7月4日向领导机关汇报材料《改革进展情况、问题和下半年打算》中，明确提出："当前十分重要的是要把各级领导和群众的思想统一到小平同志的讲话上来。确保党的十一届三中全会以来的路线、方针、政策都不变，十三大通过的政治报告一个字也不能改。坚持一个中心、两个基本点，在坚持四项基本原则的前提下，把改革开放搞得更好、更稳，甚至更快。"8月7日，王兆国省长再次找省体改委、经济研究中心、计委3个单位领导谈工作，强调听从中央号令，肯定各单位政治表现，鼓励振奋精神，消除顾虑，坚持改革开放，回顾总结过去，坚持对的，纠正失误。探索要积极，推进要稳妥。要继续支持三资企业、大中型企业，同时支持乡镇企业发展。对计划与市场相结合问题，王兆国省长讲，总的是实行有计划的商品经济，最近强调计划多一些，因经济困难，外债要还；以后随着经济好转，可把市场这一块搞得更多。省体改委机关干部在按照省委部署学习中央精神告一段落后，以综合规划处为主，还有经济管理体制处与分配处，于8月下旬至9月上旬陆续分赴泉州、厦门、漳州、龙岩、南平五地市调查研究，了解了大量实际情况，并就地解疑释惑，力所能及地指导工作。接着，我自己到三明市调研，对乡镇企业的发展和提高给予热情支持。

10月16日至18日，省委举办厅局长读书班，我在小组讨论会上重申，从福建改革开放的实践看，是按照中央改革精神来运作的，不存在西方经济理论家设计改革走向的问题，不存在走向资本主义的问题。10月22日，省体改委再次写了《我省经济体制改革情况》上报，除反映改革进展情况以及下面出现的思想混乱和实际困难外，提出了不少继续推进改革的正确意见。着重讲了统一思想认识，以江泽民同志讲话的"四个结论"为指导思想，肯定福建省10年改革坚持了社会主义方向，今后仍然必须坚定地高举改革开放的旗帜，不改革会严重妨碍社会主义优越性的发挥，认为"这点在指导思想上应十分明确，否则，改革只是一句口号"。汇报稿提出：对看准了的改革措施要继续推进，对一些好的思路、目前还不具备条件面上推开的，要积极试点。该稿对重要改革措施都有针对性的明确态度：首先是关于坚持公有制为主体、积极发展多种经济成分问题。我们以翔实的数据，分析了非公有制经济对全省经济发展的重要贡献。提出不能简单地以一个行业、地域的非公有制所占比重大小来判断其经济性质，要允许不同地域、不同行业的所有制结构不同。石狮市就是以民营经济为主的，改变这种经济既不可能，也没有必要。在共产党领导下，以整个社会主义经济为背景，这种经济仍然是社会主义经济的组成部分（注：当时我们没有按照红头文件用"是必要补充"的提法），绝不是走资本主义道路。肯定这点，对石狮市今后发展具有重要作用。对于乡镇企业划成分，我们提出"在具体执行中有些问题需要慎重处理，避免引起疑虑而影响生产"。

11月17日，省委四届十一次全委扩大会议召开，安排省直有关综合部门书面发言。我的发言稿经过省委秘书长审查通过。在这个书面发言中列举了福建省10年来按照发展社会主义有计划商品经济的要求所进行的各项改革，包括对外开放、农村改革、企业改革、计划体制和价格改革、社会保险改革、土地批租、石狮综合改革试点等重大举措，肯定"这些都是符合社会主义方向，是发展社会主义经济所要求的，应当把这些行之有效的改革坚持下去，并不断完善"。同时，也总结了10年改革的经验教训，指导思想上急于求成，对改革的艰巨性、长期性、复杂性认识不足；改革与发展的结合注意得不够；在推进改革的进程中，综合配套注意不够。发言稿提出了继续深化改革的措施，对于敏感的价格改革问题，提出"巩固价格改革的成果，对绝大部分已经放开的生活资料供应坚持继续放开，不轻易发票证，财政不再背暗补的包袱。对供过于求的商品，允许降价推销；供给缺口较大的，实行最高限价；涉及全局性产品的调价，服从全国和省的统一部署"。对于备受质疑的石狮试点，发言稿再次旗帜鲜明地提出"石狮市综合改革试点符合社会主义方向，适应石狮具体情况，效果是好的，应当继续进行。石狮经济以民营为主，是客观历史条件形成的，改变这种经济既不可能，也没有必要。过了一段时间，我去石狮，办事同志告诉我，市委领导人传达省委全委扩大会精神，讲到：省体改委说石狮是搞社会主义的。看来这个发言对石狮的改革和发展是一个支持。需要说明，以上阐述的那些观点，都凝结着省体改委不少骨干的信念。

1990年1月，国务院召开全国经济体制改革工作会议，讨论以企业改革为重点的1990年改革任务。会上，许多省市代表纷纷要求对10年改革开放作出评价。李鹏总理在会议结束前的讲话中讲了："中国改革开放的总设计师是邓小平同志，改革开放的各项重大方针政策以及具有全局意义的重要试验，都是由党中央、国务院集体作出决定，由各级党委、政府组织实施的，这就从总体上保证了改革开放沿着社会主义的方向健康发展。"澄清了思想，廓清了认识。全国体改工作会议期间，国家体改委召开各省市体改委主任座谈会，福建省汇报了为振奋体改干部精神、坚定信心而实施的五项工作：一是肯定改革成就。二是下去调查研究提出对策。三是按原计划举办体改干部培训班，澄清思想，明确改革任务。四是部署表彰先进。五是准备召开全省体改工作会议，提出1990年打算。这些积极的行动得到国家体改委肯定，为贺光辉副主任总结性讲话吸收，并编入会议简报。会议还把福建省总结的体改工作三条体会编入简报。

2月召开的全省体改工作会议特别隆重。会前，王兆国省长主持省政府常务会议，省委副书记贾庆林到会，听取省体改委关于全国体改工作会议情况和贯彻意见的汇报。开幕式上，省五套班子的领导同志到会，王兆国做重要讲话。会议部署了1990年的改革任务，省计委等7个部门发言。会议结束时，省委书记陈光毅、省长王兆国以及省委、省人大、省政协的领导同志给体改系统先进单位、先进个人授奖，常务副省长陈明义做会议总结。会议一定程度上振奋了士气，各地市体改委主任反映，省里这样重视体改工作，对地市县是一个示范，是为我们开展工作创造了条件。

鉴于面上推进改革之步履蹒跚，省体改委力图开辟一些新的试点，做一些点上突破，并为今后积累经验。如企业税利分流试点，厦门市对已实行一年多的成效和经验进行总结。在此期间，由省体改研究会与财政学会联合在厦门召开研讨会，我去主持。按照国家体改委委员、宏观司司长傅丰祥同志参会的感言，说他参加了不少税利分流研讨会包括国际性的会议，而厦门的研讨会有其特点，有了企业、实际工作者和理论工作者的广泛参与，探讨问题的深度和实践意义，比他曾参加过的研讨会更深刻。我领会虽然税利分流本身是一项全国性的改革，但先期实践了，才知水深，才有发言权。会后，我们试图扩大试点范围，但只有山区的松溪县开展了，邵武市制定了方案没有实行。另外，经济管理体制处还曾积极探索加强行业管理的路子。针对现有隶属于各厅局的行业协会官办性质浓厚的状况，试图另辟蹊径，直接推动部分县市全行业成立同业公会归属工商联领导下的试点。例如漳州五交化、德化陶瓷、长乐纺织、建瓯茶叶、厦门电子等一批同业公会的建立，其中相当部分作为沟通政府、市场、企业联系的桥梁和纽带，长期发挥了作用。总之，这一年客观环境严峻，我们主观上不失望、不观望，在省政府领导下，主动开拓尽力而为，把改革的精神坚持了下来。

8月31日，我正在住院治病，近午突然接到王兆国省长秘书董中原电话，叫我下午到西湖宾馆向北京来的客人邓质方、周小川介绍改革情况。我手头没有任何资料，好在全省改革的大事尚算了然于胸，稍作梳理就去了。根据邓、周给我的名片，当时他们的任职分别是中国国际信托投资公司中信技术公司襄理和国家体改委委员。邓质方说明来意，是下来随便走走，交朋友，随便谈谈。我着重介绍了三方面情况。第一，福建改革有两个显著特点，一是多种经济成分发展较快，民营经济相当活跃，贡献也大。特别在泉州等闽南三角地区，有的地方其比重超过了国有经济，这是福建基本上没有大型国有企业的历史条件和改革从旧体制外的一块先行突破的进程自然形成的，而这些地方，经济发展很有活力。二是改革的市场化取向起步较早而且步子坚定，主要农副产品和日用工业品都已放开，消费品市场繁荣，不少商品辐射全国；生产要素市场也在探索；特别是1988年上半年又迈出较大步子，物价进一步放开，计划控制的范围进一步缩小，人民生活必需品除黑（民用煤）白（粮食）两票外，全部放开供应；生产资料双轨制在部分县市正进行向市场轨的并轨。第二，治理整顿期间，一方面按照中央部署控制物价，整顿市场秩序，另一方面坚持巩固改革的成果，已出台的改革措施不后退、已放开供应的商品不恢复票证，不增加财政负担。第三，充分肯定十二年改革的伟大成就，完全符合社会主义方向。在石狮等地遭受不少责难时，省里给予了有力支持。福建省的改革是遵循邓小平总设计师勾画的蓝图进行的，经济蓬勃发展、人民生活改善的实践，充分证明小平同志改革开放和发展商品经济决策的正确。介绍结束后，他们热情相送到楼梯口。之后，听王兆国省长说，客人认为介绍得还不错。后来，在邓小平南方谈话吹散了阴霾，迎来了改革的第二个春天时，我想起一年多前那次客人的"随便走走、随便谈谈"，可能就是一朵浪花。小平同志始终掌握着全国的大势吧！

（二）治理整顿初见成效，改革开始复苏

1991年，随着治理整顿见效，经济情况略显宽松，改革开始复苏。这一年深化企业改革和培育市场体系两方面继续分步或分批推进，或实行多点试验。

5月1日，提高粮油销售价格，使平价和议价差额进一步缩小，为全省最终取消粮油统销制度铺平道路，并在石狮进行粮油购销价格全面放开的试点，还调整了铁路运价和石油、钢铁等基础产品价格。土地批租扩大试点范围进展顺利，全年全省出让48幅土地使用权，面积709.6亩，地价成交额3.01亿元，较之1990年有较大增加。土地成片开发当年就签约15项，11045亩，合同吸引外资2.6亿美元。住房制度改革在福州、莆田等市相继推出，起步方式多种多样，显示了改革的积极性。

股份制改革试点取得了实质性进展。前几年的股份制试点，局限于小

城市、集体所有制、小企业中进行，虽有了良好开局，取得了一些经验，但影响较小。而由于省政府和省直有关部门已出台了股份制试点的指导意见及相关政策规定，股份制运作已初步有章可循，因此，在中等以上企业进行规范化的试点以扩大影响已具备条件。省体改委积极主动，牵头协调，取得省人民银行、工商局、财政厅（国资局）支持，运用会计师事务所、资产评估所等社会中介组织力量（有的是在实战中边组建边运作的），有力地开展工作。经济管理体制处副处长李学荣以很大热情，调研、宣传、推动七八家企业提出了改制要求，我们从中筛选出石狮新发（村办企业集团）、福联纺织（工贸结合的联营企业）、福耀玻璃工业（有外资参股的民营企业）3家公司进行了规范化股份制改革的试点。其共同特点是已有多元化投资，产业领域符合国家政策，具有一定规模，经营管理相对良好且有发展前景。经与省人民银行领导研究同意，由我们两家联合逐户批准，发行内部股票。

7月22日，贾庆林省长主持省政府常务会议听取汇报，少数省直部门虽有这样那样说法，但贾省长充分肯定了试点的必要性，发行内部股票可以大胆一些，鼓励我们继续探索。这无疑对试点给了有力支持。在没有多少案例可鉴的情况下，以省体改委为主，联合省人民银行等相关部门精心指导试点。这3家企业从章程制定、资产评估、政府有权部门审批到股票发行办法的设计，都做得细致周到。例如华兴会计师事务所对福耀、福联公司的资产评估花了6个月时间，3家公司都公布了财务和经营状况。

8月16日，由省体改委和省委宣传部联合召开了一场别开生面的新闻界座谈会，省市和中央驻闽各主要媒体的财经记者都到会了，记得新华社福建分社来了一位副社长。股票这一新事物确实受到各方关注。我详细介绍了股份制改革的意义，福耀股份公司的经营及财务状况，发行内部股票的办法及注意事项，说明股票目前还不能流通，以后争取上市。最后拜托大家对发行股票不是去宣传而是不要宣传。主持会议的省委宣传部一位副部长也嘱咐大家，股份制改革的意义要宣传，福耀等公司的经营业绩可宣传，发行股票不要宣传。8月22日起，闽发证券公司3个网点代理发行福耀"内部股票"的横幅挂了四天，公众也可购买，门点不冷不挤，秩序井然。另两家试点企业，从4月到10月也先后完成改制和股票发行。这3家企业共计发行股票2689万股，占总股本20.3%，募集资金3622万元。在企业界特别是陷于资金短缺和机制不活双重压力的国营企业中，起了很强的示范作用，从而拉开了福建省企业产权制度改革的序幕。

（三）邓小平视察南方，改革呈破竹之势

1992年春，邓小平同志南方谈话内容传达并公诸报端，顿时春雷乍响，沉闷空气一扫而清。邓小平同志指出："改革开放胆子要大一些，敢于试验，不能像小脚女人一样。看准了的，就大胆地试，大胆地闯。""要害是姓'资'还是姓'社'的问题。判断的标准，应该主要看是否有利于发展社会主义社会的生产力，是否有利于增强社会主义国家的综合国力，是否有利于提高人民的生活水平。"他又指出："计划多一点还是市场多一点，不是社会主义与资本主义的本质区别。……社会主义的本质，是解放生产力，发展生产力，消灭剥削，消除两极分化，最终达到共同富裕。"这些充满睿智的理论创新，突破了什么是社会主义以及关于计划与市场的传统观念，无疑摘除了悬挂在改革者头上的意识形态利剑，明确了社会主义的科学含义和判断改革开放成效的标准，并且明确了改革开放还要继续大胆地试大胆地闯的方针。

1992年，福建省推出的改革措施之多，力度之大，成效之显著，堪称历史之最。主要体现在企业改革上，从转换企业经营机制向产权制度改革深化。在完成第二轮承包后，福建省积极贯彻国务院《全民所有制工业企业转换经营机制条例》，制定了实施细则；并选择部分骨干企业（当年达51家），给予政策倾斜，进行综合改革试点。重新在80多家企业采取三资企业管理办法，把在治理整顿期间收回的权再下放，核心是人事劳动、工资分配、产品定价、投资决策、进出口经营自主权。在企业内部管理上，建立

用人上的竞争机制和分配上的激励机制，破三铁（铁饭碗、铁交椅、铁工资），进行三项制度改革（劳动、人事、工资），以企业经济效益定奖惩定工资，以个人技能、工效定岗位，实行管理人员竞争上岗，班组职工优化组合，富余人员厂内待业。改革还大步进入商业企业，针对国有商业和供销社商业面临市场占有率下降，经营日益萎缩的困境，不搞小打小闹，全面推行经营、价格、分配、用工"四放开"，当年就达2700多家，旨在让商业企业放开手脚，把企业推向市场。

根据多年来的实践，我们体会到，企业在产权不明晰情况下，经营自主权是有限度的，很难真正建立起自主经营、自负盈亏、自我约束、自我发展机制。所以坚定地迈出了产权制度改革步伐，进入了深层次的改革。以期从真正明确出资人主体，建立企业法人财产权入手，解决产权模糊、谁都负责谁都不负责、企业负盈不负亏等积弊，并通过一套独立的内部治理结构，建立起抵御行政干预的屏障。具体形式就是在国有大中型企业实行有限责任公司或股份有限公司的股份制改革，在集体企业中实行由劳动者劳动联合和资金联合相结合的股份合作制。这一年，国家体改委在全国有领导地推动股份制改革试点，制定了系列规范性文件；国务院确定广东、福建、海南三省经批准可公开发行股票；福建省1991年3家企业发行内部股票的示范效应也进一步显现。在这些有利形势下，各类企业要求改制的申请纷至沓来，绝大部分是国有大中型企业，还有合资乃至外商独资企业。尽管当时仍叫"试点"，但已形成气候。我们提出"用足用好中央政策，坚决试，大胆试，不求多，务求好"，严格按照设立程序，择优批准设立了一批由多元化投资主体入股的股份有限公司。至1992年底，全省累计批准设立40多家。但外商独资企业暂不入围改制。各地市体改委也批准设立了一批有限责任公司。

国有企业的改制，初始时一般会发生与行政主管部门或财政部门的思想碰撞甚至交锋。好在改革是大势所趋，持有异议的人能很快抛弃习惯思维，变阻力为助力，变怀疑为支持。股份制改革走出了多年来像柔弱小草一样顽强生长的狭窄天地，迎来了成长机遇。省体改委又会同省有关部门从中筛选出15家准备作为次年发行股票的试点，当时均属我省支柱产业的龙头企业或业绩佼佼者。具有突破意义的是福建水泥厂和泉州豪盛瓷砖公司的列入试点。前者意味着产权制度改革在国有大型企业的突破。一个净资产1.3亿元，总资产2.5亿元，年产量100多万吨，利润4000多万元的大型企业，愿意放弃省政府给予的优惠政策，要求改制，按厂长王天生的说法，为的是"买到一个自由"。后者则标志着合资企业也开始了公开发行股票的起步，豪盛后来成为全国首家合资A股上市公司。按规定合资企业此类改制应报国家体改委和外贸部批准，福建省先斩后奏了，后来补办了手续。

在推进股份制试点的同时，还有两项重要改革。一项是1992年8月泉州市把市属所有国有工业企业一揽子与港商合资，这些企业多属设备陈旧、亏损累累的小企业。通过整体合资嫁接，进行企业重组，注入资金实施技术改造，调整产品结构，改善内部管理，使困难企业出现转机，给整个工业部门注入了活力。并为国企改革探索了新思路，把经营机制的改革推进到产权改革、资产重组的改革。这一创新之举曾遭遇激烈争议，终以实际成效作出了回答，得到了国家领导人的肯定。另一项是集体企业推行股份合作制也风生水起。1992年4月，省体改委、税务局、工商局联合制定，并为省第二轻工业厅全力支持的《城镇集体工业企业股份合作制试行办法》出台，三明、福州、龙岩等地市制定实施细则，把实行范围扩大到集体建筑、交通运输、商业企业、乡镇集体企业，三明市还扩大到小型国有企业。这一年批准改制和新设立的股份合作制企业达1200多家。

以企业改革为重点，职工失业保险、投资体制、重点项目建设、科技体制、物资体制、金融体制、土地使用制度、住房制度以及机关事业单位体制的改革，纷纷出台。特别是投融资体制的改革，把单一的财政投资和银行贷款间接融资，扩大为发行企业债券、股份化出资、以业养业、收费还贷等社会多元化投资和直接融资，拓宽了重点建设筹集资金的渠道。社会保障制度改革在多种矛盾掣肘下，也有较大推进。省政府批准了由省体改委牵头制订的《企业职工待业保险暂行规定》，从1992年6月1日起实施。较之老的待业保险办法有较大突破，例如实施范围由部分地（市）的国有企业扩大到除私有企业外的乡以上所有企业；保障对象扩大到企业优化组合后经批准到社会待业和通过培训再就业的富余人员，掌握在占职工总数1.5%额度内；从而支持了产业结构和企业组织结构的调整，扭转了过去那种职工基本上不能流动出企业，待业保险基金很少真正用于保障职工待业的状况。养老保险也有所发展，开始在机关事业单位职工中推行；同时在国有企业职工中引入了缴费机制。配合企业改革，国有资产营运体制开始在厦门、泉州及综合改革试点县探索。

这一时期，计划经济体制的某些支柱基本上被冲坍。首先是继续先行于全国，进一步调整粮食购销价格、改革购销体制。包括调减粮食合同定购任务，压缩统销范围，提高定购价格，把粮食购销价格倒挂基本理顺，实现了购销同价，平价和议价持平，因而销售价格在福州等主要城市也告放开。粮食多渠道经营更加活跃，全省粮行米商近7000家，居民吃粮已大部分选择向市场购买，粮票名存实亡。到1993年4月，连名义上的粮食定量供应也因没有需要、没有必要而取消了。"民以食为天"，持续了40年的粮食统购统销制度这一计划经济的老牌支柱，退出了历史舞台。

其次是生产资料价格双轨制的并轨。继1991年全省每个城市各安排若干县进行并轨的多点试验取得成功之后，1992年初仍由省体改委牵头，会同省计委、物委、物资厅、财政厅五个部门联合下发了实行生产资料计划内外价格并轨的通知，召开了专门会议部署实施。凡物资部门经营的列入指令性计划管理的生产资料，除承担省指令性上调任务的企业生产维修用材和专项扶贫救灾以及"条条"直供者外，均实行并轨，价格随行就市。其与计划供应价的差价收入，全额留于各县、市，由财政设专户管理，用于补助遇到特别困难的生产企业和原来享受计划供应的支农、办学、卫生事业。另外，以30%左右留给物资企业用于开发资源，搞活市场。明确规定不得用于无关的用途。并轨后，省对市、县的计划供应渠道和分配指标不变。由于时机合适，办法得当，并轨工作顺风顺水，并且向除福州、厦门外的地级市推进。计划经济的另一根支柱，在广大县域和大部分城市基本上也被摧毁，促进了生产资料市场的发育，并较好地克服了物资供应中的不正之风，加强了廉政建设。

其三是房地产市场的发育。土地这一生产要素的改革禁区最终打破，有偿有期使用制度从沿海向山区小城市推进。至1992年底，不仅全省所有城市对外商投资的商业性房地产使用的土地基本上都实行了有偿出让，而且边远山区县城如古田、福安、屏南等地也开始采取招标、拍卖、协议转让等形式，建立土地一级市场。古田县按照土地地段和使用性质确定使用期，以一次性收取使用费形式出让土地4700多平方米，收入300多万元，解决了城东商贸小区建设资金。综合性的土地成片开发更是蓬勃发展。从1990年晋江等县利用荒坡滩涂由外商成片开发安平、蟠龙两个小区开始，1992年发展到全省累计已达51片，其中约80%由外商开发，还有乡镇自行集资开发的，如面积达2平方公里的福州市福兴投资区，是由鼓山乡带动有关村和农民集资开发的。土地的商品化助推了房产的商品化，粗略计算房地产公司的投资达到全省全社会固定资产投资额的近20%，房地产业成了全省支柱产业之一。福州等市还把土地有偿出让、旧城改造、住房制度改革三者结合起来，改善了道路、建设了大批农贸市场和新住宅，改造了旧危房。除以上所举者外，全省商品市场、资金市场、外汇市场无不呈现出新面貌。

过去几年搞的一些单项改革试点，如南平住房制度改革、厦门机构改革、三明集体林区改革等，均属全国的试点项目，起了先行探索和突破作用。1992年，全省各项改革不断推出，在同一地域内如何综合配套形成合力，更显重要。因此，地域性综合改革试验再次提上日程。3月，晋江以撤县建市为契机，要求比照石狮做法，进行综合改革试验。省政府顺应形势，根据各地要求，决定在晋江、永安两县级市和莆田的涵江区进行综合改革试验。省体改委负责牵头协调报请省政府下达相关文件，给予各试点县（市、区）更大的经济管理权限和更优惠更灵活的政策，促进经济运行机制转换，充分发挥市场机制作用。试点成效突出。晋江建市不到20天，外商增加投资达14亿元。接着试点扩大到连城、沙县、莆田、龙海、罗源等14个县（市、区）。省政府于8月召开县级综合改革试点工作会议，对搞活县域经济给予了政策支持。试点县放开手脚，自主推进了许多重要改革。如晋江、罗源建立了国有资产营运架构；罗源、连城推行统一的社会保险；永安进行林业产权制度改革和机构改革，加快发展金融市场等。此外，地级市泉州积极要求，也列入了综合改革试验。

五、社会主义市场经济体制框架初步形成

（一）确立社会主义市场经济体制的改革目标

1992年10月召开的中共十四大，明确指出了经济体制改革的目标是建立社会主义市场经济体制。这一体制是与社会主义基本经济制度结合在一起的，要使市场在国家宏观调控下对资源配置起基础性作用。1993年11月召开的十四届三中全会，又作出《关于建立社会主义市场经济体制若干问题的决定》，进一步勾画出社会主义市场经济体制的基本框架：在坚持以公有制为主体、多种经济成分共同发展的方针下，由以"产权清晰、权责明确、政企分开、管理科学"为特征的现代企业制度，统一开放的市场体系，间接手段为主的宏观调控体系，合理的收入分配制度，多层次的社会保障制度等几个主要环节构成，从而统一了改革理论上的各种争论，在实践上归宗定位，改革进入了目标明确、内容完整的整体推进阶段。全国连续两年调整粮食、能源、交通运输价格，接着放开一大批生产资料价格，又于1993年夏放开粮价，使粮食和85%的生产资料进入市场调节轨道，商品市场体系初步形成，

6月又放开了外汇调剂价格。1994年1月，中央实施了一系列涉及宏观体制的重大改革，即中央和地方分税制的财政体制改革；建立以增值税为主体的流转税体系，统一内资企业所得税和调整部分税种，实现以"公平税负、简化税制、合理分权"为目标的税制改革；以加强中央银行职能、政策性银行和商业银行分开为主要内容的金融体制改革；改革外汇管理体制和汇率形成机制，一举完成了汇率并轨；适应复关要求，进一步深化外贸体制改革。这五大改革，奠定了建立社会主义市场经济宏观体系架构的基础。在企业改革方面，全国继续落实全民所有制企业转换经营机制条例和开展百家现代企业制度的试点。

由于福建省已于1992年放开了粮价和实行生产资料双轨制价格并轨，商品市场体系率先初步形成，故这一时期，一方面承接全国的宏观体制改革，实现平稳过渡。特别是财税体制改革，终止了实行20多年的财政大包干体制，调整了国家与企业的分配关系，使福建省利益格局发生了重大变化。省里经过认真调查测算，采取积极措施，培养地方税源，改进县乡财政体制，解决贫困县突出问题，以适应全国的改革。另一方面，根据宏观体制改革形势，再次把主要精力放回到推进企业改革这个经济体制改革的中心环节，也是最难搞、最薄弱的环节，塑造社会主义市场经济体制新的微观基础。其改革内容较之过去已有重大深化。因十几年改革的提示，不进行产权制度改革，就不可能真正实现经营机制的转换，故企业改革从侧重放权让利转到了产权改革和企业制度创新，包括继续推进股份制改革，放开放活小企业，进行现代企业制度试点等重要改革，以及与之相适应的国有资产管理与经营体制改革的启动。

（二）股份制改革在争论中推进

1992年股份制改革的良好势头在1993年继续发展。特别是年初获悉国家分配福建省的发行股票额度即将下达，又掀起了企业要求改制的热潮，包括1992年要求改制后来又退出企业的重新启动。特别是国有大型骨干企业纷纷动了起来，产业领域从制造业、建筑业扩展到内、外贸流通企业，投资控股企业。不少大企业如中福公司、中闽公司、青州造纸厂、永安林业集团均改制为股份有限公司。省轻工进出口公司改革热情很高，做了大量前期工作。省政府分管外经外贸工作的游德馨副省长也曾指示我鼓励一部分外贸企业改制上市。遗憾的是试点公司屡经努力仍不能满足设立股份有限公司的条件。后来省外贸中心集团也提出发行股票要求，但改制未能进行。故当时股份制在福建省外贸企业中没有取得突破。

在扩大股份制改革试点中，福建省出现了定向募集股份公司中的社团法人股的争论。领导机关和企业热议的是尽快改变只靠银行贷款间接融资的局面，期望通过发行股票开辟出一条直接融资之路。而企业股份制的改制，一般需要半年以上甚至长达一年的时间。国家分配发行股票额度又是参照各省现有股份有限公司数量及其融资的实际需要而定。换言之，如果我们加快股份制改革步伐，储备了一批已经成立的股份有限公司，当时称作定向募集公司，就为下一步争取获得国家批准直接融资赢得主动。从企业改革的角度看，为了建立现代企业制度的产权组织形式和治理结构，促进企业机制的转换，也需要支持企业踊跃参与试点。省体改委的工作思路是从企业机制转换和向资本市场筹集资金的双重目的考虑，采取积极推进试点，达到一定批量，再从中筛选部分企业公开发行股票上市的方法。试点要符合国家体改委制定发布的规范性指导意见；对语焉不详，或含意两可者，则根据实际情况，作出有利改革开放的决断，不要自我捆绑。这也是福建作为综合改革试验区，先行一步的需要。

但当时存在一个突出问题，即整体经济形势又趋过热，各企业都有外延扩张的冲动，都想通过改制集资，但又不能公开发行股票，只依靠企业法人间相互参股，对资金大多数是只盼收进无力注出，因而无法完成改制。另一方面，民间包括干部职工则积蓄有一定资金，量少而面广，他们希望得到高于银行利息的回报。在此情况下，外省许多企业把职工持股扩大到了企业外部，或把个人分散资金集中到某些法人名下参股，解决了股份制企业的股东出资问题。于是福建省改制企业也起而仿效。各机关企事业单位的工会是社团法人性质，具备参股资格。就由工会出面，集中会员资金，严格登记管理，作为出资人参股到股份制企业。省体改委认为社团法人的持股，没有违反相关指导性文件的规定，在当时可以说是符合规范的，所以批准了那些有社团法人参股的定向募集公司的设立。同时也作出严格规定，对有的公司自行印刷股权证打算发给个人的行为，我们坚决制止，因为这将为私下流通创造某些条件。此外我们还严格执行职业操守和廉政规则，省体改委所属三个法人团体都不准向股份公司参股。

　　尽管如此，由于认识上的分歧，社团法人的参股受到省人民银行反对，他们认为会影响银行存款下降，是乱集资。其实从间接融资转向直接融资，银行存贷款的增减是一种转型过程中的阵痛，而随着治理的加强，某些缺陷会逐步得到克服。当时的做法没有违规，却有利于加快福建省股份制改革的步伐，理由前面已经讲到。如果硬性制止，在全国股票热的情况下，有些资金也会流失外省。意见分歧从1992年下半年延续到1993年上半年，最后省人民银行采取激烈措施，冻结了由青州造纸厂改制的青山纸业股份有限公司的资金账户。省人民银行与省体改委过去密切协作配合的良好工作关系逐渐冷却。国家相关部门不断接到福建违规的反映，福建省股份制改革到底怎么了？这一问题引起各方关注。省体改委向省政府、省人大财经委、省人大常委会、国家体改委做了4次报告，多数省领导同志持支持态度，特别是国家体改委领导同志表示，工会有法人资格，由其出面组织职工集资，以社团法人入股，好管理。股份制改革是开正门不属于乱集资。但在实际工作指导上，本省个别分管领导不支持，对体改委多有责难。为应对这种分歧，省体改委耗费了不少心力精力；股份制改革的试点面也受到一定限制。全省的股份制改革已落后于外省。直到1993年11月，根据朱镕基副总理的批示，国家体改委和中国证监会联合调查组来闽深入调查，认为福建省试点工作总体上是规范的，股份制企业定向募股行为是合法行为，不是乱集资；后来省内精力也放到推动企业上市方面，此事逐渐平息。此后随着历史的推进，全国各地企业职工股扩大化和社团法人集资持股问题逐步消化解决了。

按国家当时规定，只允许广东、福建、海南三省符合条件的股份公司公开发行股票，在上海、深圳两个交易所上市流通，还是算试点。大家期盼着这一政策尽快付诸实施。随着股票发行和上市工作即将开闸，不论是企业还是群众热情都很高。国务院办公厅连续发布了关于规范股份公司和股票市场的多个文件。福建省委、省政府也十分重视。1993年初贾庆林省长在会议上指出：抓住机遇，首先要加快改革开放步伐。1993年企业改革、国有资产管理、金融改革一定要迈出实质性步伐。他说："国企改革主要抓股份制改革转换机制和利用外资搞技术改造，再加现代化管理。股票债券喊了几年，群众殷切期望，搞了才知问题所在，真正出台就是胜利。"他要求省有关部门做好工作。作为先行先试，当时向国家申报股票发行额度和推荐上市公司名单，都需政府部门起主导作用。省体改委自1992年下半年起就不断筹划股票发行方式，联系国家有关部门，与省人民银行联合申报额度。为了解决已于1991年发行的福耀、福联两只股票进入沪、深交易所流通之事，除企业本身努力外，我们委、处两级领导多次赴京，说明情况，接受指导。最后一次，陈明义常务副省长亲自带我们造访国家体改委。至1993年上半年基本上完成了所有前期工作，福建省获发行股票额度2亿元。

由于许多群众对赚钱期望值很高，风险意识不足，容易出现盲目性；对社会的"股票热"，省体改委也密切关注。除不断研究股票认购证发行方式外，还很关注社会动向。1992年7月21日，因闽发证券公司于《福建日报》登载一则广告，讲的是股民可通过该公司在上海证券交易所开立股东账户，被群众误解，以为是卖股票，自发地连夜在公司门口排队。省体改委陈建华同志于晚9时下班经过发现，出于关心全局工作的责任心，就电话向我报告；还不放心，过了两小时又去观察，发现排队队伍越来越长，又来报告。

我立即与省人民银行分管副行长联系，最后惊动到省委袁副书记召开紧急会议处置，由公安部门驱车用大喇叭广播，说明没有发售股票，至凌晨1点才疏散了人群。20多天后深圳发生震惊中外的群众连续几天几夜排队挤购"股票申购证"的"8·10"事件。总之，省体改委干部的神经绷得很紧，都想特别周密地把工作做好。

对于福建省已经获准的2亿元额度，经中国证监会批准，福联、福耀两公司1991年已发股票，在额度内准予上市交易，分别于1993年5月28日和6月10日在上海证券交易所挂牌。同时在已批准改制的15家试点企业中，经省体改委排队推荐，省政府召集有关部门共商，议定福建水泥、闽东电机集团、东百、福发、豪盛五家企业首批发行股票，也于1993年10月至12月分别在沪、深交易所上市。这是福建省股份制改革9年探索特别是最后几年脚踏实地工作的一项成果，它凝结着福建企业、政府部门、学术界广大致力于改革的人士披荆斩棘、不懈努力的心血。

鉴于对这一工作的推动涉及很多部门，福建省政府于1992年初成立股份制改革协调小组，其办公室设在省体改委。1992年末又仿照全国做法，成立省证券管理委员会，副主任由省人民银行主要领导和我担任，主任原来是常务副省长陈明义，后来省政府换届，就由分管金融工作的副省长抓。其办事机构在未健全前，一度由省人民银行和体改委分别办事。但随着工作中出现不同意见，省证券委开始代替省体改委的某些职能，省体改委有些探索性试点也遭干预、禁止。例如为解决法人股（包括企业法人）的流通问题，1993年5月下旬省体改委推荐福州马尾建设总公司和九洲集团公司参加全国电子证券交易自动报价系统。这是一种试点。抓试点本是体改委职责范围内的事。以往我们曾指导过不少试点，出了经验为全省改革探了路；也有成效不明显的，因只局限于小范围，影响也不大。但此次却被对方告知，说是接到福建省有关方面来函，此事未经省政府同意，予以撤回申请。事属紧急，省体改委立即请示正在召开常委会的省委领导。贾庆林省长在会上指名批评，明确表示支持探索，支持推荐。于是再次上报。我当时正在外地参加全国体改研究会的会议，未亲历这一场景。通过李学荣同志的电话通报，得知当时思想碰撞是如此激烈。

1993年10月，各项准备工作成熟，经中国证监会审查批准，企业要发行股票了。省政府成立了由分管副省长为组长的上市工作领导小组，其成员包括证券委和股份制协调小组所有成员单位，另加几个监督检查和维持治安部门，唯独把作为证券委副主任单位和股份制改革主管单位的省体改委排斥在外。无论从工作的衔接和对情况的熟悉程度看，这种处理极不正常，也很不公正。不少了解情况的人认为不妥。省体改委本可以向省委、省政府主要领导反映意见，但那不是我的性格。由它去吧！人们都是历史的匆匆过客，所作所为自有历史验证和评价。省体改委坦然以对。在继续抓股份公司设立和依据《公司法》进行规范的工作中，仍然积极认真，毫不懈怠。后来省政府一位副秘书长看不过去，在奉命对上市工作领导小组各成员单位发奖金时，也给了"非成员"的体改委一份。我把这看作是一种精神鼓励，是知情者对体改委系统在为全省股份制改革和试点企业股票发行上市工作中所作出的努力的肯定。附带说一下，对省级机关这样发奖金，我是首次听说。

（三）放开放活国有小企业

国有企业改革虽历经多种形式，但经营机制转换缓慢，自我激励、自我约束机制仍然不足，尤其缺乏创新机制和自我发展源泉，致不少企业设备陈旧、产品老化、冗员过多、负担过重等问题越积越重。进入90年代后，又受到市场供求变化、买方市场形成和乡镇、个私企业激烈竞争的双重挤压，亏损面不断扩大，尤以小企业为甚，山区的小企业更甚。全省总体上有1/3企业亏损、1/3企业虚盈实亏，只有1/3企业盈利。企业中冗员一般也占1/3。企业债台高筑，欠银行贷款本息越滚越多，平均资产负债率达70%以上。

为了摆脱困境，首先是国有商业企业和供销合作社在"四放开"基础上，于1992年底开始实行"国有民营""社有自营"，1993年、1994年大面积铺开，据1994年6月统计已达2600多家。其大致做法是：把柜台、门店通过招标竞争，承包给班组或个人经营，承包者缴纳风险抵押金，企业抽回流动资金，逐步销出存货变现；职工原则上在原网点消化，由承包者和职工双向自愿组合；承包者负责缴足承包费和税收，实行自主经营、自主分配、自负盈亏。改革后，大大激励了经营者和职工的积极性，普遍改善了服务态度，扩大了经营范围，实行勤进快销，灵活掌握价格，节约各种开支，从而较快实现了扭亏为盈，至少保本微利。如南平百货商场1992年1至8月经济效益滑坡，商品销售额和实现利润分别比上年同期下降15.2%和6.5%；实行"国有民营"后的9至12月，商品销售额同比增长16.4%，职工收入提高15%。莆田市百货公司1992年亏损4.3万元，实行改革后，1993年第一季度就盈利2万元。仙游县常太供销社，前几年每年亏损3万至5万元不等，自1992年底实行"社有自营"，5个月扭亏为盈。

国有小型工业企业的改革，则经历了艰难历程，时间也拖得较长。从1993年下半年起，部分县市开始探索小型工业企业实行以产权改革为核心的资产重组，放开放活，有的地方扩大到中型企业。各地"放小"采取了很多形式，有职工股份合作，外资嫁接，兼并、联合，承包、租赁，委托经营，易地搬迁改造（企业迁出市区，利用级差地租调整产业、产品结构），出售拍卖，还有一厂多制，从母体裂变设立分厂，以求改一块活一块。挽救无望者，关闭破产。总的是根据实际情况，不拘一格，稀释乃至退出国有资本或国有管理方式，注入民营因素，促其自主经营自负盈亏。但进展不平衡，而且举步犹豫。多数地方只搞些试点，有的采取先易后难，最初两三年内，覆盖面不广。原因是遇到几大难题，最难的是职工安置，包括在岗工人继续就业，富余人员出路和离退休人员的养老、医疗费用预留。其次是企业转为股份合作制的，职工购买股权和增量投入的资金来源不足。三是企业办社会需剥离。四是银行贷款处理较难。一般来说，沿海开放地区，由于外商投资活跃，民间资金比较充裕，就业门路较广，因此小企业乃至部分中型企业的产权改革较易推进。内陆山区则受到缺乏优势企业支撑，兼并拍卖不易找到买家，民间财力短缺以及重新就业门路狭窄的掣肘，改革步履艰难。有的改了未见效，只好重来。主观上，不论沿海、山区，都有思想不够解放的问题，存在怕国有资产流失、怕国有经济消失等顾虑，以及畏难情绪。致政策措施不敢大胆突破，或拖延下来。事实上，正如一些地方政府体会的，不改不行，迟改也不行。凡是早抓者，就早争得了主动。

到1996年，改革进展有了较大变化。一方面企业效益滑坡日益严峻，形势逼人。另一方面，借鉴先行地方的经验，改革的思路已逐步理清，从而在政策上纷纷突破。例如实行股份合作制者，以置换职工身份、买断工龄的方式折价，换取企业股权和增加投入；或允许企业以资产折股，用借贷方式借给职工认购一部分股份，并按比例新投入部分现金，今后由职工用分红所得归还本金。又如企业资产变现所得，首先用于安置职工和离退休人员费用；对企业所办的职工福利机构，进行剥离者，明确去向；征得债权人同意，以债转股；等等。故全省小企业改革才迈出了较大步伐。除国有小企业外，集体企业股份合作制改革也继续扩大。

那几年，可谓风云激荡。转型期的艰辛和阵痛，使为数众多的人群第一次感受到市场经济的严厉，它既给人们希望，也让人们焦虑甚至痛苦。我于1995年离职休养，没有走完这场改革的全过程；但从接着承担省体改研究会工作的所见所闻，也能触摸到它的震波。1996年12月，我到闽北调研，更深切地感受到有些国有企业曾经的辉煌和现在的困境牵动千百个家庭。许多企业职工曾为国家创造了相当于几倍、十几倍建厂投资的利润，创造了大量外汇，如今面临产业结构调整而要离开工厂，不少人流下了热泪。我还具体了解了有些困难企业职工缺衣少食甚至以地瓜藤果腹的状况，大家普遍认为，靠改革杀出一条血路求生乃是唯一希望。

（四）发展企业集团，进行现代企业制度试点

1994年起，福建省政府开始实施大公司、大集团战略，这是贯彻中央

对大中型企业进行"三改一加强"（体制改革，企业改组，技术改造，加强管理），增强国有经济整体实力总体部署的实际步骤。省里在全省支柱产业和重点行业中选择20家骨干企业给予重点扶持，培植大企业集团，作为全省振兴经济的中坚力量。各地市也确定约100家优势企业，组建企业集团，使之成为发展地域经济的支柱。这些企业集团进一步突破行业、地区、所有制界限，从"不求所有，但求所在（在本地）"，发展为"不求所在，但求更好"，进行大企业间的联合重组，实行较大规模的资产流动。如三明市大型骨干企业三明重型机器厂，进入厦门工程机械集团；福州柴油机厂跨省加入江苏常州柴油机集团。通过以骨干企业为核心，以强带弱或强强联合的企业集团，使资源配置向优势产业、优势企业集中。如成立福建石化集团、福建黄金集团、福建水泥集团、厦门工程机械集团、永安林业集团等，有的还搭建了集团公司架构，它们以产权联结为纽带，在规模经营、资本运营、技术创新、市场开拓等方面都显示了较强力量。

现代企业制度作为社会主义市场经济微观基础的企业组织制度，是国有大中型企业改革的方向。推进现代企业制度的建立，标志着国企改革进入了制度创新阶段。按照全国部署，这项改革从试点开始。1994年，福建省福州第二化工厂、省电力公司、厦门海燕实业公司列入国家试点；省里又确定省属福州人造板厂、福州抗菌素厂等16家企业作为省抓的试点；各地市也抓了若干重点企业的试点，如三明市确定三农化学、永安林业集团、八闽水泥集团等5家企业进行试点。试点要求全面掌握"产权清晰、权责明确、政企分开、管理科学"四句话的精神实质，大致包括以下内容。一是明晰产权，根据《公司法》，改制为股份有限公司或有限责任公司，建立企业法人财产权；二是完善公司法人治理结构，决策、执行、监督体系有效制衡，股东大会、董事会、监事会、经理层职责明确，运转正常；三是明确国有资产出资人主体，由出资人行使财产所有者权利，真正实行政企分开；四是改革企业内部管理制度，重点是财务、用工、分配制度，强化激励和约束机制，提高效率、效益，同时完善职工民主管理制度，处理好新老"三会"关系；五是在公司改制，进行清产核资、资产评估过程中，结合处理企业历史包袱，减轻企业负担，如剥离非经营性资产、剥离企业办社会职能，搞好新老体制转轨衔接。但是试点进度缓慢，到1996年上半年，全国和省试点的企业中，只有福州二化、福州抗菌素厂等少数几家通过了方案论证，进入具体实施。从各企业拿出的方案看，改制形式单一，多数改为国有独资公司，缺乏多元化投资的约束；沿用老办法，投资主体实际上仍在主管部门，很难实现政企职责分开。此外，各部门协调配合不够，造成有些实际问题如富余人员分流和企业办社会职能分离较难解决，加上企业希望优惠政策扶持未能如愿，也影响了试点的积极性。1993年到1996年这段时间内，以企业改革为中心，再次要求相关改革的联动和深化。主要有国有资产管理和经营体制的改革，政府职能的转变和社会保险制度的完善。

建立国有资产管理监督、营运体系的改革思路，是在国有企业改革不断深化的过程中逐步形成的。企业改革遇到的问题，揭示了政府既是社会经济管理者又是国有企业所有者的双重身份，很难避免对企业经营的直接干预。需要在操作层面上把这双重职能明确划分，即实行政资分开，才能有效实现政企分开。另一方面，国有企业的所有者主体，长期以来又是模糊不清的，没有一个部门真正对企业的资产营运效益负全责。企业改革的深化，现代公司制的开始推行，明晰产权关系的要求，使国有企业的出资者具体由谁代表，不仅作为理论问题，更作为迫切的实践问题，提了出来。经过国家有关部门和学术界的共同研究，形成了三个分开的思路，即"政府的社会经济管理职能与国有资产所有者职能分开；国有资产的行政管理与投资营运分开；国有资产的终极所有权与企业法人财产权分开"。据此，国有资产管理与经营体制由三个层次组成。第一层次是国有资产的管理部门，对国有资产实施行政管理，并委托给专门设立的国资经营机构经营，但其管理要从传统的实物管理为主转向价值管理；第二层次是各种国资经营机构，受权经营国有资产，通过市场运作方式，将国有资产转化为资本，投入生产经营企业，实现增值；第三层次是国有资产的存在实体——生产经营企业。在国资营运主体与生产企业之间是投资关系、产权关系，不是行政隶属关系。

以上这些思路作为全国的改革措施提出后，改革活跃的地区于1993年起陆续开始试点。其中关键的环节是第二个层次，其组建和运作是一项全新的探索，初始叫国有资产经营公司，似乎未获高层认可，后来称谓投资控股公司，再后来两种名称通用。当时各级国有资产管理局还是财政部门下属的二级机构，领导力量较弱，且国有资产分散在各个不同行政部门管理。1992年底，福建省国有企业5328户，占用国有资产251.7亿元，上交财政收入34.76亿元，较之国有经济占比很大的省份固然数量不大，但其上交收入占当年全省地方财政收入比重仍达46%，也不能小觑。

1993年9月，根据省政府专题会议关于开展此项改革的决定，省体改委和省财政厅商议制定福建省国有资产经营与管理体制改革试点的意见联合行文下发。但文件在具体办事人员那里转圈子，拖了很久出不来。经我和该厅分管领导直接商谈，决定把个别没有取得共识又无碍大局的问题暂时搁置，乃于10月份把文件下发，使试点有据可依，特别是对国资经营公司的组建作出了具体指导和安排。1994年6月，省体改委和省财政厅又联合召开研讨会进一步推动。试点在泉州、厦门、福州三个中心城市（后增加南平市）以及进行综合改革试点的部分县如罗源、顺昌、连城等先行开展，做法各有不同。有的县从存量资产流动重组入手，与企业技术改造相结合，吸引增量投入，收效较好。如罗源把县属企业分批进入国资经营公司，由国资经营公司根据县委、县政府决策，作为出资人进行实际运作，把授权经营的企业或迁出闹市，易地改造，或进行兼并、联合，实现了扩大生产规模，调整产业结构，提高资本效益。而有的地方单纯从加强国有资产管理入手，注重红利收缴，对资源整合和资本运作则力度较小。在中心城市，泉州起步较早，1992年8月市属工业企业一揽子嫁接港资时就开始了，具有开拓性、创造性，但后来没有更多发展和深化。

为了引入市场机制，进行产权流动重组，1995至1996年间，福建省及厦门、泉州三个产权交易中心相继开业，为产权进场交易搭建了平台。其中，厦门产权交易中心在1996年第十届福建投资贸易洽谈会上，承办了国家体改委信息中心主办的"中国产权转让馆"交易，取得一定成绩。由于初始时某些管理办法较严，故三个交易中心成交量不大。

（五）完善社会保障制度

社会保障制度是社会主义市场经济体制的五大支柱之一。多年来，省体改委参与了大量的政策制定、试点总结、实施推进等工作。20世纪80年代末，福建省政府成立社会保险协调小组，其办公室就设在省体改委。福建省此项改革起步较早，本是先行于全国的。特别是养老保险，1985年1月起，就在国营工交企业实行退休费用全省统筹，覆盖了全省国有企业绝大部分，初期由财政部门承办，1987年7月移交劳动部门。1989年，把全省统筹扩大到全部国有企业。1989年7月，又在全国尚无统一规定前，由省体改委制定经省政府颁布决定，在集体所有制和私有企业职工中推行养老保险，其特点是实行社会共济与个人储存积累相结合，引入了个人缴费机制，具有一定的开拓性。1990年开始，在农村进行农民与村干部养老保险试点。1994年推出了机关事业单位人员养老保险办法。另一个重要改革，是根据社会经济发展变化，由省体改委拟订，于1992年出台《福建省企业职工待业保险暂行规定》，较之国务院1986年7月颁发的国有企业职工待业保险暂行规定有较大突破，主要是扩大覆盖面到各种所有制企业；保障对象增加了因产业结构调整和优化劳动组合后无法安置的富余职工，以一定比例到社会待业；并调整了失业救济金的计发标准，作出了对停产企业职工基本生活保障的安排。这些改革，对于解决国有企业退休费用负担畸轻畸重，支持国有企业深化改革，突破非国有企业职工在保障待遇上的空白，以及探索社会养老保险制度改革方向，都有相当影响。

但是依托历史轨迹的逐步改进，所谓改革的"路径依赖"，有诸多不完善，主要是职工养老保险按不同所有制实行不同办法：国有企业脱胎于原有办法的改良，采取现收现付的基金统筹，企业负担不断加重。1994年，工交企业缴费额占工资总额21%，商业企业高达29%，如果加上待业、工伤保险和医疗保险试点等的缴费额，企业负担分别高达33%、41%；且缺乏激励机制。集体企业的办法是按新思路设计，既顾公平也有激励，但又受企业负担能力制约，平均缴费额占工资总额13%，故保障水平较低。而不同的养老保险待遇，又被人为地诱导到职工间相互攀比。主管部门规定，集体企业职工若要享受全民办法，需一次性补15年的缴费，企业也负担不起。更有甚者，不同保障对象的养老保险分割于不同部门。乡村干部、全民、集体、事业单位职工，分属民政、劳动、人民保险、人事部门办理，退休职工管理服务属工会系统，被称作"群龙治水"。既加重管理成本，又常出现受利益驱动的摩擦，或争办或诋毁。此外，对社保基金缺乏监督机制，政事不分，在审计检查中，时有发现挤占、挪用、截留基金现象。福建省曾设想成立社会保险委员会，把部门分割统一起来，把行政管理和基金操作严格分离，并成立基金监督机构；在保险模式上，兼顾公平与效率，向充实个人账户方向完善，但阻力重重。有一年，省政府领导曾借在京开会的间隙，带我去拜会中央某部一位领导，对方简单答复："免谈。我们是寸土必争，寸步不让。"总之，福建省社会保险事业改革的势头渐趋迟滞。

尽管如此，"十四大"后，省体改委还是积极研究统一的养老保险制度方案，关键是模式的转换，即从现收现付制逐步过渡到社会统筹与个人账户相结合，开了不少研讨会。1993年，连城、罗源两县相继进行统一社会保险管理的试点，着重在发展增量部分，扩大集体、三资、私营企业职工和个体经营者（工商户、运输户）的投保。1994年，综合改革试点市永安也制定了统一社会保障方案上报省政府。1994年12月，省体改委与有关部门联合召开了社会保险研讨会，接着参加全国养老保险试点工作会议，这是我离休前最后一次参加国务院召开的会议。这次会议由于还未形成一个统一的意见，因此拿出了两个试点方案。一个是国家体改委牵头，12个部、委参加，由中央财经小组办公室协调的方案，一个是劳动主管部门的方案。主要区别在个人账户问题上。一种是职工在工作期间，就为自己的养老逐步积累，个人缴费的全部和单位缴费的一部分都计入个人账户，空账户逐步做实（资金被社会统筹挤占，致个人账户中的资金空缺，逐步补上）；另一种是基本上采取现收现付制，下一代人养上一代人，小部分积累，单位缴费的全部和个人缴费的一部分要进入社会统筹，职工个人账户份额很小。两个试点方案让各省自行选择。朱镕基副总理在总结性讲话中，详细讲述了中央好几位领导包括江泽民、李鹏都曾对养老保险改革亲自听取汇报和协调，说明此项工作非常重要又非常复杂，方案设计很难且分歧很大，许多细节留待实践解决。针对会上有人提出，希望只提交一个试点方案，他说，国务院难道不知道一个方案比两个方案好吗？就因为无法提交嘛！他还讲到全国本想成立社会保险委员会，但各家都要设在他们那里，意见不统一，只好各干各的。这番话使我感受到改革推进之复杂艰难。

1995年，福建省社会保险协调小组更改为社会保险委员会（非实体组织），其任务是领导和组织全省的社会保险改革，而非主管部门。1996年2月，省政府出台了全省统一的企业职工养老保险改革方案，集体企业养老保险由人民保险公司移交劳动部门办理。至1996年底，纳入省级统筹职工120万人，人均养老金260元；企业投保率：国有企业99%，集体企业60%，三资企业18%。参加失业保险133万人，其中国企投保率98%，集体企业25%，其他所有制9%。对医疗制度的改革也开始研究。但总的说，社会保障改革在整个经济体制改革中仍属木桶短板。

（六）社会主义市场经济体制基本框架初步形成

总之，党的"十四大"以后的经济体制改革，在明确的目标指引下向纵深发展，措施得力，没有折腾，只是进展的节奏快慢不同而已。到"八五"

计划末的1995年，我离开改革第一线之际，回首对比，福建省的经济体制和运行机制已经发生历史性变化。在邓小平社会主义初级阶段理论指导下，围绕着计划与市场的关系，经历了从计划经济到有计划商品经济；到计划与市场内在统一，国家调节市场、市场引导企业（虽然一度受到"计划经济为主，市场调节为辅"的困扰）；再到社会主义市场经济的理论突破，解决了姓社姓资的争论。以不断创新逐步成熟的理论突破为先导，经济体制改革大潮澎湃，汹涌前进。其间，经历了三波高潮：1984—1985；1987—1988；1992—1993。渐进式改革的17年，经过全省人民努力，已经基本冲破僵化的计划经济体制，初步建立了社会主义市场经济体制基本框架。

一是所有制结构已从单一的公有制转变为以公有制为主体、多种所有制经济蓬勃发展的格局；非国有经济的茁壮成长，成为全省经济发展的重要力量。1994年统计，地区生产总值中，国有经济占33.08%，三资企业占40.45%，乡镇企业和民营经济占26.45%。在工业部门，1995年非国有企业产值已占全省工业总产值83.2%。可以看出，对外开放和乡镇企业异军突起，对于所有制结构的变化产生了巨大影响。

二是资源配置已从高度集中的计划生产、计划分配、计划定价，转变为市场对大部分社会资源配置起基础性作用。工业生产中，国家指令性计划从1979年占70%，1995年下降到不足5%；国家管理的零售价格占销售总额的比重，从1979年占95%，1995年下降到不足6%，这一小部分主要存在于垄断性行业和城市公用事业。除各类物质形态的市场繁荣活跃外，劳动力、技术、土地、资本等生产要素市场也逐步发展。统一的具有竞争性开放性的市场体系已经基本形成。

三是宏观调控体系初步建立。在调控方式和手段上，随着全国改革的推进，正在从用行政手段和计划管理的直接控制向着运用经济、法律手段的间接调控转变。在宏观调控体制上，于中央统一调控下，给予地方部分分权职能，实现了既有统一性、又调动各级地方政府积极性，利于从实际出发促进地区经济的发展。中央对省、省对地市县分级包干的财政预算管理体制，克服了大锅饭，扩大了地方财政收支权限，积累了发展地方经济的财力，实行分税制后势头不减，使福建省从改革开放初期需中央定额补贴，跃升为上缴作贡献的省份。1994年全省财政收入较之1980年增长8.6倍。运用中央赋予的物价、税收、土地资源的调控权限，使我省在率先实现市场定价、吸引外资和土地开发利用上，取得了长足发展。

四是市场主体重新构建。国有企业基本摆脱了行政附属物地位，正在向具有独立法人地位、经营机制富有活力的市场主体转变。为数众多的非国有企业作为独立的财产所有者，自负盈亏，完全面向市场，显示蓬勃生机。

五是收入分配体制改变。大锅饭平均主义的分配方式已经打破，纷纷探索各种与绩效挂钩的按劳分配方式。效率与公平兼顾的原则开始树立。各种生产要素按贡献参与了分配。社会保障制度打下了基础。

六是经济形态基本实现由封闭型向开放型经济的转变。外商投资经济已成为国民经济的重要组成部分。1994年外商投资企业的工业产值占全省乡及乡以上工业总产值40%；完成的固定资产投资额占全社会总投资额20.8%；涉外税收是1984年的151.2倍，占全省税收七分之一。全省经济的外向度显著提高。进出口总额1978至1995年平均每年以28.6%速度增长；出口总值占当年地区生产总值比重从1978年的4.9%增加到1995年的35%。

改革解放了生产力。1995年全省实现地区生产总值2200亿元，是1978年的33.1倍；占全国总额3.81%，比1978年的占1.85%，上升1.96个百分点。经济结构已从农业主导型转向工业主导型。1995年地区生产总值中，一二三次产业创造的增加值分别占21.8%、44.6%和33.6%。人民生活不断提高。城镇居民人均生活费收入和农民人均纯收入分别从1978年的339.48元和137.54元，提高到1995年的4325.9元和2048.59元，按可比价格计算，年平均递增16.1%和17.2%。人口的文盲、半文盲率从1982年的37.2%，下降到1994年的12%。福建改革开放取得的成就无疑是巨大的。这是中央的支持，历届省委、省政府贯彻中央决策，采取了符合福建实际指导方针的结果；是全省干部和人民群众解放思想，搏浪前进做出来的。

1995年1月，我正式办理了离休手续。回顾往昔，在20世纪80年至90年代初，在经济体制从计划走向市场的历史进程中，省体改委做了大量的艰苦细致的工作，付出了巨大的艰辛和努力。每年研究提出年度的改革要点，由省政府批转并召开全省性会议进行部署，定期检查改革进展情况。各地、市体改委的工作，一方面根据体改系统各阶段部署的各项试点和改革任务，大力组织推动；另一方面主要是根据本级党委、政府的部署开展工作。

历史是一面镜子。尽管全省各级政府专设的经济体制改革工作机构相继撤销，然而改革尚未完成，"攻坚"时间之长，令人始料未及。今天需要解决的问题，远比改革初期要复杂、深刻得多。温故而知新，鉴史以资政，过往的改革经验和教训，也许可以告诉我们一些什么。因此，把福建初步建立社会主义市场经济体制基本框架的一些具体情况，包括成绩与问题，前进与停滞，探索与争论，领导部门的决策与广大群众的拼搏，就我所知者写出来，提供一些素材，留下一些史料，供史家总结、分析、对比与参考，这一愿望成了我心中不熄的火。

2011年3月29日

福建：台湾海峡西岸的崛起

1978—1995年的17年，在人类的历史长河中只是短暂的一瞬，然而在这弹指一挥间，三千万福建人民在中国共产党领导下，在改革、开放、建设有中国特色的社会主义的历史舞台上，演出了一幕幕波澜壮阔的振兴中华经济之剧，使福建发生了历史性的变化。今天，一个经济日益繁荣、社会安定团结、人民安居乐业的新福建，正跟随新世纪的曙光，迅速崛起于台湾海峡的西岸。

一、改革开放 17 年成就辉煌

福建省地处中国大陆东南沿海，东隔台湾海峡与台湾地区相望，北、西、南面分别与浙江、江西和广东等省相邻。全省东西宽约540公里，南北长约550公里，陆地面积为12.38万平方公里。地形以低山丘陵为主，素有"八山一水一分田"之称。1994年底全省人口3183万人。现设9个地市，81个县、市、区。

福建自然资源丰富：一是海域辽阔，良港罗列；全省海域面积13.6万平方公里，滩涂面积2000多平方公里，海岸线长达3324公里，沿线可建停泊5—10万吨级以上船舶的特大型港口6处。二是地处亚热带，气候温和、雨量充沛，适宜于林木生长。全省森林面积1亿多亩，森林覆盖率达 57.3%，居全国第一位。三是山峦起伏，雨量充沛，使福建河流密布，全省拥有流域面积50平方公里以上河流500多条，大多流程短、水量大、水流湍急，水能资源十分丰富，理论蕴存量达1181万千瓦，居华东各省首位。

福建还具有对外开放的区位与人文优势。福建面对台湾，邻近港、澳，沿海港口众多，对外交往十分方便。早在宋元时期就开始了与海外通商，"海上丝路"就是发端于宋朝泉州刺桐港。"鸦片战争"后，"五口通商"，福建占了两个。目前有800多万闽籍华侨旅居世界90多个国家和地区；全省有归侨、侨眷500万人；台湾民众中80%祖籍在福建。

然而，福建的这些优势一直无法得到较好的发挥。解放前夕，福建现代工业几乎是空白，农业、手工业也极不发达。1949年全省地区生产总值仅几亿元，人民生活贫困。新中国成立后的1950年到1978年期间，福建经济虽然有了长足的进步，但由于海峡两岸长期的军事对峙，国家对福建的投资极少，再加上高度集中的计划体制的束缚，福建的经济仍然处于全国后进的地位。1978年全省地区生产总值66.4亿元，居全国第21位；人均地区生产总值仅273元，居全国第20位，福建是全国比较落后地区之一。

1978年12月召开的中共十一届三中全会，揭开了中国改革开放伟大变革的序幕。从1979年到1995年的17年，福建抓住了中央赋予的"特殊政策、灵活措施"和改革开放综合试验地区的历史机遇，走出了一条适合福建实际的对外开放和振兴经济的路子，促进了经济高速发展。这17年间，福建的经济发展大体经历了三个阶段。

第一阶段（1979—1984年），经济转轨时期

这一阶段进行的工作主要有：一是在思想战线实行拨乱反正，实现了全党工作重心的转移；在农村变革了生产关系，实行了家庭联产承包责任制，农村经济走出了长期停滞的困境，向多种经营全面发展方向迈进。二是中央对福建作出重大战略决策，实行"特殊政策，灵活措施"，并将厦门辟为全国四个经济特区之一，从而使福建从军事前线变为对外开放的前沿。三是经

济体制导入市场机制，传统的计划经济体制开始动摇，以扩大企业自主权、流通改革为主要内容的城市经济体制改革开始起步，1984年，55位厂长经理发出"松绑放权"呼吁，促使企业改革出现一个高潮。四是开始探索并提出福建经济发展战略，对产业结构进行初步调整。五是着手调整所有制结构，鼓励个体、私有经济发展，并大力推动乡镇企业成长。所有这些，为经济注入了活力，经济开始摆脱停滞状态，步入迅速增长时期。1979年至1984年，地区生产总值增长 98.7%，平均每年增长12.1%，高出全国平均水平3.2个百分点。福建与全国经济平均发展水平的差距缩小，人均地区生产总值1978年只及全国平均水平的73%，1984年提高为89%，在全国各省市的位次，逐步前移。

第二阶段（1985—1991年），经济迅速增长和整合时期

这时期推动福建经济发展的主要动力有：一是经济体制改革全面展开。以增强企业活力为中心环节，以培育市场体系为重点，从生产、流通到社会分配各个环节，全面进行了市场取向的改革，计划经济体制被打破，初步奠定了市场经济运行机制的基础。1985—1988年全省以价格改革为主攻方向，放开了大部分产品价格，扭转价格与价值的严重背离，基本完成由国家定价为主向市场决定价格的转变。1991年农产品收购总额中，国家定价仅占6.33%，社会商品零售总额中国家定价仅占 8.42%。国有企业改革着重于扩大自主权和实施承包经营走向市场并责任制，引入二资企业逐步适应市场竞争。1985年，福建对国有工业企业职工的退休费用实行了全省统筹，1989年扩大到除国有农场之外的各行各业，参加全省统筹的企业达到国有企业的98%。1989年在全省推出对集体企业职工实行社会统筹与个人储蓄积累相结合的养老保险办法，在全国居于领先地位。在计划体制、投资体制方面，取消了对工农业生产的指令性计划，下放了建设项目审批权限。1988年在新建的石狮市实行"小政府、大社会"的机构模式，为政府运作提供了新鲜经验。二是对外开放取得了突破性进展，奠定了全方位大开放的局面。继1984

年厦门经济特区扩大到全岛后，福建对外开放从经济特区向经济技术开发区、沿海开放城市、沿海开放地区拓展，基本形成了多层次、全方位对外开放的格局。1988年4月中央批准福建为改革开放综合试验区，要求福建的改革开放先行一步，并赋予11条政策，标志着福建扩大对外开放、加快外向型经济发展进入了新的阶段。90年代初，外商投资土地成片开发形成了热潮，外商投资区已成为福建引进外资的主要载体。到1991年底福建省累计引进外商投资项目4986个，合同利用外资金额55.63亿美元，实际利用外资金额24.38亿美元，已居全国前列。外贸出口也持续大幅度增长，1991年外贸出口额达29.26亿美元，在全国位置前移到第七位。三是经济步入高速增长轨道。三资企业、乡镇企业在对外开放和经济体制改革进程中迅速发展。1991年底全省乡及乡以上工业总产值513.14亿元中，国有企业工业产值为261.63亿元，占51%；乡镇和民营企业为103.06亿元，占20.1%；三资企业148.45亿元，占28.9%，极大地推动了经济的高速增长。1984—1988年地区生产总值平均每年递增12.7%，成为全国经济增长最快的省份之一。1988年全省地区生产总值达354.09亿元，人均1245.6元，达到全国平均水平，提前两年实现了地区生产总值翻一番的目标。经济结构和质量也有明显改善，完成了农业主导型向工业主导型过渡。1989—1991年由于严重通货膨胀，经济转入治理整顿，1989、1990两年经济增长速度一度回落，但到1991年就实现回升，三年间平均地区生产总值仍增长9.6%，高于同期全国平均水平。这7年，地区生产总值增长116.6%，平均年增11.7%。经过七年的发展，福建经济已从全国后进地位，跃居中等水平，并开始走向全国前列。

第三阶段（1992—1995年），经济起飞阶段

1992年邓小平同志南方谈话以后，福建改革开放进入了一个新的历史阶段。一是对外开放向宽领域、高层次、纵深化发展。随着闽东南进一步对外开放，福建省采取放宽外商投资领域，适当放宽金融管理，长期项目实行综合补偿等重大措施，迎来了新一轮外商投资高潮。外商投资主体从中小企

业发展到一批跨国公司和大财团相继进入；投资领域从加工制造业扩展到码头、桥梁等基础设施、旧城改造、开发性农业，并且有条件地进入金融、保险、商业等第三产业；投资项目从单体举办向系列型、关联型、集团化方向发展；土地成片开发从分散布局逐步发展为连片开发。与此同时，对外开放地区扩大到了内地山区。经中央批准，三明、南平、龙岩和宁德地区的部分县市都列入了经济开放区，建立了武夷山旅游经济开发区，形成全省沿海、沿江、沿边（边缘地区）、沿线（铁路沿线）和内地山区联动的大开放。1992—1995年，4年累计实际利用外资金额为121.75亿美元，为1979—1991年间十三年总和的4.98倍。四年累计进出口总额444.48亿美元，是前十三年总和的2.39倍。经济的外向度跃居全国前列，使福建经济更紧密地融入国际市场。二是经济体制改革从过去着重突破旧体制，转向着重建立社会主义市场经济新体制。按照中央统一部署顺利进行了财政、税收、金融改革。企业产权制度改革迈出较大步伐，到1994年底全省实现公司化改组的企业有400多家，并有13家股份有限公司的股票在沪、深交易所上市。厦门、泉州等八个市、县进行了国有资产经营管理体制改革的试点。大批中小型国有企业，通过中外合资、股份合作、租赁、兼并、拍卖等形式进行民营化改造，获得了活力。市场体系的培育，着重在提高商品市场档次，探索新型流通组织形式，进一步发育要素市场以及促进市场竞争有序等方面。到1994年底，全省380个专业批发市场中年成交额超亿元的达40多个，其中超10亿元的有4个。1994年底全省累计发行各种有价证券118亿元，当年的证券交易额达1864亿元。为市场正常运转服务的社会中介机构发展到2万多个。大量农村剩余劳动力从土地中转移出来，进入乡镇企业，同时促进了耕地的集约化经营，出现了家庭农场、股份制农林业生产企业等新型组织形式。三是经济增长势头强劲。1992—1995年，4年实现的地区生产总值，按可比价格计算增长111.5%，平均年增20.6%。1994年人均地区生产总值达到5454元，提前6年实现翻两番的目标。财政收入4年累计513.58亿元，为前13年总和的1.3倍；城乡居民收入平均每年分别以25.6%和24.6%的速度增长。经过这四年的快速增长，福建经济实现了从温饱向小康的历史性跨越。

经过17年改革开放和经济的高速增长，福建经济和社会发展与1978年对比已发生了质的飞跃，走上了全面振兴的道路，实现了五大转变。

（一）经济发展水平由全国后进地位，跃居全国前列

1978年以前，福建的经济发展速度一直低于全国的平均水平，经济发展居全国后进地位。1978—1995年的17年间，按可比价格计算，地区生产总值平均年递增13.9%，比改革开放前的1950—1978年年平均增长6%高出7.9个百分点，也比同期全国9.4%平均水平高出4.5个百分点，经济绝对量增长速度居全国第五位，成为全国经济增长最快的省份之一。

到1995年，全省地区生产总值为1978年的33.1倍，达2200亿元；经济总量占全国总额达3.81%，比1978年的1.85%上升了1.96个百分点，在全国的位次从1978年的第22位跃居全国第11位；1994年人均地区生产总值达5454元，比全国平均高出1775元，从1978年的第20位跃居全国第8位。经济总体发展水平已进入全国前列。1979—1995年福建累计完成基本建设投资884.43亿元，是改革开放前28年总和的9.9倍。1979—1994年建成了一批骨干项目，主要有：新增电力装机容量346万千瓦；新建扩建厦门、福州等五个机场；建成万吨以上深水码头12个，新增港口吞吐能力2500万吨；完成了鹰厦铁路的电气化改造，增加运力1倍；开工建设了横南和漳泉肖两条地方铁路；新建、扩建国道、省道公路8281公里，其中一级公路354公里；新增城市日供水能力374.5万吨；新增程控电话交换机260万门，移动电话7万户，成为全国第一个实现县城以上长途电话自动化的省份。这些基础设施的建成，打下了福建经济腾飞的坚实基础。

在经济快速增长的同时，人民生活水平和生活质量也迅速提高。城镇居民人均生活费收入和农民人均纯收入分别从1978年的339.48元和137.54元，提高到1995年的4325.9元和2048.59元，按可比价格计算，年平均递增16.1%

和 17.2%；居全国的位次从1978年的20位左右，分别提高到1995年的第10位和第7位。城乡消费水平对比，1994年为2.1∶1，城乡差别显著低于全国3.6∶1的水平。城镇居民的人均居住面积1995年达到12.31平方米，比1984年增加了5.1平方米；农村居民1995年人均住房面积22.88平方米，是1984年的2倍。人口死亡率从1978年的6.31%下降到1994年的5.95%，人口平均预期寿命从1981年的68.49岁，增加到1990年的70.94岁。人口的文盲、半文盲率从1982年的37.2%下降到1994年的12%。17年间人民的生活水平提高速度高于福建历史上的任何时期。

（二）经济发展由农业主导型转向工业主导型

1978年全省劳动力人口中有80%以上依靠直接从事农业生产谋生。经过17年的改革开放，福建的经济结构迅速跃升，到1995年一、二、三产业创造的增加值分别占当年地区生产总值的比重为21.8%、44.6%和33.6%；其中一次产业在保持适度增长的前提下（17年中平均年递增率为7.7%），其比重下降14.3%，二、三次产业分别上升了2.1%和12.2%。全省农村有500多万劳动力从农业生产中分离出来，加入到二、三产业行列，约占农业生产劳动力的40%。整个农村经济结构也发生了重大变化。随着乡镇企业的异军突起，工业已成为农村的主导产业，并带动了建筑业、商业、运输业和其他服务业的发展。1994年非农产业已占农村社会总产值77.9%，其中工业占55.5%，建筑业占4.9%，运输业占5.2%，商业占6.2%，标志着农村经济转入了以工业为主导的农工商综合发展。

17年间，福建经济在总体结构迅速升级的同时，各次产业的内部结构也得到优化。农业总体上保持稳定增长，总产值从1978年的31.8亿元，增长到1995年的760亿元，按可比价格计算年平均递增8.0%。随着农村商品生产的扩大和开发性农业、创汇农业的发展，农业生产的内部结构得到了调整，农村生产要素从种植业向高度商品化的畜牧业（1994年商品率80.3%）、渔业(商品率90.8%)转移。（见表1）

表1　福建省农业内部结构变化情况表

单位:%

产业类别 年　份	种植业比重	林业比重	牧业比重	渔业比重
1952	76.2	5.9	12.8	5.1
1978	77.7	6.3	10.5	5.5
1984	63.0	8.8	17.8	10.4
1991	51.9	9.9	22.4	15.7
1994	44.1	7.9	22.1	25.9

从表1中可看出,在1952至1978年长达26年的时间里,福建农业的内部结构基本上没有变化。1978—1994年的16年间,农业生产结构迅速优化。种植业占农业总产值的比重下降了33.6个百分点。林、牧、渔业分别上升了1.6、11.6和20.4个百分点,大农业的格局开始形成,农业的经济效益大大提高。

同期,福建经济的工业化进程取得长足进展。到1994年全省工业产值达到2252.3亿元,按可比价格计算,比1978年增长21倍,年平均递增18.2%,高出全国5个百分点,工业已成为创造社会财富的最大部门。与此同时,工业内部结构也发生了重大变化。福建工业结构原来是以加工工业为主导的轻型结构,经过十几年的调整,基础工业和加工工业的比例从1978年的41.5∶58.5,到1994年已改变为51.2∶49.8,从而增强了装备国民经济各部门的物质力量。机械、电子、建材三大部门占工业总产值的比重,分别从1979年的20.7%、2.8%和2.7%,上升到1994年的27.6%、11%和5.8%,并且从无到有,建立了现代化的石化工业,使福建未来的支柱产业开始凸现。对于传统的日用轻工、食品、纺织、造纸等轻工业部门,也通过技术改造,进行了产品结构调整,把大量产品转移到出口创汇轨道,福建的工业基础日益增强。

17年来第三产业在所有产业中发展最为迅速。1978年第三产业主要局限在商业、饮食业和交通运输业。改革开放以来,旅游、邮电通信、金融保险、房地产开发、信息与咨询服务等产业逐渐成为国民经济的重要组成部分。1992年第三产业创造的增加值，首次超过农业，成为创造社会财富的第二大部门；到1995年第三产业在全省地区生产总值中的比重已突破1/3，比1978年跃升了12.2个百分点。1995年吸引境外旅客90.6万人次，旅游创汇4.9亿美元，仅次于北京、广东、上海，位居全国第四，成为福建的重点产业。

（三）由封闭型经济转向开放型经济，经济外向度显著提高

改革开放前福建经济基本处于封闭、半封闭状态，经济活动主要在省内循环。1978年利用外资基本处于空白，出口总值仅1.9亿美元，占当年地区生产总值的4.9%。经过17年的改革开放，目前福建经济已基本实现由封闭型向开放型经济的过渡。主要标志是：第一，外商投资经济已成为国民经济的主要组成部分。到1995年底，全省累计批准外商投资18551项，合同利用外资金额386.65亿美元，实际利用外资137.82亿美元，居全国第三位。到1994年底，已开业投产的外商投资企业14486家，工业产值已占全省乡及乡以上工业总产值的40%。来闽投资的外商已扩展到东南亚地区的华商和欧美、日本等发达国家。外商投资的领域逐步从劳动密集型的加工业，向资金、技术密集型的基础设施和基础材料工业拓展。投资地区从厦门经济特区、沿海开放城市、开放地带向内地山区拓展。1994年全省全社会固定资产投资537.41亿元，其中外商投资企业完成的投资为111.87亿元，占总数的20.82%，居全国第四位。1994年完成的涉外税收24.12亿元，占当年全省税收收入的七分之一。第二，对外贸易的增长突飞猛进，成为经济发展的重要推动力。1995年全省进出口总额突破146.68亿美元，居全国第五位，其中出口总值达93.26亿美元。1994年出口商品中工业品比重已达88.8%。出口总值已占当年地区生产总值的35%。第三，逐渐成为国际招商口岸。每年在厦门、福州召开的国际招商会、有国内十几个省市和部委参加，吸引了海外几十个国家、数以万计的客商。福、厦两个口岸每年进出境旅客，位居全国各口岸的前6位。福建经济已融入国际经济的大循环中。

（四）城市化进程迅猛，崛起了一批新兴城镇，成为新的经济发展基地

改革开放前，福建城市化水平极低，城市人口只占总人口的19.1%；全省建制市只有6个，都属中小城市，市政设施陈旧，辐射力低，难以发挥对全省经济的带动作用。改革开放以来，伴随经济的发展，福建的城市化进程大大加快。到1994年底全省已设建制城市（含县级市）22个，建制镇510个，实际在城镇居住、生活和工作的人口约占总人口的35%，比1978年增长了15个百分点。特别是闽东南沿海一线，城市化进程更为迅猛，在北起福州，南到漳州不到2.5万平方公里的沿海狭长地带，已建成的城市、集镇200多个，其中福州至泉州直线200公里范围内的密集城镇群已连成一片。城镇的质量也得到很大提高。省会福州市已进入全国城市实力50强之列，1995年和1978年相比，建成区面积扩大1倍，道路面积扩大1.5倍，供电能力增加5倍多，通讯能力增长30多倍。厦门经济特区，十几年来建成区面积扩大了3倍，1994年全市实现地区生产总值180.34亿元，按可比价格计算，是1978年的近20倍。1994年福建城市实现国内生产总值1066亿元，占全省地区生产总值的63.2%。城市已成为带动国民经济腾飞的基地。

（五）经济体制从僵化的计划经济体制转为富有活力的准市场经济体制，是全国率先向社会主义市场经济体制过渡的省区之一

改革开放前福建和全国一样实行高度集中的计划经济体制，整个国民经济缺乏活力、发展缓慢。改革开放17年来，经济运行机制发生历史性变化，高度集中的计划经济体制已经打破，社会主义市场经济体制基本框架已初步建立，主要标志有：一是确立了多种经济成分并存的所有制结构。到1994年，全省地区生产总值中，国有经济占33.08%，"三资"企业占40.45%；乡镇企业和民营经济占26.45%；近几年全省每年的经济增量部分，非国有经济的贡献率都达80%左右。二是市场对大部分社会资源的配置起到了基础性作用。工业生产中，国家指令性计划从1979年占70%，下降到目前不足5%；

市场决定价格的机制基本形成，国家管理的零售物价已由1979年占销售总额的95%，下降到目前不足6%，而且主要集中在垄断性行业和城市公用事业；生产要素作为商品进入了市场，要素市场逐步发展；国内外市场双向开放；市场运作活跃，市场发育趋向健全。三是企业的独立法人地位开始确立。国有企业初步摆脱了行政附属物的地位，在生产经营的许多环节拥有了自主权；面向市场的民营企业、"三资"企业大量涌现，微观经济基础日益充满活力。四是以按劳分配为主的多种分配方式并存，调动了人们积极性，社会保障制度已有了初步基础。此外，政府管理经济的手段也有所改变，直接的宏观控制开始向间接调控转变。福建已成为全国市场化程度较高，具备率先建立社会主义市场经济新体制的地区之一。

二、福建经济振兴的主要经验

17年来福建取得的辉煌成就，得益于党的十一届三中全会以来所制定的正确路线；得益于改革、开放的方针、政策；得益于中央赋予福建实行"特殊政策、灵活措施"和列为全国改革开放综合试验区的决策；也是全省人民在历届省委、省政府领导下艰苦奋斗的结果。17年的经济建设，取得了丰富经验。最基本的是把握了：（1）以邓小平同志建设中国特色的社会主义理论为指导，紧紧抓住经济建设这个中心，把改革开放和发展紧密结合，以改革促开放，以改革开放促发展；发展是目标，是硬道理，是改革开放的出发点和落脚点。（2）一切从实际出发，立足于吃透省情，充分发挥优势，把中央的部署和福建的具体实际相结合，走出一条符合本省实际的建设社会主义市场经济的改革、开放、发展之路。（3）不断解放思想，大胆开拓。改革开放前进过程中，往往受到"左"或右而主要是"左"的干扰，以及来自因循守旧、故步自封思想的阻力，改革开放每前进一步，无不伴随着思想解放的过程。以思想解放为先导，以大胆开拓为己任，大胆地闯、大胆地试，才开辟了一个全新的天地。（4）坚持生产力标准，不从既定模式出发，不从特定框框出发，始终坚持以是否有利于发展社会主义社会的生产力、增强综合国力、提高人民生活水平三条标准检验得失成败，从而把握了正确的前进方向。这些基本经验，体现在振兴福建经济的重大措施中。福建省委、省政府主要抓住了以下几个方面，推动了经济迅速发展。

（一）利用两种资源、两个市场，发展外向型经济

1978年改革开放伊始，福建面对着经济起点低、基础薄弱、工业资源比较匮乏的情况，如何实现经济起飞是党委、政府、经济理论界和广大群众不断思考和探索的问题。1979年7月中央决定福建、广东两省在对外经济活动中实行"特殊政策、灵活措施"，把福建推向了改革开放的前沿，利用国际市场实现经济大循环的发展思路逐步清晰起来。1979年9月，省委召开工作会议，形成了实施外向型经济的战略思想，强调各级领导干部要转变观念，从消极等待的思想状态转到振奋精神，同心同德为发展外向型经济献计献策上来，资金来源转到利用外资与利用内资相结合上来，经济循环从只依靠国内市场转到大力拓展国际市场上来。

1980年10月国务院正式批复在厦门湖里地区划出2.5平方公里设立经济特区，1984年邓小平同志在与中央一些领导同志讨论经济特区问题时，明确指出："厦门特区划得太小了，把整个厦门岛划成特区。"1985年厦门特区扩大到全岛，并实行自由港的某些政策，6月份国务院在《关于厦门经济特区实施方案的批复》中，对厦门特区的目标和功能作了概要规定，即厦门特区"应当建设成为以工业为主，兼营金融、旅游、房地产业、商业的综合性、外向型的经济特区"。与此同时1984年国务院在《沿海部分城市座谈会纪要》中确认，包括福州市在内的全国14个沿海港口城市实行对外开放；1985年批准兴办福州经济技术开发区，目的在于发挥马尾的港口优势，以省会城市福州为依托，以闽江流域和闽东为经济腹地，发挥对外开放窗口作用。1985年2月中共中央颁发了《关于批转长江、珠江三角洲和闽南厦漳泉

三角地区座谈会纪要》的通知，将闽南厦、漳、泉辟为沿海开放区，厦门市的同安县等11个县（市）被列入沿海经济开放区范围。

1986年省委作出《加快改革开放的步伐，大力发展外向型经济》的决议，对福建发展外向型经济的基本方针、目标、布局、基地建设，吸引外资等八方面作了全面阐述和部署。进一步明确外向型经济的发展战略。大大加快了发展外向型经济的步伐，使外向型经济逐步成为发展的主流。

1988年党中央国务院作出加快实施沿海地区经济发展战略，先后批准福建省21个县为沿海开放县，1993年又进一步将三明、南平、龙岩以及宁德地区16个县列入沿海经济开放区，至1993年底，福建经济开放区已扩大到49个县（市），面积53632平方公里，人口1860万人，占全省总人口的60%。至此，福建形成了厦门经济特区、马尾经济技术开发区、福州开放城市、沿海和内陆开放地区四个层次以及全省面上实行"特殊政策、灵活措施"的大开放格局。

17年来福建对外开放的领域不断扩大，开拓并参与国际经济大循环，使之成为加快全省经济发展的重要途径，经济外向度极大提高。在外向型经济的发展过程中，福建省积累了一些成功经验，形成了自己的特点。

1.注重基础设施建设，不断完善投资环境。

长期以来福建基础设施落后，交通、通讯十分不便，能源短缺，缺乏外商投资基本环境，1979年对外开放刚刚起步时，外商直接投资全年使用额仅83万美元。为此，福建省委、省政府从一开始就十分重视基础设施建设。17年来，基础设施建设规模空前，大大缩短了几个世纪留下的差距。基础设施建设需要大量资金，在中央投资不可能大幅度增加、地方财政非常薄弱的困难情况下，福建省率先采取改革的办法，在"六五"期间，就举借国外政府贷款和国际商业贷款，分别建设了厦门国际机场和组建地方船队，拉开了全省大规模引进外资进行基础设施建设的序幕。17年间全省依靠多渠道筹资，连续多年打破常规，在基本建设投资中投入基础设施的比重超过60%以上。在"七五""八五"期间重点建成了福州、厦门、武夷山三个机场，福州、厦门、湄洲湾三个港口，完成鹰厦铁路电气化和外福线改造工程，开工建设横南铁路和漳泉肖铁路，改扩建福厦、福马、三南三条高等级公路，建成水口、福州、永安等5个大中型水火电站，以及覆盖全省的程控电话网。这些项目的投入运行，使福建具有了比较发达的航空事业，全国领先的邮电通信，中上水准的海运，较好的城市公共配套设施和能源保障系统，明显改善了福建投资环境，促进了对外开放的快速发展。

2.建立适应外向型经济的运行机制。

一是从提高政府行政运行效率入手，改善投资软环境。在投资软环境中，除适当的优惠政策外，首推法规的完备，政府行政效率的高效，以及企业生产经营条件的配套，便利了外资企业的顺利运作，为外商所重视。17年来，福建对外商在税收、地价等生产经营条件上提供诸多优惠政策，省委、省政府提出对外商投资实行三个要干，即"双方有利的要干，我方利小的要干，我方暂时吃小亏但从长远和整体看对我方有利的也要干"，以及"先让后赚"的策略，在平等互利条件下，使投资者在初期有获得较高利益的可能。这些原则贯彻在具体措施上，大大增强了外商投资信心。与此同时，着力于改善对外经贸的行政管理方式，如下放外资项目的审批权，为外商投资者提供一条龙服务，一幢楼联合办公，成立外商服务中心，制定地方性法规，对外资企业的监管坚持按章依法等。1995年省政府又着力清理一批政府的税外收费项目，共取消18项不合理收费，降低收费标准51项，为外商投资创造了良好条件。二是加快外贸体制改革。1988年在全省全面推进对外贸易承包经营责任制。1989年和1990年，对省内各承包单位不论基数内外实行统一的外汇倒二八分成和人民币有偿补贴。1991年，国家取消外贸企业出口财政补贴，企业完全自负盈亏，福建制定了"两级承包，包到企业，分级调控，条块保证"的实施方案，外汇使用充分体现有偿原则。1994年根据国家的统一部署，取消外贸的外汇留成制度，为各类外贸企业创造平等的竞争条件。改革把企业推上自负盈亏轨道,改变了过去外贸出口依靠国家补贴的状况,激活了企业经营积极性。进出口每年都跃上一个新台阶,全省外贸企业开始从外贸发展速度型向速度和效益型转变。此外,1980年以来通过政企分开,下放商品经营权,赋予有条件的地县外贸公司、工贸公司、大中型生产企业出口经营权,逐步建立起外贸公司为主体的包括各类工贸公司、地方外贸公司、直接对外生产企业以及三资企业在内的多渠道、多角化、多元性的外贸经营体系。

3.以国际市场为导向,提升产业层次。

国务院对厦门经济特区和福建对外开放地区,都明确规定了它们的任务是作为对内对外辐射的枢纽,大力引进国外资金、先进技术和符合大生产要求的经营管理方式,向内地辐射;同时,面向世界,利用国内资源,开拓国际市场,发展出口贸易,增加外汇收入。福建省认真贯彻了这一精神。厦门经济特区起步时,就沿着"新建项目以利用外资为主,经济结构以外商投资企业为主,产品以出口外销为主,经济运行以市场调节为主"的轨道前进;沿海开放地区对外商投资于生产型、产品出口型和技术先进性企业,给予更加优惠待遇。全省在推进对外开放过程中,外向型经济的发展战略思想逐步具体化。其要点是:利用对外开放优势,产业发展以国际市场为导向,以国内市场为依托,大力发展两头在外或一头在外一头在内的产品、产业;大进和大出并重,以大出保证大进持续发展。在实践中,抓住了积极发展对外经贸合作,发展基础工业和高科技含量的创汇产业,大力培植新经济增长点以及提升传统产业外向度四个主要环节。在此期间,对老企业进行了大规模技术改造,把技术改造与嫁接外资相结合,把引进设备与开发出口产品相结合。1979—1991年是全省技术设备引进的主要时期,共计审批技术引进合同1326项,合同金额10.94亿美元,使许多产品的技术水平同国际先进水平的差距缩小十年左右,增强了竞争能力,推动了外贸出口增长,并且结合技术引进,带动了先进管理方式的引入。据统计,在此期间新增工业产值中，约有1/3来自技术引进。如机械行业通过技术设备引进，加速了产品更新换代，1979年机电产品出口不到40万美元，1994年达到15.01亿美元，占全省出口总额比重从1.5%，增加到18.2%，已成为出口创汇的主要产业。与此同时，建设出口商品生产基地，着力抓好大中骨干出口商品的生产和开发。除工业制成品外，还注意调整农村产业结构，发展大农业和创汇农业、创汇乡镇企业。乡镇企业出口交货总值从1979年的0.63亿元，到1994年已达到312.88亿元，每年增长51.3%。此外，还大力开拓以旅游业和对外承包工程、劳务出口为主的非贸易创汇。实施的结果，大大提高了工业技术装备水平，提升了产业层次，建立了石化、电子、新型建材、机械、电工电器、有色金属等一批骨干企业。农业的基础地位得到加强，传统农业开始转移到以粮食为本的大农业大生产和外向型轨道。全省生长了大批出口创汇的拳头产品和新兴产业，服装、鞋类、电子、养鳗、食用菌、旅游等跻身国际市场重要份额，并出现了以泉州为代表的"小洋货，大市场，小商品，大创汇"特色，支撑着经济迅速发展。

4.根据经济发展需要，创办多种类型的试验区，形成多领域的开放格局。

除了国务院批准的特区、开发区、开放区、保税区外，福建根据经济发展的需要，还创办了多种形式的对外开放先行区或试验区，赋予这些地区一定的政策，推动其在对外开放中起先导作用，把对外开放引入更加广泛的经济领域。省政府先后批准设立了湄洲岛对外开放旅游区和武夷山旅游经济开发区，后来都列为国家级的旅游开发区。1988年，福建省开辟东山县创汇农业试验区，1990开辟泉州马甲由侨胞投资兴办的引进优良畜牧品种试验区，1991年推出沿海29个岛屿突出部作为鼓励境外投资农业综合开发重点区域，开创了一条引进侨资加快农业系列开发的新路。历年间，开辟了237个工业卫星城镇，享受对外开放区政策。形成了具有福建特色的全方位、多领域、多类型的开放格局。在区域开放的同时，对外开放的经济领域也不断扩大。

近几年来，福建批准外资银行和外资银行办事处20多家，设立了厦门象屿和马尾保税区，批准成立了一批中外合资的贸易公司，在福清元洪开发区成立外商投资专用码头营运公司和海上船运公司。使对外开放由产业领域向金融、贸易、运输业拓展。

5.举办外商投资区和实行土地成片开发，形成新的经济增长点。

在多层次的对外开放地区和各种试验区，为了吸引外商投资和提高规模效益，一般采取规划出特定的区域建立外商投资区或工业小区，统一建设配套服务设施，然后招商引资，兴办企业。初期的投资区，由政府负责开发建设，被形象地称作"筑巢引鸟"，这类投资区设施配套，但耗资巨大，每开发一平方公里当时需要1—2亿元，而且建设速度慢，难以迅速见效。在实践中，各地创造了运用侨资侨力，由境外投资开发经营成片土地、负责二次招商的"引鸟筑巢"方式。这种开发方式多系海外侨商集团性投资，自带项目多，项目上马快，有的还与旧城改造相结合，成效十分明显。如福清融侨经济技术开发区，1987年起由海外侨领负责开发，边引资边扩大，到1995年，已发展成面积10平方公里，引进三资企业176家，实际利用境外资金4.36亿美元，工业产值43亿元，创汇4亿多美元的外向型工业基地，主要经济指标居全国 32 个国家级开发区的前十名。土地成片开发是福建利用外资的一个重大飞跃。1991年省政府颁布了《鼓励外商投资开发经营成片土地的暂行规定》，促进外商来闽投资进行土地成片开发经营形成高潮。与此同时，由村镇负责开发，自筹资金建设，自行招商引资、自负收支平衡的工业小区，也在沿海地区相继出现。如福州市鼓山镇自建福兴投资区，五年来投入资金3亿元，完成七通一平，建厂房80多万平方米，引入项目216个，其中外资项目167个，总投资4亿美元，已投产120家，1995年工业产值达26亿元，70%为出口产品。全省至1993年底批准土地成片开发项目109个，使用面积101.36平方公里。不但使吸引外资的渠道更为广泛，而且促进了新兴工业卫星城镇的兴起，成为经济新生长点。

（二）加强对台经济交往、积极吸引台商投资

福建与台湾一水之隔，福建平潭距台湾新竹港仅72海里，是大陆与台湾距离最近的省份。历史上福建大批移民在台湾辛苦劳作，世代繁衍，对台湾社会、经济的发展作出了重大贡献。两省地缘相邻，民众血缘相亲、习俗相近、方言相通的特点，使福建具有发展对台经贸合作的独特优势。随着海峡两岸关系的变化，在党中央一系列对台工作方针政策指引下，福建把发展两岸经贸合作关系置于实现祖国统一大业的广阔场景中展开。积极开展对台经贸活动，举办台商投资区，大力吸引台资，是福建对外开放的重要内容。通过互利互惠的闽台贸易和吸引台商来闽投资，对两省经济发展起到了双向推动作用；发展经贸合作的需要，又对扩大民间各个领域的交往，促进直接"三通"，产生着积极的影响。经过8年的发展，对台经贸合作在曲折中前进，已取得突破性进展，成为福建经济增长的又一因素。到1995年底，福建省共批准4170家台商投资企业，协议利用台资68.14亿美元，闽台贸易额已发展到90.73亿美元，福建输台短期渔工达5.82万人次。这不但对福建调整产业结构，增加劳动就业，增加外汇收入和提高社会综合经济效益起到了积极作用；而且福建又是台商与大陆经济交往的第一站，从福建起步，台商投资近年已进入沿海北部、长江流域和中西部腹地，无疑福建也发挥了桥梁作用。

1.闽台经贸合作的发展过程和特点。

闽台经贸合作的发展始于两岸渔民在海上民间易货贸易，逐步从小到大，由海上到陆地，由贸易到投资，发展成了颇具规模的经济合作关系。大体上经历了三个阶段。从80年代初到1987年为试探阶段，这期间以民间小额贸易为主导，两省渔民的海上易货活动逐步引导到岸上交易；同时辗转回闽探亲的台胞了解了福建社会经济环境，开始到福建沿海投资办厂，多系小型项目，属"投石问路"性质。至1987年底，福建批准台资企业投资金额4000万美元，平均每个项目不到100万美元。从1988到1989年进入

蓬勃发展阶段。随着两岸关系趋向缓和，台湾当局放宽外汇管制和开放民众赴大陆探亲，福建适时建立台商投资区并进一步采取一系列积极措施，从而吸引大批台商来闽投资办厂，一时形成了热潮。两年内批准台资企业达 439 家，协议投资金额达6.8亿美元。1990年以来为稳步增长阶段。由于先期入闽台资企业此时已得到良好盈利，台商纷纷扩大投资，准备长期经营，投资期限从以往的三五年延长到三五十年，投资领域由劳动密集型的单项小型产业向综合配套产业发展，特别是农业综合开发，土地成片开发等方面形成了热点；近年来由于台湾当局的倒行逆施，两岸政治关系跌入低谷，但企业界出于经济利益的驱动，经贸交往仍然稳步发展。综观闽台经贸合作的发展，有以下特点。

一是经济交往与文化科技交流、旅游观光、宗亲认同紧密结合。福建省有关部门充分运用福建是台湾大部分民众祖籍地的特殊地理位置，组织了广泛的交流活动，把民间的非经济交往引向经贸合作。如台湾民众普遍信奉的救助海难女神妈祖，其祖庙就在莆田市湄洲岛，莆田市利用妈祖节日大量台胞到来进香朝圣的时机，组织各种形式的联谊活动，把单纯的进香活动提升到学术研讨和经贸投资上来，每年接待10万人次以上的台胞旅游者，吸收了大量投资。

二是台商投资企业以劳动密集产业为先行，其产品面向国际市场，具有两头在外特点，吸纳劳力和创汇的能力较强，经济效益较好，据厦门、莆田等市调查，已投产企业90%以上盈利。从而引发大型企业接踵而来，逐步向技术密集和资金密集型发展。据不完全统计，投资在1000万美元以上的项目，全省已有100多家，其中最大的达2.7亿美元。产业层次从低级向高级转换。

三是农业综合开发成为闽台经贸合作有特色的领域。两省同属亚热带气候，使福建利用台资发展创汇农业具有良好条件。福建漳州沿海一带和开放岛屿，开辟了一批创汇农业区、台湾农业投资区，引进台湾优良品种，举办台商种植养殖业及其产品系列加工企业。同时鼓励台商向山区发展，进行山地综合开发，都已取得较好成效。

2.发展闽台经贸合作的重要措施。

福建省着重从以下几方面着手：

一是加强双方交流，做好台胞接待、对台宣传和联络工作。旅游、交通、边防等部门成立联合接待小组，协调指导全省台胞接待工作。自1978年以来，先后设立了9个台胞接待站、开放了20个港口作为台轮停泊站，并开辟了4个台轮避风点，到1995年共接待台轮6.22万艘次、台湾渔民28.95万人次。台湾同胞来闽探亲寻根、朝祖，累计达225.45万人次。为了方便台胞探亲朝圣，福建省大力改善重点地区基础设施，仅在莆田市湄洲岛就投资4000多万元，兴建公路、码头和齐全的水、电、通讯设施。通过民间交流，使台商了解福建投资环境，树立了来闽投资信心。

二是落实优惠政策，加快地方涉台立法步伐，完善法律环境。1994年福建省人大、厦门市人大相继通过并公布了《福建省台湾船舶停泊点暂行办法》《福建省实施中华人民共和国台湾同胞投资保护法办法》《厦门市台湾同胞投资保障条例》。在此之前还颁布了《福建省台湾同胞投资企业登记管理暂行办法》等法规。不仅使保护台湾同胞的合法权益有法可依，还对台商关心的若干热点问题作了明确规定，如企业的设立除有特别规定需要事先报批外，实行直接登记制，允许新台币在指定银行兑换人民币，允许台湾投资者依法在厦门设立金融机构，对台胞来厦实行落地办证等。有关条例充分体现了对台商投资"同等优先，适当放宽"的原则。同时，加强为台资企业的后期服务，设立了台资企业投诉协调中心，先后解决了120多个实际问题。

三是引导民间贸易健康发展。从1981年以来福建省先后设立了近20家对台贸易公司，把海上民间贸易引到岸上，发展直接小额贸易，同时通过香港进行间接转口贸易。初始阶段闽台贸易带有自发性、随机性，管理也不严，从1995年起，福建省政府制定专门的管理办法，使闽台贸易走向规范化的健康发展轨道。

四是设立台商投资区，实现经济互补。闽台在资金、劳动力、自然资源、产业结构诸多方面具有极强的互补性，加强闽台合作是海峡两岸共同愿望。福建省政府除制定对台商的优惠政策，尽力改善投资环境外，1989年经国务院批准，开辟厦门特区及其所辖的海沧、杏林地区和福州马尾经济技术开发区内未开发部分为台商投资区，分别实行特区和经济技术开发区的优惠政策，对台商到湄洲湾投资举办大型项目，予以同等的优惠待遇。1992年台商投资区扩大到厦门集美。作为祖国大陆唯一经国务院确认的台商投资区，为台商来闽投资提供了发展空间和有利条件。

（三）以闽东南为龙头，山海协作，协调发展

产业和区域经济发展战略是一个省、一个地区发展的"纲"。17年来，福建坚持发挥各地优势，调整产业结构，梯度推进经济发展，不断探索符合福建实际的发展战略。

1.在产业发展方面，大力实施山海战略。

70 年代末 80 年代初，面对百业待兴的局面，福建提出了"突破中间，武装两头"的战略思想，即大力发展轻工业，以轻工产品拓展对外贸易，增加出口创汇，积累建设资金来武装农业和重工业，促进这两个部门的发展。接着针对福建具有山、海、侨、特（特区）优势的省情特点，从发挥优势出发，80年代初进一步提出了"大念山海经，建设八大基地"的构想和发展外向型经济的方针。即充分发挥山区和沿海资源优势，建设林业基地、畜牧业基地、渔业基地、经济作物基地、轻型工业基地、对外经贸合作基地、科教基地和统一祖国基地。在如上战略思想指导下，福建各项建设蓬勃发展，特别是闽东南地区利用独特的区位优势，在发展轻型加工业中，走出一条"进口（原材料、零部件）—加工增值—出口创汇—进口"的良性循环路子。全省形成了以轻工业为主体的工业结构。同时，农业内部结构迅速调整，多种经营全面发展。林业、牧业、渔业以年均10%—12%的速度迅速发展。

"七五""八五"期间，全省产业结构逐步向"重、新"方向有所调整，继续与发挥山海优势相结合，大力发展能源、重化工、建材、机械等基础工业和精细化工、电子、精密仪器、新型材料等新兴工业。湄洲湾250万吨炼油厂的建成和大批新兴产业的兴起，又使闽东南地区的工业基地地位得到了改善和加强。

2.在地域经济发展方面，实行以闽东南为龙头，山海协作，协调发展战略。

把位于沿海、率先对外开放的闽东南地区作为全省经济发展的重点地区，使之实现了在较短时间内跃升为全省经济的主导区域。1992年初，省委确立了"南北拓展，中部开花，山海协作，共同发展"的战略方针，接着形成了把闽东南作为经济区，建成海峡西岸繁荣地带，带动全省经济腾飞的战略思想。在党的十四大报告中，肯定了"闽东南"的概念，并决定"加速广东、福建、海南和环渤海湾地区的开放和开发"，从而推动了福建省闽东南发展战略的加速实施。其主要内容包括：加快实行自由港的某些政策，使厦门经济特区成为闽东南地区发展的龙头；加快闽东南地区的发展步伐，建设一批外向型的沿海城市群，高起点地吸引国际跨国公司和大财团的资金，培育新的经济增长点，加快全省支柱产业的形成；扩大内地山区的对外开放。1994年江泽民总书记视察福建时指出："把闽东南建成海峡西岸的繁荣地带，带动内地山区的开发，这个思路是好的。"最近，在全国人大通过的国家"九五"计划和2010年远景目标纲要中，把闽东南地区与珠江三角洲共同列为全国七大经济区域之一，要求进一步发展创汇农业、资金密集的外资企业和高附加值的创汇产业，形成外向型经济发达的经济区。闽东南地区的经济发展有了全国性影响。

闽东南地区包括福州、厦门、漳州、泉州、莆田五个市所辖43个县区，土地面积占全省34%，人口占全省64%。改革开放以前这一地区经济发展相对缓慢，1950—1978年，除厦门外，福州、漳州、泉州、莆田四地市的国内生产总值年平均增长速度分别为5.7%、4.9%、4.7%和3.9%，均低于全省6.6%的增长水平；至1978年，福州及厦、漳、泉、莆人均国内生产总值分别仅为292元、533元、251元、171元和197元（全省平均273元）。在全国实施沿海地区经济发展战略的大背景下，经过17年发展，闽东南地区已成为福建经济发展最快，城市最密集，基础最雄厚，外商投资最集中，对外开放度最高，市场机制最活跃的地区。1994年闽东南地区生产总值达1241.46亿元，为全省总额的72.3%；人均生产总值6213元，高于闽西北地区1/3；工农业总产值2007.15亿元，占全省的70.58%；乡镇企业总产值1307亿元，占全省71.5%；财政收入91.12亿元，占全省68.8%；社会消费品零售额391.68亿元，占全省的74.8%。1979—1994年全省实际利用外资106亿美元，其中94%是在闽东南实现的。闽东南地区还拥有占全省70%以上的科技人员和80%以上高等院校的科教力量。闽东南地区在全省经济发展中的"主力军"和排头兵作用日益突出。正是由于闽东南经济的崛起，经济总量的显著增长和开发实力的日益加强，促使全省一些经济指标在全国位次的上升。

以闽东南为龙头，山海协作，共同发展的战略，立足于两个基点：一是承认经济发展的不平衡性，有先有后，分层次推进。二是承认经济发展的全局性和整体性，利用区位经济落差所形成的势能，通过先发展起来的地区带动后发展地区，达到全省的共同发展。闽东南经济发展战略反映了福建经济分三个层次推进发展的客观进程。

第一层次是厦门，以厦门作为带动福建经济发展的龙头。厦门在四个经济特区中具有独特的功能和地位，可实施自由港的某些政策，享有地方立法权。17年来厦门基础设施建设成效显著，国民经济高速发展，整体素质全面提高，一、二、三产业比率为10.2：52：37.4，高新产业发展迅速。一个融竞争性、开放性于一体的特区市场体系已经形成。厦门作为对外开放的窗口和对内对外双向辐射的枢纽，对全省经济的发展发挥了领头、带动作用。厦门利用外资、台资占全省榜首；进出口贸易和转口贸易辐射全省，17年来，建立出口货源基地100多个，吸引境外商务机构设立代表处394家，设立内联企业1200多家。金融、贸易等领域率先与国际市场接轨，正逐渐确立其区域性金融中心、贸易中心的地位。

第二层次是闽东南的福州、泉州、漳州、莆田，这四个地市作为仅次于厦门的率先开放地区，同时也是市场经济的先行区和经济增长的新兴地带，构成闽东南地区的主体。这一地区在经济发展过程中，又形成了以厦门为中心的九龙江口、以泉州为中心的闽中地区和以福州为中心的闽江口三个小经济区和城市群。其共同特点是外向型经济的发展支撑着工业化、城市化的进程和国民经济的高速增长；同时，又因地制宜形成了各自的特色。闽江口地区依托福州中心城市功能，以综合开发为特色，工业、商贸、土地系列成片开发都有长足发展。闽中泉州、莆田地区外向型乡镇企业遍地开花，成为服装、鞋帽、皮塑、小家电等轻纺工业系列开发和专业市场繁荣的基地，莆田耐克牌运动鞋产量居远东首位。以漳州为代表的九龙江平原，创汇农业的开发成效显著，带动了食品加工业的发展，建成的六大创汇农业基地中，蘑菇产量占全国1/4，芦笋罐头出口量占全国60%，对虾出口量居全国之首。

这一地区不仅以其坚实的经济实力，成为全省经济发展的主力军，而且与厦门一起，发挥中心城市功能和两个扇面辐射作用，带动了山区经济的发展。80年代末90年代初，在福建省委、省政府推动下，全省以福州、厦门为中心，先后组成两个经济协作区。闽东北协作区包括福州、莆田、宁德、三明、南平五地市；闽东南协作区包括厦门、泉州、漳州、龙岩、三明五地市。至1994年底，闽东北协作区采取合资联营、联合开发资源、科技联姻、组建集团等形式，实现联合项目2412项，兴办联合企业1100多家，联合投资千万元以上项目27个、总投资5.7亿元，开展物资交流10亿元，融通资金416亿元。闽东南协作区中，厦门市在3—5年内每年安排500万元财政资金，用于对山区的无偿支援和低息贷款，划出特定区域供山区建设出口商品基地，建立了一批与山区联合的"中中外"合资企业和科工贸型企业，1993—1994年有秩序地吸纳了山区转移劳力3.2万人。协作区已由单向的联合向构建区域性共同市场和外向型经济区发展。闽东南地区以外引促内联，向山区转移引进的资金、技术、管理经验和市场信息；山区的初级产品到沿海"梳妆打扮"，增值出口，借船出海，其众多的基础原材料、能源和林产工业产品，也支持了闽东南地区外向型经济的发展。近年来，闽东南地区与珠江三角洲边区接合部的经贸合作蓬勃兴起，已参与闽西南、赣东南、粤东三省十地市的经济协作网，意味着正走向东南沿海地区的经济大联合。

第三层次是广大山区，即闽西北四个地市，这是福建开放开发的腹地，拥有丰富的资源，是全省主要林区、粮区，又是老工业基地，集中了全省2/3以上的能源、原材料工业。17年来，借助沿海开放区的辐射，立足于资源转化和传统产业的改造，经济也取得较大进展。新建了一批大中型电站、水泥、林产加工等骨干项目，把造纸、冶金、机械、电工电器等传统工业转到新技术基础上，大办资源转化型的乡镇企业，建立了商品粮基地，并着力于山地综合开发和实现规模经营，使地区生产总值以年平均10%以上速度递增，为闽东南的高速发展提供了重要条件。1993年，铁路沿线主要城镇相继开放和享受重点工业卫星镇政策，使山区经济发展获得新的动力。福建原来有17个县240万人口处于贫困状态，近80%集中在山区四个地市。省委、省政府采取得力措施，把扶贫和项目开发相结合，把脱贫与沿海地区的经济、技术、劳务合作相结合，促使增强造血功能，涌现了大批年产值超亿元的乡镇，到1995年有5个县摘了贫困帽子，2/3以上的贫困户稳定地解决了温饱问题。

通过以上三个不同层次所呈现的梯度推进，福建经济正向着共同繁荣、共同发展的目标大步迈进。

（四）发展非国有经济，培植经济新生长点

17年来，福建经济之所以能够保持较高的发展速度，以市场为取向的

改革取得较为显著的成果，主要原因在于改革开放使多种经济，特别是非国有经济迅速发展。1978年以前，福建与全国一样，是以国有经济为主体的。1979年以来，经济体制改革首先在冲破单一所有制结构上取得重大进展，这既是经济发展的自然趋势，也是福建省委、省政府明确的指导思想和大力推动的成果。福建由于经济基础脆弱，有限的资金集中投向基础设施建设和某些垄断性产业的构建，其余领域广阔的经济发展任务要依靠民间资源和利用国外资源来完成。根据福建的特点，就全省总体而言，多种经济成分和国有经济共同支撑国民经济的增长；而就国有经济力量薄弱的多数地区而言，应当允许多种经济成分占主要比重，发挥更大作用。这并不削弱公有制经济的主导地位，却大大有利于福建经济的发展。正是基于这一认识，福建省采取得力措施，积极扶持三资企业、乡镇企业；允许个体、私有企业有一定发展；促进城镇集体企业走出"二全民"误区，恢复灵活经营的机制，做了大量工作。在实际工作中，习惯上把这部分多种经济成分归入非国有经济的概念。17年来，非国有经济在市场经济的海洋中，得到了飞速发展，已经成长为福建省国民经济的重要支柱，外向型经济的主要力量，财政收入的主要来源，农村剩余劳力转移的主要出路。以工业生产为例，1995年非国有工业产值从1978年的16.29亿元上升到2454.54亿元，占全省工业总产值83.2%，比1978年增长100多倍，年递增34.8%，较之国有工业产值从46.85亿元上升到495.46亿元，年递增8.9%的速度，明显居于领先地位。非国有经济对全省国民经济增长起着主要支撑作用，早在1983年，在工业新增产值中非国有经济的贡献占52.5%，第一次超过了国有企业的贡献率，比全国1992年的水平提前了9年。到1994年非国有经济创造了16年新增工业总产值的89%；吸纳了64%的当年社会就业职工，提供了50.5%的当年工商税收，工业企业年末固定资产净值中，非国有工业占52.88%。在商业、饮食服务业、公路运输业等初级第三产业中，非国有经济更居于举足轻重地位。这说明，福建省把培植非国有经济作为新的经济生长点，已经开花结果。这是从福建实际出发的必然进程，也是解放思想的一大成效。

福建非国有经济的发展有几个鲜明的特点：

1.以群众集资为主要形式的乡镇企业与三资企业一起，构成福建非国有经济的两大主力军。80年代初期，农村家庭联产承包责任制的推行，使大批农村剩余劳动力从土地中游离出来，亟须寻找新的生产门路，晋江、石狮、长乐的农民依靠闲钱、闲房、闲人从"前店后坊、前商后厂"为主要形式的集资联营和个体小型企业起步，生产经营服装及多种多样的小商品，成为福建乡镇企业最早萌发的地区。早期长乐的乡镇企业具有旺盛的生命力，被著名社会学家费孝通称之为"草根工业"。福建乡镇企业主要特征是与侨资侨力相结合，依靠群众集资联办企业。这与其他一些农村经济实力较强大、乡镇企业以集体所有制为主的地区有所不同。福建农村集体企业的基础比较薄弱，1978年全省社队企业总收入仅9.18亿元，相当部分生产队没有集体积累，难以承担起农村剩余劳动力大规模转移的重任。因此以晋江为典型，利用侨乡群众中的闲散资金和海外亲友的筹资，以集资形式创办了大量的乡镇企业，其主要形式是合伙制和股份合作制，被称为晋江模式的这种经济形式，把群众细小的自有资产从分散状态走向资产的集聚和联合经营，符合农村生产力发展水平，它对投资入股者按股分红，对职工按劳发工资，保持了投资入股者资产的个人所有权，有利于调动投资者、生产者和经营者的积极性。实践证明它比产权不太清晰的乡办、村办企业更有动力，比个体的家庭企业更有发展潜力，成为福建乡镇企业的典型形式。但是经过17年的发展，绝大部分乡镇企业已走出初始阶段的小生产狭窄天地，初步实现了规模经营。近年来，进入了二次创业阶段，正向规模化、集团化、高优化、外向化发展。

2.非国有经济基本按市场机制运行。乡镇企业、三资企业从产生开始就面向市场，依托市场，以满足市场需求为出发点和归宿点。乡镇企业的发展，受城市大工业带动比较少，这同那些工业基础较发达地区的乡镇企业，与城市大工业有着密切联系的情况不一样。改革开放前福建工业基础十分薄弱，城市工业基本上没有扩散能力，乡镇企业从产生之日起就是依靠自身力量在市场上寻找发展空间，与城市工业的关联度低，使得乡镇企业受计划经济体制和国有企业机制传导影响也较少。沿海乡镇企业由于原料较缺，大都以市场为导向，利用侨乡信息灵通、资金较多、技术较强的优势，走"市场—技术—原料"的路子，实行贸工农综合经营，并逐步建立起各种不同行业特色的专业产品生产基地和专业商品市场，形成各种不同的产业区域。山区则从当地拥有丰富的竹木和矿产资源的实际出发，走资源系列开发路子，即"原料—技术—市场"，但与过去社队企业的就地取材、就地生产、就地销售不同，它以商品生产为目标，以市场流通为导向，把资源优势转化为商品优势，为促进山区商品经济的发展开辟了新的途径。三资企业的生产经营，关联到国内外两个市场，其市场化程度更高于乡镇企业。

非国有经济具有较强的开放性、外向型特征。对外开放是福建非国有经济发展的重要驱动力。一方面，非国有经济是依赖国际性的生产要素而发展壮大。吸引大量外资、侨港台资不仅使外商合资、合作企业、外资独资企业成为非国有经济的重要组成部分，而且是乡镇企业完成资本原始积累的重要外部力量。乡镇企业发展到一定规模后，又成了吸引外商投资的基地。由乡镇企业举办的"三资"企业从1985年起步，1994年已发展到3348家，其中投产开业 2339家，合同利用外资48亿美元，实际到位20亿美元。在乡镇企业发展的早期阶段，曾经走过一段利用进口原料，仿制国外款式，以国产"洋货"打开国内市场的路子，发展至今，利用国外产品信息和技术设备，仍是非国有经济保持市场竞争能力的重要因素。全省乡镇企业累计从国外引进技术设备20 多万台套，赖以开发的新产品具有国际水平的达66项。晋江恒安集团引进日本设备，使卫生巾达到国际先进水平，1994年销售额突破10亿元，就是一个典型例子。另一方面，非国有经济的大量产品也依赖于销往国际市场，1994年全省出口创汇乡镇企业已达6741家，出口产品

1200多种，出口交货总值312亿元。三资企业年产值729.22亿元中，出口换汇达47.99亿美元，占全省出口创汇的51.5%。非国有经济是大市场大分工体系的组成部分。福建非国有经济中个体工商业、私有企业占有一定的份额，1994年全省个体工商业、私有企业有62.8万户，从业人员141万人，注册资金112.28亿元，实现产值81.32亿元，商业零售额186.23亿元，商业零售额占同期社会商品零售总额的35.8%。个体私有经济纳税约15亿元，占全省工商税收总额的11.63%。目前个体工商户有90%左右从事饮食业、零售商业、一般运输业、低档次小规模的服务业。这种格局的形成是社会分工的必然结果。社会在生产中，总有一部分生产经营活动适宜于个体工商业承担，按合理的分工体系组织经济活动，就会产生总体集合效益。福建私有企业与全国相比起步较早，其原因是资本原始积累完成得比较早，政策市场环境较为宽松，特别是农村合作基金的广泛出现，成为私有企业资金融通的主要渠道。近年来，私有企业开始用有限责任公司形式明确界定产权，通过合资形式走向国际化。1994年私有企业有限责任公司已有6858户，占私有企业户数的36.22%，其比较规范的运作，为大市场体系的有序运行增添了力量。

（五）以市场为取向，重构经济运行机制

17年来，福建经济以过去30年难以想象的速度迅速增长，其中起决定性作用的是经济运行机制发生了重大变化。十几年来福建形成了两个体制上的活跃点：一是多种所有制经济的发展，经济的微观基础比较活跃；二是经济的运行机制比较灵活。这主要是由于较早地抓住以市场为取向的改革，牵住了经济发展的"牛鼻子"，调动了各级经济主体的积极性。福建的经济体制改革，抓住了市场取向，把培育市场体系作为改革突破口，使福建较早地进入了市场经济的运行轨道，一方面是福建经济社会发展的客观要求，因为对外开放要求经济运行机制必须与国际市场接轨，大量的非国有经济在计划体制外形成，要在市场上找原料、找销路、找资金、找劳力，其发展依赖于市场的发育。因此，对外开放和非国有经济的发展是形成市场运行机制的内在

推动力。另一方面，福建省领导部门从实际出发，比较早地认识到要坚持以市场为取向的改革目标，在改革重点的选择、改革的思路上能够反映经济发展规律，并充分发挥综合改革试验区的优势，在保持全国统一性的前提下，注重福建的特殊性和超前性，为经济的高速增长提供了体制基础。

价格改革的成功是形成市场运行机制的关键。福建的价格改革是领先于全国大部分地区的一个领域。它对形成市场经济运行机制起到了关键作用。价格改革初期采取"调放结合、以调为主"的方针，重点提高农产品收购价格，初步扭转价格的严重扭曲，接着适时推出"调放结合，以放为主"的方针，分批分期放开了小商品价格、工业消费品价格、主要农副产品采购价格以及肉蛋菜等主要副食品价格；1988年通过整顿粮油计划供应范围，基本实现购销同价，把国家对居民的价格补贴改暗补为明补，价格改革取得了决定性成果；绝大部分消费品和工业原材料实行了市场调节，取消了除居民口粮、民用煤之外的所有凭证供应。在治理整顿的后期，进一步放开了民用煤、食糖、粮食的销售价格，用两年时间完成了生产资料价格"双轨制"的并轨。至此，福建的价格机制发生了根本性转变，单一由国家定价体制已经解体，基本形成了以市场价格为主的价格形成机制，为市场经济运行机制的建立迈出了决定性的一步。

价格改革取得的经验，一是始终坚持市场形成价格机制的改革目标，使价格符合价值规律和市场供求规律的要求。在治理整顿期间，仍然坚持了不重发票证，不增加财政补贴，改革没有出现大的反复。一些紧缺物资在放开的初期一度出现价格上涨，但也有效地促进了生产的增长，供给迅速增长，形成市场的繁荣局面，价格又逐步趋于稳定。经过多次实践，增强了群众对价格改革的心理承受力，市场取向的改革取得了社会的认同。二是正确处理改革、发展、稳定三者关系，适时突破与稳步推进相结合。价格改革牵动千家万户，必须处理好对群众生活、社会生产的影响。福建能够比较顺利地闯过难关，重要的是在推进方式上坚持适时突破与稳步推进相结合。适时突破即要抓住改革的有利时机，迅速推进改革，福建经受住1988年物价大幅度上涨的风波和在治理整顿期间能够坚持不重发票证，正是得益于1988年以前比较早地抓住机遇，放开了部分农副产品和工业消费品的价格，刺激了生产，为改革提供了物质基础，同时改暗补为明补，稳定了民心。稳步推进即根据条件和时机，分步推进。福建放开价格，从对市场影响轻微的小商品开始，逐步发展到较大影响人民生产生活的重要商品，尽管起步较早，也历时10年之久，其中比较集中的动作经历了6年。这对减少震荡，发挥效益，增强社会承受能力，都是必要的。

以市场为中心配置资源的市场体系迅速发展。福建由于较早改革商品流通体制，取消农副产品统派购制度，确立了消费品市场多渠道经营的格局，并且较早地放开了生产资料贸易市场，使商品市场得以较快发育。最早从沿海一带的服装和小商品市场兴起，随后以乡镇企业为基础，伴随商品生产的发展，各类商品专业市场应运而生，并以强劲的势头，迅速辐射到全国各地。同样，由于三资企业和乡镇企业的迅猛发展，带动了要素市场的发育。1988年土地使用权作为商品进入了市场，目前全省所有城市和大部分县城的商业房地产开发用地基本都实行了有偿转让。据不完全统计，从1988年到1994年底全省通过土地有偿使用获得了来自土地的收入80多亿元，初步建立了社会主义市场经济体制的土地配置机制。土地使用制度改革，促进了房地产市场迅速发育，全省已确立了三级管理的房地产市场体系。福建以招聘为主要形式的市场用工制度极大地推进了劳动力市场的培育，全省设立了各类职业介绍所1191个，为农村剩余劳动力有秩序地向非农产业转移创造了条件。

在市场体系的建设中，福建省注重把市场硬件建设与市场网络建设结合起来，使市场的覆盖面日益扩大。商品市场网络已遍及全国各地，乃至海外。在福建沿海地区有大批的供销队伍活跃于省内省外的城乡，这是一个无形的市场和有形的流通相结合，把商品交换关系向广泛的空间延伸。福建对市场的建设注重不断完善综合配套的服务功能，类似石狮服装市场那样的大型专业市场中，都有发达的银行结算、邮电通信、立体交叉联运与旅客生活服务设施相配套，把市场的资金融通、商品运输与商品交易行为结合在一起，既扩大了市场的功能，又带动了第三产业的发展。许多城市还积极发展综合性劳动力市场，把求职求聘登记、职业介绍、信息服务、培训导向、社会保险等有关手续结合起来，把建立劳动力市场和企业用工信息等融为一体，形成了多功能配套服务的市场网络。市场体系的初步建立和不断完善，使福建省大部分的经济生活进入了市场运行轨道。即使在目前直接调控比重较大的金融市场，"双轨制"运行的情况也比较普遍。福建比较发育的市场经济运行机制，促进国民经济进入了快车道。

深化国有企业改革，重构经济运行的微观基础。从计划经济向市场经济过渡，要解决的问题不仅是校正价格信号，而且在于如何形成面向市场，按市场信号进行经营，真正做到自负盈亏的市场主体。因此，深化国有企业改革，构建市场经济主体，始终是经济体制改革的重要内容。

福建省国有企业改革从指导思想上经历了从扩大企业自主权，减税让利，进行政策调整；到转变企业经营机制，进行企业制度创新；进而以改制、改组、改造、改善经营管理相结合，对国有企业进行战略性调整的发展过程。1986年前以扩大企业自主权为主要内容，其特征是在旧体制的框架下对企业进行"松绑放权"的政策调整，使僵化的旧体制受到冲击，改革取得了初始成果。从1987年至1991年，全省普遍推行了经营承包责任制，一定程度上刺激了企业积极性，1987—1990年全省工业承包企业上缴利税每年增长16.65%，大大高于承包前增长速度，全省商业承包企业固定资产原值从1986年4.64亿增加到1990年7.23亿，增长56%，上缴利润实际入库数净超3005万元。但承包制仍然没有触及企业机制的核心问题，激励作用逐步弱化，企业短期行为严重等弊端日益突出。因此在此期间，开始了企业产权制度改革的探索，出现了内部职工持股，法人持股等多种形式的股份制企业，经营机制明显转变。1992年小平同志南方谈话以后，国有企业改革进入一个新的阶段，其主要特征是从理顺产权关系入手，改制、改组、改造、改善相结合，"抓大放小"进行资本调整，改革从原体制框架下的微调转向从根本上改变原有企业制度，建立企业法人财产权，真正实现政企分开。4年来股份制改革蓬勃发展，现代企业制度试点起步，放开小型国有企业有了较大进展。

福建国有企业改革呈现出几个特点。一是依托于对外开放和非国有经济迅速发展的优势，引入三资和乡镇企业经营机制，对大批国有企业进行嫁接改造。1992年泉州37家国有企业一揽子嫁接外资迈出了重大步伐。至1994年底福州市预算内工业企业94家中，有55家采取多种形式引资嫁接，盘活了国有资产存量。国有企业与乡镇企业、私营企业产权融合的混合所有制形态也逐步发展，把国有企业技术、管理强的优势与乡镇企业、私营企业机制灵活的特色相结合，显示了较强的活力。二是资产的流动重组相对比较活跃。福建由于多种经济成分比重大，经济实力提高较快，创造了国有资产流动与重组的良好条件。尤其是沿海一带，多种经济成分迅速发展，为国有小型企业的拍卖、转让、联合、兼并提供了资金的准备和劳动力安置的社会条件，使企业改革得以较为平稳地进行。另一方面经济发展速度较快，形成了比较广泛的个人资本基础，因此在国有小型企业改革中，职工投资入股的股份合作制形式，逐渐增多。三是注重企业综合配套改革，把社会保险制度建立放到重要位置，除较早推出国有和集体企业职工养老保险改革外，还于1992年普遍实施失业保险，为国有企业改革提供了社会保障。

国有企业经过17年深化改革，尽管改革的目标还未达到，但企业的生产经营已经面向市场，多数自主权得到了落实，动力和压力均有所增强，内部管理制度改革取得不同程度的进展，为建立现代企业制度打下了良好基础。

改变政府对经济的管理方式。从计划经济走向市场经济转轨过程，必须相应转变政府对经济的管理方式。福建主要从两个方面入手。一是改革高度集中的决策体制，下放经济管理权限，实行分层次决策，赋予地方政府在计划投资、利用外资、土地批租、物价管理和财政收支安排等方面更大管理权限，大大调动了各级政府和各部门的积极性。二是在政府与企业关系方面，强化政府的宏观管理职能，逐步退出对企业微观活动的直接控制。首先是改革和完善计划管理办法，逐步形成了一个以市场为基础，以指导性计划为主体，市场调节功能逐步增强、直接计划与间接计划并存的计划管理格局。其次是改革投资体制，对部分项目试行企业投资法人责任制和建设项目投资包干责任制，把投资的决策和责任统一了起来。最后，打破单一的、高度集中的工资管理体制，形成以按劳分配为主体多种分配形式并存的格局，运用税收杠杆对个人收入进行调节，既有激励又有调控的收入分配机制正在形成。

加强改革开放综合试验。改革开放初期，对外开放的政策尚待具体化，经济体制改革还处于"摸着石头过河"的探索阶段，许多措施要通过试点接受检验并加以完善。党中央决定福建、广东列为改革开放综合试验区，这就把福建全省推向了综合试点的前沿。基于同样的思路，省委、省政府也在全省各不同地区，建立了不同类型的综合改革和单项改革的试点，目前列入全国试点的有：厦门经济特区跳出现行体制，率先建立社会主义市场经济体制和同国际惯例接轨的运行机制的试点；泉州市国家综合改革试点城市；福州、厦门金融开放试点城市；三明市国家南方集体林区改革试验，宁德农村开放促开发，脱贫致富综合改革试验；以及福清市国家县级综合改革试点；省里还先后选择了石狮、晋江、涵江、永安作为改革开放综合试验区和14个县级综合改革试点。试点的任务在于：创造全国还未出现的新鲜经验；对还未经过实践检验的新思路、新举措，通过试点，取得经验以供推广；对在面上受旧体制制约不易实施的改革措施，先在试点地区求得突破。这说明改革开放的试点，实质上是充分发挥群众积极性创造性，尊重群众首创精神的实验基地。

试验，意味着没有现成模式的探索，意味着成功与挫折两种前景；特别是新生事物不可能立即被社会认同，也不可能在出现时就已臻完善。综合试验的实践中，确实经历了风风雨雨。这既要求试验地区的干部、群众，特别是领导者具有敢想、敢闯、敢于坚持真理修正错误的勇气和胆略，也要求上级领导部门创造比较宽松的试验环境。福建省委、省政府在指导改革试验上掌握了如下几条：一是权放一级，为试点地区经济发展创造更多的机遇。赋予厦门、泉州和四个县级市具有相当其上级政府的部分经济管理权限，使其在国家宏观指导下，有临机决策的效率。实践证明这在当时计划经济体制尚未打破的情况下，有力地促进了地方经济的迅速发展。二是不拘一格。指导各试验区从实际出发，找准经济发展的新增长点进行突破，围绕中心环节展开综合配套改革，不搞一个模式。三是路给两条。允许成功，也允许失败。提出"支持改革者，鼓励探索者，帮助失误者，惩治犯罪者"，划清正确与错误界限、罪与非罪界限。特别是对符合改革方向但出现一时失误的，给予正确引导，保护了干部群众开拓创新的积极性。这些措施，对于保证综合改革试验的推进起了重要作用。

福建省的各项试点，总体上获得了成功。一是推进了试点地区经济的快速增长，构筑了新经济体制的成长点。厦门经济特区经过15年的努力探索，在国家宏观指导下，在移植和融合国外适合社会化大生产的合理机制和管理经验，率先建立社会主义市场经济新体制方面，取得了突破性进展，奠定了以公有制为主体、多元结构、充满活力的社会主义市场经济微观基础，形成了统一开放、内外辐射、竞争有序的市场体系和经济管理体制。建成了全国首家由地方投资兴办的国际机场，成立了全国首家地方航空公司和首家中外合资银行，首创在经济建设的同时着力治理环境、美化城市的业绩，率先进行政府机构改革，都为全国、全省提供了重要的新鲜经验。泉州市早在1992年就明确提出以多种经济成分为主，以市场调节为主，以外向型经济为主的发展方针。围绕投资主体多元化，经济结构多成分，转换机制多形式，企业经营多手段，市场建设多类型，商品流通多渠道，对外开放多层次的基本框架，大力推进各项改革，走出了一条依托侨资侨力，"'三来一补'起步，乡镇企业辅路，三资企业上路，成片土地开发迈大步"的外向型经济的发展路子，已成为全省最具活力，经济发展最快的地区。国内生产总值在1987年实现第一个翻番后，1992年、1993年又连续实现第二、第三个翻番，1995年比1993年又增长2.56倍。经济总量在全省9个地市中的位次，由1978年的第5位，跃升到1994年的第一位。财政收入1978年只有5000万元，1995年已达到26.46亿元。泉州改革开放综合试验的先行和缩影——晋江、石狮两个县级市，分别创造了乡镇企业的"晋江模式"和按照"经济体制更活一点，机构设置更小一点，经济管理权限更大一点，干部素质更高一点"的要求，实施"小政府、大社会"，使市场调节进入经济生活各个环节的石狮经验。晋江1995年以工业总产值占工农业总产值比重96.33%，财政收入超5亿元，农民人均纯收入4321元为标志，基本完成了农村工业化的历史任务，正向农村城市化和经济社会协调发展迈进。石狮自1988年建市以来，7年间地区生产总值、财政总收入分别增长9.5倍和11倍，在农村集镇的基础上，矗立起一座粗具规模的现代化侨乡城市。二是综合改革试验的成效已远远超越局部时空的界限，不但发挥了先行作用，而且对周边、对全省产生着示范效应和联动效应，为面上改革的平稳推进积累了经验。福建省的许多单项改革，如生产资料价格双轨制的并轨、粮食购销体制改革、土地使用制度改革、农业规模经营、国有资产管理体制改革、集体林区系列改革，都是在试验区取得突破后，逐步推向全省。事实表明综合改革试验是改革开放的启动器和领头雁，试验地区既是新经济体制的生长点，也是区域经济发展的增长极，对于推动福建经济起飞作出了历史性贡献。

三、未来15年的发展趋势

1995年10月召开的中共福建省第六次代表大会，绘就了福建省迈向新世纪的宏伟蓝图。会议确定了今后5年改革与发展的主要目标是：（1）继续保持经济适度超前增长，5年间地区生产总值年平均递增11%以上，到1996年提前4年实现全省生产总值比1980年翻三番。到2000年按人均的生产总值比1980年翻三番。（2）实现人民生活达小康。到1997年，城镇居民人均生活费收入5320元，农民人均纯收入2430元，基本达到小康水平，继续向富裕目标迈进。（3）社会主义市场经济体制基本确立，市场在配置社会资源中起主导作用。（4）开放型经济进一步发展，参与国际经济合作和竞争的能力有较大提高。到2000年，外贸年出口额达到180亿美元，实际利用外资5年累计达到150亿美元。（5）初步形成集约型经济增长方式。资金密集型和技术密集型产业比重提高，具有福建特色的支柱产业，高新技术产业群体初步确立，在推动结构优化、规模经济、技术进步和科学管理方面迈出较大步伐。到2000年，科技进步对经济增长的贡献率提高到50%以上。（6）初步形成健全的社会发展体系。社会主义精神文明建设和民主法制建设进一步加强。

在这个基础上，再经过10年的努力，全省经济建设、人民生活、综合省力再上一个大台阶。到2010年，地区生产总值在1996年比1980年翻三番的基础上再翻两番；人民生活水平和质量达到中等收入国家的水平；国民经济的总体素质显著提高，主要经济、科技和社会发展指标进入并保持在全国前列，部分地区基本实现现代化。到那个时候，全省将向全面实现第三步战略目标迈出决定性的步伐。

实现省第六次党代会确定的目标有很多有利条件。在国内外经济环境方面，世界经济增长的重心正向亚太地区转移，发达国家和新兴工业国家将继续进行工业结构调整，国际资本正在寻找新的市场，香港澳门即将回归祖国，台湾海峡两岸直接三通在曲折中前进。全国统一的大市场将有新的发展。这都为福建经济再创辉煌创造了良好机遇。福建自身经过17年的努力，已经奠定了较好的物质基础和体制基础，积累了一定的后劲。目前正处于加速工业化、从低收入走向中等收入的发展阶段，根据世界其他国家经验，有可能争取20年左右的经济持续、高速增长和国民经济总体素质的飞跃，这是福建实现跨世纪目标的内在力量。

但是，福建也面临着严峻的挑战，有很多制约因素。主要有：

第一，国际经济环境对福建发展的挑战。随着国际经济区域化趋势的进一步发展，世界贸易保护主义抬头以及国际经济竞争的加剧，将使福建外向型经济的发展面临激烈竞争，扩大吸引国际资金可能受到制约，外贸出口遇到新的挑战。

第二，周边省区对福建发展的挑战。由于区域性对外开放优惠政策的泛化和淡化，使福建在吸引外来资源方面逐渐丧失优势。特别是珠江三角洲和长江三角洲，产业结构层次较高，产业门类齐全，配套能力强大，经济凝聚力和辐射力强，"大京九"的开通使其对华中、华北的辐射力更为加强，已成为外商新一轮投资热点，加上国家开始推进东部与中西部地区的协调发展，福建吸引境外资金和技术的优势相对减弱。

第三，福建自身经济缺陷的制约。首先，经济结构层次较低，支柱产业尚未形成。工业企业中绝大部分是小企业，全省独立核算工业企业平均规模只相当全国平均规模的75%，1994年大中型骨干企业实现的工业产值只占全省工业总产值的31.3%。高档次、高附加值的拳头产品少。被确定为未来20年内经济发展主要支柱产业的石化、电子、机械、建材，1995年的总产值不足全省工业产值的35%，还需投入几百亿元的投资才能发挥出规模效益。其次，基础设施总体上仍不适应经济社会快速发展的需要。电力不足、交通滞后状况仍十分突出，尤其是港口建设和重要出省通道建设滞后，直接影响到福建的发展空间和辐射能力。最后，经济增长的立足点还是建立在粗放经营上。企业综合经济效益指标低于全国平均水平。17年来的高速增长主要是建立在固定资产投资大量增加的基础上，科技进步的贡献不明显，1994年贡献率为37%，大大低于发达国家的水平。高新技术产业的产值仅占工业总产值的8%，不仅在沿海省市中位居末位，而且低于全国的平均水平。

第四，新旧体制转轨过程中的体制制约。主要是市场经济的微观基础仍然比较脆弱，国有企业历史包袱沉重，经营机制未获根本性转变，活力不足，效益不理想；非国有企业技术水平、管理水平低，灵活的经营机制还未从制度创新上得以巩固。市场发育层次不高，规模狭小；金融、科技、人才等要素配置的市场化程度低；市场法规建设和综合配套功能比较薄弱。以间接调控为主的宏观调控体系的建立严重滞后。

根据以上有利条件和制约因素的分析，要实现未来15年的发展目标关键是要紧紧抓住经济体制从计划经济向社会主义市场经济体制转变，经济增长方式从粗放型向集约型转变。树立新的思路，把经济的发展放到依靠改革的深化，体制的创新，结构的优化，科技含量的提高和管理的改善上来。相应地要突出经济建设重点和区域发展的科学合理布局，提高总体效益。中共福建省第六次代表大会确定了第一、二、三产业的发展方针，对第二产业以"调大、调高、调外、调优"为方向，以培育和发展支柱产业、重点产业和高新技术产业为重点，以逐步形成高效合理的产业体系，提高经济的质量和后劲；在区域经济发展上，确定以厦门经济特区为龙头，加快闽东南开放与开发，内地山区迅速崛起，山海协作联动发展，建成海峡西岸繁荣地带，积极参与全国分工，加速与国际经济接轨的战略布局。在战略措施上，省党代会确定采取以下几方面举措：

一是全面推进改革，加快建立社会主义市场经济体制。深化改革的重点转向与国际市场接轨的体制创新。国有企业改革要坚持改制、改组、改造、改善相结合的路子，把制度创新、技术创新和管理创新结合起来。把转机建制与提高效益结合起来，"抓大、放小、扶优、解困"，到本世纪末国有大中型企业基本建立现代企业制度，多元化投资的混合型经济有较大发展。市场体系的培育着重在大市场大流通大开放格局的营建和要素市场的发育，并努力实现市场机制与宏观调控的有机结合。

二是加快发展开放型经济，拓展对外对台经贸交流与合作。拓宽引进外资的渠道和领域，积极争取国际大财团、金融组织、跨国公司投资，加强外资投向引导，鼓励外商参与重点项目建设和现有企业的技术改造。积极改革外贸体制，加快对外贸易实业化、集团化、国际化、市场多元化步伐，拓展出口货源渠道和腹地，形成"大口岸"的吞吐和辐射功能。继续发挥对台优势，积极引进台资大企业、大项目，办好台商投资区，筹办对台贸易区，争取兴办台商零售商业、合资银行和财务公司，进一步扩大两岸经贸交往。

三是培育支柱产业，拓展高新技术产业、推动国民经济现代化。本着既有利于参与全国产业分工与协作，又能体现福建特色的原则，择优扶持，集中突破，培育和发展石油化工、机械电子、建筑建材、林产业、水产业等支柱产业和旅游、轻纺等重点产业，发展壮大以电子信息、精细化工、生物工程和新型材料为重点的高新技术产业，形成经济规模，提高产品附加值和市场占有率。

四是继续强化基础设施建设，着力改善软硬环境。加快建设机场、高速公路、重点港（站）枢纽，新辟铁路出省通道，完善公路网络功能，强化重点航空港的辐射作用；加强水火核电并举的能源建设，进一步建设信息传输功能强大的通信体系，争取到本世纪末基础设施基本适应经济建设需要。

五是实施科教兴省战略。坚持教育为本，加快教育体制改革，依靠全社会力量兴办教育事业。实行有效的科技进步计划，在保持农业科研等基础研究优势的同时，重点解决支柱产业发展中的科研难题，选择电子信息、生物工程、新材料、光机电一体化等高新技术领域一批重大课题进行协同攻关，有效地提高科技投入水平；建立政府投资与社会多种成分投入相结合的投入新体制和有效增值的使用制度，提高科研资金的使用效益，建立与经济密切结合，符合科技进步规律的科技体制，加快科研机构的结构调整和人员分流，促进产学研的紧密结合，加快高新技术的产业化进程。

六是积极促进经济、社会、生态协调发展，不断提高人民生活水平。在经济发展的同时推动社会进步，保持社会稳定，促进社会公正、安全、文明、健康发展。经过5—10年的努力使福建的社会发展总体水平进入全国先进行列。

福建省第六次党代会确定的未来15年发展目标和战略措施，已成为动员全省人民为福建新的腾飞而奋斗的号角，一个经济繁荣、社会进步、文明昌盛的新福建将展示在21世纪。

（本文转载自《中国东南沿海的经济起飞》，有删节）

尊重商品流转的客观规律性

商业是社会主义经济建设中的一条重要战线。我党提出的"发展生产，繁荣经济，城乡互助，内外交流"的经济工作方针，概括了生产和流通两个方面。这两方面是互相依存互相促进的。商品流通的扩大决定于生产的发展，生产是根本，是扩大流通的物质基础，商业工作无论何时都要考虑促进生产，否则将成为无本之木，无源之水。但是，生产的最终目的是消费，生产品却不会自动到达消费者手里，这就需要商业来联结生产和消费，不断满足人民日益增长的需要，并保证广大再生产的顺利实现。因此，流通并不是消极地适应生产，而且还反过来影响生产。要发展生产，满足人民需要，就要扩大城市与乡村之间、地区与地区之间、国民经济各部门之间的商品流转。

社会主义的城乡经济关系，是互相支援、互助互利的协作关系。城市需要的粮食、副食品和工业原料，依靠农村支援，农村需要的生产资料和日用工业品，又依赖城市供应。地区与地区之间，由于经济条件的差别，也需要互通有无。在还存在商品生产的条件下，城乡互助和地区交流，必须通过商品交换实现。社会分工和商品生产越发展，越要求扩大商品流转，使各个地区在经济上结成一个整体，促进整个国民经济的迅速发展。那么，怎样实现这一要求呢，从商业工作本身的职能上看，重商品流转的客观规律性，合理组织商品流转是基本的一环。

　　城乡之间、地区之间的商品流转，是有客观规律性的。首先，它取决于不同地区的产销情况和供求关系，甲地有商品生产，乙地又有需要，才产生了地区之间商品流转的必要和可能。就像水往低处流一样，商品也总是从产地流向销地，从有余的地区流向不足的地方。捕鱼必需的竹子、木材是长在山上的，山区人民爱吃的鱼海产品是产在海里的，这就决定了竹子、木材是从山区流向沿海，鱼海产品则从沿海流向山区，而不是相反。其次，商品流转还受着交通运输条件的制约。商品从产地到销地，要有交通运输作保证，同时，要求选择最经济最节约的路线。连江捕鱼用的竹木，大都就近取自罗源等地，不会也不应千里迢迢来自闽西；闽北山区的土特产品，多沿溪水运到建瓯、南平、福州等地集散，也是交通条件所决定。依据于生产情况和交通运输条件，经过长期的经济交往，地区与地区之间，甚至单位与单位之间，建立了许多传统的供销关系，什么商品出在哪里，销往哪里，都有一定的路线，换一个地方你就买不到，换一条路线它就流不动。此外，政治的因素对商品流转也有影响。在经济的、政治的以及历史的种种条件的作用下，逐步形成了特定的经济区域及其中心。商品一般都遵循着历史形成的路线，在一定的经济区域内，自然流转的。例如，福州是周围二十多个县的经济中心，经济区范围跨四个专区，其所以如此，就是因为周围有丰富的物产资源，本身轻工业和手工业生产较有基础，水陆交通方便，又是全省政治中心，流动人口多，与各方接触频繁，从而自然形成为土特产品和外来物资的重要集散地。这说明，商品的自然流转路线和经济区域的形成不是偶然的，它具有客观的必然性。我们只有尊重商品流转固有的规律性，很好地调查研究各种商品的流转动向，按照经济区域和自然流转的要求，组织物资交流，才能促进商品流通的不断扩大，达到发展生产、满足需要的目的。

　　经济区域和行政区划是两个不同的概念。在同一个行政区划内，经济联系一般比较密切。但是，一个行政区划不可能生产它所需要的一切商品；它所生产的商品，也不一定都为本地区所需要，或者刚好满足本地区需要，即使既能生产，又有需要，但由于交通运输等条件的关系，在本地区流转，也不一定符合经济节约的原则。因此，商品的自然流转，往往超出了行政区划；特别在毗邻地区，表现得尤其明显。莆田的南岭等地生产的竹笠，就专销福清，本县其他地区的农民没有使用习惯，我省的福鼎县和浙江的平阳、泰顺、温州就有着传统的经济联系。随着社会主义建设的发展，地区之间的经济联系，只能是越来越密切，而不是越来越疏远。我们知道，在封建社会里，地方割据是阻碍商品流通的；新兴的资产阶级打破了封建割据，建立了统一的国内市场，才为生产和流通的继续扩大开辟了道路。但是，资本主义的竞争和生产无政府状态，造成流转环节重叠和商品倒流现象，达到了荒唐的地步，只有社会主义制度，才为商品的合理流转提供前所未有的有利条件。在社会主义制度下，各个地区根据各自的经济特点，进行生产的科学分工和协作，这就要求进一步扩大商品流转，建立社会主义的统一市场。那种以行政区划代替经济区域。"闭关自守""画地为牢"的做法，是不正确的。

既然市场是统一的，商品是按经济区域流转的，每种商品又都有特定的产销地区和流转路线，那么，违反了商品流转的规律性，必然会造成物资交流阻塞，影响市场供应，给人民的生产和生活带来极大不便。福州附近有一个地区，农民习惯于用左手收割，他们所用的镰刀历来都是由福州某几个生产单位专门供应的。曾由于打乱了传统的供销关系，左手用的镰刀运到了用右手收割的地区，用左手收割的地区拿到的却是右手用的镰刀，结果两个地区的生产都受到了影响。平潭出海的渔民，历来是在闽东地区卖出鱼货，就地采购柴火装船运回，真是一举两得，如果强按行政区划，到同属闽侯专区的永泰、闽清去买柴，而永泰、闽清又从来没有供应过平潭柴火，这样，产供销关系都脱了节，将落得平潭没有柴火烧。由此可见，统一的市场不能分割，合理的经济联系不能割断，商品流转的客观规律不能违反。

尊重商品流转的客观规律性，并不意味着可以用机械的、静止不变的观点来对待商品流转。商品流转路线和经济区域受着客观条件的制约。而客观条件是会发展变化的，随着客观条件的改变，商品流转路线和经济区域也会发生相应的变化。例如，闽江流域丰富的木材和山林特产，以往是沿闽江顺流而下，集中到福州经海口运往全国各地，后来因海口遭到美帝国主义和蒋介石集团的封锁，一部分改为通过公路从崇安、浦城出省，不经过福州中转了；鹰厦铁路通车后，铁路较之公路运量大，速度快，运费低，又改为主要由铁路运输，流转路线又发生了变化，并在铁路沿线形成了若干新的集运点。又如，随着工业生产的发展，我省部分日用轻工业品已能自给，这些商品的流转路线，也就从原来的主要由省外流入，改变为主要出福州、厦门两市向全省广大腹地流转了。如果看不到如上这些变化，墨守成规，就会阻碍商品的顺畅流转，实质上，这也是违反商品流转的规律性。所以，正确的态度，应当是对具体情况进行具体分析。客观条件没有变化的，必须仍按历史流转路线组织流转，不能轻易改变；客观条件确已起了变化的，则应经过周密调查研究后，根据实际情况，对流转路线进行合理的调整。只有这样，才能有利于扩大物资交流。

要按照商品流转的客观规律性组织商品流转，需要完善商业的计划管理体制。因为对商品怎样管理，直接间接关系到商品能否合理流转的问题。商品流转计划体现着国家自觉地利用客观经济规律，对商品流转进行有计划的调节，以促进生产，满足消费。保证商品流转计划的实现，保证国家对商品流转的集中领导和统一指挥，是完全必要的。那种无视计划的严肃性，强调分散，各自为政，割裂统一市场的做法，就直接违背了商品自然流转的客观要求，不但阻碍商品流通，而且会影响整个国民经济的发展。当然，这并不是说，物无大小，事无巨细，都必须统统纳入计划了。由于商品生产方面存在着全民的、集体的和劳动人民个体的多种所有制形式，商品交换关系非常复杂；又由于各地生产情况、地方特点、气候条件以及消费者爱好各有不同，对商品的需要也是千差万别，这就构成了错综复杂的产销关系和流转路线。同样是长在山上的木材，但制农具、做乐器、造家具、当柴火的木料就各有不同出处，同一大类的不同品种间，所用木材的产地也不完全一样。组织商品流转不但要求在数量上符合消费需要，而且要求在质量和花色品种上也符合需要。所有这些，都不是国家统一计划所能全部解决的。适应于市场既有统一性又有多样性的情况，商品流转计划应是反映主要商品在主要流转环节上的活动，至于一些次要商品，则应通过买卖双方自由成交，来实现商品的自然流转。对纳入计划的商品，还应该把直接计划和间接计划，数量的计划分配和花色品种的自由选购，按行政区编制计划和按经济区组织流转结合起来。总之，既要有大计划，又要有小自由，既要保证国家的集中统一领导，又要发挥各地区各单位因时因地制宜的积极性。

商品流转的规律性，反映着经济发展过程的内在联系，是不以人们意志为转移的，我们能够认识它、掌握它、利用它为社会主义建设服务，但不能违反它。为此，必须通过反复实践，加强调查研究，不断总结经验，使我们的主观认识尽可能符合商品流转的客观规律性。只有这样，才能正确组织商品流转，促进城乡经济繁荣，适应国家建设和人民生活的需要。

（本文原载于福建省委理论刊物《红与专》1961年第6期，署名"贺作文"）

增强企业活力是城市经济体制改革的中心环节

　　3月下旬，福建省五十五位厂长、经理，上书省委领导同志，呼吁"松绑"，引起很大反响。半年多来，在省委、省政府的支持下，随着在生产计划、劳动工资管理、奖金分配、干部任免以及机构设置等方面对企业的进一步扩权，使企业增添了活力，取得了明显的成果。实践证明，简政放权，搞活企业，确是当前城市经济体制改革的一个关键。社会主义建设事业的蓬勃前进，把现有经济体制中束缚生产力发展的弊端，更加突出地摆到了人们面前。我们原来经济体制中的主要弊端是什么？是缺乏一种活力，是经济管理上统得过死、政企职责不分和分配上的铁饭碗、大锅饭，是违背客观经济规律的要求，主要是没有符合生产关系必须适应生产力状况的规律、价值规律和按劳分配规律的要求。要改变这种情况，就必须进行经济体制的改革，中心的问题就是要搞活企业。

一、搞活企业的前提，在于承认社会主义国有企业是相对独立的商品生产者

　　企业是创造物质财富的基层经济组织，是四个现代化的基础和出发点。把我国现有一百多万个企业的生产力合理地组织起来，把企业和劳动者的主动性、积极性、创造性充分地发挥起来，对于实现四个现代化，对于满足人

民物质文化需要，具有重要意义；也是我们党坚持人民群众创造历史这一历史唯物主义基本原理的具体体现。我们要克服原有体制的弊端使社会经济生活充满活力，关键是要使社会的经济细胞——企业，充满活力。

搞活企业，首先就要承认社会主义国有企业是相对独立的商品生产者。在社会主义社会内，由于多种所有制的存在，产品归不同的所有者支配；由于劳动者根据按劳分配原则取得个人消费品的方式必须通过商品交换的渠道；因而社会主义社会仍然广泛地存在着商品生产和商品交换。商品经济关系不仅存在于不同所有制经济组织之间，而且存在于全民所有制的国有企业之间。这是由于：国家对国有企业的生产资料和产品不可能直接占有和支配，而必须通过企业具体地占有和支配；所有制包括所有权、支配权、使用权，三者是可以相对分离的。在社会主义现阶段的生产力发展水平下，这种分离，有利于直接从事生产的单位根据社会经济生活的变化及时作出决策，使企业的生产经营更加符合社会的需要。这种所有权和支配权、使用权相对分离的必然性，已经为我国农村统分结合的联产承包责任制取得的巨大成功所证明，从社会发展的历史看，这也是生产社会化的结果，是社会进步的表现。既然国有企业作为相对独立的经济实体，具有相对独立的经营权；企业之间经营管理水平、经济效益的差别，客观上要求实现不同的经济利益，他们之间产品的交换，必须通过商品交换的形式，按社会必要劳动量衡量，使经济利益得到确认。因此，国有企业也是商品生产者。作为全民所有制企业，它既对全社会承担必要的义务和责任；作为商品生产者，它又有相对独立的经济利益，要求相对独立地自主经营，并且必然同市场有密切的联系，受价值规律的调节。我们要使企业充满活力，首先要研究企业作为商品生产者的本性的要求和活动规律。

较长时期以来，我们由于受了关于社会主义时期商品生产和价值规律发生作用的范围和程度受到严格限制，生产资料只有商品的外壳，要不断扩大产品分配范围，缩小商品交换范围，以积极创造向共产主义过渡的条件这些理论观点的束缚，加上急于过渡的"左"的思想的影响，我们的经济体制，基本上采取了直接产品分配的模式，不尊重价值规律的要求，排斥市场的作用，这是造成对企业生产经营统得过死，单纯依靠行政命令管理企业，把企业变成行政机构附属物的根源。在这种管理体制下，企业外无压力，内无动力，企业吃国家大锅饭，职工吃企业大锅饭，积极性不能充分发挥。整个国民经济走着一条产品匮乏、效益不高的路子。因此，要搞活企业，必须冲破这些错误理论观点的禁锢，坚持生产关系一定要适合生产力发展，上层建筑一定要适合经济基础的规律，正确认识在社会主义社会时期，商品生产和商品交换存在的必要性，使社会主义的商品生产得到充分发展。社会主义的经济制度是计划经济。但较长时期以来，我们往往把商品生产同计划经济对立，把经济计划理解为只有一种指令性计划，把价值规律和盲目性自发性等同，把市场机制排除在计划经济之外。殊不知，计划经济同商品经济并不是对立的，社会主义计划经济是有计划的商品经济。因而，第一，国家对经济的调节手段，有计划调节和市场调节两种。国家通过经济计划的综合平衡和市场调节的作用，保证国民经济按比例地协调发展。第二，进行计划调节时，必须充分重视利用价值规律在节约劳动时间和按比例分配劳动时间两个方面调节生产的作用。包含自觉运用同价值规律联系的价格、税收、信贷等各种经济杠杆的作用。第三，计划调节的方法，采取对国民经济的宏观活动进行综合平衡，对企业的微观活动主要运用经济杠杆，由企业按照商品生产规律的要求安排生产经营。以上三点，也是规范企业——计划经济下的相对独立的商品生产者——经济活动的大杠杆。针对过去产品分配的体制模式，当前要搞活企业，应当更多地解决在计划调节中运用价值规律和发挥市场调节作用这两方面的问题。要做到这些，首先必须承认社会主义国有企业作为相对独立的商品生产者的地位。

二、搞活企业的核心，是在国家统一计划下扩大企业生产经营的自主权

马克思在他著名的《经济学手稿——导言》中，深刻揭示了社会生产过程是生产、交换、分配、消费四个环节的统一，生产决定其他环节，其他环节又反作用于生产。企业的基本职能是生产物质财富（在实物形态和价值形态上），搞活企业，扩大企业自主权，自然应以怎样有利于用更少投入，产出更多为社会需要的物质产品为中心和落脚点。这里，既有内部条件，又有外部条件。从实践看，对于企业的机构设置、干部任免、领导制度、用工制度以及奖优罚劣的分配制度等，属于内部生产关系、生产力要素进行合理组织的问题，因牵涉面较小，改革的势头比较好。而对于同外部条件紧密关联的再生产过程诸环节，联系着宏观管理，涉及面广，如何改革都在积极探索，但这些方面的改革如果不相应跟上，企业不可能真正活起来。国务院决定，今年10月实行第二步利改税，作为城市经济体制改革的突破口，进一步解决国家与企业的分配关系。实行利改税之后，企业加强了盈亏责任，其活动同经济责任、经济利益联系得更加紧密，从而有条件在以下几个方面加快改革的步伐，让企业独立负责地自主经营。

（一）扩大企业产供销计划权

有步骤地适当缩小指令性计划的范围，按照产品关系国计民生的重要程度，分别采取指令性计划、指导性计划、市场调节三种管理形式的讨论，已经进行一段时间了。问题在于如何把握适度的界限，正确划分三种管理形式的范围，作为改革的目标，我同意这样一种意见，以国家下达的订货任务，作为企业的指令性计划，由供需双方签订合同保证执行，企业在完成指令性订货供货计划的前提下，有权自主地安排生产经营。当前，作为改革的第一步，我省可先行缩小指令性指标的范围，除骨干企业生产的能源、紧缺原材料、重要工业设备以及极少数人民生活必需的重要消费资料实行指令性计划

外，一般产品以及产品虽重要但系中小企业零星分散生产的，均可实行指导性计划，由企业参照国家计划，根据市场需要，自主安排，国家运用经济杠杆进行调节。这样，可使企业安排生产时具有一定的弹性，以便适应市场供需状况的变化。确定指令性指标，关键在于：第一，国家统一调拨的数量必须对企业留有余地，计划内部分，企业也要有一定比例（有的有相当的比例）的留成自销，为了企业有后劲，避免鞭打快牛，应当对上缴产品的数量规定基数和一定的递增额，实行包干，其余部分全部自销。第二，下达指令性计划的部门，必须为企业提供能源、原材料供应、产品销售等生产条件的保证。至于那些品种繁多，替代性强，无关国计民生的小商品，可以放开，实行市场调节，企业在遵守国家政策法令的前提下完全自主经营。生产这些商品的小企业，还可采取集体或个人承包以及租赁等灵活经营方式，实行国家所有，资产付费，照章纳税后自负盈亏。与计划体制改革相适应，物价管理体制的改革也要同步配套，该活的活，该放开的放开，把相当一部分商品的定价权逐步下放到企业。同时，要着手进行价格体系的改革，计划价格的制定必须尊重价值规律和考虑供求的平衡，使当前许多商品的价格严重背离价值的状况得到改善，以利于正确评价企业的经营成果，并为有效地实行指导性计划创造条件。

（二）搞活流通、促进生产

流通是社会再生产过程的重要环节，对生产起着重要反作用。马克思说："当市场扩大，即交换范围扩大，生产的规模也增大，生产也就分得更细。" 生产规模的扩大和专业化协作的发展，不仅依靠企业自身搞活供销，企业应有原材料，物资采购和产品销售的自主权，有权择优选择供货单位，按国家规定的政策自销产品；而且还赖于全社会流通渠道的畅通无阻，这就需要加以组织。特别是中心城市，要把改革商业流通体制，形成开放式、多渠道、少环节的流通网络，作为发展区域经济的中心一环，紧紧抓住。这也是搞活各单个企业的重要外部条件。

赵紫阳总理在六届二次全国人民代表大会的《政府工作报告》中，专门论述了商业流通体制改革的方向和具体部署。主要应着重抓好三件事：冲破一、二、三级批发层次，建立工业品贸易中心；举办各种贸易货栈，疏导农副产品进城；在国营商业起主导作用的前提下，发挥多种商业经济成分经营上分散灵活的特点，更好地服务生产，方便人民。基本精神，就是要把商业工作的"统"字改为"放"字，把部门原来要从事分配的职能，改为从事商品流通，打掉官商作风，促进竞争，密切城乡联系，达到货畅其流。竞争的意义在于：第一，使省外先进产品在我省市场的竞争中逼着本地企业转轨变型，提高素质；第二，在竞争中发展壮大本省的经济实力，这是更重要的一面。为了加快发展福建的商品生产，要制定一些政策，鼓励工商协作，采取联营、省内外联销、展销、代销、厂店挂钩、开设门市部、代理处等多种形式，打出去，开拓市场，扩大销路，包括向国际市场开拓和推进沿海"洋货"向内地流动。同时，要搞好信息反馈，根据市场变化，加强新产品开发。在扩大的商品流转中，不仅能实现扩展市场，刺激生产，而且，通过竞争，价值规律调节劳动力在各企业、各部门之间的分配，淘汰落后，鞭策先进，有利于逐步调整企业组织结构，促进企业在自愿互利基础上的联合经营，那些有竞争力的企业，将通过流通领域的考验，实现脱毛起飞。

（三）扩大企业技术改造的自主权，推进技术进步

有计划地进行技术改造，对于推进技术进步，使企业的生产转到现代技术基础上，具有决定的意义。企业以自有资金进行技术改造一般均系中小项目，在税后应完自主确定，银行贷款项目的审批权限应简化，主要由银行把关，银行通过差别利率直到贴息贷款体现限制或鼓励政策。防止盲目性的办法，应是靠认真制定行业规划，靠利用信息和企业自负经济责任以及信贷的调节作用，而不是那种十几个部门几十颗公章的烦琐手续。对外引进先进设备，在简化审批手续的基础上，要进一步强化责、权、利统一的引进工作责任制，对责任人员要有奖惩条款。同技术改造相联系的问题，一是固定资

产的处置，应在保证国家固定资金完整无损的前提下，允许企业将固定资产进入流通领域，实行有偿转让，自由买卖。二是资金的使用，除企业有权支配生产发展基金和后备基金，并可与折旧基金、大修理基金捆起来用于技术改造之外，还应允许资金在一定条件下自由流动，提倡各种不同形式的集资入股，允许企业将自有资金投资于其他企业，股票可以转让。以利于用活资金，促进固定资产更新，加快技术改造的步伐。

（四）全面推行企业内部各种形式的责任制，调动职工积极性

企业内部责任制是正确处理企业与职工关系，使职工不吃企业大锅饭，调动职工积极性的有效管理方法，是使企业充满活力的另一个重要方面。企业内部责任制的核心，就是实行责权利的统一，严格规定各车间、班组以及职工个人的职责和必须完成的任务，以及与其相应的劳动报酬。贯彻按劳分配原则，把职工的劳动报酬同企业经营成果好坏和职工个人贡献大小挂钩，企业要把落实责任制工作的重点放在定额的制定、指标的分解、生产经营的统计核算、会计核算、业务核算等管理工作上，对不同岗位应有不同的定额尺度和指标，防止苦乐不均，劳酬不符的情况发生。国家对企业工资总额的控制应改绝对数控制为比例数控制，让企业随着生产的增长，经济效益的提高，合理增加工资总额。在核定的成本降低水平内，增加工资总额可进成本。这样才有利于企业内部责任制的落实。企业可在核定的工资总额之内，根据生产经营的特点，自行选择工资、奖金形式，如浮动、计件、岗位补贴等，还可实行自费工资改革。奖金是超额劳动报酬的形式，切忌平均发放，要上不封顶，下不保底，奖金的发放已有了改革办法，即实行联税浮动发奖和超限额征收奖金税。企业在制定、落实内部责任制时，应坚持社会主义的生产目的，是为了满足人民日益增长的物质文化生活的需要。把消费者利益摆在首要地位，并以满足消费需求为生产目的，不断提高产品质量。

当前我省经济体制改革的形势和任务

我省经济体制改革经过几年的探索和实践，已取得良好成效。1985年是进行全面配套改革的第一年，去年11月召开的贯彻党的十二届三中全会决定的省委工作会议，提出近期内改革的主要任务是"六活、三改、一配套"，即搞活企业、搞活流通、搞活城市、灵活对外、搞活侨乡、搞活人才、物价改革、工资改革、机构改革和综合配套。这些任务是极其艰巨的。

一、改革面临着前所未有的好形势

首先，改革有了总目标，总模式。《中共中央关于经济体制改革的决定》对以城市为重点的全面经济体制改革的性质、基本任务和各项主要政策都作了深刻阐述，给我们指明了改革的方向和目标。结束了不系统的单项改革的状况，开始进入了具有目标模式的全面配套改革，改革将在相当广阔的领域内和相当深刻的程度上有计划有秩序分步骤地进行。今年几项重大的改革方案，计划体制改革、物价改革、工资改革都要陆续出台。

第二，1984年国民经济全面高涨，我省经济也出现了前所未有的好势头，从而为今后加快改革步伐奠定了物质基础，并增强了对改革的承受力。1984年我省工农业总产值可达186亿元，比1983年增长14%；社会商品零售总额达84亿元（包括农民对非农民）比1983年增长18%。财政收入提前一个月完成年度计划，1984年1至11月财政收入比1983年增长15.6%。对外经济工作取得突破性的进展。我省经济已走出谷底，为加快改革提供了物质基础。

第三，经济形势的发展迫切要求加快改革的步伐。1990年我省要全面完成重点骨干企业的技术改造；提前实现翻两番的目标；到本世纪末要实现走在全国四化建设的前头的目标，每年工农业总产值须保持10%以上的增长速度。为完成这些任务，今年我省将进行有史以来最大规模的经济建设，以增加经济发展的后劲。而根本的出路在于改革。只有改革，才能充分发挥我省地处黄金海岸的有利条件，利用两种资金、两种资源，开拓两个市场，发展我省经济。

二、改革就是赋予企业活力

中央《决定》指出："确立国家和企业、企业和职工这两方面的正确关系，是以城市为重点的整个经济体制改革的本质内容和基本要求。"企业是国民经济的细胞，企业的状况如何，直接决定国民经济的状况。企业活了，整个经济也就活了。企业活力具体表现为：企业具有生产经营的应变能力、竞争能力、自我改造和自我发展的能力、不断为国家多作贡献和提高职工物质文化生活水平的能力。要搞活企业就必须搞好以下几个方面的改革。

一、政企职责分开，下放企业的行政管理权是搞活企业的前提条件。搞活企业首先应当确立企业是自主经营、自负盈亏的商品生产者的地位，把属于企业的经营管理权还给企业。各级政府部门原则上不再直接经营管理企业，并且要把各部门直接经营管理的企业下放给所在地城市，以利于更好地发挥城市的中心作用，发展企业之间的横向经济联系。政府同企业的关系主要是，制定城市管理条例或政策规定，依法征收税费，登记注册，按规定范围委派企业的主要领导干部，并为企业的生产发展创造良好的条件。中央《决定》规定各级政府管理经济的八条职能，归纳起来就是规划、协调、监督、服务，集中到一点就是服务。政府管理机构应当是管理服务型。不实现这一转变，不真正做到政企职责分开和上层建筑为基层服务，企业的搞活就失掉了前提条件。

二、扩大企业自主权，使企业具有自我改造和自我发展的能力。小企业要全面放活，实现自主经营、自负盈亏。重点要抓住搞活大中型企业。对实行指令性计划生产任务的企业，要试行产量递增包干，扩大自销比重。对指导性计划指标要研究如何运用信贷、利率、财政补贴、税收、价格等经济杠杆进行调节，促使企业完成；企业生产的产品可以全部自销，也可以国家收购，还可以实行工商联营、工贸联营。价格一般以市场供求变化情况而定，国家只在个别场合进行有限的干预。

企业可以支配自己的资金决定对外投资和联营；也可以筹集社会闲散资金，吸收其他企业的投资，在符合国家发展规划的前提下，扩大再生产。银行可对企业开展抵押贷款业务，并为企业发行股票，使整个社会的和企业的自有资金处于不断运动的状态。还要研究加快折旧，提高折旧率，把固定资产的更新缩短在5到10年内，并且折旧率也应当是变动的，第一年最高，以后年份顺序减少，力争要在三四年内收回固定资产原价的百分之七八十。折旧基金应当留归企业。这样企业就基本具有自我改造和自我发展的能力，根据生产发展的需要进行技术改造。对生产出口产品的企业有条件的应允许直接对外，企业对自己留成的外汇，有使用的自主权，用于引进技术设备。

三、企业内部管理体制要从根本上破除过去的小生产经营管理方法，建立起科学的管理体制。要实行厂长负责制。要从上到下建立起一套会计、财务、统计核算指标体系，并层层分解落实到每个职工。从上到下要有一套灵敏的信息发布、收集、反馈系统，并把内部的信息网同社会生产、需求的信息网联结起来；使厂长和企业管理人员及时了解外部情况的变化和企业内部生产经营的进展情况。企业的生产经营重大决策须经职工代表大会讨论通过，由厂长负责组织实施，对于生产经营过程各环节具体问题的处理，根据各级岗位责任制的明确分工执行。充分发挥全体劳动者的积极性、智慧和创造力。

四、国家与企业、企业与职工的分配关系，必须实行物质利益的原则。当前停留在留利部分改革分配关系是不够的。由于种种客观因素的制约，企业的留利增减有时并不能如实反映其经营好坏。据调查，有的企业近几年向国家上缴的税利连年上升，但职工的奖金却逐年下降，这必然会压抑职工的生产积极性；因此必须实行企业工资总额同经济效益挂钩上下浮动，这种利益关系是社会总体劳动者与企业局部劳动者之间关系的体现。工资总额同经济效益挂钩，目前有几种形式：与净产值；与上交税利；与企业纯收益（工资加留利）；单位产品工资含量；百元产值工资含量。这几种挂钩形式，除单位产品工资含量外，都不同程度地受价格调整变动因素的影响。但单位产品工资含量适用的范围有较大的局限性，一般只宜在产品比较单一的企业实行。无论采取何种挂钩形式，我们认为都必须考虑以下几个原则：1.在理论上要站得住脚；2.能够合理处理国家、企业、职工三者关系；3.有可供核算的基础资料；4.应当把企业的级差收入归国家所有。企业门类繁多，情况错综复杂，应当允许根据不同行业的特点，采取不同的效益指标挂钩，按不同的增长比例核定企业的工资总额。

企业经济效益高低是职工个人所得多少的前提条件，职工的个人劳动是企业集体劳动的组成部分，必须贯彻按劳分配原则。"阶级是不能从空头支票得到满足的，只有用物质的东西才能满足它的要求。"企业内部的分配应当使劳动者的劳动成果同自身的物质利益紧密联系起来，扩大工资差距，拉开档次，使一部分勤奋劳动、有发明创造的人先富起来。对企业内部老工人的劳动报酬，既要尊重现实，又要照顾历史。

五、政府管理机构和管理方法要相应改革。经济体制模式决定管理机构的设置。过去企业是行政机构的附属物，这种僵化的体制模式决定管理部门林立，管理层次繁多，管理方法是行政手段为主。中国特色的社会主义经济体制，就是使企业充满生机和活力，这种体制模式决定机构设置必须贯彻精简、高效、统一的原则，简化行政管理部门和层次，加强经济调节部门。管理方法要把以往的行政手段改为经济手段、法律手段为主。对于大事干不了，小事又用不着，靠收取管理费过日子的行政性公司要进行一次清理，能转轨变型的就转轨变型，该撤销的就撤销。这样做以后，企业少了个婆婆，对落实企业自主权大有裨益。对于确是为生产经营服务的公司，应向企业化过渡，公司与企业之间是平等的经济单位，提供服务应按经济利益原则收取服务费。

经济体制改革是项创造性的工作，没有现成的路子可走，只有把马克思主义基本原理同中国的实际结合起来，不断探索，不断前进。把"放"作为改革的指导思想。坚持思想解放、内外开放、权力下放、政策放宽，要有新思路。对于人民群众创造的生机勃勃的改革实践，要善于用发展的眼光去看待，用满腔的热情去支持，用科学的态度去总结。要坚持实事求是的原则，使改革的方案产生于社会实践，又适应于客观实际。要树立起新的指标参照系，抛弃只习惯于纵向的比较、缺乏横向的比较的封闭式经济的观察法，把世界经济发展作为我们比较的对象，加快我国我省经济的迅速发展。

（本文与方贤明合作，发表于《福建论坛》1985年第3期）

坚定不移地支持和推进金融改革

近一两年，中央、国务院和省委、省政府的领导同志，一再强调要加快金融体制改革。无论是把经济搞活，还是进行宏观调节控制，都离不开一个好的金融体制。福建的经济要振兴，必须解决好"三通"——交通、流通、融通。加快金融体制改革已经势在必行。

一、金融体制改革是经济体制改革的重要组成部分

为什么要加快金融体制改革？这首先是发展社会主义商品经济的客观必然要求。党的十二届三中全会的决定明确指出，我国的社会主义经济是有计划的商品经济。这一科学论断是我们建立具有中国特色的社会主义经济体制的理论基础，是各行各业搞改革都要遵循的基本指导思想。而在社会主义商品经济的条件下，整个社会的生产、分配和交换都必须以货币作为媒介，货币在经济中的作用就如同血液在人体中活动一样。货币的流通又必须有市场，必须灵活自如地融通。我们的经济，要现代化，而又没有适应经济现代化的金融业的现代化，不建立灵活自如的融通体制，那是不可想象的。

其次，加快金融改革的步伐，又是"七五"期间奠定具有中国特色的社会主义经济体制的基础。具体来说，要在三个层次上互相协调地进行改革，

而这三个层次的改革又都离不开金融体制的改革:

第一个层次是微观机制的改革。就是要增强企业的活力,逐步做到使企业能够自主经营、自负盈亏。这几年搞活企业已经取得较大进展,但是,真正要达到自主经营、自负盈亏,还要继续改革。譬如,投资决策权的下放与"投资饥饿症"的矛盾,企业自主经营与企业行为制衡机制不健全的矛盾,资金所有权的多元化与单一的纵向融通渠道的矛盾,等等。解决这些难题,都需要金融体制作相应的改革。省体改委对1189户工业企业的问卷调查表明,现在企业对银行的依赖程度已经比过去大为增强。1985年企业流动资金来源构成中,银行贷款比重已占69%,比1983年增加了10个百分点。在去年上半年银根紧缩的情况下,认为企业最迫切需要解决的问题是流动资金不足的有585家,是固定资产投资资金短缺的有66家,两项合计,占被调查企业总数的56%。看来,现时金融政策的调整对企业产生的影响,已经相当过去的行政指令。正如陈慕华同志讲的,"企业搞活,银行必须首先搞活。银行不活,资金管得死,周转性差,融通面窄,企业就活不起来"。

第二个层次是改革经济运行机制。就是要逐步建立和完善市场体系,使社会商品的运行由封闭式或单一化、纵向分配为主的体制过渡到开放式、多渠道、横向运行为主的体制,让企业在自主经营、自负盈亏的基础上面向市场,在市场竞争中去追求适应社会需要的高效的经营活动。除了完善消费品市场,逐步形成生产资料市场、技术市场和劳务市场以外,还有一个很重要的资金市场。而资金对于原材料、资源、劳力、技术等其他生产要素起着黏合剂的作用;没有健全的资金市场,就不可能有完善的消费品市场及其他市场。所以,资金市场的建立,又是其他市场形成的一个重要前提。多功能、多形式的资金市场的有效性,又需要充分发挥信贷、利率、汇率和保险等多种金融手段的作用。所有这些都有待我们银行界的同志去开拓。

第三个层次是改变国家管理经济的职能和方式。就是要从直接控制转向间接调控，包括运用法律、财政、税收、金融等各种手段。而在经济运行的总体上，能够保证社会总需求和总供给平衡和引导资源合理配置的最有力和灵敏的间接调控手段是金融政策和金融手段。国家综合运用各种经济调节手段，辅之以法律手段和必要的行政手段，使经济运行在国家宏观控制下达到既定的发展目标。在这里，金融改革也具有重要的地位。

所以，为了深入推进经济体制改革，我们一定要充分认识金融改革的重要性和紧迫性，坚定不移地支持和推进金融改革。

二、关于今年经济体制改革和金融改革的意见

今年是"七五"计划的第二年。我们要按照中央、国务院、省委的部署，把经济体制改革继续引向深入。具体的改革要点是，继续围绕一个中心（增强企业的活力），建立三个市场（资金市场、生产资料市场和劳务市场），同时，探索和试验其他方面的改革，包括组织机构、外贸、房租和企业工资改革的试验等。这里我着重讲三个方面的意见。

（一）深化搞活企业的改革，继续增强企业活力，这是1987年改革的中心任务

主要是要认真贯彻、落实国务院最近下发的《关于深化企业改革，增强企业活力的若干规定》。现在着重强调一下与金融体制改革关系密切的企业使用资金自主权问题。即凡属企业按国家规定提留的各项基金，应由企业自主使用。上级部门不应以调剂为名，任意上收，当然更不得乱摊派，增加企业负担。如折旧基金早已规定要全部留给企业，但有些地区财政上还在集中。这次国务院文件又重申了这一原则，并且规定集体所有制企业仍由主管部门统负盈亏的，一律改为自负盈亏，不再上交合作事业基金。总之，企业间的资金调剂，应当通过直接融资或间接融资手段，进行横向融通，才能提高资金使用效益，促使企业焕发生机。

（二）按照企业所有权和经营权分离的原则，推行多种形式的经营责任制

即在不改变所有权的前提下，把企业经营责任落实到企业经营者身上，实现企业内部经营机制的转变，使所有者、经营者、劳动者之间的利益结构既能相互制约又能互相协调。这是深化企业改革，增强企业活力的重要内容。一是要认真组织股份制的试验。省政府即将批转省体改委《关于社会主义股份制的试验方案》，请各地、市政府认真组织试验。这项改革，对金融体制改革有直接关系，请各级银行也要关心并积极参加组织试验。试点中要注意坚持企业自愿并有筹集资金的实际需要。股票、债券的发行，要积极引导到规范化，不要把股票和债券混同；股票原则上不能退股，但可以转让；股份公司的内部分配应当体现利益均沾、风险共担的原则。这方面的知识，要大力宣传。二是推行租赁或承包经营制。今年可在全民所有制的小型商业零售企业中全面推行，全民所有制的小型工业企业也要积极试行，并可选择一部分亏损或微利的全民所有制中型企业进行试验。三是全面推行厂长（经理）负责制，并与任期目标责任制相结合。

（三）突破金融体制改革，搞活资金融通

这是今年经济体制改革的另一项重点，省政府已提出任务，争取今年有一个突破性进展。

金融体制改革怎样有秩序地进行？点上怎么抓？面上怎样进行？哪些先搞？哪些后搞？各家银行的领导同志都将进行具体布置。我先提出以下建议：

1.认真搞好试点城市的金融改革。福州和厦门两市作为全国全省金融改革的试点城市，省里的银行要给予支持帮助和指导，主要还得靠市里抓紧。福州市要按照全国对试点城市的要求，大胆试验，有所创新。厦门市的金融改革比照深圳特区的办法，先搞好改革方案，经省行审议后试行。我们认为福、厦两市的金融改革，在总体目标上，要考虑成为全省的金融中心。厦门作为可以实行某些自由港政策的经济特区，随着开放形势的发展，要考虑将来还有可能成为国际金融中心。

泉州、三明、南平市和龙海县，作为省里经济体制改革综合试点市县，也可以积极创造条件，按试点城市的改革方案进行试验。

2.专业银行实行企业化经营，是金融改革的基础。请省各专业银行帮助试点城市具体落实试点办法。当地政府和计划、财税、劳动等部门，都要支持试点，维护试点银行的自主权。其他城市一时不具备实行企业化经营的条件，但也要在搞好承包经营制和内部责任制方面，积极进行探索。

3.建立和开拓资金市场，是金融改革的突破口。今年，要先把同业拆借市场，票据贴现市场建立起来，同时探索建立长期资金市场。要打破地区分割、专业垄断，逐步形成融资网络。

4.已经批准的地方区域性金融机构兴业银行，要按照金融改革的方向进行工作，实行"新事新办"，不要先走老路，以后再来改革。要注重效益，勇于开拓。请人民银行和各专业银行也要加强指导和帮助，关心和支持他们的业务发展，尽力帮助他们解决困难。

5.要求各级体改委当好金融改革的支持者和促进派。要在党委和政府的领导下认真学习金融改革的知识，积极参与金融改革方案的研究，支持当地人民银行搞好协调，并注意总结经验，观察和研究金融改革中的新情况、新问题，当好党委和政府推进金融改革的参谋。请各银行和其他金融机构，也继续支持和帮助体改委的工作，随时将金融情况、改革方案和其他有关的信息同体改委通气。

（本文是1987年1月18日在全省金融体制改革工作会议上的发言。文章的第一部分，发表于《福建金融》1987年第2期）

金融改革是经济体制改革的重要组成部分

　　近一两年，中央、国务院和省委、省政府的领导同志，一再强调要加快金融体制改革。赵总理多次强调，金融体制改革是经济体制改革的重要组成部分，无论是把经济搞活，还是进行宏观调节控制，都离不开一个好的金融体制；如果金融体制改革搞不好，经济体制改革也不会成功。省委领导同志也多次强调，我们福建的经济要振兴，必须解决好"三通"——交通、流通、融通。所有这些道理，包括王一士同志在这次会议报告中讲的精神，都深刻地告诉我们，要清醒地认识到加快金融体制的改革已经势在必行。

　　为什么说金融体制改革是经济体制改革的重要组成部分？为什么在这个时候要提出加快金融体制改革呢？我的领会，这首先是发展社会主义商品经济的客观必然要求。党的十二届三中全会的决定明确指出，我国的社会主义经济是有计划的商品经济。这一科学论断是对马克思主义经济理论的重大发展，也是我们建立具有中国特色的社会主义经济体制的理论基础，是各行各业搞改革都要遵循的基本指导思想。而在社会主义商品经济的条件下，整个社会的生产、分配和交换都必须以货币作为媒介，货币在经济中的作用就如同血液在人体中活动一样，货币的流通又必须有市场，必须灵活自如地融通。我们的经济要现代化，而又没有适应经济现代化的金融业的现代化，不建立灵活自如的融通体制，那是不可想象的。其次，加快金融改革的步伐，又是"七五"期间奠定具有中国特色的社会主义经济体制基础的迫切需要。

具体来说，要在三个层次上互相协调地进行改革，而这三个层次的改革又都离不开金融体制的改革：

第一个层次是微观机制的改革。就是要增强企业的活力，逐步做到使企业能够自主经营、自负盈亏。前面已经说了，这几年搞活企业的改革，已经取得了显著的进展，企业已经比过去活多了。但是，真正要达到自主经营、自负盈亏，还要继续改革。譬如，投资决策权的下放与"投资饥饿症"的矛盾，企业自主经营与企业行为制衡机制不健全的矛盾，资金所有权的多元化与单一的纵向融通渠道的矛盾，等等。解决这些难题，都需要金融体制作相应的改革。据我们对1189户工业企业的问卷调查表明，现在企业对银行的依赖程度已经比过去大为增强。1985年企业流动资金来源构成中，银行贷款比重已占69%，比1983年增加了10个百分点。在去年上半年银根紧缩的情况下，认为企业最迫切需要解决的问题是流动资金不足的有585家，固定资产投资资金短缺的有66家，两项合计，占被调查企业总数的56%。看来，现时金融政策的调整对企业产生的影响，已经相当过去的行政指令。正如陈慕华同志讲的："企业搞活，银行必须首先搞活。银行不活，资金管得死，周转性差，融通面窄，企业就活不起来。"

第二个层次是改革经济运行机制。就是要逐步建立和完善市场体系，使社会商品的运行由封闭式或单一化、纵向分配为主的体制过渡到开放式、多渠道、横向运行为主的体制，让企业在自主经营、自负盈亏的基础上面向市场，在市场竞争中去追求适应社会需要的高效的经营活动。除了完善消费品市场，逐步形成生产资料市场、技术市场和劳务市场以外，还有一个很重要的资金市场。而资金对于原材料、资源、劳力、技术等其他生产要素起着黏合剂的作用，没有健全的资金市场，就不可能有完善的消费品市场及其他市场。所以，资金市场的建立，又是其他市场形成的一个重要前提。多功能、多形式的资金市场的有效性，又需要银行充分发挥信贷、利率、汇率和保险等多种金融手段的作用。所有这些都有待我们银行界的同志去开拓。

第三个层次是改变国家管理经济的职能和方式。就是要从直接控制转向间接调控。包括运用法律、财政、税收、金融等各种手段。但是，在经济运行的总体上，能够保证社会总需求和总供给平衡和引导资源合理配置的最有力和灵敏的间接调控手段是金融政策和金融手段。国家综合运用各种经济调节手段，辅之以法律手段和必要的行政手段，使经济运行在国家宏观控制下达到既定的发展目标。在这里，金融改革也具有重要地位。所以，为了深入推进经济体制改革，我们一定要充分认识金融改革的重要性和紧迫性坚定不移地支持和推进金融改革。

（本文发表于《福建金融》1987年第2期）

坚定而有秩序地发展股份制改革

省体改委召开的这个会议,重点是交流股份制的试点经验,讨论实行股份制的有关政策和办法,在全省范围内进一步发展股份制企业,为深化企业经营机制的改革开辟一条新的途径。最近中央政治局会议提出建立商品经济新秩序,我理解有着丰富的内容,包括经济活动新规则的建立,与之适应的新观念的形成,思想政治工作的加强,法制的完善等。进行股份制改革,也有一个观念转变和规则完善的问题。我们要按这一指导思想开展工作。为了搞好这一工作,应抓住以下两个环节。

一、充分认识发展股份制的意义作用

对股份制的认识问题曾出现过曲折,十三大政治报告中已经明确地指出:"改革中出现的股份制形式,包括国家控股和部门、地区、企业间的参股以及个人入股,是社会主义企业财产的一种组织形式。"国务院批复我省十一条措施中,也包括"积极地实行股份制"。这充分肯定了股份制可以大胆地推行。

我省是股份制改革较早的省份,党的十二届三中全会后不久,股份制形式首先在乡镇企业、二轻集体企业中出现。省委、省政府在部署1986年经济体制改革任务时,提出了进行社会主义股份制的探索试验。1986年10月召开了全省股份制理论与实践研讨会。接着，经省政府领导原则同意，省体改委颁发了《关于进行社会主义股份制试验方案》。在此前后，建阳橡胶机械厂、南平五交化批发股份有限公司、漳州兴华焊接机厂、福州自动化仪表股份有限公司、福州东街口百货股份有限公司等一批企业，先后进行了股份制试验。现在股份制企业不仅在工业企业、商业企业中推行，而且在金融企业主要在城市信用社中也发展起来。尽管时间还不长，做法上也各不一样，也不规范，但他们的实践已经生动地展示了实行股份制的好处。归纳起来，表现在以下几个方面：

第一，运用股份制的形式，可以进一步把社会资金的筹集和运用搞活。改变长期以来投资靠财政、花钱靠银行的旧体制格局，开阔社会资金的活动空间，同时又为各方投资者追求较高的收益提供了多种选择。

第二，实行股份制不仅不会削弱公有制，而且有利于更好地发展公有制占主体的形式，突破公有制只能是全民或集体的传统模式。因为，实行股份制是通过股份形式，明确和认定企业产权关系的一种组织形式，它并没有改变财产所有权本身，并不影响公有制，而且还可以把公有制财产单一的组织形式，通过控股、参股，体现得更加富有活力，更有效益。

第三，实行股份制，有利于企业的两权分离，促进企业经营机制的改革。实行股份制后，资产所有者的所有权转为持股权，国家只作为企业的股东取得股息（红利）而不得随意干预企业的经营活动，从而更好地实现政企分开，真正达到自主经营。另外，各方的参股投资，使企业的制约机制由单一的国家行政监督，转向多元化的约束，企业生产经营由原来的外部指标压力，转为内在动力。职工的入股，也有利于增强职工主人翁意识。

第四，随着企业改革的深入，横向经济联合的发展，企业产权市场的出现，也迫切需要有一种恰当的经济形式来解决和保障各方的产权及利益关系。特别是参加横向联合企业隶属关系、所有制、财政上交渠道三不变的原则，已经束缚了联合的发展。股份制为不同所有制间的联合，提供了一种共融的外部形式。试点实践证明，股份制正是促进联合的发展、保障各方利益、适应和促进产业结构和企业组织结构调整的较好的财产组织形式。

第五，从发展外向型经济的角度看，也是外商易于接受的投资方式，有利于外商参股投资。

综上所述，发展股份制对于深化企业改革，筹集社会资金，推动横向联合，促进结构调整，发展外向型经济，都有积极的作用，我们应将其作为推进整个经济体制改革的一项重要措施来抓。

二、明确发展股份制企业的方法步骤

推行股份制，既要积极，但又不要一哄而起。要以经济发展的需要为原则，有步骤地推行。

1.在指导思想上，要明确实行股份制的企业必须有一个基本的内在要求，就是迫切需要增加新的投资和冲破投资单一化的束缚，实行企业财产多元化的投资组合。不能离开了这个内在要求，单纯去分割全民所有制企业或集体所有制企业的财产。更不能从上到下分配发展指标。前一段试点的经验也证明，一种是我要搞股份制，一种是要我搞股份制，两种效果大不一样。还有的单纯为了突破奖金税的限制，想给职工增加点收入，这样考虑问题也过于狭窄。就现有某个全民所有制企业看，若没有扩大投资的需求，就不存在实行股份制问题，还是要继续完善承包经营责任制。当然，现有的一些企业，资产投资已经是多元化的，为了明确和认定投资者的产权关系，也可以实行股份制。

2.为了保障股份制企业健康地发展，必须制定出一系列必要的法规办法。"股份制企业暂行办法"将吸收会议讨论的意见，修改后报省府审定颁布。但各地区不要等待，各级体改委、经委、财政、银行、工商、税务等有关部门，要在各级政府的领导下，通力协作，认真地抓好各项工作。首先，要根据发展股份制的指导思想、原则，筹划一下目前有多少家企业适宜发展股份制。一般可以从以下四个方面去筹划：

一是要从横向经济联合的企业，特别是紧密型联合的企业中选择推行股份制。近几年，我省横向经济联合发展很快，联合的形式越来越多，企业产权关系也日趋复杂化，这就更需要用股份形式来解决和保障联合各方的产权利益关系。

二是有些企业的产权已经是多元化投资组合的，也应当推行股份制。因为，对企业的投资方向、经营方式、利润分配等问题，每个投资者都有自身的利益要求，这就宜于运用股份形式来处理。

三是现有企业凡需要扩充投资进行技术改造，而其投资来源（包括归还银行贷款）靠单一化的渠道又解决不了的，应该向社会募集资本，走股份制的路。这样既不增加国家负担，又能吸收社会资金用于生产建设。

四是一些新建、扩建的企业，其投资本身是多元化的，可以一开始就实行股份制，从两权分离入手，按新体制框架的要求，建立适应市场调节的微观机制。

3.前一段率先进行股份制试验的企业怎么办？我们认为，这一批试点企业为我省股份制的发展创造了经验，起到了探索、开拓的作用。今后各方面一定要支持帮助他们进一步发展完善。在《暂行办法》颁发后，原来实行的办法与《暂行办法》不一致的，可以一定时间内给予兑现，允许有一个逐步衔接的过程。我们制定《暂行办法》的目的，正是为了引导股份制企业的健康发展，而不是去抑制企业的创造性。即使在《暂行办法》正式颁布后，也允许一些企业在不违背大原则的前提下，依据自身的特点而实行某些特有做法，在企业章程中作出规定。但是，一些原则性的问题，如发行股票、股票上市等，要按规范化的要求实行。

4.股份制的发展仅靠一个《暂行办法》是不够的，要搞好各方面的配套改革。

（1）关于国有资产的管理问题。由谁代表国家管理国有资产，在试点中，已经出现部门之间认识不一致，甚至发生争执，影响了股份制的发展。国务院已经在财政部属下成立了国有资产管理局，看来我省也应当先行一步。厦门经济特区可考虑先设立国有资产管理部门，其他有条件的城市，也要及早研究这个问题。

（2）关于加快证券市场的发育问题。股份制的生存与发展有赖于证券市场的发育程度，股票的生命力也在于其流动性。前段试点中，因没有股票市场，股票无法转让，在群众风险意识还不强的情况下，有些企业只好采取折衷办法，搞类似公司债券的定期股票，允许到期还本付息。这也反映了我们配套改革没有跟上。现在省里已经成立了"闽发证券公司"、华福公司证券部和华兴公司证券部，福州、厦门也已相继成立了证券部门，为股票的发行、转让提供了初步条件。但在目前条件尚未成熟的情况下，不要急于办上市公司，将来可以从效益好、资信高的不上市公司中逐步择优上市。

（3）要大力发展会计师事务所和财产评估所。这既是适应股份制和企业产权市场发展的需要，也是转变政府部门职能的必然要求。既然股份制企业已实行多元化投资，其财务会计报表就不宜继续由政府部门直接审批，这就必须大力发展社会性的会计师事务所，由其依法审验。但是，会计师事务所不能独家垄断，应当有一些竞争，并由高级会计师主持审验工作，以提高其权威性。同样，资产的折股和产权转让，企业终止、清盘等，都必须经过资产的评估，也有必要发展社会性的资产评估所。这两件事，省里和各地市都要提上议事日程。

（本文是1988年6月省体改委召开的全省股份制改革暨企业兼并经验交流会上的总结讲话的第二部分）

10 年改革的重大成就与深化改革的意见

党的十三届三中全会决定明后两年在坚持改革开放总方针的前提下，把改革和建设的重点突出地放到治理经济环境、整顿经济秩序上来，贯彻执行好这一重大决策，关键在于动员全党和全国人民统一思想，统一行动。为此，中央决定"向全党和全国人民进行一次广泛、深入的形势教育"，把"改革十年的巨大成绩如实地向群众讲够，面临的种种困难明明白白地向群众讲透"，为配合形势教育，今天我着重从经济体制改革方面讲两个问题。

一、10 年改革的重大成就

（一）经济体制改革划分为三个阶段

从1978年底开始的我国经济体制改革，大体经历了三个阶段：一是从党的十一届三中全会到十二届三中全会，这段重点是进行农村经济体制改革，在城市进行扩大地方和企业自主权的试点；二是十二届三中全会到党的十三大胜利召开，这一段，城市经济体制改革全面展开，并同农村改革结合起来；三是党的十三大到现在以及今后一段时间，这一段政治体制改革被提上重要日程，开始进入全面改革政治、经济、科技、教育、文化等管理体制的新时期。经济体制改革面临着攻坚重任，要基本确立商品经济新体制框架。

（二）马克思主义理论的重大突破

改革需要理论指导，但传统经济理论指导不了改革的实践。实践要求理论创新和发展。广大理论工作者投身改革，既总结实践的结果，又研究借鉴其他社会主义国家有益经验，在理论上大胆探索。大大地丰富和发展了马克思主义理论，特别是关于社会主义的学说。在我党四次历史性的会议，都提出了重大的理论观点，不断指导改革的深化。一是在党的十一届三中全会，提出解放思想，实事求是，一切从实际出发的思想路线，拉开了我国经济体制改革的帷幕；二是在党的十二届三中全会的《关于经济体制改革的决定》中明确肯定"社会主义经济是在公有制基础上的有计划商品经济"，意味着中国经济改革的方向是建立市场导向型的社会主义经济，纠正了传统的非商品经济的社会主义观念，树立了社会主义的商品经济观。这为经济体制改革开辟了广阔的道路；三是1985年9月召开的全国党代会，提出了我国新经济体制框架三个组成部分：独立自主的企业；社会主义市场体系；政府对宏观经济间接管理。比较清晰地描述了我国新体制的轮廓。四是党的十三大系统阐明了社会主义初级阶段的理论，指出我国还是处在社会主义初级阶段，发展社会生产力必须在所有制关系、分配制度、市场体系等方方面面进行改革，实现我国的现代化。可以说有计划的商品经济与社会主义初级阶段理论，是我国改革的两块理论基石，规定了我国改革的基本任务和目标。这些理论上的重大突破，推动了改革实践的发展。

（三）经济体制改革主要内容

十年改革的进程大致是：在农村第一步全面推行家庭联产承包制；第二步以取消农副产品统派购制度，建立农产品市场体系为主要内容的流通改革，调整农村产业结构，发展农村商品经济。在城市，经济体制改革围绕着增强企业活力这个中心环节，从扩大企业自主权入手，从减税让利，发展到转变企业经营机制，明确企业产权关系，调整所有制结构和企业组织结构，逐步使企业成为自负盈亏的商品生产者。并对宏观经济体制包括计划体制、财税体制、劳动用工制度和工资制度、金融体制、价格体系和价格管理体制进行了初步改革。从指令性计划为主开始转向指导性计划和市场调节为主；从高度集中的统收统支转到适当划分收支，实行各地财政包干；从单一计划价转向国家定价、市场价、指导价等多种价格形式并存；从单一国家金融，发展为多层次的金融组织和长短期资金市场；生产资料作为商品开始进入市场；市场体系正在逐步发展；随着指令性计划减少，市场机制作用范围不断扩大，政府经济管理职能开始转变。

（四）福建改革特点与进展

在这十年改革里福建有自己的特色，这就是经济体制改革与对外开放互相促进。1979年中央50号文件赋予福建、广东两省，在对外开放经济活动中实行特殊政策、灵活措施；今年中央又确定福建作为全国改革开放综合试验区，批转了福建省深化改革、扩大开放，加快外向型经济发展的十一条措施；这样福建由原来的海防前线军事要地，转变为对外开放的窗口和统一祖国的基地。实施沿海地区经济发展战略，进入国际经济大循环，必须加快经济体制的转换，从计划经济转向有计划的商品经济。适应对外开放的要求，我省在以下几个方面的改革，起步相对比较早，有的步子也大一些。

1.在农村改革中，乡镇企业蓬勃发展，在闽南形成了以家庭联营和个体联营以及依靠侨资投入作为重要资金来源为特点的不同于其他地方的发展形式；

2.1984年3月，全省五十五位厂长松绑放权呼吁，在全国引起强烈的反响，对全国扩大企业自主权的进展作出了一定贡献；

3.在全国第一个全省范围内实行国营工交企业职工退休金统筹管理，解决了新老企业退休费用负担悬殊的突出矛盾；

4.在全国成立了第一家地方金融机构华福公司，走向国际市场筹集资金，地方政府中第一个到国外发行债券；

5.在全国成立了第一家中外合资银行——厦门国际银行；

6.在全国第一家成立了航空联合公司，最近厦门机场体制下放，成立全国第一家地方航空公司；

7.在1980年就开始对部分生产性项目实行拨改贷，并对重点建设实行投资包干，招标投标试点；

8.下放省属企业的步子也是比较快的。

今年我省改革开放有了很好的势头，特别是中央提出实施沿海地区经济发展战略，我省作为改革开放综合试验区，又迈出了一大步。

一是我省沿海开放地区由原来的17个扩大到33个县，基本上形成了北起福州南至厦门的开放地带；全省外贸实行了承包经营，引进外资工作有了比较大的进展；1—10月份外贸出口总值达10.22亿美元，增长56.8%，1—9月全省共签订利用外资合同562项，合同金额达5.9亿美元，比去年同期增长4.04倍，实际利用外资2.1亿美元，比去年同期增长1.04倍。

二是在价格改革上迈出比较大的步子，除了国家统一部署的调价措施外，在粮油购销价格上迈出了一大步。这对缺粮省份来说是十分必要的，不仅可以调动种粮的积极性，而且可以适当减轻省财政在粮食上过重的包袱。另外也调整了食盐等商品价格，缓解了食盐生产长期亏损，盐场严重萎缩的局面，对发挥福建一大优势起到了积极作用。

三是新建石狮市，从一开始就着手建立新体制。确定了石狮市体制上更活一点，经济管理权限上更大一点，机构设置上更小一点，干部素质上更强一点的基本原则。明确石狮市经济结构是以集体和个体经济为主，"三资"企业占相当比重，分配方式以按劳分配为主，其他多种分配形式并存。经济运行机制实行市场调节，商品价格放开，发展市场体系，注重同国际市场联系。政府实行间接管理，石狮经济是企业推动型的，完全可以按照"小政府、大社会"原则设置党政机构；现在实际设置党委2个工作部门，政府11个工作部门；人大、政协等机构暂时不设；市长、副市长实行公开选拔；工作人员试行公开考试择优录用，初步形成新体制框架。这在全国县级市是第一家的，具有明显的特色。

四是南平市房改起步，厦门房改进入模拟运转，其他主要城市房改方案已在积极酝酿；土地批租试点步子也迈得比较大，福厦两地公开竞投转让土地使用权8块，总面积31667平方米，收入金额人民币3856万元，其中有4块由外商购买。

全省各地实行财政体制包干，物资体制、投资体制、金融体制等都迈出新的步子，对旧体制的冲击大于往年。对经济建设起了推动作用。

（五）10年改革引起的变化

一是经济运行机制上的变化。

1.开始建立计划与市场统一的社会主义商品经济运行机制，突破了旧的计划与市场对立的产品经济模式。国家直接管理（指令性计划）工业产品由70种减为17种；统配物资由61种减为15种（包括物资部门统配品种为256种，减为50种）；由国家定价的产品1979年712种类减为53种类；1978年企业向银行借款仅为1.4亿元，主要靠上级或财政拨款，现在转为主要向银行贷款，1987年企业向银行贷款达49.1亿元。这是一个很大的进步，企业生产经营在投入与产出两头开始转向市场。

2.发展了公有制为主体的多种经济形式和经营方式，1978年在工业总产值中，全民占74.2%，集体（包括乡办工业）占18.7%，村及村以下办工业占5.1%；城镇合作及个体占2.0%。1987年的格局变为全民占48.5%，集体占20%，村及村以下办工业占18.7%，"三资"企业占9.5%，城镇合作及个体占2.1%，"三资"企业和乡镇企业在我省的工业发展中发挥了重要作用。

3.开拓和发展了消费品市场、生产资料市场、资金市场、劳务市场。全省各种经济类型的零售商业网点32.7万个，比1978年增长6.9倍，城乡集市贸易市场达1530个，几乎都是在改革中发展起来的，短期资金市场发展迅速，今年1—9月份全省累计拆借资金总额达184.56亿元；长期资金市场开始发展，有了一级市场，二级市场也在开拓，闽发证券公司专事国库券等有价证券的转让业务，网点遍及全省；全省有11个劳务市场，6个钢材市场。市场体系正在逐步形成和发展。

4.对外开放和横向经济联合的发展，使封闭型经济向开放型经济转变；已经形成四个层次的开放结构；省际间的经济交往有进一步发展，省内山海之间的联合，初步形成优势互补，共同发展的格局。1987年来，县以上工业企业为主组建的各类联合体已有221个；参加联合体的企业超过500家，企业集团20个。

5.政府管理经济的方式从单纯行政手段转向开始注重运用价格、信贷、利率、工资等经济手段调节经济活动，建立了部分经济法规，使经济活动初步有了些章法。

二是经济实力增强与发展格局的变化。

1979—1987年9年间，全省累计创造国民收入1134.64亿元，为前26年总和的1.58倍；累计财政收入172.76亿元，为前26年的1.04倍。我省1987年人均生产总值为932元，为1978年的2.5倍；人均发电为355度（千瓦时），为1978年的2.1倍。改革使单一的小农经济向大农业发展，促进了农村第二、第三产业全面繁荣；1987年同1978年比，在农业产值中种植业从66%降为49.8%；林牧副渔业从34%上升为50.2%；超过了种植业比重。1987年农业综合商品率提高到62.7%，1987年全省社会农副产品收购额58.36亿元，比1978年增长2.4倍，为经济发展作出了重大贡献。我省工业新兴行业兴起，电子工业、精细化工、新型材料、精密仪器以及多种类型的食品在市场上崭露头角。我省新闻纸、木材、糖、罐头、录放机、彩色电视机、家用电冰箱、电石、原盐、甘蔗、水产品等产量位居全国前10位。一批重要的交通能源建设项目和重点轻纺工业及原材料工业项目相继建成投产。我省经济同国际联系程度日益提高，外向型经济正在蓬勃发展。

三是城乡人民生活日益提高。

据家计调查资料，城镇家庭人口平均生活费现金收入预计1988年可达

1000元，比1978年增长194.6%；扣除物价上涨的因素后，实际生活费收入仍增长45.2%；平均每年增长3.8%。主要耐用消费品普及程度不断提高，1987年末每百户拥有彩电39.41台，黑白电视机33.37架，比1981年末增长18.7倍和72.2%。居住面积从1980年人均5.66平方米增加到1987年8.52平方米，比1980年增加2.86平方米；拥挤不方便户占总户数由1981年的23.2%减至9.3%。

农民收入增加更为明显。1987年人均纯收入达485元，今年预计可突破500元，比1978年137元增加363元；1978年全省人均纯收入在200元以下的贫困户占总农户的比重高达82.4%，1987年虽因物价上涨脱贫线提高到245元，但农户中人均纯收入低于此线的贫困户却仅占4.5%，比1978年下降了77.9%；1987年与1978年相比，农民人均生活费收入增长2.5倍，平均每年递增15.0%，比城镇居民生活费收入年递增率为11.6%，快3.4个百分点；城乡居民收入相比（以农民收入为1），由1978年的1：2.53，至1987年缩小为1：1.94，缩小了23.3%。

以上这些事实说明了10年改革为国民经济注入了强大的活力，促进了经济和社会的发展，提高了人民的生活水平。没有改革，我省就不会有这10年大发展，大前进。10年改革成就是举世瞩目，世人所公认的。我们应当理直气壮地去宣传福建的改革方向是正确的，成就是巨大的。

二、正确认识当前经济形势，贯彻好三中全会精神

（一）当前我省总的经济形势是好的，但存在的问题也不少，和全国一样出现了明显的通货膨胀，物价上涨幅度过大、经济过热的情况

主要表现在：1.银行贷款大幅度增长、市场货币流通量过多；2.从5月份起，物价指数逐月上升，10月份全省零售物价指数达138.1%，1—10月份为124.7%，而且各类商品和服务收费项目指数均有较大幅度上涨；3.经济增长

过快与原材料、能源、交通等不平衡状况加剧；4.全社会固定资产投资规模过大，预计全年可达80亿多元，计划外部分占一半左右；5.流通领域各种公司急剧膨胀，今年上半年以来新办的公司就有1552家，加上原有的，全省合计达9664家；6.社会分配不公的矛盾日益突出。这些问题已经成为影响社会安定和群众对改革信心的重大因素，如不解决，势必会妨碍改革的深化和建设的长期、稳定发展，甚至会损害10年改革已经取得的成果。

（二）中央提出的治理经济环境、整顿经济秩序、全面深化改革的方针是完全正确的

我的理解，其内涵基本有三点：一是在坚持改革、开放总方向的前提下，进行治理经济环境、整顿经济秩序，也就是说，改革方向是坚定不移的。但当前为能解决面临的问题，在具体改革步骤上应当审时度势，有的要放慢，如价格改革，有的则要加快，如深化企业改革。但从总的讲，改革仍然在推进，不存在受阻问题；二是治理经济环境、整顿经济秩序，既是为改革创造条件，其中的许多措施本身也是改革的重要内容。控制总需求、把过热空气压下来，这就是为改革创造环境，整顿流通秩序、清理整顿公司本身就是改革的内容。不这样做，不但价格改革进行不下去，其他方面改革也难以深入；三是治理经济环境、整顿经济秩序也要体现改革的精神，既要治标，更要治本，要看到当前面临的问题是多年累积下来的结果，不是改革带来的，有些问题改革前就有，这几年的改革还不可能解决，其有很深刻的体制原因，要从根本上解决，必须有领导有秩序地、坚决而稳步地全面深化改革，逐步建立商品经济新秩序。

（三）明年深化改革的一些意见

1.从指导思想上讲，围绕着中央提出的治理经济环境、整顿经济秩序，全面深化改革的方针，着重是积极推进对治理通货膨胀有重大作用的改革，特别是宏观经济调控机制的改革，保证物价指数明显低于今年；在此前提下，继续有步骤地进行改革开放综合试验，实施沿海地区经济发展战略。在

改革的内容和步骤上，既注意同全国的衔接，又注意同本省实际相结合，在紧缩条件下进一步搞活经济，逐步做到社会总供给与总需求的基本平衡。在强化行政手段时，要考虑是否有利新旧体制的转换，防止走回头路。

2.加强和改善宏观调控，保证全社会总供给与总需求的基本平衡。必须解决宏观控制的范围仍主要局限于日益缩小的"计划内""预算内""全民"部分。着重要加强全社会范围的综合平衡工作。在价格体系不合理、市场体系不完善的情况下，在有些领域保留一些行政手段也是必要的，但要注意适应新的经济情况，如放开商品的价格管理，既不可放任不管，又不可走老路。粮食市场，现在全国基本做法类似于大米专营，这对我省历来粮行米市发挥了作用的地方是不利的，还是要从实际出发，在合同订购和议价转平价任务完成后，还要有所松动，允许粮行米市起一定作用。

3.深化企业改革，提高经济效益、增加有效供给。今年企业改革在去年承包经营责任制的基础上有一定的发展，但相对于其他方面的改革显得慢了些，突出地表现在原材料价格上涨约有88%的份额被转嫁出去，企业自我消化能力较低。一方面有25%左右的中小企业对职工发不出副食品补贴；另一方面经济效益好的企业又大发实物和奖金，经济效益一般或差的企业也要攀比，使职工收入的提高脱离了劳动生产率增长这个基础。现在企业虽然比过去活多了，但缺乏自我约束机制，企业机制问题不解决，任何改革措施出台都缺乏基础。明年要把企业改革作为一个重点，一是把企业推向市场，落实企业生产经营自主权；二是加快企业产权关系变革，形成自我约束机制；在有条件的企业积极推行股份制；对于长期经营不善的企业公开向社会拍卖，也可租赁给经营能人经营；三是推动企业兼并联合，以大中型企业为骨干形成一批具有竞争力的企业集团；四是企业内部以劳动制度和分配制度改革带动其他方面的配套改革。主要是实行劳动优化组合和职工收入与经济效益挂钩。通过这些措施，把企业从单纯追求数量增长，转向以提高经济效益为前提。

4.整顿流通秩序，发展社会主义市场体系，建立市场新秩序。现在流通秩序比较乱。在放开大部分日用工业品价格管理的情况下，对一些紧缺商品不论是厂家还是当地政府，都希望从提价中得到好处，对此没有采取必要措施加以管理。多种公司特别是官办公司转手经营，"官倒"与"私倒"勾结，多手转卖，推动价格连续暴涨。一是要清理整顿各种公司，没有存在必要的公司坚决撤并，在职和离退休干部均不能利用权力和关系进行商业性经营、金融活动，从中牟利；二是改造旧的流通组织，发展大型商品批发贸易中心；三是进一步发展社会主义市场体系，包括劳务市场、资金市场和生产资料市场。生产资料价格实行"双轨制"是有历史条件和起过一定作用的，但其弊病日益显现。明年全国不出台生产资料价格改革措施，我省在服从全国统一部署的情况下，还要积极发展生产资料市场，促进"双轨"制向"单轨"制的过渡，对县以下钢材、水泥等生产资料实行计划内外同一销价，价差返还的办法；四是建立市场规则，加强对商品经营活动的必要管理与指导。

5.深化投资体制改革，抑制投资膨胀。治理经济环境一个很重要内容就是压缩投资规模。现在计划内的基建投资规模已经得到控制，计划外的投资规模没有相应的办法进行管理。地方上为了增加当地财政收入，大搞"钓鱼"项目，兴办以消耗资源为主的小加工业，这些新上的项目投资主体就是政府，投资来源名为自筹资金，但多是从银行贷款转过来的。企业也是这样。无论是技改还是基建均实行税前还贷制度，投资主体也是国家。因此形成了从上到下争项目的局面，要从根本上解决这个问题必须改革投资体制，一是把各部门分钱分物的职能集中到综合经济部门；二是根据事权与财权相统一的原则，划清省与市、县各级的投资范围，除了事关全省性建设的基础设施，重点骨干企业，重点教育、卫生等项目，由省集中投资外，属于地方性的项目均由地方投资；三是促进企业成为营利性项目投资主体，改税前还贷为税后还贷。

6.加快住房制度和社会保障制度的改革，建立个人收入申报制度，抑制消费膨胀。住房制度改革在有条件地方要以出售公有住房为主，适当引导消费结构的调整。另一项措施是建立个人收入调节制度。现在是国有经营性公司靠特权、垄断性经营，获取高额利润，工资按行政机关，奖金福利按企业待遇，而且还享受各种的奖金税免征待遇；这部分高收入并不是其劳动贡献而是由于其占据了特殊地位。对此应当进行管理和必要的调节。对个人经营的超高额收入也要进行调节。坚决依法征税，对逃漏税者实行重罚。为保证党政机关工作人员的廉洁，有必要实行个人财产公开化和任职前后的财产审计制度试点，阻塞各种可能的漏洞。

7.坚持对外开放，在紧缩中求发展。治理整顿已经采取一系列措施，有的已经收到成效。但是随着紧缩措施的相继出台，经济活动中各方面的矛盾和困难会逐步暴露。目前，资金紧缺影响整个经济的正常运行，已经开始显现，看来明年仍要紧中求活，一是深化外贸体制改革，提高外贸经济效益，在适当增加出口的同时，有限地增加部分市场短缺产品的进口，增加有效供给；二是鼓励外商来闽兴办"三资"企业；三是大力开展闽台经贸合作；四是进一步发展同兄弟省和中央部委的横向经济联合，吸引他们来投资办厂和开展对外经贸活动；五是把我省沿海各地的几个开放城市、开放点，东山、石狮、湄洲、马尾经济技术开发区等进一步搞活，以此推动全省发展。

此外，保持党政机关的廉洁，解决发生在某些党政机关工作人员中的贪污、受贿、勒索、倒买倒卖紧俏物资、挥霍公款、奢侈浪费等问题已是一项紧迫的任务，必须加快政治体制改革，实行公务员制度，政务公开化，增加透明度等，使行政管理工作走上规范化、程序化。由于时间关系，这个问题今天不展开说了。

（本文是1988年11月8日在全省宣传部长会议上的讲话）

石狮市实行"小政府"机构的尝试

经济体制改革进展到一定程度，必然要提出改革政府机构的要求。新中国成立以来，我们曾多次进行机构改革，但均未取得令人满意的结果，往往是陷于精简——膨胀——再精简的恶性循环中，机构改革成了一大难题。去年福建省体改委在指导石狮建市时，从经济体制改革入手，研究设置石狮市政府机构，取得了初步经验。

一、设置政府机构的基本立足点

石狮市是1987年10月经国务院批准，在原石狮镇的基础上，再从晋江县划出两个镇一个乡成立的县级市（省辖，由泉州地级市代管）。虽然面积仅为159.6平方公里，人口23.5万，但其商品经济却非常活跃。仅石狮镇就有1313家加工企业和4825户的个体商业户，主要经营服装、玩具、电子产品等轻工业和纺织业的产品，形成粗具规模的"小商品"市场，特别是服装市场以其款式新、价格便宜、批量大、品种多而闻名全国。这里侨属居多，同海外有着密切的联系，能够及时从国际市场获取有关的商品信息，依靠本地的技术力量加以仿造，不断地推出新产品向全国各省市推销，成为一个重要的商品集散地。

石狮经济主要是在改革开放的10年中发展起来的。在所有制结构上，以集体所有制和私营经济为主，绝大部分企业是合伙经营和个人独资经营的，产权关系明晰，是完全的商品生产经营者，具有内在的发展动力和自我约束机制，可以自主决定属于企业生产经营管理范围的一切事务。在石狮，生产所需的原材料、能源和生产出来的商品全部面向市场，由市场调节。除煤、粮等极少数商品居民定量部分，由国家定价供应外，绝大部分商品价格放开，由市场定价。甚至像利率、汇率这样由全国统一管理的要素价格，民间活动仍然很活跃。

因此，在石狮建市很重要的一点，就是要使这几年行之有效的经验能够继续坚持下去并进一步完善。为了做到这一点，福建省把石狮市作为城市综合改革试点，明确了在体制上更活一点，经济管理权限上更大一点，机构设置上更小一点，干部素质上更强一点的建市原则。在机构设置上，本着既不拘泥于现行机构模式搞上下对口，也不简单地比照现有县级机构设置的基础上加以改良，而是根据石狮经济发展是企业推动型的特点，和现已初步形成的体制格局，大胆探索，一步到位搞"小政府"。

二、关键是政府职能的分解

石狮市经省委、省政府批准，市政府设置11个工作部门，即办公室、经济局、教科文卫局、侨台外事局、国土建设局、内务局、人事监察局、财政局、工商局、税务局、公安局。比现有一般的县级机构数减少四分之三左右，是个比较精简的政府机构。

石狮市政府设几个机构，设什么机构，是由政府职能分解决定的。职能分解不是一个抽象的概念，而是具有实在的内容，主要包括两个方面，一是管理范围的确定，二是管理方法的转变。有两个层次，一是市政府职能，二是市政府各部门的职能。

在企业能够自主经营，以市场经济为主的石狮，市政府的主要任务是建立社会主义商品经济的新秩序。具体说大致有：1.制定城市社会经济发展规划和政策；2.建立社会、经济秩序并进行有效的管理；3.发展文化、教育、卫生、科技事业，在促进物质文明的同时，促进社会主义精神文明的发展；4.进行城市基础设施建设和发展社会公益事业；5.团结各民主党派和各阶层人士参政议政。在管理上不是采取传统的审批型、包办型、直接参与各种经济活动的办法，而是运用法律的、行政的、经济的手段，以及广泛的社会监督，对经济活动进行有效的管理。

市政府的各工作部门职能是市政府职能的具体化和分解，不是与上级政府部门的对口单位，也不是以一个部门对上面的几个或几十个部门。如经济局就是市政府统管经济工作的综合部门，其职能主要有，制定社会经济发展规划；组织新经济体制运行；制定经济政策和执行上级政府有关的政策法令；收集、整理、发布和反馈信息，对投资项目和一些重要的商品和非商品收费价格进行管理。因此，在管理方法上要适应这个根本转变，属于企业生产经营活动的就不介入；应当由市场解决的事情，就交给市场，对大量的微观经济活动主要是通过法规、政策进行管理。至于专业性强的部门，如财政、工商、税务、公安等，在职能上没有什么大的变动。

在石狮不设置的机构主要有几种情况，一是根据石狮经济结构和体制特点，没有这个要求，如一些产业管理部门；二是一些工作本身很重要，但不是一个部门可以抓得起来的，更多地需要政府统一部署，依靠基层政权力量直接抓，如控制人口，征粮等；三是一些工作不宜由行政部门承担，应由社会中介组织，或是半官方的民间服务组织来承担更好，这就需要通过发展这些组织、机构，如律师事务所、会计师事务所的形式来实现。

三、政府机构运行的效果是好的

石狮市政府自1988年9月底正式挂牌运行以来，至今半年左右时间，从运行情况看，是基本顺当的，效果是好的。

1.树立了一个好的形象。石狮市政府机构设置与现行县级政府机构设置比较，给人耳目一新的感觉。由于部门设置综合性比较强，并着重于间接管理，减少了很多矛盾，提高了办事效率。如企业的工商登记，在符合省制定的产业政策前提下，其他方面也符合条件的，当天可办好。又如设置国土建设局，避免了上面城建管理与土地管理之间职能交叉的矛盾，工作起来更顺当。

2.进行了政府对社会、经济活动管理方法转变的探索，适应新形势的发展要求，经济局作为统筹管理经济工作的综合部门，改变传统的审批型工作方法，把工作着重点转变为制定经济政策、法规和规划，以及同外部关系的疏理与沟通，把审批工作减少到最低限度，同时结合进行两公开一监督，如计划内物资的分配实行公开化，不留机动数的做法，减少了很多麻烦，也有利于廉政建设。教科文卫局统管教育、科技、文化、卫生等事业，在管理体制上作了一些改革，如对市实验小学实行局、镇、村（街）三级组成领导小组的形式共同管理、共同资助、共同扶持办学，调动了各方面办学的积极性。

3.政府机构投入运转，为石狮经济的发展注入了新的活力。建市以来市政府花了很大的精力进行基础设施建设，经过几个月的努力，水、电、码头、道路建设等都有较大进展，另一方面福建省、泉州市政府赋予石狮市相当于地级市的管理权限和对外开放的十六条措施，使石狮市能够把经济搞得更活一点。1988年石狮市工农业总产值为4.2亿元，比1987年增长24.3%；财政收入2627.3万元，增长37.1%。在全国实行紧缩政策的条件下，石狮经济仍然保持活力向前发展。1989年一季度工业产值9786万元（80年不变价），增长21.4%。社会商品零售总额（1—2月）达1.12亿元，增长53.6%，工商税收入库820万元，增长59.8%。自从筹备建市以来到1989年一季度批准的"三资"企业为72家，合同协议金额达2亿多人民币，外商前来投资的势头还在增长。

当然，石狮市政府机构的运转正如其他新生事物一样也面临着成长过程中的一些问题，既有新的政府机构设置同现存的外部上下左右旧的机构设置的矛盾，也有同传统观念及尚未深化改革的乡镇基层单位习惯要求的矛盾，以及自身还待完善的方面。我们相信，这些问题随着改革的深化，能够逐步得到解决，石狮市政府机构设置将日益显现出其生命力。

四、对石狮市实践的几点体会

1.研究设置石狮市机构是一个尊重实践的过程。石狮建市要成立什么样的机构，事先没有一个框框，而是在对石狮市经济发展和体制格局进行认识的基础上，提出了要搞"小政府、大社会"的建市原则。在确定原则之后也不急着去设置机构，而是强调以推进经济发展，摸索建市工作的一般规律，避免先按老办法设置机构再来搞机构改革，人为制造障碍的毛病。在工作实践中逐步形成对机构设置框架基本轮廓的认识，并按此先组织试运转。经过一段实践后，予以进一步的充实和发展。来自实践的东西是能够适应实际情况的。实践的过程也是一个统一和加深认识的过程，取得各方面支持的过程。

2.新生事物的成长需要得到各方面的理解和支持。研究设置石狮市政府机构时，曾有过担心，上级各部门强调上下对口怎么办，因此按旧机构模式备下了几十枚图章，以备应对。而事实上，由于石狮市进行综合改革的试验，有关部门和领导都予以支持，要求机构上下对口的单位逐渐减少，"小政府"的机构逐步得到越来越多人的共识。原先刻下的备用印章仅启用三枚，即"粮食局""计委""外经委"，粮食局的印章主要是到省外调运粮食时用；计委印章主要是到中央有关部委投标，争取优惠贷款之用，在省内一般不用；外经委方面由于海关规定的原则也使用过。现在看来，除了粮食局印章目前调运粮食还要用外,其他两枚印章在向有关部门通报明确经济局职能后也可不用。

3.石狮市政府机构设置的经验,不在于要设几个机构或设什么机构,而在于它说明了政府机构设置必须同经济发展与经济体制的格局相适应。在我们这样的大国,强调机构设置不分大小、主次的完全一致,是不现实的,也是不可取的。我们主张在机构设置上从中央到地方各级政府,除了在一些大的方面需要基本一致外,其他方面可以给地方各级政府从实际出发加以确定,以适应当地的情况。另外,政府机构改革的步子迈得多大,要同经济体制改革的进展相衔接,不能脱离经济体制改革搞政府机构改革,否则,将只会重蹈不成功的覆辙。

4.石狮市政府机构的巩固、完善、发展,还在于全面深化改革。在当前石狮市政府机构设置已经改了但外部大部分没改的情况下,要特别强调上级机关转变职能和改变工作方法。如果要求石狮市去适应上面庞大的、重叠的政府机构,那将会使这一改革遭到失败。在外部还没有进行机构改革的条件下,虽然不强调上下对口,但对业务工作上的联系和沟通还是必要的,方法上可以采取区别于其他地方的灵活变通。另外,石狮市自身还要以改革的精神完善政府机构的运转,并加快镇乡一级的基层单位的改革和农村改革,使石狮经济能够在城乡一体化、现代化的进程上发展得更快、更好。

（本文发表于《福建论坛》1989年第7期、《经济体制改革内部参考》1989年第17期）

当前经济问题的体制原因与出路

党的十三届三中全会提出治理经济环境、整顿经济秩序、全面深化改革的方针，这是党中央作出的重大决策。当前工作中存在的问题是多年累积下来的结果，不是改革带来的，有些问题改革前就有，这几年的改革还不可能解决。有其深刻的体制原因，要根本解决，必须有领导、有秩序、坚决而稳步地全面深化改革，逐步建立商品经济新秩序。

一、对我省经济形势的认识

今年初以来，我省贯彻了中央关于实施沿海地区经济发展战略的部署，组织实施国务院，关于福建省深化改革、扩大开放、加快外向型经济发展的十一条措施，在改革和发展上迈出比较大的步子，总的经济形势是好的。今年出台的几项重大改革，外贸承包经营责任制、价格改革、金融改革、财政包干、企业改革，以及投资体制改革、物资体制改革、土地批租试点等都取得了实质性的进展，对经济发展起了积极的作用。

但是，确实在好形势下存在不少困难和问题，我省同全国一样，出现了明显的通货膨胀，物价上涨幅度过大，经济过热的情况，主要表现在：

（一）银行贷款大幅度增长，市场货币流通量过大

货币由去年同期的净回笼转为净投放，超过国家下达全年控制指标的

近一倍。

（二）物价上涨幅度过大

5月份起零售物价指数逐月上升，9月份达 136.1%，各类商品和服务收费项目指数均有较大幅度上涨。

（三）经济增长过快，与原材料、能源、交通等不平衡状况扩大

1—10月份全省工业产值增长 30.2%，其中"三资"企业、乡镇企业分别增长近 1倍和50%左右，起了主要影响作用。原材料、能源等调入量减少，库存下降，生产资料总供给与总需求缺口扩大，各方面经济关系绷得过紧。

（四）全社会投资规模过大，主要是计划外基建发展太快，且结构不合理

预计全年全社会投资规模超过 80亿元，计划外部分占 50%左右。

（五）流通领域各种公司急剧膨胀

今年上半年以来新办的公司就有 1500多家，全省累计达 9600多家。

（六）社会分配不公的矛盾日益突出

这些问题已经成为影响社会安定和群众对改革信心的重大因素，如不解决，势必会妨碍改革的深化和建设的长期稳定发展，甚至会损害 10年改革已经取得的成果。

二、对当前经济问题的原因探讨

造成这种情况的根本原因是经济过热，社会总需求超过总供给，这是多年积累下来的。固然各种经济问题的产生有多种复杂因素，其中体制性问题是重要原因之一。

（一）新的宏观经济调控体系还未形成，旧的宏观调控办法有的已经不适应了

省一级宏观控制的范围仍主要局限于日益缩小的"计划内""预算

内""全民"部分，社会总供给与总需求的总量关系没有把握住。在价格体系不合理，市场体系不完善的情况下，还不可能通过市场合理配置生产要素，更多地需要政策引导，但又缺乏明晰的产业政策。在有些领域放弃行政手段直接控制的同时，经济、法律等手段实行间接控制的办法并没有跟上，在管理上出现了疏漏和真空。

（二）商品流通新秩序还未建立，旧的秩序已经被打破

商品流通体制改革打破了独家经营局面，出现了多渠道、多种形式的经营格局，但相应的规范没有建立起来，对全社会商业活动统一管理始终没有解决。在放开大部分日用工业品价格管理的情况下，对一些紧缺商品，无论是厂家还是当地政府都希望从提价中得到好处，而没有采取必要的措施加以管理。各种公司特别是官办公司可以运用行政手段从中插手经营，"官倒"与"私倒"勾结，多手转卖，推动价格连续暴涨。

生产资料价格实行"双轨"制，为计划内转为计划外销售赚取价差提供了条件；再则，市场调节部分来源多元化，有计划内转计划外，生产厂家超计划自销，地区间、企业间物资协作串换等，其价格基点各有不同，而且市场不完善，就为各种转手倒卖提供了可能。其集中表现是商品价格无规则地人为上涨，流通秩序混乱。

（三）投资体制基本上还是旧的，对政府，企业形不成约束

计划内固定资产的投资规模尚能加以控制，计划外的投资规模没有相应的办法进行管理。在下放项目审批权限的同时，相当的责任没有下放，其结果是，审批权限的大小实际体现为上项目的多少。为了增加地方财政收入，地方政府积极兴办以消耗当地资源为主的小加工业，甚至靠"钓鱼"项目，七拼八凑，所谓"自筹资金"，多是从银行贷款转过来的。这些新上项目的投资主体就是地方政府。加上基本建设和技术改造分开管理，基建项目上不了，就作为技改项目，很难控制。对企业而言，因实行拨改贷后，所得税率过高，用税后利润无法偿还，不得已实行税前还贷，又带来了贷款约束软

化。企业投资主体实际上还是国家，只不过由财政渠道的资金转到银行。投资越多企业越有利，因此形成了从上到下争上项目的局面。

（四）分配体制不合理，利益调节机制不完善

整个分配政策没有解决体力劳动与脑力劳动差别，个人收入所得与其社会贡献不符。特别是国有经营性公司只负盈不负亏，有的是靠特权，垄断性经营获取高额利润。其工作人员的高收入并不因为其劳动贡献大，而是由于占据了特殊条件轻易获得的，生产企业中，经济效益一般或差的企业，对奖金、实物和各种福利待遇，也要向效益好的企业攀比，使职工收入的提高脱离了劳动生产率增长这个基础。对个体经营者的超高额收入也没有采取必要的手段进行调节，既助长了牟取暴利的欲望，也使国家财政漏掉一大块。

以上只是就问题的主要方面进行的分析。可见，如果不从体制上限制乃至取消旧体制的弊端，发挥新体制的功能，类似问题的产生就带有某种必然性。因此，治理经济环境、整顿经济秩序必须同全面深化改革统一起来。

三、全面深化改革的初步想法

（一）深化企业改革，提高经济效益，增加有效供给

增强企业活力始终是整个经济体制改革的中心环节。但要达到这个目标，需要随着改革的深化，在经济体制的不同方面有所侧重进行，并注意相互配套。

1.将企业推向市场，落实经营自主权。不把企业产供销活动逐步同行政部门割断，企业自主权就不可能落实。近来议论的热门话题，所谓无上级企业，其实质就是把企业推向市场。对原材料来源、产品销售均面向市场的企业，一切经营活动应由企业自主；对承担指令性产品调拨任务的企业，要供给相应的原材料及保证其他必需的条件，不干涉产品调拨任务之外的经营活动。在强调指令性计划严肃性时，不要随意扩大指令性计划范围，并且要把

指令性计划建立在尊重价值规律的基础上。省以下主管部门不得下达指令性计划任务；对按照指令供应原材料，生产国计民生产品的企业，在产品价格上实行相应的管理。

2.企业机制的改革，应进一步探索实现两权分离的途径和形式。除继续完善承包经营责任制外，要把着力点放在变革企业产权关系，形成约束机制上。要解决国有资产实际无人具体负责的状况，成立国有资产管理局，作为各级政府统管国有资产的代表。企业经营者是接受所有者委托进行经营管理的，必须对国有资产负责。对经营者要以国有资产的有效增值作为主要考核指标，以此约束企业税后利润的分配和使用。对有条件的大中型企业和多方合资联办的企业积极推行股份制，对长期经营管理不善的亏损企业向社会公开拍卖。通过公有制财产适度转让，逐步明晰产权关系，形成约束机制。

3.调整产品结构和优化企业组织结构相结合。企业是否有活力除了自主经营外，很重要的是有无适销的产品。目前我省产业结构上，加工业低层次的重复，既影响规模效益形成，也缺乏竞争力。改变这一状况必须发展以生产适销短线产品的企业为龙头，以大中型企业为骨干，发展具有竞争能力的企业集团，扩大适销产品的生产，增加有效供给。

4.企业内部以改革分配制度和劳动制度带动其他方面的配套改革。实行劳效挂钩的工资形式，对企业的挂钩指标不宜局限于上缴税利一种形式，而应根据企业不同情况，分别采取实现税利、劳动生产率、投资利润率或综合指标等不同方式；对职工个人的分配，也要同生产的产品产量、质量、单耗等经济指标直接挂钩，上下浮动。把当前单纯追求产量增长，转到提高经济效益的轨道上来。

（二）加快住房制度和社会保险制度的改革，建立个人收入申报、调节制度，抑制消费膨胀

1.对个体经营者的收入实行申报制度，对超额收入部分坚决依法征税，对逃漏税者实行重罚。对这部分人收入进行合理的调节，有利缓解社会分配

不公和收入攀比诱发的各种矛盾。另外，要在党政机关工作人员中实行财产公开化，和任职前后财产审计制度的试点。把党政机关工作人员真正置于人民监督之下，正确地行使职权，为人民服务，防止和克服腐败现象侵蚀我们的干部队伍。

2.建立和完善社会保障制度。把目前的就业保障逐步过渡到失业保障，为企业优化劳动组合、劳动人事制度改革创造配套条件。把国有工交企业职工退休金统筹，扩大到所有的国有企业。建立职工待业保险制度。同时，发展对集体企业、私营企业和个体劳动者的养老保险、人身保险等业务。逐步建立社会保障系统。

3.加快住宅商品化、私有化和房租制度的改革。县级住房制度的改革以出售公有住房为主；城市也要积极推出公有住房出售办法，同时进行房租改革。通过这项改革吸纳居民手中资金，调整和引导消费结构，缓解社会结余购买力对市场的压力。

（三）深化投资体制改革，抑制投资膨胀

1.各经济主管部门要转变职能，改变忙于分钱分物的状况，转向搞好行业规划和行业管理。把目前各部门分钱分物职能集中到综合经济部门。由综合经济部门制定我省粗线条的产业规划指导投资方向，保证有限资金用于重点项目。

2.根据事权与财权相统一的原则，划清省与市、县各级的投资范围。除了事关全省性建设的基础设施、重点骨干企业、重点教育、卫生等项目，由省集中投资外，属于地方性的项目由地方自行投资。各级都应当贯彻量力而行的原则，把建设规模安排在经济可以承受的范围内。扩大再生产新增流动资金要打入计划，避免寅吃卯粮。

3.促进营利性项目投资主体的换位。这是抑制投资膨胀的根本办法。企业只有自负投资责任才会重视投资效益。要有步骤地在承包企业中，推行在降低所得税率、税利分流、税后承包的基础上改税前还贷为税后还贷；鼓励

企业吸收社会闲散资金和自有资金扩大再生产，允许企业以自有资金向其他企业投资，逐步使企业成为经营性投资的主体。

（四）整顿流通秩序，发展社会主义市场体系，建立市场新秩序

1.清理整顿各种公司。这是整顿经济秩序的重要内容。要从查处"官倒"入手解决政企不分，利用权力进行商业性经营、金融等活动从中攫利的问题。使所有合乎经营条件的公司在规定的范围内，展开平等竞争，并接受国家的管理和监督。凡不具备条件和没有存在必要的公司要坚决撤并，凡合乎条件保留下来的公司必须依法经营，照章纳税。

2.改造旧的流通组织，建立新型的商品流通组织和形式。发挥国有大型商业经营实力雄厚，设施齐全等优势，对市场起主导作用；转让大部分的国有小型商业门店；发展大型的商品批发贸易中心和农副产品期货市场，以形成既能有效地引导市场又经营灵活的商业网络。要合理规定同城商业批发环节，相对稳定批零企业的业务关系。加强对零售商业经营方面的管理，形成活而不乱，活而有序的局面。

3.发展社会主义市场体系。着重要建立和完善劳务市场，把现有社会闲散人员就业的简单市场，发展为接纳、组织、培训、输送企业富余人员重新就业，以及企业人员正常流动和社会待业人员重新就业，内容广泛的有组织、有领导的劳务市场。进一步发展资金市场，在搞活短期资金融通的基础上，发展长期资金市场，特别要配合产权制度的改革，开辟转让股票、债券等有价证券的二级市场。积极稳妥地发展生产资料市场，可考虑县以下取消民用钢材、水泥等建筑材料平价供应，实行市场价；生产用钢材等主要生产资料实行计划内外统一销价，视情况返还的办法；主要农业生产资料实行专营。对大中城市企业的生产资料供应，也要进一步缩小指令性计划分配的范围，逐步取消基数分配法，采取保重点、择优供应。

4.建立市场规则。商品经济活动需要有个规则，以往产品经济条件下的一些规则有的已经不适应了，应当根据这几年商品流通格局变化后出现的新情况，建立起新的规则。要严格商品经营者的资格审查和经营范围的界定；商品一律实行明码标价；逐步建立对零售企业进销货的管理制度，严禁囤积居奇，出售伪劣假冒商品；加强税收管征工作。

（五）坚持对外开放，在紧缩中求发展

1.深化外贸体制改革，完善承包经营责任制。整顿外贸经营秩序，鼓励和扶持有条件的企业直接对外贸易，并承担相应的缴汇任务。调节好工贸企业利益，巩固和发展工贸结合的联合体，在适当增加出口的同时，有限度地增加部分市场短缺产品的进口，增加有效供给。改变国家统背外汇，进口平价材料供应的状况，指定专门部门统一组织紧缺原辅材料的进口，由企业用留成外汇购买。适当集中用活企业外汇，增加供给量。完善外汇调剂市场交易制度。

2.在清理、整顿中，要把国内过大的基本建设规模压下来。同时，为适应对外开放的需要，网开一面继续鼓励外商来闽兴办"三资"企业，大力发展"三来一补"。当前闽台经贸合作已经出现很好的势头。对台商来闽投资办厂或从事生产经营活动，要有配套的措施跟上去，使其有个比较大的发展。

（六）加强和改善宏观调控，保证社会总供给与总需求的基本平衡

在明年计划安排上要做到留有余地，不留缺口。加快产业政策的制定和初步实施工作，引导产业结构调整。加强财政、信贷、物资、工资等全社会综合平衡的统计、分析和管理工作。实行中央和省两级调控，综合运用经济杠杆调节经济活动。

（本文发表于《经济管理》1989年第5期）

围绕治理整顿，深化我省改革

一、全面掌握五中全会精神，明确改革的指导思想

十三届五中全会通过的《中共中央关于进一步治理整顿和深化改革的决定》，提出用3年或更长一些时间进行治理整顿的要求，以及治理整顿要达到的目标。我领会在治理、整顿期间，深化改革要把握以下三个问题：第一，改革必须紧紧围绕治理整顿的目标和四个重要环节进行，注意每一阶段的改革安排与治理整顿的要求相适应，并服务于它。第二，治理整顿和深化改革是为了实现经济的持续、稳定、协调发展。任何一项改革不仅要考虑到必要性，而且要注意是否具备条件，考虑到社会经济各方面的承受能力，有计划分步骤地推进。第三，坚持实事求是的态度，稳定、充实、调整和改善前几年已经出台的改革措施，巩固和发展10年改革的成果。保持政策的稳定性、连续性。稳定不等于不要充实、根据客观实际作些必要的调整和改善。

10年来，我们从社会主义初级阶段的实际出发，发展社会主义有计划商品经济。并按这个要求，坚持公有制为主体，积极发展多种经济成分；坚持按劳分配为主体的多种分配形式；在农村推行联产承包责任制；初步改革了计划体制、价格管理体制和不合理的价格体系，发挥市场调节的积极作用；实行对外开放，形成多层次的沿海开放地带；扩大企业自主权，促使其逐步向相对独立的商品生产经营者转变；政府各经济管理部门开始了简政放权，

转变职能，下放了绝大部分省属企业的行政管理权；企业实行厂长（经理）负责制，承包经营责任制；在全省建立了企业职工退休养老保险体系；以及正在进行的全省综合改革试验、石狮综合改革试点、东山县创汇农业试点、三明集体林区改革试验和土地批租、住房制度等单项改革试点，这些都是符合社会主义方向，是发展社会主义经济所要求的。我们应当把这些行之有效的改革坚持下来，并不断加以完善。

一方面，和全国一样，10年改革我们也有经验教训要认真吸取。从指导思想上说，有急于求成的毛病，对改革的艰巨性、复杂性、长期性认识不足。在推进改革的过程中综合配套注意得不够，程度不同地存在片面性。另一方面就是改革与发展结合注意的不够。这既有发展中的体制问题没有寻求改革的办法来解决；又有一些改革措施的出台，对社会经济的承受能力估计不足。看来，在治理整顿期间要特别注意使改革有利于宏观经济环境的改善。

二、围绕治理整顿，深化我省改革

五中全会决定指出，在治理整顿期间，深化和完善改革的重点，一是稳定、充实、调整和改善前几年的改革措施；二是多一点计划性的要求，适当加强集中；三是在继续搞活微观的同时，逐步建立能够促进经济长期持续、稳定、协调发展的宏观调控体系。按照这个精神，当前经济体制改革着重在以下几个方面进行。

（一）深化企业改革

1.坚持和完善企业承包经营责任制，我省企业承包经营责任制是在1987年开始大面积推行的，大部分今明两年到期。现在需要明确下一轮承包的有关政策，稳定人心，稳定生产。

（1）加强分类指导，完善承包办法。按照调整产业结构的要求，对需要发展的企业，主要采取"两包一挂"（即包上缴利润、包技术改造，实行工效挂钩）的承包形式；对发展难以预测的企业，采取定期考核、审计、兑现的滚动承包办法；对要关停并转的企业，可由优势企业进行承包或兼并。

（2）经营者的选择。应从实际出发，经营好的，可以由原承包者续任；经营不善的，应实行招标优选经营者。并结合实行风险抵押承包。承包者的所得，应当体现责权利相结合，打破大锅饭。坚持先审计，后兑现。

（3）承包期限，一般与治理整顿时间，即3年左右衔接为宜，有的也可以采取滚动承包或顺延承包期的做法。承包基数的确定，应当考虑综合因素，一般以3年实现利润平均数为好，但要避免鞭打快牛。对后进企业则要有所鞭策，应参照本行业平均水平和新增设备投入情况决定。

2.按照调整产业结构的要求，推进企业兼并和横向经济联合的发展。

（1）要鼓励跨行业、跨系统兼并，各级专业主管部门不得设置障碍。优势企业兼并劣势企业而影响有关经济技术指标的，在一定时间内可按原可比口径考核，一般不应影响企业升级。

（2）进一步发展横向联合。要突破"三不变"原则。鼓励大中型骨干企业在产业政策引导下，通过控股、兼并、企业承包企业等方式组建企业集团。但要防止在联合组织上面再加一层行政性公司。

3.继续实行厂长负责制。厂长对企业生产经营负全面责任，同时注意发挥企业党组织对思想政治工作的领导作用，发挥职工的积极性和主动性。强调企业眼睛向内，深化企业内部各项改革，提高经营管理水平。

4.继续搞好小企业租赁。继续进行股份制试点。扩大税利分流的试点，实行税后还贷、税后承包，除厦门市已经全面试行外，明年争取扩大试点范围。

（二）深化农村改革

1.稳定和完善联产承包责任制。开展适度的规模经营并与科学种田结合。推行科技集团承包。

2.改革农村投资体制，增加对农业的投入。建立农村合作基金会，其资金主要来源是收回在人民公社解体时，集体资产散落，长期未收回的集体债权。

3.按照调整、改造、整顿、提高的方针，引导乡镇企业健康发展。继续支持符合市场需要，能出口创汇企业的发展，关闭那些耗能大，污染严重的企业。靠近原材料产地的乡镇企业应当利用当地资源优势和大企业技术优势、管理优势，通过同大厂的联合，对产品进行深度加工增值。

（三）继续搞好社会保险、住房制度和土地批租试点

1.社会养老保险制度改革。进一步发展全民所有制企业职工退休养老保险的全省统筹，按省政府出台的规定组织实施集体所有制企业与私营企业职工养老保险。着手研究建立待业保险和重新就业保险办法。

2.住房制度改革的试点。坚持提租与出售公有住房相结合的路子，县城开展以出售公有旧住宅为主要内容的改革。城市根据实际可能建设廉价房，售予人均收入低于水平线以下的家庭。

3.土地批租和土地管理体制改革的试点。《国有土地使用权有偿出让转让管理办法》要尽快出台，使批租活动有章可循；土地有偿使用制度要逐步向内地推进，对房地产经营开发用地，原则上实行有偿使用。严格土地连片开发的审批，主要放在边远地区和未开发的海岛，对市区或近郊区基础设施情况较好的地段一般不搞连片开发。

（四）探索建立新的宏观调控体系

新的宏观调控体系应当是有利于加强宏观管理，改善经济环境，继续搞活微观，促进经济长期持续、稳定、协调发展。在治理整顿期间，实行必要的集中，是在发挥地方、企业正当积极性的基础上的适度集中，而不是否定地方和企业必要自主权的过度集中。

1.计划体制改革。主要体现在集中精力搞好财政、信贷、物资、外汇的平衡上，控制住投资规模、物价增长幅度和社会消费基金三个主要方面，促

进宏观经济环境的改善。

适当加强集中，对地市县的投资审批权限作出适当的调整。

逐步增加取消价格"双轨制"的品种。对已经放开的生产资料，除国家规定收回计划管理和专营外，继续实行市场调节。在县以下地方扩大实行主要生产资料"计划内外统一销价"。

控制社会消费基金的增长。完善国有企业实行工资与效益挂钩的办法。加强对个体工商户收入调节税的征收。对社会集团性高消费，进行严格的审查和监督。加强预算外资金的管理。

2.金融体制改革。加强省人民银行的宏观调控职能，控制信贷规模。整顿金融秩序，做好金融性公司撤并和清理整顿工作。

3.价格管理体制和价格体系改革。巩固价格改革的成果，对已经放开的绝大部分生活资料供应继续放开，不轻易发票证，财政不再背暗补的包袱。对供过于求的商品，允许企业随行就市降价推销。对供给缺口较大的产品，实行最高限价。

4.整顿流通秩序，搞活内外贸。保证国家指令性出口计划任务的完成。发挥国有大中型商业企业的主渠道作用，加强对工商企业流通秩序的管理。

（五）继续搞好各项改革试点

中央赋予我省作为综合改革试验区，扩大对外开放、深化改革，发展外向型经济的十一条措施，凡是中央没有明文取消的，能够坚持的就必须坚持。要积极开展对外贸易和经济技术合作，办好台商投资区和经济开发区，增强我省吸引外资的能力，拓展对外开放的新局面。

厦门经济特区要适应对外开放的需要，在外部环境许可的情况下，大胆探索，把改革的步子迈得相对大一些，尽快形成有利于对外开放的经济运行机制。石狮市综合改革试点是符合社会主义方向的，适应石狮具体情况的，效果是好的，应当继续进行。石狮经济以民营为主，这是客观历史条件形成的，改变这种经济既不可能，也没有必要。在共产党领导下，以整个社会主义经济作为背景，这种经济仍然是社会主义经济的组成部分，绝不是什么走资本主义道路。石狮市应当继续大胆探索促进社会生产力发展路子，继续搞活经济。对政府机构设置不要轻易改变。东山创汇农业试验区的工作要进一步研究，不断适应出现的新情况。三明集体林区改革试验要认真总结经验，抓好巩固提高，对已经成熟的试验成果积极推广应用。

（本文是在福建省委四届十一次全会（扩大）上的书面发言稿，发表于《理论学习》1990年第1期、《福建体改研究》1989年第10—11期合刊）

福建省的体改工作

福建省体改委是1983年8月成立的，其职责是研究指导、统筹规划、综合协调、监督检查全省的经济体制改革工作。省体改委牵头抓综合改革，各部门重大改革方案的制定，省体改委都参与、支持并进行必要的协调。业务工作随着改革的深化不断拓展，对地、市、县体改委的指导、帮助也有了加强。

一、抓体改队伍的建设和干部业务素质的提高

省体改委成立后，就注意推动地市体改机构的建设，并得到省政府的支持。全省各级体改委现有专职体改干部287人。1985年10月至1986年1月，省体改委与省委党校联合办了两期体改研究班，为地、市、县和省直机关培训了117名体改干部；最近又会同省经济管理干部学院办了为期15天的短训班，学员44人，主要内容是研究探索在治理整顿期间如何深化改革。

二、主要牵头抓的几项改革

牵头指导石狮建市工作。石狮市经济的特点是所有制结构以集体所有制和私营经济为主，生产经营活动主要由市场调节。省政府确定把石狮市作为城

市综合改革试点，由省体改委牵头，会同省直有关部门予以指导和帮助建市工作。我们在调查研究的基础上，提出了石狮市在体制上更活一点，经济管理权限上更大一点，机构设置上更小一点，干部素质上更强一点的建市原则。这些设想均得到省政府的支持，并付诸实施。此外，还帮助该市研究确定财政体制、土地管理体制和人事制度的改革以及对外开放的优惠政策。石狮市运转一年来各方面反映很好，生产增长，财政增收，市政面貌发生了显著变化。

牵头研究并协调有关部门建立职工养老保险制度。1984年会同省财政厅、劳动局研究国有企业退休职工的退休费用实行统筹管理的办法和有关政策，做好出台准备工作。1985年在全省国有工交企业全面推行，1989年扩大到全省全民所有制各行各业。后又与省保险公司共同研究提出了集体所有制企业和私有企业职工养老保险办法。集体企业职工的养老保险，实行基本养老保险和补充养老保险相结合的方式；私有企业职工养老保险，实行按人储存积累式的养老保险，由企业为职工、职工为自己共同缴纳养老保险费。1989年7月起在全省组织实施。这一模式在国家体改委举办的培训班上，得到同行和有关部门的好评。

研究和指导南平市房改试点。省体改委组织指导南平市房改方案的制定。房改方案形成后，省体改委组织有关方面进行论证，并协助解决房改有关问题，如房租部分补贴等。省里有关房改政策的研究和制定，省体改委都是主要参与者。

会同省经委、省经济研究中心牵头制定对重点国有大中型工交企业的倾斜政策。省体改委每年以省政府名义召开全省经济体制改革工作会议。1985年以来，每年都要形成全省当年经济体制改革重点，以省政府文件颁发。

三、参与省里重大改革方案的研究与制定

1988年中央同意福建进行综合改革试验。省体改委受省政府委托对每一

项改革进行分解落实到有关部门，并了解综合各项改革的进展情况。

1988年省里集中研究物价改革问题，省体改委在整个物价改革方案研究中发挥了积极的作用。还参与了金融体制、外贸体制、物资体制、投资体制改革的研究。对省投资公司成立进行了多次的协调和对话，为省政府决策提供了依据。

此外，还配合省有关部门抓改革工作。如企业改革由省体改委和经委共同负责，省体改委一般以出政策为主。另外，还会同土地管理局研究土地批租试点办法和土地使用制度改革方案，参与清理整顿公司的工作。

四、开展调查研究和中期改革规划的研究工作

1986年4月，以省政府名义，省体改委组织开展了一次全省性的经济改革调查，采取直接调查和间接调查相结合的办法。间接调查以问卷形式在工业企业、商业企业、乡镇企业和居民中进行，共发问卷8540份，数字量在几百万以上，形成9份分报告和1份主报告。问卷调查系列报告在1988年全省社会科学优秀成果评奖中获三等奖。

中期改革规划在1989年4月起步，最近已将有关分项改革中期规划任务落实给省有关部门和一些地方体改委承担。中期改革规划拟分两段，第一段在治理整顿期间的3年改革，第二段是治理整顿后到本世纪末。计划在1990年上半年拿出第一段中期改革规划的初步成果，明年底基本完成整个中期改革的研究任务。

五、几年工作的体会

体改委应有勇于开拓的工作精神，对属于改革范围的工作，要当仁不让，脚要勤些，脑要灵些，该体改委协调的就主动协调，该牵头的就积极主

动承担。

　　省体改委在省里的形象对地、市、县体改委影响很大。我们在进行某些工作的时候，不单纯地把其看作是省体改委的事，而是把它们作为全省体改工作的一部分认真抓，希望能通过我们的工作所树立起来的形象，支持基层体改委的工作。这方面我们做得还不够，今后应进一步加强。

　　体改干部自身业务素质是开展工作，取得有关部门配合的一个重要因素。体改委干部在同各部门交往中，只要对问题能够提出自己的见解并有相当说服力，是能够得到其他部门支持和配合的。同时，体改委大量工作是属于协调型的，因此应注意原则性与灵活性的结合，不仅要明白某一改革应该怎么改，而且重要的是要明确当前条件下只能改到什么程度。

　　把推进经济体制改革工作同对外开放和经济发展相结合，主动研究对外开放和经济发展中的体制问题，提出政策和建议。

（本文发表于《中国经济体制改革》1990年第3期）

借鉴经验　转换机制　搞活企业

国有企业，特别是国有大中型企业是我国社会主义经济的主要支柱和国家财政的主要来源。由于体制、机制和政策上的种种原因，国有企业面临着较大的困难，成本大幅度上升，产成品严重积压，资金周转困难，经济效益不高，亏损面增大，生产、流通循环明显不畅，困扰着我省国民经济的发展。改革开放12年来，国家制定了一系列增强企业活力的改革措施，并从信贷、资金、物资供应、能源交通等方面对重点大中型企业倾斜。但是两年来的经济形势表明，这些政策措施并不能从根本上解决国有企业的活力问题。而同样面临市场不景气的三资企业和乡镇企业却能持续发展，呈现出较强的活力。以福建省乡以上工业总产值为例。1990年，国有企业增长0.4%，三资企业增长49.0%，乡镇企业增长12.7%。1990年，固定资产净值分别为国有企业19.88%和12.52%的三资企业和乡镇企业，工业总产值却分别是国有企业工业总产值的59.94%和24.91%，出口产品产值分别占全省工业品出口产品产值的59.06%和8.00%。三资企业、乡镇企业的迅速发展，除了部分政策因素外，关键在它比国有企业较多具有能适应有计划商品经济运行的经营机制。

一、搞活企业的关键在机制

要使企业充满生机和活力，关键在于它们运行于其中的体制环境和企业自身的机制。我国的三资企业和乡镇企业基本上都是在改革开放以后发展起来的，基本上没有受到旧体制的束缚。它们的投资活动、生产经营以及管理办法基本上是按照国家制定的法律、法规，在宏观间接调控和市场导向的体制中运行的，其机制较适应有计划商品经济的要求。而国有企业则是在经过一定程度的改革但改革仍不彻底的体制下运行，企业的独立商品生产经营者的地位始终未能确立。为研究借鉴三资企业、乡镇企业经营机制，探索搞活国有企业的途径，我们对部分三资企业，国有企业进行了调查，并在经营机制上作了比较，归纳起来有以下几个主要差别。

1.经营运行机制。三资企业一成立就按股份公司的管理原则，实行董事会领导下的总经理负责制。企业正、副总经理的任命、投资方向、生产规模、年度生产财务计划、经营目标、分配原则等由董事会决策，日常经营、生产活动则由总经理全权负责，董事会不加干预。三资企业一般都有进出口权，企业的生产计划、原材料供应、产品定价和销售主要受市场机制的引导，直接面对国内外市场和用户。此外，由于三资企业的厂长经理拥有日常生产经营决策权，领导层次和环节比较少，决策过程比较短，能在国家法律、政策允许范围内，根据市场需要采取对本企业有利的灵活措施，它们产品结构调整快，营销手段灵活，比较适应快速变化的市场形势。国有企业承担了国家主要的指令性计划，对国家作出了重要贡献，但受到的行政干预也多。改革以来虽然在由生产型向生产经营型的方向转变做了许多努力，但仍缺乏完整的生产经营自主权。企业贷款要进笼子，投资要定规模、立项，审批迟缓，大部分产品不能自行定价，行政管理层次和环节太多，企业决策周期拉长，难以适应千变万化的国内外市场。

2.人事劳动机制。三资企业有充分的用人自主权，在人事制度上实行聘用制，无论是总经理还是普通职工，都要与企业签订聘用合同，企业可以根据需要及职工的表现，调动或按合同规定解聘职工，职工也可以辞职另谋高就，双方按聘用合同办事。这样对企业和职工都形成一种压力和动力。企业要留住人才，保持职工的稳定性，就必须有凝聚力，而职工要想长期被企业聘用，得到较高的收入，就必须遵守企业的规章制度，有良好的工作实绩。三资企业选用人才，着重人的实际能力和实际经营成绩，能上能下。如厦门华侨电子企业有限公司这几年从全国各地引进各种干部和专业人员200多人，都打破了原来的级别和职称，公司参考他们的特长和经历安排工作，一切从零开始，再根据他们在公司的工作实绩、决定升迁或调动。现任公司高层的领导成员来到厦华公司后都是从普通干部做起，凭自己卓越的工作能力，逐级提升上来。国有企业长期以来形成的"铁饭碗""铁交椅"难以打破，干部能上不能下，职工能进不能出，招工和减员无法根据生产经营状况随时调整。由于改革不配套，现已出现合同工也吃"大锅饭"问题，企业并不能完全按照合同契约，辞退合同工。企业即使亏损停工也不能减员，对少数违纪职工也无法进行正常的辞退、除名。

3.分配机制，三资企业基本上体现按劳取酬的原则。一般实行全额计件、全面浮动，或直接与职工的工时、工效挂钩，想多获得收入、就要多干活多作贡献，奖罚兑现，分配的激励作用明显。国有企业近年虽然普遍实行了工资总额同经济效益挂钩浮动的办法，逐步把职工收入同劳动贡献联系起来，但在实际操作中，平均主义仍是内部分配的主要问题，职工收入呈刚性部分的工资和补贴占70%—80%。特别是工资调整，几乎都是全国一个号令，按工龄计算，企业升级、浮动工资也是人均半级或一级，而能够由企业自主掌握浮动部分的奖金，也难以拉开差距，职工收入能上不能下，能高不能低，缺乏激励职工的动力。

4.财务管理机制。三资企业折旧率较高，一般在15%—20%以上，并能按固定资产现值提取，技术开发费、推销费可以实报实销进入成本。在资金使用上，它们根据需要确定固定资金和流动资金比例的前提下，可以把专用基金、固定资金、流动资金捆起来使用，按生产经营的需要灵活调度。国有企业的财务制度基本上仍沿用产品经济的办法，成本控制不尽合理，如提取折旧是按固定资产原值和国家统一规定的年限，一般在5%左右，扣除上交25%的能源交通基金和预算调节基金，所剩的无法维持简单再生产，技术开发费、推销费也规定在一定限度内，不得超过。在资金运用上，专用基金、固定资金、流动资金专款专用，融通性差，影响了资金使用效率。

二、制约国有企业经营机制转变的主要原因

国有企业与三资企业、乡镇企业的差异，归根到底，就是三资企业、乡镇企业在体制上、机制上基本具备了自主经营、自负盈亏、自我发展、自我约束"四自"的功能，形成了自我良性循环。而国有企业所处的体制环境不同，在国民经济中所处的地位也不同。一是要担负国家的主要税赋，是国家财政收入的主要来源；二是支撑着我国基础产业，是国家指令性计划物资的主要供给者，担负着"保障供给"、稳定市场、平抑物价、稳定社会的任务；三是要保证广大职工收入在生产发展的基础上不断增长。客观的要求，体制的束缚，使国有企业作为商品生产经营者"四自"的企业内在机制难以建立。

1.12年的企业改革，基本上走的是放权、减税、让利的路子，这在改革的初期确实对增强企业活力起了重要作用，但局限性也十分明显，特别是当宏观经济形势发生变化，政策就摇摆不定，企业无所适从。近年来，宏观管理体制过多关注于上下左右的分权，在政企分开方面努力不够，来自条条块块的行政管理环节多，且相互交错，难以协调。加上条块分割的隶属关系与组织形式，限定了企业的活动空间，助长了企业对政府的依赖性，都影响和制约了企业内部改革的深化。

2.企业生产经营决策权不落实。重大决策如技改基建投资、生产计划、产品定价等本属于企业自身经济行为的决策，都要受到有关政府主管部门审批、干预，婆婆越来越多。因而难以在生产、经营活动中对市场作出灵敏的

反应。一些行政主管部门包揽了许多本不应由他们管理的事情，而该由他们管的事又未能管好。企业按规定可以自销的超计划产品，如果产品畅销，则自销权被压缩，一旦产品滞销或产品暂时的积压，就根本无人过问；企业内部机构设置，许多主管部门仍以种种借口要求上下对口，否则不能升级、评优，直到罚款，致使企业内部机构越来越杂，非生产人员越来越多。不规范的行政干预、检查，还带来越来越多的摊派、集资、收费、罚款，迫使企业为应付各种会议、检查、达标、评优升级付出精力和费用。

3.社会保障制度不完善，难以在职工中形成就业竞争和淘汰机制，不利于企业产业结构调整和劳动力的优化组合。三资企业、乡镇企业都是在优胜劣汰的环境中生存，而国有企业即使亏损到资不抵债也照样"死"不了。国有企业虽然已经建立了待业基金，国家也规定了哪些职工可辞退，但实际上很难执行。截至1990年底，全省共筹集待业基金5169万元，历年支付待业救济金（包括医疗补助费）99.6万元，累计结余4505万元，基本上未发挥作用。

4.企业经营管理水平还不高，内部潜力没有充分挖掘。许多企业还没有摆脱依赖外部条件来改善自身处境的状况，没有从转变自身的经营机制，加强经营管理水平入手，用好用足国家给予的政策，增强企业在商品经济环境下的适应力和竞争力。据福建省财政厅统计，1990年工业承包企业按销售收入1%提取技术开发费，可提1.37亿元，但实际只提取1461万元，仅占销售收入的0.1%。工业企业每年平均可增补3000多万元自有流动资金，而1990年实际只增补705万元。1989年企业自主支配财力可达13亿元，按规定可用于生产发展的资金有6.5亿元，但企业每年用于技术改造的资金不到1亿，很大部分资金用于增加非生产性支出、职工福利和利息支出等。对现有政策不能用足用好的原因，一是企业经济效益不高，没有承受能力。二是企业经营指导思想不端正，短期行为严重。关键在于独立的商品生产经营者的地位没有真正确立。

三、转变机制，搞活企业

搞活国有企业的根本问题是加快企业经营机制的转变。大体可以借鉴三资企业、乡镇企业适应商品经济发展的机制，尽量减少对企业生产经营活动的直接行政干预，创造良好的外部环境支持企业内部机制的转换。

1.认真贯彻执行《企业法》，进一步落实企业自主权。当务之急一是要尽快建立并强化实施《企业法》的执法监督机制，指定部门牵头组成仲裁机构，制定和颁布违反《企业法》处罚条例，以维护法律尊严，解决企业对违法侵权行为无处申诉、不敢申诉或申诉也没有实际作用的问题。二是对已颁布的政策法规作认真清理，凡与《企业法》相抵触的条款应坚决废止，精简、取消那些增加企业负担，助长行业不正之风而实际效果很少的评比、检查、培训。对各种收费项目要重新报送批准后，由财政部门归口下达。凡经批准的应允许进入成本或抵缴承包基数，未经批准的，企业有权抵制。逐步建立和健全经济法规体系，使经济活动的管理规范化和法规化。

2.深化企业内部改革，转变经营机制。企业要眼睛"向内"，练内功、强化企业管理，提高整体素质。

（1）继续坚持和完善厂长（经理）负责制。要进一步理顺企业党政工三者关系，建立统一、高效的决策机制。按照《企业法》强化厂长（经理）对生产经营活动的统一指挥。厂级副职和中层干部由厂长提名，由组织人事部门考察，厂级副职报上级部门批准，中层干部由厂长决定任免。

（2）改革企业工资分配制度。一是完善工效挂钩，效益工资应切实与经济效益、投入产出、劳动生产率挂钩，上下浮动。同时建立工资储备金制度，提高企业以丰补歉的能力。二是停止采用全国统一号令的普调工资的做法，在核定企业工资总额的前提下，允许企业自行确定职工工资标准和工资形式，拉开工资水平的差距，形成以工资为主，奖金为辅的分配办法，充分调动职工的积极性。三是适当提高发明创造、技术革新、合理化建议、节能降耗等各种鼓励技术进步奖在奖金总额的比例，形成促进技术进步的机制。

（3）改革企业劳动制度。要进一步扩大企业招工用人自主权，通过劳务市场，面向社会，公开招收，择优录用职工，用时也允许劳动者通过签订劳动合同自由选择企业和工作岗位。与劳动制度改革相配套，要尽快建立健全待业保险和待业职工再就业的保障体系。把保障待业人员的基本生活与得到重新就业机会有机结合起来。

（4）搞好内部机构改革，机构设置和人员配备比例，由企业自主决定。要对企业升级、评优中有关设机构、配人员的条款作一次清理、纠正，对以检查、评比为由刁难企业的要予以严肃处理。

3.建立新的企业制度，调整产业结构和产品结构，建立优胜劣汰的企业竞争机制。要通过实行企业破产制度来淘汰落后企业，使产业结构调整外有压力、内有动力，并避免给国家造成更大的损失。实施企业破产制度，必须建立配套改革。包括建立待业救济和保险制度，发展劳务市场，同时拓宽就业门路，减轻社会震荡。建立和发展企业产权交易市场，公开拍卖破产企业剩余资产，并使其他企业的闲置资产流动起来。

4.改善外部环境，为国有企业创造一个大体平等竞争的环境。

（1）规范产权关系，坚持两权分离。继续完善承包制，制止压产值以及一些与生产经营无关的指标"搭车"。选择一批符合国家产业政策亟须发展的大中型企业进行规范化股份制试点，探索公有制多种有效的实现形式。

（2）正确处理国家、企业、职工三者利益关系。坚决杜绝"保两头、空中间"，即保住上交国家、保住职工福利奖金，掏空企业的现象。要稳定税法，取消不合理的"费""金"，如停止从折旧基金和变卖企业闲置资产收入中提取能交基金和预算调节基金，停止从技改项目中征收不合理的费用。

（3）强化企业与市场联系。搞活企业的思路要从"靠政府搞活企业"转到"靠市场搞活企业"上来。一是要培育资金市场，逐步扩大发行企业债券、股票，通过证券市场直接筹集资金。二是扩大企业投资自主权，扩大大中型企业技改项目的决策权，简化审批程序，鼓励企业利用外资进行技术改造。三是进一步放开商品价格，对已经放开价格而这两年又实行限价管理、差率控制和提价申报制度的商品，一般应取消行政管理，尽量发挥市场调节作用。四是加快各类要素市场的发育，完善市场规则，扫除各种关卡壁垒。

（本文发表于《福建体改研究》1991年第5期）

福建省 90 年代改革的五个问题

一、过去 12 年改革的经验与 90 年代改革的特点

党的十一届三中全会以来，经过12年的改革，解放和发展了社会生产力，也积累了不少有益的经验，主要有：

1.经济体制改革面向经济建设，促进有计划商品经济的发展。改变国家包得过多，统得过死的弊端，把管不了、管不好的事情，通过放权放给基层和企业，相应地赋予一定的责任，使企业有了相对独立的地位，从而调动了企业和其他基层生产单位的积极性。

2.从现阶段社会生产力水平出发，调整所有制结构。在坚持公有制为主体的前提下，大力发展多种经济成分，走出了一条发展经济的新路子。在农村建立统分结合的双层经营体制，实行家庭联产承包责任制，找到了适应生产力发展的新的组织形式，促进了农村生产和整个国民经济的发展。

3.遵循经济规律，在坚持国家对国民经济进行有效调控的前提下，充分发挥了市场调节的积极作用。经过价格改革，使严重扭曲的价格体系和僵化的价格管理体制在相当大程度上得到改善，商品生产和交换开始体现价值规律的要求。资金、劳务、技术等生产要素市场从无到有，得到一定的发展，对生产要素的流动起了积极的作用。

4.打破封闭、封锁，实行对外、对内开放，给经济发展注入新的活力。

省际间、省内各地市间、生产经营单位间横向经济联合蓬勃发展。对外开放方面，发展多层次对外开放地带，吸收国外资金、技术和管理，扩大同国际经贸交往，国民经济的外向度逐年提高。对内、对外的开放，利用两个市场、两种资源，促进了经济结构和产业结构的调整。提高了企业效益和社会效益。

5.因地制宜进行各种试点，为深化改革探索了路子。区域性综合改革试点的内容一定要同当地的经济发展特点结合。在点上试行一段后，及时总结经验，完善配套措施。不失时机地推开。不论是区域性综合改革试点，还是单项改革试点，都需要良好的外部环境和各方面的理解和支持。改革的大气候对试点具有重大影响。

经过12年的改革，整个经济体制已从僵化、封闭的状态中解脱出来，但远未实现传统体制向新体制的转换。90年代的改革要在更广阔的领域和更深的层次上展开，复杂性和难度明显加大。具有以下基本特点：

1.改革要适应对外开放和发展的要求。在经济运行机制上，既要统一于全国的基本格局，又要同国际惯例相衔接，适应对外开放、对内搞活。

2.改革要逐步理顺基本经济关系，包括社会各方面责、权、利的调整。从总的说，改革会给国家、人民带来切实的利益，但在具体的改革项目上，国家、企业、个人之间，地区之间、上下级之间的利益关系，有的要受到一定的调整。要求加强改革的统筹协调、综合配套，避免政出多门，互为掣肘，做到有计划、有组织、分步骤地推进重大改革。

3.改革要加强制度化、规范化建设。有些被实践证明是行之有效的改革措施，要作为制度坚持下来，并使之规范化。

4.实现传统体制向新体制的转换，将面临着观念的转变，机构职能的转变，管理方法、手段的改变。要不断地吸收新知识、新经验和新办法，使之与有计划商品经济发展相适应。

二、90年代经济体制改革的目标

根据十三届七中全会通过的《关于制定国民经济和社会发展十年规划和"八五"计划的建议》，用10年左右的时间，建立起有计划商品经济新体制和计划经济同市场调节相结合的经济运行机制。具体包括：建立以公有制为主体，多种经济成分共同发展的所有制结构；企业成为相对独立的商品生产经营者；理顺价格关系，形成少数商品由国家定价，多数商品由市场调节的价格机制，市场体系形成并能有序地运行；建立按劳分配为主体的个人收入分配制度；建立待业、养老保险为主体的社会保障体系；形成直接调控与间接调控相结合，以间接调控为主的宏观调控体系。

为实现上述目标，要坚定不移地搞好改革开放综合试验。积极发展各种市场，逐步形成比较完善的社会主义市场体系；改革企业经营机制，形成公有制经济的多种有效实现形式；在建立以间接调控为主的经济管理体制和商品经济运行机制方面先行一步；在实现改革的制度化、规范化方面总结和积累新的经验。

三、坚持改革的社会主义方向

经济体制改革是社会主义制度的自我完善和发展，不改革开放不行，不坚持改革的社会主义方向也不行。我国处于社会主义初级阶段，实行以公有制为主体的多种经济成分共同发展和以按劳分配为主体的多种分配方式，走共同富裕的道路。从总体上必须牢牢把握住这两点。但就整个国民经济而言，在不同的经济领域、不同的地区，各种所有制经济所占的比重允许有所不同。现在，福建省沿海商品经济比较发达的地方，多种经济成分发展很快，从单纯的产值来计算，非公有制经济已超过一半。有人担心会偏离社会主义方向。我认为从三个方面来认识。一是要同全国经济联系起来看，在全国公有制经济占主体的前提下，多种经济成分发展只是公有制经济的有益的、必要的补充。福建省有限的财政资金只能用于关系国计民生的基础设施和基础产业的建设上，广泛领域的经济发展任务要更多地通过多种经济成分和吸引外资来完成。二是关系国民经济命脉的行业掌握在国家手中，有能力对整个经济进行有效的调控；三是社会主义的国家机器是强有力的，是不偏离社会主义方向的保证。另一方面，也要重视和加强思想政治工作，坚持物质文明和精神文明一起抓。只要我们把这些方面工作做好，就能保证改革开放沿着社会主义方向前进。

四、努力探索计划经济同市场调节相结合的具体途径和方式

建立适应微观搞活，宏观管住的宏观调控体系和有序的市场运行机制，以及与之相适应的企业经营机制，这是实现计划与市场结合的三个主要环节。它们结合的基础是商品经济。

省级宏观调控体系要适应对外开放的要求，以国家计划为指导，在市场机制发挥作用，企业自主经营的基础上，对不同的经济关系采取直接与间接调控两种不同方式。计划要覆盖全社会，不仅调控全民的、预算内的而且要调控其他所有制的、预算外的。要提高计划的科学性和有效性，解决指令性计划不反映价值规律，指导性计划流于形式的问题。现在有些计划指标明显脱离实际，如这两年出口计划指标明显低于上年已实现数；去年物价上涨控制在15%以内，实际是负增长。这样的计划指标就起不到指导作用，谈不上科学性和有效性。今后省内计划管理要逐步过渡到指导性计划为主。在继续扩大指导性计划管理的同时，改进和完善指令性计划管理的内容和形式，使其能够反映客观实际。理顺计划、财政、金融三个部门关系，建立部门间的工作联系制度。使各种经济手段的运用能够协调配套，保证宏观经济目标的实现。

市场体系发育的程度取决于宏观体制改革的进程。福建省作为对外开放的省份，市场调节的范围可以更大一些，各类市场都要进一步发展。发展市场体系必须改革价格体系和价格管理体制，使价格能够反映价值规律的要求，反映市场供求变化情况。5年内，要理顺商品比价关系，逐步取消"双轨制"，对大部分商品价格实行市场调节。这几年生活消费品市场发展较快，生产要素市场大部分还处于起步阶段，且市场规则和市场制度建设滞后，需要加强。目前在生产资料市场、金融市场、房地产市场上，除少量的非国有企业外，基本上由国有企业经营，它们既承担国家政策性经营的任务，又从事商业性经营，今后要逐步把不同性质的经营分开，以利于创造公平竞争的条件。再则，对市场主体的约束，必须主要通过市场法规的建设来解决。要参照国际上通行的法规，结合我们的实际，制定一套市场规则，规范市场主体行为和市场运行，保证市场的正常发育和运作。

企业的生产经营活动是在国家宏观政策的调控下，在市场这个舞台上进行的，它既是市场活动的主体，又要适应市场竞争才能够得到生存和发展。没有一个能够对计划和市场作出正确、灵敏反应的企业经营机制，计划与市场的有机结合就成了一句空话。企业改革要抓住搞活企业，特别是国有大中型企业改革这个中心环节。实现政企分开，所有权与经营权适当分离，探索公有制经济多种有效的实现形式。"八五"期间，继续完善承包经营责任制，同时进行"税利分流、税后还贷、税后承包"的试点。有步骤地进行规范化的股份制试点，形成股票可以上市交易的股份公司。要大力发展外向型企业集团，使企业组织结构适应社会经济结构变化的要求。

五、把对外开放、经济发展中的难点作为改革的重点

90年代要完成传统体制向新经济体制的过渡，经济体制改革的任务十分繁重。在推进改革时，都要从福建省是对外开放的省份这个实际出发，把开放和

发展中亟需解决的问题，作为改革要重点突破的方面。改革要围绕着促进对外开放，促进经济效益的提高，促进社会稳定这三方面综合配套展开。

改革促进对外开放，就是要为对外开放扫除体制上的障碍，建立适宜对外开放扩展的体制环境。对"三资"企业的管理要防止沿用管理国有企业的那套办法，要按国际惯例办事，政府的责任是为其创造生产经营所需要的市场环境和依法管理、依法征税。

改革要促进经济效益的提高。关键是企业要有一个面对市场，应付自如的机制，能够根据市场变化调整产品结构、企业组织结构。这几年进行技术改造的企业，改造后的产品只要适销对路的，发展前景就乐观；反之，技改的贷款则成为企业的负担，最终会把企业拖垮。因此，企业领导者要转变单纯生产观念，要有经营的观念来安排生产；把企业技术改造同产品结构和组织结构的调整结合起来。要做到这点，最重要的是要建立一个自主经营、自负盈亏、自我约束、自我发展的经营机制。

改革要促进社会的稳定。当前稳定是压倒一切任务，改革和稳定是辩证的统一。从长远来说，改革理顺了各方面的经济关系，调动了各方面的积极性，势必促进社会生产力的大发展，带来物质财富的增加和人民生活的提高，社会稳定就有了可靠的基础。但是改革涉及不同利益结构的调整，前10年的改革大部分是国家让利，大多数人从中获得直接的利益。今后10年的改革不可能都这样了，相当部分的改革要体现国家、集体、个人都负担一点的原则。因此改革的力度必须掌握适当，如物价改革，既要不失时机地推进，又要掌握在各方面承受能力范围内。有些改革措施有利于社会稳定，如社会保障制度的改革就应当大力推进。缓解社会分配不公，打破平均主义的改革措施，如住房制度、劳动用工制度改革，虽然有些人有疑虑甚至反对，但是大多数人欢迎，也应当做好宣传教育，积极稳妥地推进。

（本文发表于《发展研究》1991年第7期）

闽东的发展，要靠扶持多种所有制经济

——向宁德地委的汇报提纲

1991年元月25日至31日，在宁德、福安、柘荣、福鼎、霞浦等五个市县，考察经济体制改革进展情况。尽管时间很短，得到的只是初步印象，但我们感到闽东很有希望。

一、关于闽东经济发展战略问题

从这几天跑了一圈的初步印象看，宁德地区的经济基础确实比较薄弱，没有多少骨干企业，在省里能排上中型企业的只有三沙渔业公司一家。因此应该研究拿出一些切合本地实际的政策措施，发动群众把经济搞上去。在二轻、乡镇企业、城镇民营经济怎么发展上多做些研究。

首先是要想办法抓一两个国有重点骨干企业，培养几个税利大户。要实行优惠政策，给国有企业活力。

目前在二轻系统推行的"收入总额递增包干"，实质上是财政支持二轻企业发展。"放水养鱼"的政策，实践证明是有成效的，可以肯定。二轻企业的发展应该多采取一些切实可行的政策，放活一些，不要用国有企业的办法办二轻。广东的威力洗衣机厂、半球电器集团都是二轻企业，现在产值上亿元，发展很快。霞浦的电子仪器厂也不错，十几个人白手起家搞到今天的上千万元产值，但不能光搞医疗器械，三四十元的小东西在市场上竞争很激烈。要大胆开发新产品，把生产扩大到其他领域，再增加一千万产值。在别人后面一步步跟着走不是办法，要出奇制胜，占领市场。

除了二轻，乡镇企业、民营经济都可以发展，不要担心搞了民营、私有，就会影响公有制地位。从全国、全省、全区看，公有制占主体地位，是没有问题的。不要担心。"三资"企业都鼓励发展嘛，土生土长的私有企业也可以让它发展。个人自己出资办个厂，不用管个体还是合作，不要急于划成分，先把企业办起来再说。乡镇、城镇有能力办企业都可以办，主管部门是谁都不要紧，只要能把经济发展起来就好。在这方面，体改部门要为政府当好参谋。当然，在扶持私有企业发展时，不能使国家吃亏。现在有些私有企业挂靠集体，先不要去动它，不要急急忙忙去清理，先看一看让其发展一段。过去没有挂靠集体企业的现在想挂靠这就得慎重。

二、关于经济体制改革问题

目前在国有企业搞的承包经营责任制，是要解决国有企业的两权分离问题。二轻企业没有两权分离的问题，而且二轻的"收入总额递增包干"是财政给二轻发展的优惠政策，与国有企业搞部门承包不一样。国有企业搞部门承包会造成给企业层层加码的后果，企业得不到什么好处，因此对国有企业不能搞部门承包。

上一轮承包由于合同不完善，造成一种误解，认为个人承包超收分成就归个人、集体承包超收分成就归集体，结果有的承包者可拿到几十万元，经营者不敢拿，职工有意见，国家受损失，企业积累也没有了。这轮承包要解决这个问题，必须明确无论是个人承包或集体承包还是全员承包，超收分成是归企业，企业再从中拿出适当部分奖励有功的承包经营者和职工。经营者收入是职工的1至3倍，不是说一定要达到这个标准，而是不能超过这个标准。

现在有些国有企业由于种种原因还没有包下去，可以采取变通的办法，如实行目标责任制或一年一定的办法，不要继续拖，再拖企业就全拖垮了。共保合同制是完善企业内部管理的好办法要继续推广。

二轻除了搞递增包干外，还可以再放开些、搞活些。尤其是在用工制度和工资制度方面，不要全部搞固定工，要搞些合同工，生产忙时再搞些临时工、季节工。工资制度可以搞多种形式的工效挂钩，劳动部门不要卡它工资总额，工资高不一定能调动积极性，大家都高工资又是平均主义，关键是奖勤罚懒。二轻企业是集体所有制，不要对它们限制太死。国家要尽量少管，管得太多不一定能搞好，弄不好就管死了，没有活力了。

根据闽东经济特点，可以考虑发展股份合作制，吸收社会和职工的资金，增强企业凝聚力。福鼎化油器厂十几个人千把元钱发展到几百万资产；这几年又实行股份合作制，是一种很好的探索，现在看还有些不完善的地方，他们正在逐步完善，我感到是可行的。有关方面提出国家要在这个厂投点股我不反对，但不能投了股就按国有企业那样管它，要实行董事会制度，国家投股主要是参与分红。这个厂目前职工个人浮动股既派息又分红不可取，分了红就不能派息，如果派息只能算集资，也不能分红。集体企业走股份合作制是个方向，但办法上要尽可能规范，逐步引导其健康发展。

对老企业如何增强活力要研究，怎样使老企业"返老还童"？可以考虑走联合兼并的路子，相应的配套改革要跟上，兼并后工人怎么办？过去是包下来，能不能趁兼并的机会，搞劳动合作制或待业保险，向多种所有制形式发展？可以研究。

从闽东几个企业看，一个企业有无生气同经营者有无头脑有很大关系。因此，也要积极重视培养选好经营者。

中央提出1991年要加大改革分量，建议你们地区也可以在小范围内搞些试点，如住房改革、股份制、企业融资等，住房改革还是要搞好，不要停在那里。

三、关于体改部门的工作职能和队伍建设问题

宁德地区各级体改队伍建设，从去年全省体改会议后，由于得到地委、行署的高度重视，整体上看比较健全，各县市领导对体改委的工作也是重视和满意的。从了解到的情况看，体改委1990年的工作都是按省里部署的，介入比较深，抓得比较扎实，从企业改革到养老保险都是这样，应该加以肯定，希望体改部门的同志继续努力。

今年省体改委对全省体改工作有个大体的设想，地县（市）改革要结合自己的情况进行，要始终为经济发展服务，体改委工作要紧紧围绕经济发展这个目标进行。如福安提出工业立市战略目标，我对福安市体改委的同志讲，我们体改工作就要根据这个目标，大胆开展工作。体改委要积极为党委、政府当好助手、参谋，在工作中积极发挥协调、指导作用，凡本级可以协调的就不要等上级。最近国务院办公厅发了《关于加强经济体制改革协调工作的通知》，强调了加强国家体改委的协调作用，规定国家体改委的职责是统筹、协调和指导城乡体改工作，实行大委员制，即由几个综合经济部门分管改革的副部长兼任国家体改委委员，凡重大改革方案都由国家体改委负责协调、论证后报国务院批准。省政府领导也有批示，我们省要参照执行。今年各级体改委都要相应加强这方面的工作。

四、关于考察中各地提出的一些具体问题

在这次考察中，各地都提出了经济发展和体制改革中的一些具体问题，很多是政策性的，如闽东电机、电力电网、商业主渠道、养老保险中的一些

规定等。我们带回去研究，需要和省里有关部门协调的，我们帮助协调，需要我们讲话的，在有关场合帮助呼吁。

（本文是在宁德地区调研后向地委主要领导同志的汇报和建议意见，宁德行署于1991年2月2日行文下发）

福建省股份制改革的实践探索

一、股份制改革发展历程

福建省股份制改革与上海、深圳差不多同时起步，其发展过程大体可分为三个阶段。

1.自发试行阶段（1984—1986年）。根据国家鼓励横向经济联合的政策，采用合股方式创办内联企业，如福联纺织公司开始时是由省内外68个法人入股组建而成。还有建阳橡胶机械厂等。这阶段以法人之间持股为主要类型。

2.有组织试点阶段（1986—1990年）。自1986年10月省体改委颁发《关于进行社会主义股份制试验方案》以来，各地市选择了近50家企业进行试点，一些企业集团在发展过程中也通过控股、参股形成股份制企业。兴业银行向社会公开发行优先股股票369万元，并在闽发证券公司柜台交易。这阶段出现了内部职工持股、法人持股、社会公众持股等多种类型的股份制。在进行多种形式试点的同时，自1988年以来，省体改委在总结试点经验的基础上，草拟并提请省政府颁发了股份制企业暂行办法，省各有关部门也制定了工商登记、股票管理、税务、会计制度、财务处理等六个配套文件，克服了试点中出现的股权设置不合理，资产评估不规范，利益分配不规则等问题，为股份制改革走上规范化轨道奠定了基础。

3.规范化试点阶段（1991年开始）。这一阶段，我们根据国家有关规定，参照国际惯例，结合我省实际，建立起以公有制为主体，符合产权明确、股权平等、利益同享、风险共担原则的，企业自主经营、自负盈亏、股票可以流通的股份有限公司。并从设立程序、资产评估、股权设置、公司章程、管理体制、财务制度、利益分配、股票发行八个方面规范化。选择福耀公司、福联公司、石狮新发公司（新建企业）进行试点。省华兴会计师事务所用了6个多月的时间分别对福耀公司、福联公司进行了资产评估；三家公司分别利用报纸和其他新闻媒介向社会公布经营状况；年终也由会计师事务所对这些公司进行审核，财务报告登报公开。规范化的股份制改革受到社会公众的广泛关注，福耀公司800多万元面值的股票，在4天内被认购一空，福联公司1500万元面值股票也在10天内售完。这就产生了较强的示范效应，使不少国有企业从规范化股份制改革中看到了股票集资的效率，看到了股票市场的容量与作用，看到了企业改革的新路，对股份制改革的认识，已经从"要我改"转变为"我要改"，不少企业主动向省体改委申请进行试点。

二、发展趋势

目前我省股份制改革呈现出四个发展趋势：一是试点企业规模从小到大。前几年的试点企业多为资产不足百万元的小企业，现在试点企业多为千万元以上资产的大中型企业，如福耀公司股本5718万元，福联公司股本为6688万元，列入今年试点的福建水泥厂资产超过2亿元，福州东街口百货大楼资产近1亿元。二是试点企业从非国有企业向国有企业发展。以前的试点多为与传统体制摩擦较小、起步较快的集体企业、乡镇企业、个别三资企业，今年申请试点企业中，大中型国有企业占80%以上。三是试点形式从不太规范向规范化发展。试点初期，由于经验不足，法规不健全，股票市场未发育，出现同股不同利、定期退股等不规则现象，现在对原有试点企业正逐一规范，对新改制或新设立的股份制企业一律按规范化实施试点。四是股票发行从内部股票转向公开发行。根据国务院正式批准福建、广东、海南可以进行公开发行股票试点的精神，今年我们将有一批符合国家产业政策、信誉高、效益好、有潜力、亟须资金发展的大中型企业向社会公开发行股票。据初步估算，其中向社会个人发行的面额1.2亿元左右，加上以前发行的个人股3000万元，我省社会公众持股预计可达1.5亿元，这意味着我省股票一级市场将形成规模。

福建股份制改革之所以在近期内取得了实质性的进展，很重要的原因是，大多数试点企业在实践探索中，取得了较好的经验，获得了预期的成效，主要体现在以下五个方面：

1.股权结构体现以公有制为主体。从1991年三家公司股份总值13207万元的结构看，公有制法人股为8568.59万元，占64.88%；个人股2688.83万元，占20.36%；外资股为1949.58万元，占14.76%。

2.利益分配体现国家、企业、股东三兼顾。据对11个股份制企业盈利分配调查，上交国家税金45.8%；企业留"三金"占31.2%；股东分红占23%。

3.企业发展体现以技术进步为先导。南平亚明电器股份有限公司开发出多种新技术产品，其中一项获亚运会组委会命名的"亚运会保驾产品"称号。

4.企业经营体现拓展横向经济联系，促进科工贸一体化。福联公司有86个法人股东，6个子公司，形成了上下贯通，纵横联结的经销网络。福州自动化仪表股份有限公司，通过科工联合、工贸合作，从集体小厂发展为年出口100万美元的出口产品定点企业。

5.企业管理体现以提高经济效益为中心。福耀公司改制后，克服产品销售价格下降的困难，加强管理，降低成本15%，1991年创税利1611.3万元，比改制前增加21.75%，其中税金411.6万元。南平亚明电器股份有限公司精打细算，从1987年一个4000元起家的小厂变成1991年产值1100万元，创税利

190万元，股本税利率达85%。永安建福水泥运输股份有限公司由法人持股30%，职工个人持股70%，共208万元。国家未投资一分钱，但成立仅半年，就向国家上交税金44万元，税后利润30.9万元，股本利润率达30%。福鼎化油器厂1991年税利161万元，比改制前的1990年增加75%，股本税利率达178%。

三、股份制的作用在实践中显现

实践证明，股份制改革是市场经济必然产物，社会主义要善于运用这一现代经济创造的文明成果，兴利抑弊，取其精华，为我所用，推动生产力发展，发挥自己的优越性。

1.股份制改革有利于探索公有制有效实现方式。改革10多年来，我省以公有制为主体，多种经济成分共同发展已取得很大成绩。但由于缺乏合适的组织载体，不同所有制企业之间的财产互相封闭，阻碍了资金的融通，妨碍了生产要素的合理流动。随着改革的深入，微观层次的所有制结构也必须多元化，改封闭型为开放型。采用以公有制为主体的股份制企业组织形式和资金流动形式，可以使不同所有制企业之间的资产互相渗透，互相融合，从而优化全社会资产组合，提高资产运行效率。从资产使用权角度看，众多的非公有制股权是分散的，国有股占30%—50%就足以控股，在这种情况下，非公有制资金通过股票市场投向由公有制控股的企业，使公有制能支配更多的资金，这只会壮大公有制的实力。因此说，股份制改革是公有制在微观层次上引导其他经济成分共同发展的有效途径。

2.股份制改革有利于迅速集中资金，增强企业国际竞争力。企业的发展有两种方式，一是资本积累，依靠单个企业本身盈余，逐步发展，二是资本集中，汇集本企业及其他企业乃至社会资本，迅速发展。改革12年来，我们比较注重单个资本的积累，鼓励企业"自我发展"，一方面靠企业的自我积累完成小规模、低水平的技术改造；另一方面靠银行贷款进行较大项目的投资，往往形成"项目建成之日，就是企业负重债之时"，更谈不上企业的进一步发展。忽视资本集中，也分散了资金，导致小企业如雨后春笋，大企业却寥若晨星。即便是大企业，与外国巨型公司相比，也是"小巫见大巫"。1989年我省所有独立核算14112家工业企业，全部资产仅243.59亿元，还不及南朝鲜三星公司资产（284.16亿美元）的六分之一。

资本的集中有两种方式：一是实物性集中，如企业兼并、组建企业集团。近几年，我省通过企业兼并，淘汰了一批"小穷亏"企业，但是，优势企业无力对所兼并的实物资产进行再改造。二是金融性集中，即发行股票，在短期内把许多分散的单个资本结合成巨大的股份资本，投入生产经营。这种金融性集中是筹集现代产业资本的重要方式。通过金融性集中，还能够支持、引导实物资产的集中，对兼并的实物资产进行改造重组，优化资源配置，达到"质"的提高。

3.股份制改革有利于突破"三不变"原则，组建以资金为联结纽带的企业集团。近年来，我们主要采用两种组织形式组建企业集团：一是行政划转资产，形成供产销一体化的总公司，下属分支机构无权对外，另一种是横向联合，按"三不变"原则，与传统体制摩擦小，能比较顺利地促进资产一定程度的合理流动与组合。但由于"三不变"的掣肘，难以统一投资、统一规划，形成新的规模生产，这两种内联形式已不适应我国市场经济进一步发展的形势，需要寻求一种统分结合，高效灵活的企业组织形式。股份制具有使"资本不同所有的活动"与"企业资本的利润增值活动"相分离的功能，股东持有股票可对公司享有利益分配等权利，但对公司财产无直接支配和处分的权利。以这种形式组织企业集团，使核心企业与子企业之间的关系主要以资金联结，形成利益共享、风险同担的机制，可以大大增强企业集团的向心力与凝聚力。

4.股份制改革有利于建立反应灵敏、配置优化的产业结构。我国产业结构失衡；调整困难，从体制上考察，主要原因：一是资产沉淀凝固，流动阻滞，二是企业结构刚性，反应迟钝。因此，调整结构必须沟通资产流动的通道，使资产能向新兴行业集中，并构造企业弹性结构，股票市场正是具备了这双重功能。股东根据行业的兴衰、企业的成败，"用脚投票"，通过抛售和购买股票，资金从淘汰行业中退出，向新兴行业集中。这就形成了资金流动和企业优胜劣汰的机制。股票市场集资如此迅速，会不会导致投资盲目膨胀？一般说来，政府根据产业政策审批的公开发行股票的企业都是效益高、潜力大、能向社会提供有效供给与服务的企业，符合调整结构的要求。而且用公众的钱投资，对企业有硬约束，企业要讲究效率，追求效益。

5.股份制改革有利于两权分离、政企分开，转换企业经营机制。一是股份制企业实行董事会领导下的经理负责制；董事会由各股东推荐代表，经股东代表大会选举产生；总经理由董事会聘任。由于董事会中各董事代表着各自的经济利益，企业决策时能抵御非经济的行政干预。董事会也是政企不分"干扰波"的重要屏障，确保了总经理能在没有外来干扰的环境下，集中精力经营企业。这就形成了董事会根据效益做决策，总经理发挥能力抓经营的两权分离有效机制。二是股份制改革明确了产权，克服了过去产权不清，企业吃国家大锅饭，职工吃企业大锅饭，甚至是企业吃企业大锅饭。如我省福州马尾开发区建设总公司因是国有企业，建设的厂房、宿舍出售出租后，常遇客户久拖不还，登门讨债时不少客户（部分甚至是有一定经济实力的三资企业）竟堂而皇之地讲：反正你们是国有企业，拖欠一些也不要紧，不必着急。迫使这家公司终于使用股份制这一强有力的武器，进行资产评估，清理债权、债务，界定股权，使一些拖欠不还的债项有了还款的期限和着落。公司经理深有感受地说：目前国有企业产权模糊，我们公司的房产有的被占用，有的因行政干预被迫压低售价，都认为反正是"公对公，赚赔在锅中"。一搞股份制，观念就不一样了，平调风、长官意志就在产权明确、股权平等的原则面前行不通了。三是股份制企业形成了内在的约束机制与监督功能，克服了传统体制企业财务管理混乱的状态。首先是股东的约束与监督，如我省试点企业资产评估及财务状况报告一在报纸登出，经理马上接到不少查询电话，有的质问为什么存货增加，有的提出改善财务状况的建议，有的把报纸带回家，全家仔细研究讨论后，才放心地决定买股票。福耀公司股东大会，谈论的主题是提高效益、增加盈利，而不是提高工资增加福利。其次是专业与社会监督，股份公司年终经营状况要受会计师事务所审核，公开发行股票的要向社会公开财务报表，促进公司经营透明化、分配合理化。最后，股份制企业的经营者深感压力重大，同时又倍觉动力十足，活力充沛。国有企业经营者搞亏了企业，或易地做官、顶多就地免职，只有本厂职工知晓。股份制企业经营者受到社会公众的关注，搞不好企业，公众皆知。在这种压力下，经营者才能尽力而为，运用股份制企业灵活的运行机制，自主经营、自主决策、自主投资、自主分配，使企业充满生机。

（本文发表于《改革时报》1992年5月22日、《福建体改研究》1992年第3期，收录《中国经济体制改革论文集》）

福建：具有特色的经济体制改革

福建省经济体制改革紧紧围绕着建立适合外向型经济发展，计划经济和市场调节相结合的经济运行机制和新经济体制进行。把改革作为推动有计划商品经济发展的强大动力。经过13年实践和探索，我省经济体制格局已经发生了深刻变化；初步形成了以公有制为主导，多种经济成分并存的所有制结构；社会主义市场体系粗具规模，市场机制正在比较广泛的领域发挥积极作用；社会保障体系有了较大的发展。在全省面上推进改革的同时，积极进行一些重大改革的探索和试验，为深化改革，扩大开放积累了经验。13年来，福建经济体制改革已经形成了自己的特色。

一、多种经济成分共同发展，经济结构得到调整

全省兴办了一批技术和管理较先进的国有大中型企业和"三资"企业，引进大批技术、设备，不同程度地改造了约60%的老企业，促进了重点产业生产技术水平的提高和新产品的开发，推动了产业结构的调整和产品的升级换代。全省新增工业产值有三分之一是靠引进技术带来的。乡镇企业作为我省一支"生力军"得到迅速发展，乡镇企业出口创汇相当于全省出口总值的四分之一。外向型经济的发展，使我省相当部分产品从适应国内市场需求转向适应国际市场竞争，形成一批高质量、高附加值、高创汇的出口产品。

外贸出口总值从1978年1.9亿美元，发展到1991年28.1亿美元。以农业为主的经济结构已转为工业为主，工业、农业同时发展。1990年国民收入构成中，工、农业所占比重分别为57.8%和24.9%。

二、职工养老保险制度改革起步早，覆盖面大

1985年开始在全省范围内实行全民所有制工交企业职工退休金统筹管理，解决新老企业退休费用负担悬殊的矛盾，这在当时是全国第一家。1989年进而把退休费用全省统筹从工交系统扩大到各行各业。1990年又开展了企业补充养老保险改革试点。截至1991年，全省参加统筹养老保险的全民企业已达1.4万户，受保在职职工116万人，已有23.5万离退休职工由统筹基金支付退休费，保险覆盖面已达96%。集体企业职工养老保险从1989年下半年起在全省组织实施，实行以社会统筹式的基本养老保险和按人储存积累式的补充保险结合。除企业按职工工资总额的一定比例缴纳保险费外，职工个人也缴纳一定数额的保险金，多缴者今后退休时多领退休金。截至1991年底共有4358户集体企业参加保险，投保的在职职工24.7万人，保险覆盖面达84%。为初步建立社会保险体系打下了基础。

三、建立和发展多样化的金融机构

在充分发挥国家专业银行主体作用的同时，逐步建立和发展新型的、多样化的金融机构。全省已发展23家信托投资公司，通过开办信托、投资等业务，发挥金融中介作用；按照自主经营、自负盈亏、自担风险、自求资金平衡原则创建78家城市信用社和5家以融资为主的典当行。同时，在沿海城镇试办了为乡镇企业和个体经济发展服务的7家集体性质的金融服务社和4家财务信托公司。在福州、厦门等地成立3家证券公司，组织企业直接向市场

融通资金。在全国范围内较早成立了地方性、区域性、综合性的股份制商业银行——福建兴业银行。为了更好地引进和利用外资，学习国外金融业的先进管理经验，成立了全国第一家中外合资银行——厦门国际银行。汇丰、渣打、集友等10家外、台、侨资银行在厦门、福州设立分行和办事处，初步形成了以中央银行为领导，国家专业银行为主体，多种金融机构并存的分工协作的金融体系。

四、在新建石狮市进行率先建立新体制的综合改革试点

石狮市是1988年10月经国务院批准，在商品经济比较发达的晋江县划出石狮镇等四个乡镇建立的。在建市一开始就确定了"体制上更活一点，经济管理权限更大一点，机构设置更小一点，干部素质更强一点"的原则，在巩固发展已形成的商品市场基础上，发展市场体系，让市场机制在广泛领域发挥积极作用。赋予地级市的经济管理权限，政府机构按"小政府、大社会"原则设置，政府对经济活动实行间接管理。企业完全是自主经营，自负盈亏的经济实体。与此同时在全市工商企业全面实行"税利分流"和股份制为主要内容的企业改革；粮油购销价格全面放开；实行土地有偿有期使用制度等综合配套改革。由于新体制初步确立，促进了石狮经济建设的迅速发展。建市3年，十项主要经济指标均比建市前翻一番。1991年全市财政收入是建市初期的6倍。城市基础设施建设有很大发展，市政面貌发生深刻的变化。

五、开展土地有偿出让试点

从1987年开始，在沿海一带若干个开放市县进行国有土地有偿有期使用制度的试点，改变了长期以来土地无价无偿无期使用的状况。1988—1991年

全省共出让城镇国有土地125幅，面积79.65万平方米。城镇国有土地有偿使用开始从沿海城镇向内地城镇拓展。土地成片开发方兴未艾。至1991年底，全省已批准的成片土地开发项目28项，面积31300亩。这种土地以山坡地等非农业耕地为主，出让给外商由其独资或合资进行成片基础设施配套建设，自行招商引进项目，既为一些较有实力的财团和企业提供了较大的发展空间，又带动该地区产业结构的调整和发展，成为90年代初以来，福建吸引外资的一大特点。

六、深化外经贸体制改革

从1988年开始推行外贸承包经营责任制，实行两级承包，调动了地方和企业的积极性。1989年进一步实行全省统一的外汇分成比例，进而取消人民币补贴，在出口上实行自负盈亏，把外贸企业推向自负盈亏轨道，使出口产品结构得到调整和提高，并进一步拓展了国际市场。与此同时，赋予若干集团公司和生产企业拥有直接进出口经营权，使它们能够直接参与国际市场的竞争。

七、积极推进价格改革，发挥市场机制作用

按照商品经济规律，改变国家统一定价的僵化管理方法，逐步实行大部分商品由市场定价。价格改革坚持"调放补管"相结合的原则。对国家定价的商品比价不合理的进行调整，对绝大部分竞争性商品放开价格，并采取相应的补贴和管理办法。由于价格改革影响居民生活部分给予适当补贴，保证了大部分人不因价格变动而生活水平下降。经过价格改革，取消了30几年来在群众生活中发生重要作用的各种票证；财政支出中用于各种商品补贴的部分减少，大部分商品价格关系基本理顺，促进了商品生产发展。

八、外汇调剂市场起步早、发展快

1986年厦门市率先试办外汇调剂业务。1987年1月成立了外汇调剂中心，并扩大服务对象范围。1988年，福州、漳州、泉州也分别成立外汇调剂中心，外汇调剂量不断扩大。为适应形势发展需要，1990年我省率先创办跨行政区域的省一级会员制、公开竞价成交的外汇调剂市场，提高了外汇交易透明度，1991年又允许个人外汇参加调剂。以上措施，使外汇调剂大幅度增长。1990年比1989年增长了4倍。1991年外汇调剂达20.13亿美元。

过去的10多年，福建得益于改革开放。90年代，福建的希望也在于改革、开放。90年代是福建省经济发展关键时期，要进一步解放思想，坚持改革开放，把改革同对外开放、经济发展相结合，建立起有计划商品经济新体制，使整个国民经济充满生机活力。为适应发展外向型经济的要求，福建的经济体制要体现外向型，在经济运行机制上搞得更活一些，市场调节的范围更大一些，既同国际惯例相衔接，又同国家宏观调控政策和国内市场相适应。在改革步骤安排上，要体现加大改革分量，加快改革步伐，为全国新体制建立探路。

（本文发表于《经济与法律》1992年第2期）

大胆的探索，成功的实践

——福建省泉州市进行改革开放综合试验的启迪

社会主义市场经济体制改革目标的确立，是14年改革开放实践的科学总结，也是发挥社会主义制度优越性的必由之路。而社会主义市场经济体制的建立和发展，是一个循序渐进，不断探索、完善和发展的过程。而且需要在具有新体制生长点的地域率先突破，梯度推进。这不仅是个理论问题，更重要的是实践问题。福建作为全国改革开放综合试验区，14年来始终坚持市场取向的改革，为建立新体制打下较好的基础。这些年来，福建省体改委在指导、推进改革中，坚持把面上的推动与重点突破相结合，在石狮、晋江、泉州等城市进行改革开放综合试验，赋予更大的经济管理权限和率先改革开放的试验权，为建立适应市场经济发展的运行机制闯路，取得较好的成效，并积累了初步经验。本文着重从总结工作的角度，来认识开展改革开放综合试验的基本经验，这对于推进社会主义市场经济体制的建立和发展，可能有所启发。

一、泉州市改革开放综合试验的进程与做法

石狮、晋江都是泉州市管辖下的县级行政单位，石狮早期还是晋江辖下的一个镇。1987年底，国务院批准石狮从晋江县划出建立省辖县级市，下辖四个镇，面积160平方公里，人口27.3万人。与此同时，省委、省政府把石

狮市确立为全省改革开放综合试验区，采纳了省体改委的建议，实行"体制上要活，机构设置要小，经济管理权限要大，干部素质要强"的原则进行超前的试验。在探索中尽管遇到姓"资"姓"社"的争论，但仍坚持市场取向的改革，按照新体制的要求来设计和组织实施。经过4年多的探索实践，石狮已建成为稳定、繁荣、文明、小康的社会主义侨乡城市；并初步构架起社会主义市场经济新体制，取得引人注目的成效。邓小平同志南方谈话后，省委、省政府决定把石狮市改革开放的经验推广到泉州，率先在晋江以撤县建市为契机，推广石狮的经验。为此省里先后赋予晋江市"十五"条、泉州市"十六"条改革开放综合试验的政策措施。从此标志着泉州市改革开放综合试验，由点到面，从局部到全局，全面展开。在省委、省政府的领导下，泉州市委、市政府积极开拓工作，经过14年来的改革开放，泉州市在原有基础差，国家投资少的情况下，走出一条多种所有制并存，以市场调节为主，外向型经济为主，依靠内力、借助外力，面向市场发展经济的路子，是仅次于厦门的全省经济运行机制最灵活，经济总量增长最快，对外开放度最大的地区，并逐步形成了自己的特色。1992年，全市地区生产总值118.4亿元，财政收入10.8亿元，分别比1979年增长5.59倍和11.68倍。他们走市场取向的主要做法是：

（一）鼓励多种经济成分并存，共同发展

泉州由于地处沿海前线，国家投资少，在很长一段时期内，经济发展受到制约，骨干企业少，基础设施差。改革开放以来，泉州人不等、不靠，充分发挥侨乡优势，以股份合作制为主要形式，走出了一条不依靠国家投资，利用"三闲"（闲人、闲房、闲钱）入股兴办企业，经历了"三来一补"起步，乡镇企业铺路，"三资"企业上路，成片开发迈大步的经济发展过程。由于泉州的企业结构是以乡镇企业、"三资"企业和私营企业为主，改革开放综合试验的一个重要方面就是保证不同所有制企业能够平等竞争、共同发展。在1988年，石狮市对私有企业、个体联办企业、股份制企业、乡镇企业

与外商合资、合作经营的企业，可以享受对外开放中所有相关的优惠政策；对这类企业引进国外先进设备，进行老企业改造或引进开发创汇农业，其所需的物资、设备等进口审批手续和海关税收政策优惠，按全民企业政策执行。对集体企业、乡镇企业和其他联合体企业技术改造，银行给予技改贷款的支持。这些政策措施有利促进非公有制经济的发展。1992年全市工业产值中，三资企业、个体和私有企业、村以下企业等企业所占比重达80%。至1991年底，个体、私有企业7.5万家，约占全省的一半，从业人员21.9万人，注册资金12.01亿元，全年产值19.83亿元；全市已投资开办的"三资"企业1241家，实际利用外资5.81亿美元。

在多种经济成分并存的格局中，泉州市把搞好国有企业作为一项重要任务来抓。1992年对市属41家国有工业企业实行与外资一揽子改造。这在全国是第一家。不仅有利于吸引外资，而且引进了国外先进的管理经验，对企业组织结构与管理体制进行较大幅度的调整，为国有企业转换经营机制探索了新路。石狮原有国有企业少，公有制经济的发展、壮大主要是通过大力发展内联企业，大部分是中央、省外企业包括大型企业来投资。至1992年内联企业发展到102家，协议投资208亿元。这样，多种经济共同发展，为社会创造大量财富，上交大量税收，解决了大量农业剩余劳动力的出路。

（二）积极发挥市场机制的作用

泉州作为著名侨乡，群众具有强烈的商品意识、开放的观念。商品市场发育早、发展快。全市各类商品市场、专业批发市场230个，建筑面积50多万平方米，从业人员达24.6万人。如闻名遐迩的石狮服装市场，由3个商业城，18个小商品街，共1万多家商业和服务性企业组成，市区平均每6人就拥有一家店面，是名副其实的"有街无处不经商"。石狮服装市场的兴起，带动了石狮、晋江一带服装业及其相关产业的蓬勃发展。

泉州市原有国有企业基础薄弱，指令性计划生产任务少，指令性物资供应不多。因此发展商品经济必须因地制宜面向市场。由于大多数的企业是乡镇企业、私有个体企业，从诞生之日起就是自主经营、自负盈亏、自我发展和自我约束的商品生产者和经营者，具备面向市场的良好机制和动力，能够在市场中求得生存与发展。全市7万多家乡镇企业的生产资料全部是市场调节；近70万劳动力都是由市场来调剂供求的；商品直接到市场上销售，价格由市场确定，工资收入也由市场调节。与此同时，政府不失时机加快价格改革步伐，促进市场价格机制的形成。石狮市于1990年全面放开粮油购销价格，促进了国有粮油企业经营机制的转换，企业效益明显提高，至1992年底实现利润160万元。泉州市在全省率先实现生产资料全面并轨。至此，泉州市商品生产和流通已有97%以上是在"无形的手"调节之下进行。

泉州市的基本建设、工商业发展所需资金基本上都是通过银行贷款、吸引外资、企业自筹、群众集资、发行债券、股票等多种方式来解决，仅1992年直接面向市场融通资金4.39亿元，占全省的60%，外汇调剂市场也十分活跃；在这里民间资金市场活跃，市场机制如价格机制（利率的浮动）、风险机制、竞争机制等都有较好的发挥。

为了实现政府垄断土地一级市场，放开搞活二级市场的目标，从1988年起，泉州市就委托石狮市具有地级市的土地审批管理权限，并支持石狮对土地征用、补偿、使用制度进行大胆的改革。对规划区内所有农村集体土地由政府统一预约征用，付给一定的补偿费，然后再以出让或划拨形式提供给建设单位使用，任何用地单位都不得直接向农民征地。对被征土地劳动力的安置，不是采用"农转非"和由政府安置就业的做法，而是以行政村为单位，每征用土地100亩，划给20亩用地指标，用于支持发展二、三产业，以解决因征地而富余的劳动力就业。村在使用该用地指标时，必须缴纳城市建设配套费和耕地占用税，土地用途必须符合城市规划的要求，并按规定的程序报批。政府用于征地的补偿费和收取的城建配套费、土地使用税大体相当。在使用制度上，除了城市基础设施和公共福利建设用地外，其他城镇国有土地一律实行有偿有期使用。这一改革措施已在逐步推广。与此同时，对农村非农业用地的有偿使用工作，泉州市已有137个乡镇展开，覆盖面达50%。

（三）积极探索政府机构改革的路子

经济体制改革进展到一定程度，必然要提出改革政府机构的要求。在总结以往机构改革经验教训的基础上，省里指导石狮在建市一开始，就跳出一般县市级机构设置的模式，从经济体制改革的目标要求入手，按照"小政府、大社会"的思路，来研究设置石狮市政府机构，使之与社会主义市场经济体制与运行机制相适应。一是机构精简。市政府只设经济局、国土局、侨台外事局、内务局、科卫文体局等14个工作部门，相当于同级市县的1/3。二是人员精干。按标准石狮可配780个编制，而省里只给332个，现在实际到位276人。三是精简领导职数。市五套班子只配14个，不到其他县（市）的一半，市委书记兼市长，两个副书记其中一人兼人大常委会主任，一个兼政协主席。四是按照"公开、平等、竞争、择优"的原则，干部实行考试招聘制度。因公务员制度试点暂时出不了台，采取配套实行公务员补贴，数额不大，也算一定程度地体现了贡献与收入的对应。五是权力下放。省政府赋予石狮市具有相当于地级市的经济管理权限。市里则把县一级的经济管理权限下放给镇（办事处）。市镇两级都把那些不该管、管不了、管不好的事交由社会承担。政府重点做好"规划、协调、监督、服务"。

泉州市级机构改革也在积极稳妥地进行。一是清理撤销了临时性机构193个；有四个行政主管局转为经济实体；372个事业单位与财政脱钩，实行企业经营管理。已有383人从机关、事业单位分流出来，其中转职195人，停薪留职24人，辞职105人，办理提前退休59人。二是成立了国有资产投资经营公司，把政府作为国有资产的所有者与管理者的职能分开。这既有利政府职能的转变，也促进了政府机构改革的步伐，市里已决定撤销重工局、轻工局、商业局，转为经济实体。

（四）坚持以改革促进对外开放

对外开放，起步时是"体制外"的变革，但随着对外开放的发展，对加快"体制内"的转轨步伐，努力创造良好的投资软环境的呼声越来越高。对外开放要求加快改革步伐，改革的深化又大大促进对外开放的发展。为了加快吸引外资的步伐，泉州市在全省率先试行"一幢楼办公"的做法。在石狮，由于其政府机构设置适应外向型经济的要求，因此只要符合产业方向，办一个外资项目，政府审批只需盖两个印，最快的三小时即可办好所有手续。所有这些，有力地促进了利用外资的步伐。至1992年，泉州市已批准"三资"企业2398家，总投资126.2亿元，其中利用外资18.9亿美元；已开业投产的1241家，实际利用外资5.81亿美元。随着土地使用制度改革的展开，泉州市于1988年就开始了利用外资进行成片土地开发的尝试。目前，以侨港台集团投资进行的土地成片开发方兴未艾。全市有19个成片土地开发区，已完成投资额5.35亿美元，开发面积6018亩，完成建筑面积36.15万平方米，引进生产性项目103个。

二、泉州市改革开放综合试验的基本经验

泉州市在改革开放中有很多经验值得总结，从这些年来我们指导石狮、晋江和泉州进行改革开放试验中，体会最深的有以下几条：

（一）敢闯敢干、用足用活政策

改革就是要改掉那些束缚生产力发展的旧体制。作为改革开放试验区，必须解放思想，有敢闯、敢试、勇于实践的创新精神，不等不靠，用足用活中央和省里的政策。凡是有利于解放和发展生产力，提高人民生活水平，提高综合国力的做法，包括现代资本主义国家的一些经济管理手段和方式，都要大胆吸收，勇于实践。对看准了的，都要放胆地干；对看不太准的，试验区要敢于试，有关部门热情地支持和帮助。试验区的改革开放既要有先进性，也要有探索性。只有这样，对原有体制格局才会有新的、大的突破。如果囿于姓"资"姓"社"的框框，泉州这几年的市场经济、非公有制经济就

不可能有这么大的发展，也就没有今天的繁荣局面。对于上面规定的具体政策措施，要实事求是地执行，不能照搬照套。如石狮建市不久，就遇到了全国治理整顿压缩基建规模，抽紧银根，市场疲软的影响，有人说"石狮会变成死狮"。他们不是采取简单办法，而是从实际出发，提出了"治而不僵，紧中求活"，"切一刀，不搞一刀切"。如在紧缩银根情况下，不是在信贷规模上找出路，而是多方组织资金，刺激市场的复苏。又如每年国家计划安排的基建规模仅2000万元，这远远不能适应城市发展的需要，因此在基建规模控制上则根据资金的不同来源，采取更为灵活的管理办法，建市4年多基础设施投入近2.5亿元，使城市面貌、投资环境有了较大的改善。而且由于石狮以民营经济为主，本来未进入计划笼子，主要是稳定政策，使民营经济树立信心，仅两三个月时间就得到复苏。正是这样抓住难得的发展机遇，促进了石狮经济的全面发展。1992年全市生产总值18亿元，财政收入1.48亿元，分别比建市前的1987年增长3.6倍和5.8倍。

（二）建立充满生机活力的经济运行机制

这是改革开放综合试验的出发点和落脚点。为了保证试验的顺利进行，赋予试验区更大的经济管理权限，在规模、指标上给予一定的照顾等（所谓"硬件"）是必要的，但试验的着力点必须放在建立新的经济运行机制（"软件"）上，即把"硬件"与"软件"有机结合起来。我们在指导晋江和泉州市改革开放试验中就明确提出，晋江、泉州经济蓬勃发展需要有一个好的机制。如果没有"硬件"的支持，难以启动。如果有了好的"硬件"而没有建立起灵活的运行机制，那将会失去经济发展后劲。因此，从某种意义上讲，给"软件"比"硬件"更重要。如何建立有利经济发展的经济运行机制？主要任务是发挥市场机制的积极作用，坚持市场取向，计划要管大的，不要在现有的格局中转圈圈。考虑问题、制定政策措施，都要跳出现有的旧格局，比如计划规模，不是要"钻笼子"，而是要积极探索新的管理办法；又比如筹集资金方面，既要争取上面的支持，更要积极发展直接融资，以及扩大利用外资的规模和档次。只有这样，综合试验才会有生命力。

（三）尊重客观经济规律，最大限度地发挥市场机制的积极作用

这是进行改革开放综合试验的基础和重点。如泉州产业基础的形成，得益于商品价格放得早（现在可以说放得彻底）。泉州乡镇企业的财富积累，不仅来自生产领域，相当部分来自流通领域，利用供求关系形成的价格，获得很大的经济效益。生产要素的价格除少数实行国家定价外，大部分也通过市场机制形成。这对引导生产要素流动，促进泉州经济发展起到重要的作用。对自发市场的不规范，不是采取简单禁止的办法，而是本着先发展后规范、先放开后完善的精神，兴利除弊，着眼于发展经济。

（四）加快机构改革步伐。这是改革开放综合试验的一个关键和难点

政府机构设置，必须同经济发展和经济体制格局相适应，也就是上层建筑一定要适应经济基础的发展。比如石狮市在机构设置上本着既不拘泥于现行机构模式搞上下对口，也不简单地在现有县级机构设置基础上加以改良，而是根据石狮经济发展是企业推动的特点和现已初步形成的体制格局，大胆探索，一步到位搞"小政府、大社会"。我们在指导晋江、泉州的综合试验时强调，可以吸收石狮的经验，但要同自己的实际结合，进行再创造。由于政府机构改革涉及方方面面，因此要有个总体的方案，对哪些机构该撤并，哪些该保留，要做到心中有数。而在实际操作中，可以分步实施，逐步到位，以免造成大的震荡。

（五）综合试验必须走群众路线，使广大人民群众成为这场改革的主体

计划经济实际上是官员经济、政府经济，而市场经济则是群众经济、企业经济。泉州经济活就活在百万群众成为商品生产者和经营者，在改革开放大舞台上大显身手。他们敢于冲破陈旧观念的束缚，坚持只要有利于市场经

济的发展就大胆地闯。对群众的创造给予鼓励;对在实践中不完善、不规范的做法,不是采取简单粗暴的态度,而是因势利导,积极保护,不断完善。当然政府重大的改革方案、措施的出台,要集思广益,认真倾听各方面的意见和建议,以取得大多数人的理解与支持。

(六)必须发挥体改部门综合协调的作用

进行改革开放综合试验,很多探索具有一定的超前性,存在不同认识在所难免。省里明确规定,试验区指导由省体改委负责牵头,组织有关部门进行研究提出具体意见,涉及需要省里解决的问题,由当地政府直接与省体改委联系。这样,各试验区、各部门都能够在各自的职权范围内大胆开展工作,涉及几个部门的问题又有专门的单位进行协调,使问题解决得比较顺当,效率也高。与此同时,我们加强调查研究工作,对实践中提出的问题,主动与有关部门协商解决;需要省政府作决策的,及时提出意见和建议。这对今后如何组织推动体改工作,在组织指导和工作方法上具有参考价值。

泉州市改革开放的实践是成功的,我们应该认真总结其经验。但泉州经验毕竟是在改革开放大潮中的一些探索,在实践中仍面临着许多问题。为了率先建立新体制,泉州市已获得国家体改委批准列为全国综合配套改革城市。我们坚信,在国家有关部门的关心和大力帮助下,泉州市的改革开放将在更广的领域、更高的层次展开。

(本文发表于《福建改革》1993年第3期,收录《中国经济体制改革论文集》)

迈向市场经济的重要一步

——福建1988年价格改革回顾

福建省较早地坚持了以市场为取向的改革，在计划、价格、投资、企业改革等领域不失时机推出各项改革措施。其中，1988年的价格改革对促进福建经济进入市场经济运行轨道具有重大意义。

在此之前，福建省的价格改革经历了两个阶段：第一阶段为改革的初始阶段（1979—1984年10月）。价格改革采取"调放结合，以调为主"的方针。改革的主要内容是有计划地调整严重扭曲的价格体系。先后进行了六次较大规模的价格调整，包括较大幅度提高粮油等农副产品收购价格；提高煤炭、铁路和水路运输、部分农业生产资料，以及烟、酒等价格；有升有降地调整棉布、化纤布纺织品的价格；与此同时，对价格管理体制也作了某些探索性改革，如省对地市、地市对县层层下放价格管理权限等。第二阶段为价格改革的展开阶段（1984年10月—1987年12月）。价格改革采取"调放结合，以放为主"的方针，改革的重点是转换价格形成机制，改革高度集中的价格管理体制，不同程度地放开了大部分副食品和部分日用工业品价格，对生产资料价格实行"双轨"制。改革的内容包括：进一步调整粮油和副食品价格；放开部分重要副食品、行业用粮与小杂粮价格；根据我省集体林区特点，放开木材价格；同时放开一部分工业消费品价格。经过这两个阶段、长达近10年的改革，到1987年底，福建省高度集中、僵化的价格管理体制基本打破，严重扭曲的价格体系初步得到调整。但从发展社会主义商品经济的要求来看，价格改革的任务依然十分繁重：价格形成需要进一步引入市场机制，价格体系中农产品、基础产品、原材料的价格还需要大幅度提高，财政支出中价格负担过重，等等。这些几十年来积累下来的问题迫切需要加以突破。1988年的经济社会条件，为福建省的价格改革迈出重要一步提供了极好的机会，有关部门经过长时间反复研究论证的改革方案终于能够在当年年初及时出台，内容涉及：

1.调整工业品价格。包括提高轻纺25个品（种）类产品价格，以及重工产品和交通能源价格共七大类69项。

2.调整农产品比价。提高粮油和其他主要农副产品收购价格；放开绝大部分副食品价格，同时给职工以一定的物价补贴；大幅度提高城镇粮油销售价格，基本实现购销同价，同时给每个职工以适当补贴。

3.改革价格管理体制。包括对电力改统一电价为多元电价，下放小水电的定价；分级管理公路货运价，省只规定基准货运价格；放开优质烟酒和彩电的省内销售价，并把大部分工业消费品的价格管理权限下放给地市或主管部门；对省产主要农药，由省统一定价改为省只定出厂价，零售价下放给地方。

4.对针织品、原盐等的作价方法予以改革，更多地应用市场机制。在全国价格管理较为集中严格的情况下，对部分工业品实行省内省外产品分别作价，即省外进货产品和本省生产而销往省外的产品，执行中央规定的价格，省内生产省内销售的产品实行较灵活的省定价，以调动生产者积极性，增加产出；对多数工业产品实行质量差价、附加功能加价。

5.强化价格调控机制。着力于对批发和综合加价率予以管理。

这次价格改革与以往相比具有以下特点：

1.这次改革涉及的范围相当广。从生活资料到生产资料，从重工产品到轻工产品，从基础产品到日用消费品，几乎包括所有的商品项目；改革的力度相当大。提价总额当年约达41亿元，占当年全省社会商品零售总额的

21%。对企业，对职工，对社会各阶层、各领域的影响是相当广泛的。

2.这次改革从调整价格的角度看，重点是提高农副产品和煤炭、运输等基础产品价格，而且幅度很大。其中农产品收购价格提高32.3%，全省农民仅此一项，人均增收近80元；工业品价格提高近30亿元，主要是生产上游产品和部分紧俏消费品的企业受惠。这对理顺比价关系，增加有效产出，调整产品结构具有积极意义。

3.这次改革的指导思想是"调放结合、以放为主"，在采取的措施上，实行"调、放、补、管"相结合，突出了"放"字。其实质是在继续调整价格体系的基础上，把改革的触角伸向价格管理体制的改革上，导入市场因素。如放开多数日用工业品价格，实行地区差价、质量差价和季节差价，下放价格管理权限等，通过建立合理的价格形成机制，从根本上解决价格扭曲问题。

这次价格改革取得了突破性成效，其意义是巨大而深远的。

第一，有力促进了工农业生产发展。由于这次改革中的一个重要内容是实行地区差价和季节差价，这在当时的条件下，无论是对生产管理体制，还是对价格管理体制都是个不小的变革。它有效地把生产者的劳动成果和自身的经济效益挂起钩来，大大调动了企业和职工的生产积极性，有效产出迅速增加。

第二，价格管理体制和价格决定机制发生了重大变化。经过这次改革，省物价部门管理的商品由1979年的712种（类）减为1988年的51种（类）；农产品收购中，国家定价部分由90.6%下降到17.8%，国家指导价由2.2%增为21.1%，市场调节价由7.2%增为61.1%。全省社会商品零售总额中指导价和市场价这两部分的比重已达到67.1%，国家定价比重下降到32.9%。由于这次改革初步解决了长期积累的比价关系畸形、财政负担严重问题，初步形成了以市场为主的价格决定机制，这样以后几年的价格改革就主要围绕完善这一机制来进行，本着"走小步、不停步"的价改原则，包括治理整顿期间，每年都安排一些价改项目，使价格改革这一艰巨任务能在平稳中推进，不致造成大的震动。到1993年底，全省全社会商品零售总额、农副产品收购总额和生产资料销售总额中，国家定价的比重分别为3.9%、4.7%和6.3%，基本实现了价格市场化。

第三，为理顺价格体系迈出关键性一步。这次改革的重点是农产品、原材料和基础工业品，调价种类多，总共达45个种（类），为理顺比价关系迈出了重要一步。其一，初步缓解了粮油价格偏低，同工业品比价不合理的矛盾。仅这次改革，农产品收购价格比上年提高了32.3%，连同前几年的改革成果，10年平均，农产品收购价格每年递升12.1%，累计提高2.13倍。农产品价格指数扣除农村工业品零售价格变动因素，1988年较之1978年，农民以同量农产品可多换1.08倍工业品，工农产品价格"剪刀差"10年缩小52%。这对促进农业生产发展，增加农民收入，加强农业后劲起了重要作用。其二，较大幅度地提高能源、原材料价格。这次调整连同前阶段的改革，10年间，基础工业品与加工工业品的价格变动是：采掘工业品价格上升1.24倍，原材料工业品价格上升97.1%，加工工业品上升52.9%。这样逐步扭转了基础工业品价格偏低，工业品内部比价突出不合理的状况。对调整产品结构，促进短线产品增产起了积极作用。也正是由于这次价格改革为理顺比价关系打下了良好基础，使我省得以从1990年起只用了不到两年时间，就顺利实现了生产资料价格双轨制向市场一轨的并轨改革，既促进了生产资料生产的发展，又有效避免了价格双轨制带来的某些腐败现象。

第四，为改善财政收支，促进财政好转起了积极作用。在传统的计划体制下，产品的购销连同盈亏全由国家承担，其严重后果之一就是导致购销价格倒挂，经营严重亏损，财政负担十分沉重。这次改革虽然以几十亿元用于对居民的补贴，但由于是改暗补为明补，并实行"国家、企业、个人各负担一点"的正确原则，因此不仅保障了这次改革的顺利进行，而且有效减轻了财政对生产和流通环节的补贴负担。实际物价补贴占财政总收入的比重，

1986年为31.9%，1987年为29.8%，1988年降至27.5%，1989年进一步下降到22.74%。

第五，从物价指数看，为此后几年进一步扩大供给稳定物价创造了条件。由于当年提价面广、幅度大，除1988年物价指数在全国居前外，1989年在消化上年价改"翘尾巴"因素的情况下，物价指数仅高于全国平均数1个百分点，1990年我省物价指数低于全国平均水平3.2个百分点，1992年低0.4个百分点，1993年低0.5个百分点。可见1988年我省高物价是对后几年价格上升的提前"消化"。而这种"提前"消化的重大意义是使价格改革处于主动、领先地位，有力推动了其他改革，促进了国民经济发展。

正是这次价格改革在打破旧的价格管理体制，建立以市场为主的价格决定机制，理顺各种比价关系，改善财政收支状况方面打下了良好基础，使我省在以后几年的价格改革中取得了主动权。在治理整顿期间，我省能够坚持做到不增发票证，不增加财政补贴，巩固了原有的改革成果。当经济环境改善时，我省能够集中精力解决价格改革的遗留问题和新出现的一些问题。1991年7月1日起我省在石狮市率先进行放开粮食收购价格，实行购销同价，国有粮食部门实行多种经营的改革，是当时全国进行这项改革的四个县市之一，取得了成功的经验。1991年至1992年，我省在所有县市顺利实行了工业生产资料价格并轨，并进一步在部分地市实施，这项改革在全国来说是较早的，国家体改委专门介绍了我省的做法。从1989年起我省又多次对粮油购销价格进行了调整，到1991年底我省实际上已实现购销同价，放开经营，国有粮食部门也在改革中逐步实现多元化经营。1993年全国放开粮油销售价格，我省同全国政策接轨。总体看，福建的价格改革在全国处于先行地位，不但有力推进了市场体系的培育和发展，也为其他各项改革提供了更多的空间和时间。因此，1988年的价格改革在福建15年的改革画卷中留下了辉煌的一页。

1988年福建价格改革的经验给了我们这样的启示：其一，改革方案要缜密论证，力争周密科学，这是保证改革顺利进行的前提。其二，改革要把握时机，条件成熟时要坚决推出。可以设想，如果我省错过1988年的改革良机，那么不仅后几年我省价格改革以至整个市场体系的发育发展要缓慢、困难得多，而且必然影响其他各项改革的进程。其三，改革要充分考虑群众利益，争取群众支持，这是改革能够顺利进行的根本保证。其四，改革需要配套进行。这次物价改革原本是连同工资改革配套进行的，后来由于某些原因，工资改革方案没能如期实施，在客观上造成我省职工实际工资支付能力一定程度的下降，增大改革的社会心理成本。这些经验和教训，为我省后来各项改革顺利进行起到有益的借鉴作用。

（本文发表于《福建党史月刊》1994年第11期）

加快推进国有资产经营管理体制改革

1993年10月省体改委、省财政厅联合下发了《福建省国有资产经营与管理体制改革试点意见》，半年多来，从省到地、县进行了多种有益的探索，取得了一些可贵的经验，但存在的问题还很多。近期两家又召开了研讨会。以下就几个主要问题谈谈个人意见。

一、充分认识国有资产经营管理体制改革对建立社会主义市场经济体制的重要意义

经过40多年建设的积累，我国已形成了25000亿元的经营性国有资产。对于这部分资产，长期以来政府既是所有者、经营者，又是社会行政管理者，三位一体，多重身份，导致了国有资产产权虚设、流失严重、营运效益低下等一系列问题。国有资产经营管理体制改革的目标，就是要建立起一个既能保障国有资产为国家所有，能保值增值，又能保障企业真正成为独立的法人实体，能自主经营、高效运作的国有资产管理体制和经营体制。改革的基本思路是，按照"国家统一所有，政府分级管理，企业自主经营"的原则，把政府作为社会行政管理者职能和国有资产所有者的职能分开，并把国有资产的行政管理机构与投资经营机构的职能分开，把国有资产的终极所有权与企业法人财产权分开。按照这一思路，新的国有资产管理与经营体

制主要由三个层次组成：第一层次是国有资产的管理部门，行使行政管理的职能，国务院和国务院授权的地方政府设立国有资产管理机构，对国有资产统一实施行政性管理，同时依照一定的法律程序，将国有资产委托给资产营运主体，如专门的控股公司、国有资产经营公司及大的企业集团公司进行经营。第二层次是国有资产的经营机构，也就是上面所说的国有资产经营公司、大的企业集团公司等，受权行使资产经营的职能，将不同份额的国有资产投入到各个生产经营性的企业，使国有资产发挥资本的作用，进入生产经营领域。第三层次是国有资产的存在实体也就是国有资产营运公司投资形成的全资子公司、参股子公司和控股子公司，具体从事商品生产经营，实现国有资产的保值和增值。

国有资产经营管理体制改革对我国建立社会主义市场经济体制带有根本性意义，这主要体现在两个方面：

（一）国有资产经营管理体制改革是关系到能否实现公有制与市场经济相结合，能否确立社会主义市场经济体制的根本问题

迄今为止，世界上成功的市场经济都是在私有制基础上发展起来的。社会主义市场经济则必须实现公有制与市场经济的结合。这就不仅要进行国有企业改革，使之进入市场；而且必须适应市场经济的要求，把对国有资产的实物管理转向价值形态运营。因此这一改革成功与否，是关系到新体制确立的一个根本性问题。

（二）国有资产经营管理体制改革是产权制度改革的首要任务和经济体制改革的重要环节

现在比较普遍的观点是把国有资产经营管理体制改革作为企业改革的配套部分，我觉得对其重要意义没有充分估价。目前，宏观改革正快马加鞭进行，微观改革实际上是进行产权制度改革，已进入界定产权、确立出资者、实行价值管理的实质性阶段，其前提就是要进行国有资产经营管理体制的改革。同时这一改革还涉及政府职能转换、市场体系建设、宏观管理体制改革等方方面面。因此，这是深化企业改革的基础工作，是整个经济体制改革的重要内容。第一，国有资产经营管理体制改革要解决国有产权虚设的问题，使国有资产具有明确的产权代表，这是建立现代企业制度的前提条件。目前我们在股份制改革试点中就遇到了由于国有股出资者不明确、国有股代表对资产保值增值的约束责任不强，一些主管部门争着向股份制企业委派国有股东代表和董事，但对所要承担的责任却不甚了了等问题，在一定程度上阻碍了股份制企业的规范化发展。如果说前几年的企业改革是通过避开国有资产的产权问题进行的话，那么，现阶段企业产权改革，就必须以国有资产管理体制的改革攻坚为首要任务，否则国有企业改革就难以深化。第二，国有资产经营管理体制改革通过明确界定国有产权，确立国有资产出资者，为产权流动创造了必要的条件，生产要素在产业之间的流动和优化配置才具有可能性，这是实现我国经济发展战略的要求。

二、国有资产经营管理体制改革中必须明确的几个问题

新的国有资产经营管理体制是国有资产管理部门——国有资产营运主体——生产经营企业三个层次构成，其基本点在于分离国有资产的管理与经营，建立严格规范的国有资产管理体制和国有资产经营体系。作为中间层次的国有资产营运主体主要通过转让、收购、拍卖、拆股出售、合并分立以及参股、控股等形式，使国有资产流动起来，在流动中实现国有资产的优化配置，即实现资本经营的市场化。这是国有资产经营管理体制能否与市场经济接轨的关键，是改革的重点。围绕这一重点，应着重解决好以下三个问题。

（一）国有资产营运主体的性质、职能及组织结构问题

国有资产营运主体是企业法人性质的经济实体，其主要职能是作为国有资产出资者的代表，行使产权监管和收益权；同时推进产权要素进入市场重组，根据产业政策及产业结构改革方向，对授权范围内的企业进行参股、

控股、拍卖、合并、合资、破产、清算等资产运作，以及根据产业发展战略进行投资、担保、国有资产开发等经营，通过资产运营实现保值增值。按此要求，国有资产的营运主体必须是一个经营机构，主要从事资产运营，不从事实业经营。在承担国有资产委托经营的企业集团，必须把实业经营与资产运营分开，实行单独核算。目前在我省部分县成立的国有资产经营公司，有的是事业单位性质，不作为独立法人，不以营利为目的；有的是事业单位企业化管理，这种做法在政府机关又添个层次，容易成为企业的又一个"婆婆"，原有政企不分的问题可能演化为中间层与企业之间的矛盾。

对于资产营运主体的内部组织结构应允许不同形式的试点，如董事会或管理委员会领导下的总经理负责制，至于是否成立外部监事会，需要慎重，因为这种监事会的职能还需认真研究。

（二）国有资产管理部门、营运主体和企业三者之间的关系问题

如何处理好三个层次之间的关系是当前试点中较为突出的问题。

在省体改委、省财政厅制定的《试点意见》中，三个层次之间的关系是明确的。国有资产管理部门与营运主体之间是资产委托的关系，地方国资管理部门是政府对国有资产分级监管的职能部门，主要负责研究、制定和组织实施有关政策，确定国有资产委托经营范围和收益分配方式，并进行考核和监督管理。而资产营运主体作为受托方，应接受管理与监督，这是第一层关系；第二层关系是营运主体与生产企业之间的关系，两者是产权关系、投资关系而不是行政隶属关系，资产营运主体不能直接干预企业的生产经营活动。企业卖一台闲置设备，不仅不需要国有资产管理部门审批，而且也不需要国有资产经营机构审批，因为这是企业自主权范围内的事。

目前在试点中三个层次之间的矛盾、问题首先是国有资产管理部门如何对国有资产经营公司进行管理与考核，双方容易产生分歧。对这一问题按《试点意见》能够很好解决，重要的是考核指标体系必须科学、完善。其次，国有资产管理部门、经营公司及企业三者之间在资产收益分配上因所处

的位置不同，因而看法也不尽一致。我的看法是：

第一，国资管理部门与经营公司之间的产权管理、产权收益分配和考核监督关系应通过资产委托合同确定下来，通过建立科学的考核指标体系，组织社会中介机构进行审计监督。不能重蹈旧体制中的国有企业与主管部门的关系那种模式。另一方面，从经营公司的角度看，它只对授权委托范围内的国有资产的保值增值负责。目前一些行业主管部门试行建立本行业的国有资产经营公司，自己承担国有资产管理职能，这只能是过渡办法。原则上，行业主管部门主要是负责行业管理，而不应成为国有资产产权的代表，否则政企不分问题无法解决。

第二，在委托经营范围和收益分配问题上，国有资产管理部门拥有调度权，以利实现国有资产优化配置，但是在一定时间内，应保持相对稳定。原则上，国资经营公司的收益应保留一定比例作为国家追加资本，不宜全部上缴，否则，会伤害资产经营公司的积极性，造成经营的短期行为。

第三，国有资产经营公司与生产企业之间的关系，要把握一个原则，双方不是行政隶属关系，而是投资人与企业法人之间平等的民事关系，经营公司对企业不能行使行政管理职能，否则就成了"翻牌公司"。所有的企业都应具有独立的法人财产权，经营公司只作为投资者行使股东的权益，对参股、控股企业收取股份红利，对全资子公司的税后利润确定留成比例，按合同规定收缴收益。

（三）国有资产营运主体如何进行资产运营的问题

国有资产从价值形态上进行运营，主要有这么一些内容：一是对参股、控股企业及全资企业委派国有股东代表，依法进入企业董事会、监事会，并以股东身份对企业发展战略作出决策；二是根据委托范围内的企业状况及国家产业政策进行多种形式、多种方式的产权转让，盘活国有资产存量，优化资源配置。我省国有企业普遍存在规模偏小、产业分布不合理、经济效益差的问题。对一些竞争性行业，可以大胆探索通过资产拍卖、股权出让，退出或部分退出国有产权，再把这部分转为价值形态的国有资产重新投入到基础设施或效益好的行业。盘活国有资产存量的产权改革是国有资产经营公司的主要任务。三是对于增量投资，今后政府不直接对某一项目进行投资，而改由委托国资经营公司进行。如福厦高速公路建设，省里准备先成立一家国家独资的有限责任公司，承担政府的投资职能，然后在各路段通过参股、控股，与各地政府或企业的出资者共同组成股份有限公司来进行。

国有资产经营从实物形态转向价值形态是经营方式的一个重大变革，需要掌握有关的做法和规则：第一，必须更新思想观念，正确认识从实物形态转向价值形态只是资产存在方式的不同，并不影响公有制的地位。第二，必须有一定的外部条件，比如建立产权交易市场，这是资产经营市场化的必要条件。第三，当前国有企业历史包袱和社会负担较重，包括退休职工负担、企业办社会和银行老贷款等，必须通过健全社会保险制度、剥离企业办社会职能等综合改革措施，为启动资产经营创造条件。

三、加快国有资产经营管理体制的改革步伐

福建在国有资产经营管理体制改革方面，无论是理论研究，还是实践探索，起步都较早，但改革进展不快。究其原因主要有：一是这项改革涉及面广，对现有的权力和利益的调整幅度大，改革的难度高。二是在国内，对改革的具体做法存在不同看法，没有很好的成功经验可以借鉴。三是已有的一些试点在具体操作中暴露出这样或那样的问题，妨碍了这项改革的推进。我省现有的几个试点是国有资产经营管理体制改革的启动点，是很有意义的工作，要抓好这些启动点，带动改革向纵深发展。试点中存在的问题我们要认真解决，改革不能停顿下来，要坚持下去。而且还要扩大试点范围。厦门、泉州、福州要进一步完善试点，总结经验；全省18个综合改革试点县、市要陆续起步；省直部门要起步一两家。同时要按照"大的要强，小的要活"的

要求，推进多种形式的产权制度改革，尤其是通过与外商合资合作，发展高新技术，提高产品档次，培育新的经济生长点。我省的产权交易市场要尽快建立起来。

（本文是在福建省体改委和财政厅联合召开的国有资产经营管理体制改革研讨会上的总结讲话，载《福建体制改革调查研究报告》1994年第3期）

历史性的选择：打好建立新体制的攻坚战

——学习十四届三中全会《决定》的体会

　　党的十四届三中全会和十一届三中全会一样，在中国改革进程中具有"里程碑"的性质。党的十四大在邓小平同志建设中国特色社会主义理论的指引下，第一次突破了长期以来把计划经济当作社会主义固有特征的思想束缚，提出了建立社会主义市场经济体制的伟大构想。十四届三中全会则进一步把十四大提出的目标和原则具体化，全会通过的《中共中央关于建立社会主义市场经济体制若干问题的决定》，全面落实了十四大提出的建立社会主义市场经济体制的任务，确立了中国走向市场经济的基本框架，是我们加快改革，加快发展的行动纲领。《决定》具体体现了小平同志关于解放和发展生产力是社会主义的本质内容，改革是社会主义发展生产力的动力，计划与市场都是经济手段不是社会主义与资本主义的本质区别，以"三个有利于"作为改革是非得失的衡量标准等光辉思想，可以说是一部建设中国特色社会主义的政治经济学，是对科学社会主义和马克思主义政治经济学的继承和发展，是中国共产党人在探索社会主义道路方面所作出的又一巨大贡献。贯彻十四届三中全会精神，实现省委五届八次会议提出"用三年时间形成社会主义市场经济的基本框架，用五年时间初步建立社会主义市场经济体制"的改革目标是历史赋予我们的伟大任务。

一、历史的要求——打一场改革的攻坚战

十四届三中全会五十条决定的出台，标志着改革进入了全面推进和重点突破相结合的"攻坚阶段"，这是一个关键性的历史时期。其关键性在于：新体制的建设已有一定基础，再走关键几步，就有可能跃居主导地位，这就要看我们敢不敢触动旧体制的深层次问题，敢不敢攻坚碰硬，敢不敢啃"硬骨头"了。福建要率先建立新体制，关键也就在于能否打好这场改革的攻坚战。

改革进入攻坚阶段是经济运行和体制改革向纵深发展的必然要求。福建与全国一样，15五年来经济体制改革取得了较大成就：以公有制为主体，多种经济成分共同发展的格局初步形成，国有企业的市场竞争能力大为增强；大部分商品价格和商品生产经营放开，市场机制配置资源和调节经济的作用显著扩大；以指令性计划为主的直接管理方式开始向更多地运用经济和法律手段为主的间接的宏观调节转换；多种形式的劳动就业制度和与此相适应的效率优先兼顾公平的分配格局的基础初步建立；全方位多层次的对外开放态势基本形成。可以说，旧体制正在打破，新体制开始初见端倪。然而双重体制的摩擦和留下的漏洞已越来越多地表现为经济运行中的新矛盾。追寻15年改革开放的轨迹，似乎总绕不过这样一个难题：要发展就要有速度，速度上来了，经济就过热，过热了就要调整，调整又降低速度。经济毛病归根结底在于一些领域改革的严重滞后，尤其是宏观调控体制改革滞后。比如："无序化"的金融运动和现行银行体制密切相关；财政包干造成的局部利益驱动下的产业结构趋同化矛盾，投资膨胀与现行投资体制责任不清、不担风险密切相关等都表明，当前经济机制内在的进化要求，通过某种混乱形式对某些滞后的体制环节提出挑战。改革已走到了十字路口，或维持现状或改革攻坚，这是成与败之间不容迟疑的选择。15年来我们的改革是在一些容易改、见效快、尽量不伤害任何社会集团利益的方面进行，从农村联产承包制到国

有企业承包制，从财政分灶吃饭到外汇出口留成，无不体现这一特点。现在旧体制中的核心问题已到了绕不开、弃不掉的地步，攻坚碰硬成为改革无法回避的现实选择。

十四届三中全会《决定》对攻坚阶段改革的任务进行了全面阐述。今后一个时期，改革将双管齐下，在建立现代企业制度，构建社会主义市场经济微观基础和深化财税、金融、计划投资体制改革，健全宏观调控体系两个方面大步推进，同时配套进行以要素市场为主的市场体系建设，推进价格改革、社会保障制度改革和住房制度改革，加快政府职能转变。从改革的任务来看，具有以下几个特点：第一，改革的深度和广度都是空前的。十四届三中全会《决定》对各个领域的改革进行了全面的规划，指出了改革的方向、任务，直接对准了体制中关键环节的深层次部分。例如，国有企业改革从放权让利，着眼于经营权的转变深入到理顺产权关系，进行企业制度创新；宏观经济管理从主要取消指令性计划和审批制度，深入到构造间接管理的手段、体系和运作机制；市场发展从主要是开放商品市场深入到要素市场的建设等。第二，在改革战略上采取了整体推进与重点突破相结合的方针。改革发展到今天，相对独立的改革措施已很难再产生预期效益，当前的改革要着眼于形成全面的新的经济关系，必须对改革进行综合设计，整体推进。同时又要抓住机遇对关键环节重点突破。在改革的攻坚阶段，过于强调渐进和稳妥，就会贻误战机，延长过渡时期，增加改革的风险与成本。第三，改革的理性指导增强。正如江泽民同志所说的："这次全会所勾画的社会主义市场经济体制的基本框架，虽然还需要在实践中接受检验和继续完善，但有了这个基本框架，可以增强我们对改革工作指导的预见性，使改革更富有成效。"第四，改革措施将转向规范化的法制化、制度化建设。这是适应改革由浅层转向深层，由以破为主转向以立为主的要求。在我们15年改革历程中，上有政策下有对策，几乎成了一门学问，如果法律再滞后，等到出现一大堆问题再来整顿，损失就大了。因此，对以往的改革成果要用法律形式来巩固,新的改革措施也要以法律形式推出。深刻把握改革所处的阶段、特点和任务,对保证改革的顺利进行意义重大。

在这场建立新体制的攻坚战中,敢不敢攻坚碰硬,是衡量一个省、一个地区乃至一个部门改革意识强不强,改革决心大不大的试金石。一个省一个地区能不能实现国民经济持续、快速、健康发展,也就看他敢不敢和能不能打好这场建立新体制的攻坚战。福建省要实现用5年时间初步建立社会主义市场经济体制的改革目标,一要继续解放思想,在建立现代企业制度、转变政府职能、培育市场体系、建立新型的社会保障制度等领域,大胆探索,勇于实践,争取有新的突破,为全国改革积累经验。二要在一些涉及深层次利益调整、难度较大的改革领域敢于碰硬,特别是政府职能转变滞后,已成为企业改革和宏观体制改革的障碍,政府自身的改革是不可回避的。三是要加强对改革的领导、组织和协调工作。改革的层次越深、范围越广,难度和震动就越大,牵涉到方方面面的权力和利益格局的调整就越大,就越要加强对改革的领导、组织、协调,只有这样才能保证打好建立新体制的攻坚战。

二、现实的任务——整体推进、重点突破

1994年是全面贯彻十四届三中全会《决定》的第一年,也是实现省委五届八次会议提出的"三、五、十"经济体制改革目标的关键性一年,改革将在各个领域全面推进。从福建来看,要在中央的统一部署下,积极稳妥地推进财税体制、金融体制和投资体制改革,为构建适应社会主义市场经济要求的宏观经济管理体制打下基础,同时要根据福建省情特点,抓住一两个突破口,带动改革全局的发展。

(一)以建立现代企业制度为核心,配套推进相关体制改革,是构筑新体制的重要突破口

十四届三中全会《决定》第一次提出"建立现代企业制度是我国所有

企业努力的方向"，这在理论和实践上都是一个重大的突破。现代企业制度是一种适应社会化大生产和社会主义市场经济要求的产权明晰，权责明确，政企分开，管理科学的企业制度。它是一种企业体制模式，是社会主义市场经济体制框架的基础。现代企业制度的主要形式是公司法人制度，其主要特征：一是产权关系明晰，企业中的国有资产全部属于国家，企业拥有包括国家在内的出资者投资的全部法人财产权，成为享有民事权利，承担民事责任的法人实体。二是权责分明，企业以其全部法人财产，依法自主经营，自负盈亏，照章纳税，对出资者承担资产保值的责任；出资者按投入企业的资本额享有所有者的权益即资产收益、重大决策和选择管理者等权利。企业破产时，出资者只以投入企业的资本额对企业债务负有限责任。三是建立科学的企业领导体制和组织管理制度，通过股东会、董事会、执行部门和监事会等公司管理机构的设置和运作，形成调节所有者、经营者和职工集体之间关系的激励机制。

股份有限公司和有限责任公司是企业法人制度的主要组织形式。我省股份制改革起步较早，但由于一度纠缠于所谓的"姓资姓社"和"不规范"、诬为"乱集资"问题，致使目前我省企业股份制改革大大落后于其他兄弟省份。因此，加快建立现代企业制度步伐，要大力推进股份制改革。从我省的实际情况看，股份制改革可以有以下几条途径：一是在现有股份制企业中改组若干个社会公众公司，现已上市的公司要在建立现代企业制度中发挥带头和示范作用。二是对连续3年经营业绩好，符合产业政策，有发展后劲的企业改制成股份有限公司或有限责任公司。三是对少数暂时不具备条件改组为股份有限公司，但又关系国计民生，有发展前途的国有企业，可实行国家独资有限责任公司，促其按公司制的内部机制运行。四是利用福建的开放优势，发展一批与外商合资合作的股份制企业。五是结合新开工的建设项目，组建符合新规范的新企业，确立新的企业机制。六是对一些集团公司通过理顺产权关系组成以财产联结为纽带的母子公司。七是在乡镇企业中进行股份有限公司或有限责任公司的试点。在《公司法》生效之前，要按照《股份有限公司规范意见》和《有限责任公司规范意见》设立；生效之后，则应按《公司法》办理。

1994年我省在抓好50家企业建立现代企业制度试点外，要推进20至30家国有大中型企业改组为股份有限公司，选择200家左右中小型国有企业改组为有限责任公司。继续推荐5至10家企业向社会公开发行股票，争取在股份制改革方面取得大的进展。

建立现代企业制度要注重处理好以下几个关系：

1.建立现代企业制度与国有资产管理体制改革在方向上的一致性。国有资产管理体制改革在方向上要做到确保国有资产保值增值，又必须充分保障企业的自主经营。即在国家统一所有前提下，实行分级管理，地方和部门经国务院授权，对国有资产实行行政性管理；同时依照一定的法律程序，委托专门的控股公司或国有资产经营公司经营国有资产，以确保其保值增值。营运公司和企业只是投资人和企业法人之间平等的民事主体关系。任何以加强国有资产管理为名，伤害企业自主经营的行为都是违背改革的方向的。

2.建立现代企业制度要与社会保障制度改革相配套。1994年社会保障制度改革要用好用活失业保险基金，充分发挥失业保险机制的功能，为有组织地将亏损企业、破产企业职工推向社会创造条件；要加快出台全省统一的企业职工和事业单位人员养老保险制度，推进医疗保险试点工作，建立企业工伤保险制度和统一的社会保险管理机构，加强对保险基金的监督管理。

3.建立现代企业制度要与要素市场为主的市场体系建设相协调。现代企业总是活跃于市场之中，市场的建设对企业改革关系重大，尤其是产权市场、金融市场、劳动力市场等要素市场的发育状况直接影响现代企业制度的建立和企业的经营发展。因此，要素市场建设是今年市场体系建设的重点。

除上述外，建立现代企业制度与政府职能转变等体制改革也密切相关。

在经济体制改革中，企业改革始终是重中之重，以建立现代企业制度为核心，配套推进相关体制改革是构筑社会主义市场经济体制的重要突破口。做好这一点，整个体制的微观基础就活起来了，经济结构调整，经济的持续、快速、健康发展就有了基本的保证。因此要不遗余力，排除一切干扰，下大力气抓紧抓好，争取有一个突破性进展。

（二）建立新体制要首先在综合配套改革试点地区取得突破，由此带动全局

福建经济体制改革在不同地区发展是不平衡的，那些综合配套改革的试点市、县在建立社会主义市场经济体制中负有先行一步，为全省改革积累经验的重任。综合配套改革如果能够在这些地区取得突破性进展，对全省在5年内初步建立社会主义市场经济体制将具有重大意义。因此，大力推进综合改革试点工作，以点带面，推动新体制逐步跃居主导地位是我省改革战略的重大选择。

综合配套改革试点工作，要根据不同地区的情况，突出改革重点。对于经济比较发达，非公有制经济已有较大发展、具有较强的扩张意识和良好的经济实力、社会就业机会较大的地区，要加快国有小型企业的拍卖步伐。对国有大中型企业较多的地区，要以加快国有企业改革，建立现代企业制度为重点。对乡镇企业较发达的地区要推动其建立股份合作制，条件好的可改制为股份有限公司或有限责任公司。对社会游资丰富、金融意识较强，其他经济成分较活跃的地区要加快金融体制改革，在组建农村合作银行，发展资金市场方面下工夫。厦门经济特区要把建立自由港同构建新体制结合起来，实现特区由政策优势向体制优势的转变，如此等等。综合改革试点市、县只要抓住自己的特点，正确选择重点，改革就能够迈出实质性步伐。所有的综合改革试点市、县有一个共同的任务，这就是要加快政府机构改革，转变政府职能，同时建立统一的社会保险管理机构。

今年是综合配套改革试点全面实施的关键性一年，试点市、县要解放思想，在一些涉及深层次利益调整，难度较大的改革领域要敢于碰硬，在某些现行经济体制下仍是难点，但属建立市场经济体制所必要进行的改革，要大胆闯，大胆试，争取迈出较大步子，取得较大突破，收到明显成效。

当前改革已进入最艰苦、最富挑战性，同时也是最有希望的攻坚阶段，一定要走好这一步，用我们的勤奋工作和敢于攻坚碰硬的精神，描绘社会主义市场经济体制的宏伟蓝图。

（本文发表于《理论学习》1994年第1、2期。入编《邓小平理论研究文库》第三卷）

适应社会主义市场经济体制要求
积极培育和发展市场中介组织

一个统一、开放、竞争、有序、完备、发达的大市场，不仅要有合格的市场主体和健全的运行规则，还需要起沟通、协调、服务作用的中介组织。中共中央《关于建立社会主义市场经济体制若干问题的决定》中就专门规定了必须"发展市场中介组织，发挥其服务、沟通、公证、监督作用"。当前，深化企业改革的现实需要，也呼唤着市场中介组织的发育和健康运行。本文通过对当前福建省市场中介组织发育情况的调查，提出一些看法。

一、市场中介组织是市场经济顺利运行的润滑剂、协调器

第一，培育和发展市场中介组织，是确保企业在经济运行中主体地位的需要。在现代经济活动中，企业需要保证平等竞争的社会环境。而市场中介组织通过参与协调、服务、监督，既有利于维持市场竞争秩序，也是企业走向市场的向导。特别是随着社会分工日益精细，企业之间的相互依赖程度显著增强，发挥市场中介组织的协调、服务、促进作用，越来越显得重要。

第二，培育和发展市场中介组织，是沟通政府和企业之间的信息、强化政府的宏观管理和加速企业微观经营健康运行的需要。尤其是随着政府职能的转变，对企业将由过去的直接管理转为间接管理，迫切要求进一步发展中介组织，承接政府转移、分离出来的部分职能，沟通、协调政府与企业的关

系。使之对下传递政府信息、意图，对上反映企业的呼声、要求，并监督企业遵守国家的法律、法规，贯彻政府经济政策。可以说，中介组织是市场经济的协调器。

第三，发展市场中介组织，是培育和完善市场体系的重要内容。在市场经济运行中，大量难以或不宜由企业承担，也不宜由政府履行的职能，需要由一系列中介机构来承担，或开展服务。可以说，市场中介组织具有政府行政管理不可替代的作用，是市场经济运行的润滑剂。

第四，培育和发展市场中介组织，是实现对外开放的客观要求。随着对外开放的扩大，国内企业将越来越多地进入世界市场，参与国际竞争。但我国企业特别是国有企业长期生活在计划经济体制下，对国际市场的运作所知甚少，中介组织具有咨询、服务功能，能充当国内企业走向国际市场的桥梁。同时，也为国外财团、外资企业在国内的投资提供服务。

二、目前中介组织粗具规模，须促其发育提高

福建省市场中介组织是随着对外开放步伐的加快，境外客商陆续进入福建投资，但缺乏对有关政策的了解，亟须一批中介组织为其提供咨询服务而产生的，随后逐步向为境内外企业查账验资，出具资信证明，办理法律文书，代理申报，提供信息，提供交易服务等方面拓展。应该说，中介组织是顺应经济发展的要求而产生和发育的。目前全省的市场中介组织已粗具规模，其活动已渗透到经济生活的各个方面。从门类看，主要有以下四种类型，一是协调、服务、约束市场主体行为的行业性自律组织，包括各种行业协会、同业公会、商会等；二是保证市场公平交易、监督市场活动的公证机构，大致包括会计师事务所、审计师事务所、专利事务所、仲裁机构、公证机构、资产和资信评估机构、计量检验机构、质量认证机构等；三是为促进市场发育、降低交易成本的服务机构，包括各类咨询公司、信息中心等；四

是直接为市场服务的"桥梁"组织，大致包括经纪商组织、典当行等。从数量看，据有关部门统计，福建全省共有行业协会、同业公会和商会8965个，会计师事务所85个，从业人员1800多人（其中注册会计师600多名），律师事务所195个，从业人员2300多人，审计师事务所98个，专利事务所6个，仲裁机构180个，公证机构88个，资产和资信评估机构47个，计量检验机构158个，质量检验机构33个。此外，还有13391个咨询机构，大量经纪服务组织和少数的典当行，并先后成立了2家拍卖行。这些中介组织，正在由旧体制下的国家机关附属的事业单位向享有民事权利、独立承担民事责任的法人实体（特别是执业者以合伙制承担连带责任）转变，呈现以下发展趋势：

一是发育程度加快。全省85家会计师事务所中，有三分之一是1994年新办的。

二是单一由政府兴办逐步转向集体、个体也开始兴办。全省195个律师事务所中就有10多家实行合伙制。福建诚信会计师事务所是全国实行合伙制的四个会计师事务所之一。股份制和合伙制的中介组织的成立，为推进中介组织管理体制改革闯出一条新路。

三是参与经济活动的范围越来越广。业务活动逐步向多层次、新领域、大标的额、大投资项目和涉外经济领域扩展。如律师行业，除了承担诉讼案件之外，越来越多地以顾问、咨询、公证、法律咨询的身份，活跃在市场经济活动之中。又如会计师行业，主要由过去的咨询为主发展到查账、审计、验资、办理企业的合并、分立、清算、代理纳税等业务。律师、会计师、资产评估机构、证券商等中介机构进入股份公司股票公开发行和上市的领域，标志着证券市场正在比照国际惯例运行。

四是对中介机构的管理由单纯行政管理向以行政管理和行业管理相结合发展。近几年来，各地已成立了一批中介组织的行业协会，制定了一些执业规则，对会员的执业进行指导、质检、监督和管理，对促进中介组织开展独立活动和向民间性质转变有了一个良好开端。

目前的主要问题是：

1.规模过小，发展不平衡。表现在类型上，为企业间资产收购、兼并服务的产权交易机构和保证市场活动健康运行的产品认证和企业质量体系认证机构均寥寥无几。表现在数量上，还承担不了日益增多的经济活动需要，如全省85家会计师事务所，仅有从业人员1800人，平均每所21人，同全省20多万家企业和经济蓬勃发展的需求相比很不适应。表现在布局上，还基本上是按照行政区域设立，沿海地区和山区业务量悬殊，"吃不饱"和"吃不了"并存。

2.服务质量不高。除一般的业务素质有待提高外，值得引起重视的是有的片面追求经济效益，违反客观公正原则，也无视本身的风险责任，往往听从客户要求或行政长官意志，出具不符实际的文书。一旦出现偏颇，往往会导致严重后果。服务质量不高的原因是多方面的，主要有二：一是缺乏执业监督，包括行政监督、行业自律组织监督和市场监督。二是缺乏健全的规范和准绳，服务质量评价标准不具体或不科学。如资产评估虽有一定的行政规章依据，但实际操作中弹性极大，有的企业资产评估值一再调整，有的上市公司披露的财务报表不断更正，就是例证。

与服务质量相联系的还有个服务收费问题。中介机构认为比照国外水平，收费偏低。客户则认为我国经济活动还处于向市场经济运作过渡的阶段，政府部门仍担负着大量经济管理工作，中介机构的功能和风险度均不能与国外类比，收费水平应从我国实际出发。我省有一家境内上市公司，每年用于上市、托管、审计、鉴证、财务预测等中介费用近百万元，感觉负担过重。笔者认为应当重视企业的呼声。

3.管理体制不当，业务活动缺乏竞争、垄断现象严重。各类中介组织大多是由政府有关部门利用行政权力建立，挂靠并接受其行政管理，人、财、物联系紧密，实质上成为政府行政职能的延伸。尽管有的也成立了行业协会，但人员由行政部门委派，领导由行政长官担任，甚至与行政机关对应处、室实行两块牌子，一套人马，实质上变成了"第二行政机关"，是政府职能没有真正转变的反映。当前有一种奇怪的现象，即每一个行政部门都在兴办各自的中介机构，借助行政命令，承办各该部门对应的业务范围内的"咨询"服务事项。从事同一专业服务的中介组织群却分属不同的行政主管部门，导致严重的部门保护主义和市场分割。中介组织在市场上的竞争实际上是政府行政机关的权利竞争。客户往往被强制接受"服务"，无所适从。有的企业反映，年终财务检查，企业要请会计师事务所、审计师事务所、税务咨询公司三家查账审计，分别对应财政局、审计局、税务局三个行政部门。产品质量检验已经技术监督部门检验中心通过，但出口产品又需经商检局检验机构认账。国有企业改制成股份公司，仅资产评估工作，就被指定要由资产、土地、房产三个事务所分别评估。重复劳动和无效劳动比比皆是，完全与市场经济机制相悖。

在这种管理体制下，中介组织本身的运行机制也就不可能完善。主要是法律意识和风险意识差，活动缺乏有效约束，从业人员责任心和积极性也有待进一步提高。

4.有关中介组织的法规建设滞后。从1984年开始，我国第一部专门规范市场中介组织的法律——《中华人民共和国注册会计师法》出台，经过十几年努力，先后出台了一系列法规，但较为零散且不完整。立法步伐的滞后，主要表现在三个方面：一是立法不全。如《律师法》《证券法》《拍卖法》《期货交易法》等至今仍未出台。二是法律不配套，如政府对有些中介组织仅限于执业机构的资格审批和监督管理，但由于对执业人员素质无从考核，即使机构达到必要条件，也不能真正保证该机构的工作质量。三是法律的监督机制不灵，中介组织从业人员违法行为时有发生。

三、按照市场经济规则运作，把中介组织培育成政府、企业、市场的桥梁

市场中介组织不论数量上还是门类上无疑都需要一个较大的拓展，同时

更需要注意改善运作机制，按市场经济规则运作，与国际惯例接轨，应是我们前进的方向。

现着重就保证市场交易公平有序的各种公证、验证、评估、代理机构，如何完善运作机制，谈一些意见。

首先，要改革对中介组织的管理体制，保证其充分的独立性、竞争性、社会性。其中独立性是前提，是当前完善中介组织机构，走出误区的关键。要彻底摆脱对行政的依附，独立自主地开展业务，并自负盈亏。原挂靠在行政部门的要真正脱钩，逐步改造为有限责任制或合伙制事务所。在确立独立地位的基础上，面向市场，开展充分竞争，行政部门不得干预，也不得赋予特权，垄断业务。从而保证客户同样摆脱行政命令强制，自主选择中介服务。

这是一项艰巨复杂任务。涉及政府部门转变职能，改变习惯的思维方式和行为方式，放弃某些权力，还要修改某些行政规章条例。但不如此，就难以克服当前存在的许多弊端，就无法使中介组织发育规范。

要坚持社会办中介组织的方向。不论集体、个体、外资要求兴办中介组织的，只要条件具备，都要支持，使其公平竞争、优胜劣汰。要改革设立的审批程序，逐步过渡到登记制，允许它们依据相关的法规和条件进行注册。还要放宽服务范围，在法律允许和资格具备的前提下，允许中介组织多方位服务、一条龙服务，以方便客户。

其次，要加快建立行业协会，形成自律性运行机制。政府对中介组织的管理，主要依靠制定法律法规，规范和调整其行为；至于日常的监督管理，应通过行业协会，实行行业自律。需要说明，行业协会作为同行业成员自愿依法成立，协调和沟通行业同政府之间联系的桥梁组织，自身也具有中介性质，且涵盖市场主体的各行各业。本文仅限于对中介机构行业自律的探讨，但其原则也适用于商会、同业公会等市场主体的行业组织。

行业协会的职能一般界定为：制定行规公约，协调行业事务和管理，实行职业自律，维护行业合法权益，提供同业服务，接受政府授权审批专业执业资格。监管和服务是其两大功能，应以服务为宗旨，监管为手段。在维护社会公众利益中实现行业的整体利益，当会员个别利益过度膨胀而导致社会公众利益并连带行业整体利益受到侵犯时，必须予以约束乃至制裁，这也就是监管的精髓。

行业协会对会员的监管要有具体的措施和严密的制度。包括严格对从业人员的资格审查；组织专业考试；制定各类专业标准、专业操作守则细则、职业道德准则；定期和不定期检查、抽查业务质量，提出改进意见并检查改进情况；接受举报，进行调查检查，严肃监察纪律；以及举办培训，提高人员素质。借鉴国外做法，行业的自我监管需要政府部门一定授权。如资格认定，发放牌照，进行鉴证，对违规者除行政处罚外，还可吊销执照。

行业协会的民间性和独立性，是保证其履行职能的必要条件。协会的组织构架应体现会员自愿组织的性质，理事会及各工作部门负责人应来自会员单位，政府工作人员除个别的为贯彻政府政策意图而进入领导层外，一般不在协会中任职。协会经费取自会费和其他服务收入，财务独立。协会根据法律规定独立活动，政府无权对其干预。

鉴于当前行业协会数量过少和行业自律活动基本上没有开展的实际情况，需要加快组织建设步伐，特别是对市场经济活动影响较大的门类，如证券中介机构、资产评估机构，其行业协会要尽快成立，并一开始就按科学的机制运作，把行业自我监管开展起来。

第三，完善中介组织内部运行机制，提高服务质量。

要遵循激励和约束结合，权利和义务对等的原则，完善内部管理制度。主要有：

搞活人事管理，人员实行招聘。

改革分配制度，坚持按劳分配为主，效率优先，兼顾公平的前提下，合理拉开从业者的收入差距，要综合考虑经济效益和社会效益，对从业人员的考核和收入分配不仅要根据业务收入，也要与执业数量、质量、执业纪律、职业道德结合起来。

逐步放宽服务收费管理，按市场规则，只要双方自愿，允许同一项目不同的执业人员实行不同的收费标准。但必须由中介组织统一收费，严禁个人从事组织外活动。

强化风险准备。为改变注册资本金过低的状况，必须增加公共积累，定期补充注册资金，以与风险相匹配。逐步建立风险基金制度，通过制定行政法规或行业规则，按业务收入提取一定比例基金，用于因中介服务自身行为过失而给客户的赔偿。

减轻税费负担。简化名目繁多的税种，税种税率应按第三产业对待。

第四，强化法制建设，使中介服务进入法制轨道。中介组织的业务内容应以法律法规为依据，政府对中介组织的监控必须依法进行。要加快出台有关法律法规，同时制定一批行政性规章，消除法律真空。立法包括两类：一类是规范市场运作、市场竞争和交易秩序，作为中介服务依据的相关经济法律，如证券法、期货交易法等。经济法规体系的健全，各方均翘首以待。另一类是明确中介组织法律地位、保障中介组织活动、规范中介行为的有关法律、规章，如律师法、评估师条例等一系列法规。同时，要加强执法力度，完善执法监督。做到有法可依，违法必究，任何组织和个人在法律面前平等，政府部门尤应做遵守法律的表率。

（本文发表于《中国经济问题》1995年第6期、《福建学刊》1995年第6期，入编《中国特色社会主义文库》）

澳大利亚、香港中介组织的运作

澳大利亚、香港的市场经济都较发达，社会中介组织也较活跃。在长期的市场经济活动中，澳大利亚、香港社会中介组织形成了整套比较科学的管理体制和运行机制，其影响作用几乎覆盖了整个社会经济生活。

一、澳大利亚、香港社会中介组织的基本特点

澳大利亚、香港的社会中介组织数量较多，其中有半官方的中介机构，有民间性的各种行业协会、公会、商会，有经纪人性质的中介组织，有运用某种专业知识为社会提供服务或监管经济活动的中介组织。从其运转情况看，有以下几个基本特点：

1.独立性。澳大利亚、香港社会中介组织是根据政府的有关法律法规自愿组织或自行解体的，因此它不从属于政府，不受政府的行政约束，处于完全独立的地位。

2.服务性。澳大利亚、香港的社会中介组织是以服务为宗旨的，通过多种方式向企业提供多方面的服务。如澳大利亚贸易委员会主要为企业提供开拓国内外市场等经济贸易服务，经常举办贸易洽谈会，提供信息咨询等；律师事务所、会计师楼等则主要从事专业性服务和某些方面的监管；经纪公司、证券公司为买卖双方的互相沟通提供信息、咨询和交易服务。

3.自律性。澳大利亚、香港社会中介组织具有较为完善的自律性运行机制。中介服务活动首先必须严格遵循法律及行业规章，如澳大利亚各个州都有专门的法律规范律师的行为，香港会计师公会有四个委员会专门编制、研究及修订会员守则。其次，还要接受行业监管。澳大利亚、香港社会中介组织的行业管理比较健全，行业自律性很强。行业公会作为同行业之间相互约束的自律性组织，都建立了一套完整的监察制度，监察会员对顾客提供的服务品质，处罚违反法律规章的行为。

4.协调性。澳大利亚、香港社会中介组织都有较强的协调功能。一是协调会员或客户与政府的关系；二是协调行业整体利益；三是协调会员与客户的关系。

5.有序性。澳大利亚、香港社会中介组织很多，同行业竞争也很激烈，但从考察了解的情况看，市场竞争比较有序、规范。

澳大利亚、香港社会中介组织的上述特点保证了中介服务健康正常和有效的运行，在社会经济生活中发挥着重要的作用。

二、澳大利亚、香港中介组织的行业管理及与政府的关系

澳大利亚、香港中介组织的行业公会都是常设机构，经过长期的运作有一整套规范的内部运行机制。

1.中介组织的行业公会应有监管和服务两大功能。

通过行业监管，保证行业服务品质；通过服务，发展行业在社会的业务空间，维护行业的整体利益。

2.中介组织的行业公会与会员的关系。

（1）行业公会与会员之间有特定的"脐带"联系。行业公会最高决策机构理事会的成员及各事务委员会的成员基本上来自会员单位，并且为保证其代表的充分性，还根据会员情况作出相应规定，香港会计师公会 12 名由

会员推选的理事中执业会计师和非执业会计师各不少于5名。同时，行业公会的经费也依赖于会员交纳的会费，会费收入是公会的主要经济来源。

（2）行业公会是会员集体利益的代表者。行业公会具有鲜明的利益取向，它要代表公会的共同利益与社会各界协商。行业公会与单一会员不同之处就在于它要充分考虑社会公众的利益，在维护社会公众利益中实现和维护行业的整体利益。

（3）行业公会与会员之间既是平等的关系，又是管理与被管理的关系。行业公会与会员间不存在行政隶属和行政上的支配与强制，会员参加公会组织是自愿的；但是一旦成为行业公会会员就必须遵守行业规章，接受行业公会的监督管理。行业公会作为行业自我管理的组织，它一方面要依靠会员间很强的自觉自愿性来实现管理，另一方面还要依靠法律所赋予的一定职能来保证其管理，例如，澳大利亚律师公会和香港会计师公会都有对从业者发放牌照或吊销牌照的职能，从而使其行业监督管理具有有效的实施手段。

3.中介组织的行业公会与政府的关系。

（1）行业公会与政府间的职能划分。从澳大利亚、香港的情况看，政府与行业公会之间的职能划分十分清晰。在对中介组织的管理上，政府主要通过对行业公会的监督来规范中介组织的活动，政府不对中介组织进行行业指导。

（2）行业公会独立于政府，同时必须接受政府监督。澳大利亚、香港中介组织的行业公会处于完全独立的地位，其活动在法律许可范围内充分自主。但是行业公会又必须接受政府的监督，香港行政公署对行业公会的监督采取了对公会委派理事的办法，会计师公会中 14 位理事有2位是政府委任的，主要是财政司和库务署署长或他们的代表，他们是公会的当然理事，其职责就是掌握公会的运作情况，传达政府政策意图，督促其与政府的整体运作接轨，并听取中介组织对政府有关政策的建议与意见。

（3）行业公会与政府间具有密切的协作关系。具体表现在政府通过行业公会制定、完善并实施自己的政策意图，行业公会则力图使政府政策充分体现中介组织和社会公众的共同利益。政府在制定某些政策或政府有关立法部门在制定法律规范时，一般要征求有关的行业公会意见。

三、对培育我国社会中介组织的一点启示

改革开放以来，我国社会中介组织迅速发展，一大批会计师和律师事务所、公证和仲裁机构、计量和质量检验认证机构、信息咨询机构资产资信评估机构等在市场经济活动中应运而生，发挥着越来越广泛和重要的作用。但是我国社会中介组织的发育毕竟还很不成熟，还有许多需要解决的问题。根据澳大利亚、香港社会中介组织的经验，结合我省实际，我们认为，当前培育和发展社会中介组织要把重点转移到构建适应社会主义市场经济要求的社会中介组织的管理体制和运行机制上来，这与整个改革进入到全面建立社会主义市场经济新体制的进程是一致的。

第一，要加快社会中介组织的机制转换，确定中介组织完全独立地位。近期对于依附于政府部门的事业性质的中介组织要逐步改造为有限责任公司或合伙制企业，割裂中介组织对政府的依附关系，确立其完全独立的法人地位。今后社会中介组织的建立必须坚持民营性。

第二，要加强中介服务的行业监管，形成自律性的运行机制。十四届三中全会《决定》在强调发展市场中介组织的同时特别指出，中介组织要"依据市场规范，建立自律性运行机制，承担相应的法律和经济责任"。中介组织的自律性管理除了依靠中介组织自身按法律法规进行自我约束外，行业监管是十分重要的。现有已经成立的行业协会，如律师协会、会计师协会等要吸收和借鉴国外经验，改造其内部运行机制；未建立行业组织的一些中介服务领域（如我省现有证券中介机构60多个，但缺乏证券中介的行业组织），要尽快建立起行业自律组织，并且从一开始就要坚持民间性，与政府

脱钩，以确保行业监管的有效运作。现有以工商行业为基础的产业性中介组织，如综合性商会和行业性协会，也要加快步伐向民间组织过渡。

第三，要明确划分政府与社会中介组织的职能。长期以来政府承担的大量社会中介职能，要彻底转移给社会中介组织。对于运用专业知识进行中介服务的从业者的资质审查和登记注册可交由行业公会执行，政府主要是通过制定法律法规加以规范。对于综合性商会、行业性协会要在政府主管部门机构改革和职能转变中完善其职能。关于政府与中介组织特别是行业公会的职能划分，要分行业分部门进行分析研究，做到既保持中介组织的独立运行又能实现政府的有效监督。

第四，完善社会中介服务的有关政策法规，加强执法监督。要做到中介服务活动有法可依，要有一套完整的法规体系，不能出现法律"真空"，同时要加强执法监督，关键是执法要独立，加大执法力度。

非国有经济二次创业问题探讨

"九五"期间经济工作的关键是实现经济体制和经济增长方式的两个战略性转变，值此开局起步之际，我们除了大力抓好国有企业的改革，不断发展国有经济之外，还需要重视在"七五""八五"期间对支撑全省经济起飞曾经发挥过重要作用，对今后实现两个战略性转变也至关重要的那一部分经济因素——非国有经济及其制度创新和二次创业问题。

一、对非国有经济的认识和判断

我省的非国有经济，以乡镇企业、三资企业为主体，并包括城镇集体经济，个体、私有经济，以及近年正在迅速成长的股份制经济。其特征是受传统计划经济的束缚少，市场化程度高，大部分是传统体制外新成长的经济因素，具有较大的活力和张力，既是国民经济发展的新增长点，也是社会主义市场经济体制的新生长点。非国有经济不等于非公有经济。除个体、私有企业和外商独资企业属非公有制性质外，大量的其他企业，或者本身就是集体经济，或者有国有、集体经济的介入，形成含有多种经济成分的混合型经济，在这些企业中公有制占相当比重，社会主义分配原则仍起着重要作用。

经过十几年的发展，非国有经济已经成为全省国民经济的重要支柱、外向型经济的主要力量、财政收入的主要来源、农村剩余劳力转移的主要出路。到1994年，非国有经济创造了16年间全省89%的新增工业总产值，吸纳了64%的当年社会就业人员，提供了50.5%的当年工商税收。其工业产值增长速度，从1978年至1994年每年递增34.8%，高于同期国有工业产值递增8.9%的2.9倍。1994年，非国有经济在各个领域所占比重为：工业总产值占84.1%；建筑业总产值占50.6%；全社会固定资产投资占52.9%；工业企业占用年末固定资产净值占52.9%；零售贸易业网点占98.1%；社会消费品零售总额占77.5%。在全省出口创汇中，仅三资企业就占51.5%。我省非国有经济对国民经济的贡献，在全国处于领先地位。以其对新增工业总产值的贡献率为例，早在1983年就达到52.2%，超过了国有企业的贡献率，比全国1992年达到的水平提前了9年，从而支撑了我省经济实力在全国位次的前移。不言而喻，进一步放手发展这部分经济力量，对全省经济再创辉煌，有着举足轻重的意义。

二、当前我省发展非国有经济要实行分类指导

当前我省的非国有经济，从地域经济着眼，处在不同的发展阶段，有着不同的要求。基本上可分为两类。在内地山区和沿海的经济不发达地区，应着重量的扩张，同时注意质的要求，以实现社会经济的快速发展和尽早完成资本的原始积累。在产业方向上，大体是着重资源的转化；其制度形式的选择同较低的生产力水平相适应，传统的家族式的管理可能在个体、私有经济中占主导地位。但另一方面，在乡镇企业中，股份合作经济必将大量萌发。政府的调控要吸收沿海经济发达地区的经验并避免有些地区走过的弯路，在政策上扶持其发展。同时要督促其依法经营，比如制止假冒伪劣产品的出现，以免既坑害消费者，又败坏企业声誉。在沿海已经基本完成原始积累的地区，则要冷静分析面临的困扰、挑战和明确前进的方向。对目前不足的方面，我们可以列出许多条，甚至十几条，但需要分析哪些是主导的，哪些是

派生的；哪些是主要的，哪些是次要的；哪些是普遍的，哪些是个别的。以便抓住主要矛盾，采取得力的对策。笔者认为，由于历史发展的原因，沿海地区非国有经济当前存在的主要问题是产业层次低（包括技术含量低，活动空间范围窄小），规模分散和管理水平相对落后。它们二次创业的方向应是规模化、集团化、高科技化和管理现代化。

三、非国有经济二次创业的具体途径

1.不断提升非国有经济的产业层次。应当从目前非国有企业主要从事服装、玩具、鞋类等劳动密集型产业逐步向科技和资金密集型产业发展，包括参与基础设施建设和支柱产业的构建。传统产业也要通过原企业技术改造和新产品的开发，提高技术含量，以取得集约化效益。值得一提的是，这部分经济具有很大的活力、潜力和相当的融资能力。如泉州名流实业股份有限公司与泉州市政府合作，以BOT方式承建投资2亿多元的刺桐大桥，不到一年间已投入资金1亿多元，计划施工周期18个月，实际上今年底就可建成通车。厦门民营股份制企业荣滨集团公司已与湖南长沙市政府签订承建经营湘江南大桥合同，投资达1.88亿元。我们应不失时机地拓宽它们的发展空间，大力吸收其参与基础设施建设和支柱产业的构建，它们能在这方面发挥良好的作用。

2.参与国有企业资产重组。国有企业抓大放小，搞好整个国有经济，需要进行大量的资产重组，均面临资金来源问题。非国有经济是理想的合作对象。不仅应当支持它们收购、合并国有小企业，而且还要允许它们在国有大企业资产重组、公司制改造过程中参与入股，关键是要解放思想，让出必要的股权，国家只需相对控股，这是有利无害的。近几年，我省在企业改革深化过程中出现了多种所有制相融合的混合型经济，许多股份有限公司和有限责任公司的出资方，属于多种所有制经济成分，这是一种正确的发展趋势。

3.非国有企业的制度创新，应向建立现代企业制度努力。现代企业制度的内涵和特征是大生产和生产经营面向市场，做到产权清晰，权责明确，政企分开，管理科学。公司制是现代企业制度的主要组织形式。非国有企业产权制度和组织制度创新的方向，应是与大生产相联系的公司制，并继续发挥其生产经营市场化程度比较高的优势。大型的非国有企业，都要力争按公司制框架，建立法人财产权，完善法人治理结构，实现科学管理。根据许多非国有企业的经验，制度的完善可以采取渐进的方式，多种所有制混合的方式。如：从不太规范的母体上，通过参股、控股、中外合资、合作等方式，逐渐产生较为规范的子公司，待到一定条件成熟时，再进行整体资产重组。

对股份合作经济，在制度创新中的地位，应如何认识？股份合作制是劳动合作和资本合作的结合，劳动者在企业中都投股，其产权是明晰的，同时建立了法人财产权，企业有了自主权，从而激发了活力，也调动了参股职工的积极性，是适合非国有企业起步阶段的好形式。但在其发展到大生产阶段时，可能发展为类似公司制的制度。如龙岩东霄建筑工程有限公司，原是集体企业，按"二全民"模式管理，受上级主管部门过多干预，后来改为股份合作制，企业很快焕发了生机。经过一年多运作，为适应建筑市场扩大的要求，又改组为有限责任公司，进一步提高了市场竞争力。看来，这是一种发展方向和趋势。当然，我们也不排除股份合作经济的发展和提高，达到具备现代企业制度的基本特征，成为与非国有经济大规模生产相适应的制度形式。

4.结合制度创新，实现规模经营。我省正在实施的大企业、大集团战略，也应包括非国有企业。近年来，乡镇企业和民营企业的集团化趋势已经开始，但其步伐尚滞后于兄弟省市（如温州），需要给予引导和推动。当然，这应当顺应生产向高层次、规模化发展的需要，出于企业的自愿，而不能捏合、凑合。集团公司应以资产、产权为联结纽带，向现代企业制度目标完善。

5.非国有经济的发展要与小城镇建设相结合。农村改革经历了家庭联产承包责任制——发展乡镇企业——小城镇建设的历程，这也是解放农村生产力，实现农村工业化、城市化的历程。把发展非国有经济同小城镇建设结合起来，实行连片开发，统一使用配套设施，有利于节约成本并能相互辐射，产生积聚效应，这也是一种集约经营。但是，非国有企业的集中连片发展，应与生产力发展水平相适应。在那些非国有经济的发展已具备基础，民间蕴藏着一定财力的地方，应当大力加快小城镇建设，要强调做好规划，起点要高，避免盲目性。至于在经济基础薄弱，初始资本细小，经济启动还比较困难的地方，则应不拘一格，允许"星罗棋布"，不应勉强向小城镇集中，更不能一哄而上，搞形式主义。

6.不断提高非国有经济的管理水平。采取何种形式管理企业，应该顺应企业发展的需要，是企业自身所要考虑解决的问题。理论学术界的任务是帮助其研究、总结，得出某种理性的认识。当前，大量民营企业实行"家族式"管理，是与其细小的规模相联系的。但企业发展到一定阶段时，要求现代化的科学管理，而这是较难建立在家族式管理的基础上的。个人"忠诚"的品质，在有一定规模的企业中要靠制度加以保证。这是小生产和大生产的区别之一。我们已经看到，有些民营企业由于人才不足和门类不齐，制约了企业的进一步发展。可以说，提高管理水平，关键在人才。非国有经济的发展，需要吸纳人才，需要人才市场、企业家市场的建立和完善，当然，这也是一个渐进的过程，是随着经济发展的需要而逐步趋向成熟。但不能消极等待，而应转变人才观点和人事管理制度，大胆借用"外脑"。

四、政府推动非国有经济发展的着力点

非国有经济能够取得今天这样的历史性成就，得益于历届省委、省政府富有远见的大力倡导和推动，今后仍要创造相应的配套条件，促进非国有经济的制度创新和"二次创业"。

1.解放思想，为非国有经济正名定位。非国有经济的作用是有目共睹的，但由于思想认识的误区，目前对它的存在和发展还有一定的歧视和偏见，如怕方向走偏，比例不能过大，不能进入关系国计民生的领域；在银行贷款上给予种种限制，不敢扶持，任其自然发展等。总之，把非国有经济编入另册、副册，甚至不入册。再就是看不起"小"，认为非国有经济是小打小闹，成不了气候。这都需要在思想认识上有一个大转变，要在法律上确定非国有经济的地位。可以搁置对非国有经济的各种争论，当然对一些理论性问题还可以进行探讨，属于操作性的问题，应当遵循三个有利原则，只要不违反大方向，应鼓励企业界和各有关部门继续大胆探索和实践。

2.运用多种切实举措，促进非国有经济的健康发展。一是政策扶持，不论提升产业层次，发展规模经营，还是参与国有企业资产重组，都需要制定得力的政策措施。二是列入规划。各行业的生产力布局和结构调整规划要面向全社会，把视野扩大到非国有企业。三是转变政府职能，把审批型转变为政策导向型、依法管理型。切忌用传统的管理国有企业的方式来对待非国有企业。不仅不能干预企业微观经济活动，即使是宏观调控，也应运用经济杠杆和依法管理。政府尤应简化办事程序，提高办事效率。低效、烦琐的作风和腐败行为，只能把非国有企业的制度创新及"二次创业"扼杀。四是解决一些紧迫问题，如制止摊派，清理收费，疏通对外交往渠道，建立产权交易市场等，为非国有经济发展创造条件。

（本文是福建省体改研究会等联合召开的非国有企业制度创新研讨会上的总结讲话稿，载于省委政策研究室编辑的《调研内参》1996年第3期，发表于《福建改革》1996年第4期）

加快"两个转变"要明确四个问题

党的十四届五中全会提出，实现"九五"计划和2010年奋斗目标，关键要实行两个具有全局意义的根本转变：经济体制从传统的计划经济体制向社会主义市场经济体制转变；经济增长方式从粗放型向集约型转变。这是十分正确的战略决策。初步的学习体会是：

1. "两个转变"的关系。体制转变的目标是为了更好地促进生产力的发展；当前生产力的发展需要解决的是从粗放型向集约型转变。从这个意义上讲，经济增长方式的转变是体制转变的目标，而体制的转变则是经济增长方式转变的关键，是前提。为什么说体制转变是关键呢？首先要对现行的体制作个判断。17年来改革取得了重大成就，基本上是从试点到推开的螺旋式前进，但存在不平衡，有的试验没有推开，有的则取得突破，进展较快。从福建来看，进展较快已有突破的主要在两个方面：一是市场体系的建立方面，体现在价格改革基本过关，商品市场比较发达。二是微观基础方面调整了所有制结构，形成了以公有制为主体、多种经济成分共同发展的格局；同时非国有经济有较大活力，对经济的发展起了很大作用。但体制改革上也有严重滞后的，主要表现在：一是生产要素市场，尤其体现在金融和科技市场，尚无重大变化；二是国有企业机制未解决；三是政府职能转变缓慢，机构改革进行了三次，未能起到实质性的作用。实现经济集约型增长，宏观层次上要求资源优化配置，微观层次上要求生产要素优化组合。但我省体制格局中，微观层次上起主导作用的国有企业还未成为合格的市场主体和发展主体，所有者和经营者角色错位，追求高效益和优胜劣汰的机制未形成，很难实现经济质量和效益的提高。在宏观层次上，相当多领域内两种体制并存，计划体制的痕迹很深，政府不是按市场经济的要求出发来推动经济，决策不承担经济责任，用行政方式配置资源。加上微观经济基础不能灵敏反映市场的变化，导致经济信息向宏观领域反馈容易失真，因此，政府确定发展目标和选择方式难以准确有效。这样的体制格局，严重地阻碍了经济增长方式的转变。

2.两个转变不是板块，应互相结合。国有企业的改革，现代企业制度的建立，同时要研究好发展目标和推动技术进步、调整产品结构的措施。宏观层次上在调整产业结构和立支柱、上规模时，要把增量和存量同时考虑，特别是要考虑如何用增量来带动存量的调整。总之，研究具体措施时要将改革与发展结合起来考虑，改革规划要与发展规划紧密结合，不仅是长期规划，而且体现在阶段性的计划之中。

3.体制转变要如何切入？大家所共知的是改革要总体配套，但总体配套也是有重点的。建议从四个方面进行：一是以国有企业改革为中心，相应配套社会保障制度，同时加快人事制度改革。社会保障不仅是企业改革的配套，它是社会主义市场经济体制基本框架中的一个，包含再分配和初次分配的内容，有其自身的规则，既是社会的稳定器，又是发展的推动力。人事制度改革要与考核两个转变的成绩结合起来。党要管干部，企业家又要推向市场，对企业经营者的管理制度要考虑到如何将这两方面结合起来。二是投融资体制改革，要按市场机制来配置稀缺的资金资源，增量部分的配置不能再重复以前的低效益状况，这就必须改革投资体制。三是要素市场特别是资本和科技市场，要加快利率市场化进程，建立起科研成果的评估、转化体系，完善交易网络。四是机构改革和政府职能转变。以前几次的机构改革，都存在着保护部门利益的明显缺陷，如中介机构和行业协会都依附于行政部门，受部门保护而带有某些垄断。目前有的部门成立投资控股公司，仍有行政管理和行业管理职能，这比过去的政企不分更严重，过去是"婆婆"管企业，现在是"老板加婆婆"管企业。看来机构改革要有大手术才行。还有一个问题是农村如何进行"两个转变"，要重视农业产业化工作，农业主导产品实行区域化布局、专业化生产、跨部门的科工农一体化经营，产加销、贸工农紧密结合，引导大企业进入农业开发性领域，这是农业走向规模经营、生产集约化的主要趋势。

4.要加强对推动"两个转变"的领导。总体上要处理好四对关系：①速度与效益的关系。速度是需要的，但必须是有效益的、均衡的、持续发展的速度。②总量和质量的关系。总量的增长要建立在质量提高的基础上。③存量与增量的关系。要通过增量带动存量的盘活，这样才能优化资源配置。④宏观与微观的关系。如果只重视微观层面，少数企业也许可取得好效果，但大多数企业难以成功。如果不重视宏观层面问题的解决，不可能全面实现经济增长方式的转变。宏观问题的解决，可以带动微观问题的解决。领导力量若只是更多地重视速度、总量、增量和微观，而对另一方面更重要的问题重视不够，那么，"两个转变"就比较困难。因此，需要尽快把效益、质量、存量和宏观这一方面的问题解决好。

（本文是在一次座谈会上的发言要点，发表于《福建改革》1996年第7期）

闽北小企业改革见闻

1996年12月11日至16日，我在南平市体改委副主任周剑明等同志陪同下，到松溪、政和、浦城、光泽、邵武、顺昌等六个（县）市调研小企业改革情况，受到南平市和各县（市）党政领导热情接待。上述县市，大部分毗邻浙江边界，山高路遥，运输线长，经济相对不发达。所到之处，深感当地党政领导多年来为深化经济体制改革、繁荣县域经济，做了大量工作。1996年对放活小企业又有新的进展，显示了新的特点。

一、小企业改革的特点与成效

1.改革力度加强，步伐加快。山区小企业多数负债累累，亏损面不断扩大，形势日趋严峻，但改革遇到诸多困难，难以突破，问题越拖越多。1996年特别是下半年以来，一方面在宏观环境上，改革的思路基本理清，思想认识渐趋统一，对"公有制为主导""国有资产流失"等一些重大问题有了正确理解。另一方面，企业本身面临的严峻形势，使各级领导深切认识到改革的紧迫性。如政和县预算内国有工业企业14家，要破产的达6家，其中酒厂1992年就该破产，当时贷款本息近100万元，因职工无法安置，又注入资金，贷款本息增加到200多万元，仍无生机，还得破产。松溪县13家预算内国有工业企业，1991年盈利8家亏损5家，1995年亏损增至10家，1996年破产2家，剩11家中除印刷厂略有盈利外，余均亏损，现已着手再破产2家，另8家亏损企业若不加大改革力度，拖上一两年，又将有几家要破产。在这一形势下，遵照省委、省政府的部署，省体改委等部门推动，市、县党委和政府切实加强了对小企业改革的领导。南平市委、市政府制定了加快国有工业改革与发展的25条政策措施，县里反映切合实际，可操作性强。六个县市党委、政府均把小企业改革提上议事日程，并有县领导同志亲自组织实施。邵武、松溪两县市还成立了有县几套班子负责同志挂帅的领导小组，抽调得力干部组成试点工作组四个，进入试点企业具体指导实施。因此，下半年以来，打破了沉寂空气，改革有较大进展。

2.各县市都能从实际出发，审视本地经济环境，抓住企业亟须解决的主要问题，突出重点，集中力量予以突破。如政和县针对资不抵债的特困企业多，而又缺乏骨干企业支撑及资产难以变现的县情，以"先分立后破产"为切入点，即利用企业原有生产条件，组建新企业安置职工，再对老企业实施破产，现正对三家企业组织实施。邵武市国有工业企业相对实力较强，但机制不活，效益不高，则以实行股份合作制为主。顺昌县在改革国有资产经营管理体制、试行厂长年薪制基础上，当前以组建企业集团为重点，盘活资产存量，优化产业结构。与此同时，各县（市）对面上企业，围绕解困搞活，因地制宜，因厂制策，采取改、转、租、并、卖、股、债改股等多种形式，不搞一刀切，也有不同程度成效。

3.小企业改革的着力点，进入以产权改革和重组为中心的深层次领域。通过跨地区、跨所有制兼并和股份制改造而产生的混合所有制、股份合作制企业正在不断增加。当前，各县（市）学习诸城经验，都在进行股份合作制试点，已有11家企业实际运作，邵武市正准备第二批5家试点。对于职工安置和避免国有资产流失两个敏感问题，各县市党政领导部门都是重视的。1996年改革的企业，其职工不论在岗、下岗和已退休者，都有相应的经济政策适当安置。凡改制为股份合作制的，都要求职工投入一定的现金，生产工人每人3000元到6000元不等，企业经营者加倍或更多，有的允许分二次付清，以利建立激励和约束机制。国有资产认真进行了清查盘点和重新评估，从账面上看，剥离后供出售的净资产只及评估值的百分之十几到二十，个别的出现负数，似乎令人担忧。但经具体调查，主要是把土地使用权进行了评估而又不出售以及职工宿舍剥离金额较大所致，离退休职工的安置费也占较大份额，至于具体项目的冲账、抵扣等，尚属合理（为便于分析研究，看来凡不出售的土地使用权宜不进入评估或予以另列。据说资产评估机构坚持要评，因影响其收费多寡，实属不妥）。各县对产权变动都持认真负责态度，邵武市监察局制定了防止国资流失的十条纪律，松溪县决定在产权变更登记时，对有关细节要作出详细界定。

此外，各县均重视股份合作制企业领导班子建设，普遍选举了企业领导人员，为今后办好企业提供了组织保证。邵武市在车辆厂改制前期工作中，发现领导班子不协调，企业亏损严重，职工强烈不满。当即暂停改制，先民主选举新厂长，全体职工增强了信心，在十分困难情况下集资22万元恢复生产。总之，各县对产权改革抓住了几个主要环节，工作做得扎实。

深化小企业改革的时间尚短，初步显示的效果是：从经营者到职工思想观念有较大转变，产权主体意识增强，关心企业生产经营，对办好企业有信心；优势企业进一步壮大，困难企业出现一定转机。顺昌县轻机厂年初由富宝有限公司（主导产品合成氨）兼并，得到了生产任务，开发了新产品，1—11月实现产值为原厂的三倍多。光泽酒厂实行股份合作制后，职工处处关心企业，以往淘米冲走许多粮食，现在加筛子回收，出酒率提高近一倍；偷酒缸过去司空见惯，现在半夜12点有人向总经理、监事会主席举报。松溪县茶机厂1996年亏损50万元，原来预计1997年要亏60万元。改为股份合作制后，职工集资20多万元，7个董事三个月未领工资不公休，表示生产未正常前不计报酬；目标一年减亏，二年保本，三年盈利，估计将提前实现。

二、遇到的困难与问题

1.山区边远县份受县域经济实力薄弱与地缘区位劣势制约，改革仍是步履艰难。主要困难有三个。一是缺乏优势企业支撑，兼并、拍卖、土地置换难以找到买家，已有的跨地区兼并和外商嫁接承包，数量少层次低，对方或违约或撤走，基本上不成功。二是产品缺乏竞争力，部分职工对办好企业信心不足，特别是困难企业，职工不接受改制，拿不出启动资金投入。三是重新就业门路狭窄，调查中发现松溪县通过省总工会和劳动就业中心，有计划输送当地下岗青年女工到闽南就业，不失为重要出路。但总体上看，企业困难面较大，特别是前几年停产倒闭企业的部分职工生活无着，经常上访。光泽纸厂下岗职工每天只吃二餐。时值严冬，政和下岗职工衣衫单薄，连袜子都没有。该县铅锌矿四百余工人，含家属千把人，居住山内，靠吃地瓜藤度日。县领导同志介绍，特困企业职工连种田都办不到，比贫苦农民更困难。有的建议要像抓农村扶贫一样，领导层层分工，负责企业解困。看来在全省奔小康的总体部署中，要把通过发展生产，消灭特困企业，改善特困职工生活包括进去。可考虑由省、地（市）两级实力较强的经济部门挂钩到欠发达地区，搞好穿针引线，促进跨地区联合兼并，求得生机。

2.改革成本过高，经济上承担不起。主要是为改革配套的具体措施在省市政府政策性规定中涵盖不了，往往由有关部门按自行制定的业务规章办事，单纯业务观点较强，服务观念不足。政和县企业反映："多部门出台的政策，交错复杂的法规，使企业不知所措。"该县茶厂总资产1600万元，总负债3200万元，准备破产。但法院受理和律师费各需4万多元；已离退休职工64人要按工资的百分之百（不是按统筹费25%计缴，是不合理的）交足10年养老金，需220万元；内退职工21人有的已近退休年龄，一律按55岁计，缴足15年，人均高达5.26万元，存银行的利息都够养老；仅养老费一项合计就需300多万元，没有能力承受。蔬菜公司、百货公司企业重组，水、电并未增耗，但要按新立户收增容费几万元，土地过户视同交易，出让金按30%上缴。如此等等，都使企业改革难以顺利推进。建议要把支持小企业改革作为政府各部门的共同任务，由省委、省政府责成省直有关部门分别制定支持小企业改革的具体措施，下达执行，避免中间梗阻。当前要加强县政府协调能力，允许在总政策范围内由当地灵活处置，只要不离原则，上级业务部门不应过多干预。此外，浦城、顺昌反映银行对红头文件规定的政策，有的没有执行，希望一并检查落实。

3.有些政策问题需要研究，有的要立法建规。主要遇到四个问题：

一是破产、拍卖、特困企业的离休干部安置，按当前企业安置职工的一般做法，很难保证落实国家规定给予的生活、医疗保障。调查中大家都认为要由财政包下来，希望省委、省政府发个红头文件。

二是职工买断工龄的适用范围。邵武、光泽、顺昌等县市，对买断工龄，采取一般适用于自谋职业或丧失劳动能力者的遣散；至于改制为股份合作制的，不搞买断工龄，其好处是尚有部分剩余净资产由国家收回权益，且改制工作量较少，转制比较顺当。松溪茶机厂则采取职工108人（其中转为股份合作制的63人）全部买断工龄，每年工龄5000元，企业净资产149.5万元不足抵扣，由县政府批准出售厂门口部分土地使用权以安置职工。这种做法，职工失掉了"国有"身份，风险意识增强，但国家代价太大。且随着社会保障制度的逐步完善，不同所有制企业的职工都实行统一的保障办法，关键在于是否在岗就业，至于有无"国家职工"身份，已无多大实际意义。笔者认为，两种做法都允许实验和跟踪总结，但比较倾向于邵武等地的处理。

三是股份合作制性质，在认识上和实务处理中都有较大混乱，需要澄清。股份合作制是群众的一种创造，它是劳动者以资金入股并保留财产所有权的条件下进行联合劳动，以按劳分配为主并允许一定比例按股分红的企业制度，是一种引入了股份经济特点的合作经济，属于集体经济范畴。由于理论探讨不够和缺乏相应的法规，实际工作中出现了互相"打架"。工商登记和银行贷款要以私有企业对待；企业经营者则要求仍享受国有企业待遇；而其组织制度又按照只以财产所有权关系为特征的有限责任公司构架。职工人人入股，股东人数一般都在50人以上，为了符合公司法的规定，有的企业就把一般职工的股份寄在若干骨干人员名下，在法律上丧失了股东身份（据我所知，其他地区有的企业，把职工股份全部寄在少数董事会成员名下），留下了新的产权不清的隐患，甚至可能导致少数经营者控制企业，职工丧失当家作主地位的危险。据悉，国家体改委正在制定股份合作制企业的规范性文件。当前我们似应先明确三个问题：一是定为集体经济组织；二是不必一律重组为有限责任公司；三是建立并扩大职工代表大会的职权。

四是二轻集体企业怎样吸收职工入股，改造为股份合作制企业？现各地学习诸城经验，一般比照国有企业办理，资产出售收入多数是由国资管理部门收回，少数的由二轻联社代管。邵武试点集体企业出售财产时，职工问："这本来属于我们的财产，为什么还要我们买？"确实，集体企业与国有企业虽同属公有制经济，但财产所有权关系有原则不同。一般说来，集体企业的产权，在追溯其投资来源，除应归属国家、联社和其他法人投资者之外的集体积累部分，为全体职工（含退休职工）共有。我省过去曾有一批二轻集体企业改制为股份合作，对集体共有财产采取量化给职工个人，只作分红依据，不得转让，同时要求职工必须有相应的现金投入。这种做法可能更符合集体企业的性质。南平鞋帽厂就搞得不错。建议在学习外省经验的同时，也可对本省经验作些总结、比较。

4.企业发展的关键也在于培植新经济增长点。光泽县一位领导同志提出如上看法，确属切中要害。从闽北看，山区小企业改革的近期目标是解困、求生为主。即使进行了产权改革，财产变卖收入也借给原企业周转，企业结构调整步伐仍不可能迈大，但已看到希望。县和企业的不少领导人都谈到，要搞好企业还需抓住"有好的产品、好的领导班子和加强管理"三个重要条件。有的说管理因素几乎占成功的一半。产权改革已为后两个条件的优化打下基础；而要开发符合市场需要的产品，尚需作很大努力。这也是改制后的企业经营者正在着力解决的问题。建议当地领导部门还要关注这些企业，帮助他们克服困难，面向市场，否则可能又会返困。

（本文载《福建体制改革调查研究报告》1997年第2期，发表于《福建改革》1997年第3期）

准确定位　突出主业　弘扬真理
——掌握开展体改研究会活动的要点

一、体改研究会的定位与任务

有的同志觉得体改委与体改研究会工作很难分得开，有的把研究会和体改委工作混在一起谈。这就涉及如何看待体改研究会的性质与任务，体改研究会与体改委的工作如何配合？我认为体改研究会是群众性的学术团体，它一头联系着企业，另一头联系着科研单位和政府部门从事研究工作的力量。这就使它具有独特的优势，能够捕捉改革中苗头性方向性的问题、经验与困惑，综合运用实际工作者和研究部门的智力，开展理论性、对策性研究（从我们省市体改研究会的实际情况看，着重开展对策性研究），从理论与实践的结合上，提出改革的思路、方案和对策。体改研究会是体改委的参谋和助手，要紧密结合体改委各个阶段的工作重点，围绕改革的热点和难点来开展研究，为体改委提供改革决策咨询意见和方案，在工作中也离不开体改委的支持。从这个意义上讲，两者是分不开的。但另一方面，体改研究会是民间组织，没有行政职能，其学术成果既可以被行政采纳进入决策层，也可以只作为某种先导性的舆论准备，或是多视角的研究探索，因此思想可以更解放一些，思路可以更加开阔些，对面临的问题的剖析可以更透彻些，对改革的探索可以更大胆些。从这个意义上讲，与体改委的工作又有不同。体改研究会要有自身的活动，既可以与体改委联合开展活动，也可以单独开展活动，还可以与其他学术团体联合开展活动，不论采取何种形式，要体现研究会联系各方、人才荟萃的特点。这一点，福州、厦门、南平等市的做法可以借鉴。

体改研究会的生命力在于活动，如果没有开展活动，就会丧失研究会存在的目的和宗旨。活动的本质是服务，为党和政府的决策服务，为团体会员服务，为社会服务。体改研究会的主要活动内容（即主要任务）是组织会员开展学术研讨活动，同时兼顾开展宣传、咨询、培训和组织考察等，把工作内容搞得丰富些。各地普遍反映活动经费有困难。事实上，经费与开展活动是互为因果，相互促进的。活动开展起来，使社会各界，使企业感到对他们有用，经费就比较好解决；如果不活动，恐怕连收点会费都会遇到麻烦。当然，开始时要有点启动经费，要求财政部门或体改委给些支持。解决经费要多渠道，单项研讨要靠会员的支持，同时通过培训、宣传、策划、咨询等活动广开创收渠道，努力做到取之于社会，用之于社会。

二、学术活动是体改研究会的主业与灵魂

也是能不能当好体改委参谋和助手的关键。学术活动要做到"三突出"，即突出实用性、超前性和探索性（有的地市称之为挑战性）。

所谓实用性，就是要紧密联系实际，紧扣现实的需要，围绕改革的热点和难点，研究对策性思路。大体有三个层次的内容：一是当现实生活中出现了矛盾，提出了问题，但还未形成有针对性的成熟的改革思路，体改研究会要坚持"百花齐放、百家争鸣"的方针，组织有关方面进行改革思想火花的撞击，达到相互启迪，促进继续深化研究。二是实践中出现新生事物的萌芽、开展改革的试验时，研究会要善于发现、扶持，做好舆论先导，为新事物积极呐喊，帮助总结完善。三是改革措施已经制定，正在组织实施，研究会要做好宣传工作，并继续研究实施过程中提出的问题。

所谓超前性，就是要有预见，善于抓住苗头，先行进行探索。如果在各方面都取得共识，方案已在组织实施时，再来"探讨"，意义就不大了。以国有资产管理体制改革为例，三个分开和三个层次构架等原则，在两三年前组织研究推动是具有一定前瞻性的，而现在已不是再来论证这些思路，而是要研究为什么改革不能到位？实施中进入了哪些误区？是否因利益格局调整而受到干扰？要解决的症结何在？总之，如果没有一定的前瞻性，就没有威力和能量，就不可能有好的学术成果，对改革实践就不能起很好的推动作用。

探索性则主要表现在：一项改革措施，从思路的形成，或者群众创造的经验的总结，到方案的提出，组织试点、完善以及宣传、推广，并形成社会共识，要经过很长时间的探索与实践。在探索过程中还会有曲折，会出现改革内容与改革方向背道而驰，跟风打旗号，改革前后利益主体冲突与碰撞等问题。经验证明要形成一项稳定的改革措施，并形成共识，需要经过四五年、五六年甚至更长的时间。体改研究会要敢于进入，大胆探索，锲而不舍。比如股份制改革，我省是从1985年开始酝酿的，记得1986年10月份在当时较偏僻的东门招待所召开第一次全省股份制改革研讨会，以后是确定试点（东百公司、自动化仪表公司等），制定相应试点的政策法规。在发展过程中经历了1989年对其姓"社"姓"资"问题的争论，直至1991年才迈出较大步子（石狮新发、福耀、福联三家公司公开发行股票）。经历了这样长期的探索，终于取得了共识，现在股份制改革已成为深化我国企业改革、推进建立现代企业制度的组织形式，也成为我国资本市场特别是证券市场发育和发展的关键。又如社会主义市场经济理论，从80年代初的"计划调节为主，市场调节为辅"，到1984年十二届三中全会决定提出有计划商品经济，再到小平同志南方谈话后确定社会主义市场经济体制，市场对配置资源起基础性作用，是经历了长时间的发展过程。还有比如社会主义基本特征问题，公有制为主体及其实现形式问题，以及国有资产营运体系改革，社会保障制度改革等，无一不是在探索中发展，在发展中完善。总之，改革探索需要勇气与胆略，也要冒一定风险。只有经过不断地探索才能形成成熟的理论，才能有积极的改革措施，才能写进党的文件中去。从这个意义上讲，探索性也是挑战性，需要有一种历史的责任感和使命感。

学术研究成果发挥作用有时并非立竿见影，不能急功近利。因此，体改研究要注意积累，接受历史的检验。通过课题研究，培养干部，进行项目的储备。只有这样，才能造就良好的理论研究与改革探索的氛围。

三、学术活动要把握好大方向，坚持科学的态度和负责的精神

学术研讨要为正确思想观点呐喊。对不同观点、不同意见，可以探索可以争论；但我们自己要善于辨析。要做到这点，一要有水平，二要有勇气。其实，水平并非高不可攀，实践出真知，第一线的同志，基层的同志更容易接近真理。而勇气，则要具有历史的使命感和责任感。党中央一再倡导不唯上、不唯书，要唯实。但现实生活中唯上、唯书仍不少，因为它最不花力气，最没有风险。有的到马克思著作中寻章摘句而不问其原意。马克思主义理论对社会主义必然战胜资本主义作出科学预见，但不可能对每个具体细节作出指导，而且马克思主义理论也是要发展的。还有的找"红头"文件，文件没写的不敢动。当然，红头文件总体上要执行，但其前提是符合实际，有利生产力的发展。在大方向上必须坚决与中央保持一致。至于具体问题，则要掌握：文件没有规定的要大胆探索；文件的规定符合当时的实际但与现在不相适应的，要大胆改革；有的文件规定，经过实践检验不可行，那更要改革。总之，要有勇气就是指勇于解放思想，勇于改革探索。我们的准绳是把握好大方向，要掌握三条：一是把握"一个中心，两个基本点"的基本路线；二是把握社会主义市场经济的原则；三是以"三个有利于"作为检验改

革是非得失的标准。以上述三点作为我们解放思想的准绳。体改研究会的同志要把握好这个问题。搞研究要坚持严谨、科学、严肃、负责的态度。既要解放思想，又要有严谨负责的精神。点滴积累，终能成事。从事研究工作既是快乐、又是艰苦的。当找到真理，出研究成果，就会有喜悦。而研究过程的确是个痛苦过程，需要付出艰辛努力。一句话，要勤学，要多思。

（本文是1997年7月在石狮召开的全省体改研究会工作座谈会上的总结，发表于《福建社科界》1997年第3期、《福建改革》1997年第8期）

对构建我省国有资本营运体系的意见

不久前，我参加省社科联、省体改研究会等联合组织的关于《资产重组和国有资本营运》的课题，调研了福、厦、泉三市的行政部门、国有资产投资公司、二级授权单位和企业集团、中介机构共19个单位，得到以下认识：

一、加快构建国有资本营运体系的紧迫性

为了从整体上搞活国有经济，当前全省正着力推进国有资产的重组；而对国有资本营运体系的构建，似乎还不那么紧迫。其实不然，这一问题需要尽快提上议事日程，理由有三：

首先，随着企业改革的不断深入和产权关系的明晰，产权主体也迫切需要明确、需要到位。如果谁代表国家行使出资人的权利不明确，不到位，则已明晰了的产权关系又将模糊，改革的成果可能会付之东流。所以，这是一个很重要的配套改革。

其次，随着行政机关机构改革的推进和政府职能的转变，行业主管部门管人、管钱、管物的职能要尽快转移出去。怎么转？转到哪里去？要尽早打算。以便承接明年的机构改革。

第三，在当前改革进程中，还存在着不少随机性、随意性的做法，碰到什么具体问题就解决什么，总体思路不够清晰。譬如凡是进行现代企业制度

试点的企业都搞资本授权经营，凡是上市公司都要求搞授权经营；而不论总体布局、总体构想，架构不健全、不完善，考核不严密、不周全。迫切需要在明确总体思路的前提下加以规范。

二、我省国有资本营运体系的框架设想与厦门实践经验

构架我省国有资本营运体系总的原则是建立三个层次实行三个分开。三个分开是：政府行政职能和财产管理职能分开；政府财产管理职能与财产所有者职能分开；国家终极所有权与企业法人财产权分开。三个层次是：第一，国有资产行政管理部门，代表国家行使财产的管理权。第二，国有资产经营公司作为国有产权主体。第三，企业行使法人财产权。这三个层次中，关键在第二层次。当前在认识上和实践中还有许多问题要解决，如国有资本经营公司是综合性还是专业性？专到什么程度？行业性厅局是否全部转化？企业集团或上市公司资产授权经营要具备什么条件？现代企业制度试点企业是否都要资产授权经营？还有一级授权与二级授权的关系等。我省各地进行了不少探索。其中厦门的做法较有特色。

厦门市设立国资领导小组，负责决策。第二个层次国资营运公司架构较完善，共设立工业、商贸、交通、城建、农业（正筹建）五家国投公司和象屿保税区、国旅两个企业集团授权经营，其特点为：

1.按产业组建营运公司，资本运作空间较大、覆盖面广。全市已进入授权经营的企业有111家，国有资本的总额占全市国有资本总额40%多（农业未计）。每家国投公司资本规模均较大，如工业国投公司总资产达84亿元，净资产30亿元。象屿、国旅两企业集团属行业性、专业性经营的授权，与五大国投公司没有交叉重复。

2.较好地解决了政企分开，行政管理和财产所有者职能分开。该市工业主管局在1988年机构改革中已被撤销（市经委设立了若干行业办公室），有

关行政、行业管理职能均在政府相应委办。各国投公司无行业管理职能。

3.解决了产权主体缺位问题。从国投公司到所投资企业，产权主体明确。以资本为纽带，进行结构调整，企业重组，资产债务重组。脉络清晰，权责明确，提高了效益。财政增量资本的投入，项目的引入，均通过国投公司运作。如世界著名航空公司参股的合资项目太古飞机维修中心，其产权关系是由厦门市工业国投公司控股航空工业公司，航空工业公司参股太古飞机维修中心，中方财产主体非常清晰。全市大部分国有财产主体到位，促进了对存量资产的清理。几年来，共处理库存1亿多元，处理积压商品数千万元，冲销银行呆账4000多万元，清理投资项目50多个，清理经济案件数十起。并加大了投融资力度，仅工业国投公司直接或通过托管企业间接投资累计达40多亿元。

4.资产重组力度较大。不少国投公司着眼于提高国有资产运营质量，大力进行结构性调整，盘活存量资产。如工业国投公司推动授权托管企业兼并、重组40余家，盘活资产6亿多元，妥善安置职工13000多名。当前各公司正按照市里支柱产业布局，以骨干企业为龙头，推动、整合一批大企业集团，有的行业退出，有的行业进入。同时，也注意增量投入于有效益的项目，培育新的经济增长点。

5.企业自主经营，出资者建章立制，加强监管。既不侵犯企业经营自主权，又行使出资者应有权益，不放任自流。各国投公司已建立一批制度并实行配套改革，建立考核奖惩办法。主要有：（1）抓住易造成国资流失的三大隐患（应收款、存货、待摊费用），建立应收账款回收率、产销率、净资产增殖率三大指标考核体系。（2）每月召开经济运行会，分析上述指标完成情况。（3）建立重大财产变动报批或报告制度，其间必须先由资产评估、质量监督等社会中介机构鉴证。（4）财务总监目前暂由企业内遴选，以后拟由国投公司派出。（5）年终由国投公司统一聘请审计师下企业审计。（6）建立厂长（经理）年薪制，年终兑现70%，留30%作为下年度风险抵押，滚存使用，离任审计后全额退还，如发现财产损失则倒扣；年薪中联系效益的奖励部分以及无形资产特殊奖励，均由国投公司发给，体现出资人权责。

其不足之处主要有两个方面：一是管事、管人的结合虽已有良好开端，但还未完全落实。下步拟成立经理人才市场，由组织部门考核政审后准入。二是跨行业交叉持股还未找到适当形式和迈出实际步伐。

三、对加快建立我省国资营运体系的具体意见

1.总体设想，分步实施。重点在第二层次构架。设置原则：一是根据本地区经济体量与产业分布状况；二是符合建立支柱产业的需要；三是在总体上，基本涵盖当地国有资产存量；在个体上要有较大规模、跨度和运作空间，每个专业性国投公司宜有10—20亿元净资产，规模过小不便进出。具体意见：地级市可分两类，经济发达的地方如福州、厦门，设立若干个产业性的国投公司；经济发展一般的地方，可只设立一个综合性公司或两三个产业领域有相对分工又允许互相交叉的国投公司；县级一般可不设立，但在经济（基础设施和基础产业）较发达的县，如龙海、福清等，可设立一个综合性的国投公司。不论怎样设置，一般不宜在总公司下再套行业性公司，层次过多，不利运作。省一级在已由工业厅局转化的国有资产经营公司基础上，考虑到行政机构改革的前景和立支柱产业的需要，要扩大覆盖面到所有工贸领域和其他重要产业，行业跨度要大。如机械电子、轻工（包括二轻）、建工建材、石油化工、林业、水产、内贸（包括内贸、物资）、外贸等公司或集团。所有这些公司或集团都要和行政单位脱钩，也不宜保留行业管理职能。

2.管理制度和考核办法必须相应跟上。国资管理局应面对所有国投公司，负责制定办法和监督实施；而不宜再搞一个直属的国投公司。在指导思想上，要认识到这是一项体制改革，而主要不是干部分流的途径，因此，对

那些由行政管理部门转化而成的国投公司不宜给太多的优惠待遇，激励和约束机制要同时加强，促使出成果、出效益。

3.关于企业集团的资产授权经营问题。对少数以骨干企业为核心的大集团公司，可以由国投公司进行二次授权委托。但要坚持一要有较大的规模，二是名副其实的资本运营公司。对上市公司的母公司（集团公司）已进行授权经营的要完善，不能放任自流，要防止成为容纳不良资产的垃圾箱。这就必须：真正按有限责任公司构建；有考核指标和监督检查制度；接受上市公司剥离的不良资产应有逐年消化的要求与考评，今后更不能增加新的不良资产；集团公司和上市公司的主要领导人不宜兼职。

4.当务之急是人才。能搞好一家产品经营大厂的厂长，不一定就能领导好一家资本经营公司。目前亟须选拔既懂理论又熟悉操作的领导人员。厦门工业国投公司净资产近40亿，控股、参股、全资企业500多家，职工近4万人。公司正副董事长由原经委领导转任，熟悉工业管理和企业情况；高级管理人员多系财务专家，人员精干，已形成队伍，值得借鉴。

（本文据1998年4月在福建省社科联季座谈会上的发言整理成文，载省委政策研究室《调研文稿》1998年第3期）

以改革促开放促发展

——福建 17 年经济振兴的重要动力

1978—1995年这17年间，福建发生了历史性的变化。经济发展水平由全国后进地位跃居全国前列；经济发展方式由农业主导型转向工业主导型，由封闭型经济转向开放型经济；城市化进程迅猛，新兴的城市群已成为经济发展的基地；经济体制从僵化的计划经济体制转为富有活力的准市场经济体制，将率先向社会主义市场经济体制过渡。一个经济日益繁荣、社会安定团结、人民安居乐业、快步奔向宽裕型小康社会的新福建，正迅速崛起于台湾海峡西岸。福建的经济振兴，改革是重要动力。在改革经济体制方面，着重如下两方面的推进。

一、发展非国有经济，培植经济新生长点

17年来，福建经济之所以能够保持较高的发展速度，以市场为取向的改革取得较为显著的成效，主要原因在于改革开放使多种经济，特别是非国有经济迅速发展。1978年以前，福建与全国一样，是以国有经济为主体的。1979年以来，经济体制改革首先在冲破单一所有制结构上取得重大进展，这既是经济发展的自然趋势，也是省委、省政府明确的指导思想和大力推动的成果。福建由于经济基础脆弱，有限的资金集中投向基础设施建设和某些垄断性产业的构建，其余领域广阔的经济发展任务要依靠民间资源和利用国外

资源来完成。就全省总体而言，多种经济成分和国有经济共同支撑国民经济的增长；而就国有经济力量薄弱的多数地区而言，应当允许多种经济成分占主要比重，发挥更大作用。这并不削弱公有制经济的主导地位，却大大有利于福建经济的发展。正是基于这一认识，福建省采取得力措施，积极扶持三资企业、乡镇企业；允许个体、私营企业有一定发展；促进城镇集体企业走出"二全民"误区，恢复灵活经营的机制，做了大量工作。在实际工作中，习惯上把这部分多种经济成分归入非国有经济的概念。17年来，非国有经济在市场经济的海洋中，得到了飞速发展，已经成长为全省国民经济的重要支柱、外向型经济的主要力量、财政收入的主要来源、农村剩余劳力转移的主要出路。以工业生产为例，1995年非国有工业产值从1978年的16.29亿元上升到2454.54亿元，占全省工业总产值83.2%，比1978年增长100多倍，年递增34.8%，较之国有工业产值从46.85亿元上升到495.46亿元，年递增8.9%的速度，是快得多。非国有经济对全省国民经济增长起着主要支撑作用，早在1983年，在工业新增产值中非国有经济的贡献占52.5%，第一次超过了国有企业的贡献率，比全国1992年的水平提前了9年。到1994年非国有经济创造了16年新增工业总产值的89%；吸纳了64%的当年社会就业职工，提供了50.5%的当年工商税收；工业企业年末固定资产净值中，非国有工业占52.88%。在商业、饮食服务业、公路运输业等初级第三产业中，非国有经济更居于举足轻重地位。这说明，福建省把培植非国有经济作为新的经济生长点，已经开花结果。这是从福建实际出发的必然进程，也是解放思想的一大成效。

福建非国有经济的发展有几个鲜明的特点。

（一）以群众集资为主要形式的乡镇企业与三资企业一起，构成非国有经济的两大主力军

80年代初期，农村家庭联产承包责任制的推行，使大批农村剩余劳动力从土地中游离出来，亟须寻找新的生产门路，晋江、石狮、长乐的农民依靠

闲钱、闲房、闲人，从"前店后坊、前商后厂"为主要形式的集资联营和个体小型企业起步，生产经营服装及多种多样的小商品，成为福建乡镇企业最早萌发的地区。早期长乐的乡镇企业具有旺盛的生命力，被著名社会学家费孝通称为"草根工业"。福建乡镇企业主要特征是与侨资侨力相结合，依靠群众集资联办企业。这与其他一些农村经济实力较强大、乡镇企业以集体所有制为主的地区有所不同。福建农村集体企业的基础比较薄弱，1978年全省社队企业总收入仅9.18亿元，相当部分生产队没有集体积累，难以承担起农村剩余劳动力大规模转移的重任。因此以晋江为典型，利用侨乡群众中的闲散资金和海外亲友的筹资，以集资形式创办了大量的乡镇企业，其主要形式是合伙制和股份合作制。被称为晋江模式的这种经济形式，把群众细小的自有资产从分散状态走向资产的集聚和联合经营，符合农村生产力发展水平。它对投资入股者按股分红，对职工按劳发工资，保持了投资入股者资产的个人所有权，有利于调动投资者、生产者和经营者的积极性。实践证明它比产权不太清晰的乡办、村办企业更有动力，比个体的家庭企业更有发展潜力，成为福建乡镇企业的典型形式。但是经过17年的发展，绝大部分乡镇企业已走出初始阶段的小生产狭窄天地，初步实现了规模经营。近年来，进入了二次创业阶段，正向规模化、集团化、高优化、外向化发展。

（二）非国有经济基本按市场机制运行

乡镇企业、三资企业从产生开始就面向市场，依托市场，以满足市场需求为出发点和归宿。福建乡镇企业的发展，受城市大工业带动比较少，这同那些工业基础较发达地区的乡镇企业，与城市大工业有着密切联系的情况不一样。改革开放前福建工业基础十分薄弱，城市工业基本上没有扩散能力，乡镇企业从产生之日起就是依靠自身力量在市场上寻找发展空间，与城市工业的关联度低，使得乡镇企业受计划经济体制和国有企业机制传导影响也较少。沿海乡镇企业由于原料较缺，大都以市场为导向，利用侨乡信息灵通、资金较多、技术较强的优势，走"市场——技术——原料"的路子，实行贸工农综合经营，并逐步建立起各种不同特色的专业产品生产基地和专业商品市场，形成各种不同的产业区域。山区则从当地拥有丰富的竹木和矿产资源的实际出发，走资源系列开发路子，即"原料——技术——市场"，但与过去社队企业的就地取材、就地生产、就地销售不同，它以商品生产为目标，以市场流通为导向，把资源优势转化为商品优势，为促进山区商品经济的发展开辟了新的途径。三资企业的生产经营，关联到国内外两个市场，其市场化程度更高于乡镇企业。

（三）非国有经济具有较强的开放性、外向型特征

对外开放是福建非国有经济发展的重要驱动力。一方面，非国有经济是依赖国际性的生产要素而发展壮大。吸引大量外资、侨港台资不仅使外商合资、合作企业、外资独资企业成为非国有经济的重要组成部分，而且是乡镇企业完成资本原始积累的重要外部力量。乡镇企业发展到一定规模后，又成了吸引外商投资的基地。由乡镇企业举办的"三资"企业从1985年起步，1994年已发展到3348家，其中投产开业2339家，合同利用外资48亿美元，实际到位20亿美元。在乡镇企业发展的早期阶段，曾经走过一段利用进口原料，仿制国外款式，以国产"洋货"打开国内市场的路子。发展至今，利用国外产品信息和技术设备，仍是非国有经济保持市场竞争能力的重要因素。全省乡镇企业累计从国外引进技术设备20多万台套，赖以开发的新产品具有国际水平的达66项。晋江恒安集团引进日本设备，使卫生巾达到国际先进水平，1994年销售额突破10亿元，就是一个典型例子。另一方面，非国有经济的大量产品也依赖于销往国际市场，1994年全省出口创汇乡镇企业已达6741家，出口产品1200多种，出口交货总值312亿元。三资企业年产值729.22亿元中，出口换汇达47.99亿美元，占全省出口创汇的51.5%。

（四）非国有经济是大市场大分工体系的组成部分

福建非国有经济中个体工商业、私有企业占有一定的份额，1994年全省个体工商业、私有企业有62.8万户，从业人员141万人，注册资金112.28亿

元，实现产值81.32亿元，商业零售额186.23亿元，商业零售额占同期社会商品零售总额的35.8%。个体私有经济纳税约15亿元，占全省工商税收总额的11.63%。目前个体工商户有90%左右从事饮食业、零售商业、一般运输业、低档次小规模的服务业。这种格局的形成是社会分工的必然结果。社会在生产中，总有一部分生产经营活动适宜于个体工商业承担，按合理的分工体系组织经济活动，就会产生总体集合效益。福建私有企业与全国相比起步较早，其原因是资本原始积累完成得比较早，政策、市场环境较为宽松，特别是农村合作基金的广泛出现，成为私有企业资金融通的主要渠道。近年来，私人企业开始用有限责任公司形式明确界定产权，通过合资形式走向国际化。1994年私有企业有限责任公司已有6858户，占私有企业户数的36.22%，其比较规范的运作，为大市场体系的有序运行增添了力量。

二、以市场为取向，重构经济运行机制

福建经济以过去30年难以想象的速度迅速增长，其中起决定性作用的是经济运行机制发生了重大变化。十几年来福建形成了两个体制上的活跃点：一是多种所有制经济的发展，经济的微观基础比较活跃；二是经济的运行机制比较灵活。这主要是由于较早地抓住以市场为取向的改革，牵住了经济发展的"牛鼻子"，调动了各级经济主体的积极性。

福建的经济体制改革，抓住了市场取向，把培育市场体系作为改革突破口，从而较早地进入了市场经济的运行轨道。这一方面是经济社会发展的客观要求。因为对外开放要求经济运行机制必须与国际市场接轨，大量的非国有经济在计划体制外形成，要在市场上找原料、找销路、找资金、找劳力，其发展依赖于市场的发育。因此，对外开放和非国有经济的发展是形成市场运行机制的内在推动力。另一方面，福建省领导部门从实际出发，比较早地认识到必须坚持以市场为取向的改革目标，在改革重点的选择、改革的思路

上能够反映经济发展规律，并充分发挥综合改革试验区的优势，在保持全国统一性的前提下，注重福建的特殊性和超前性，为经济的高速增长提供了体制基础。

（一）价格改革的成功是形成市场运行机制的关键

福建的价格改革是领先于全国大部分地区的一个领域，它对形成市场经济运行机制起到了关键作用。价格改革初期采取"调放结合、以调为主"的方针，重点提高农产品收购价格，初步扭转价格的严重扭曲。接着适时推出"调放结合、以放为主"的方针，分批分期放开了小商品价格、工业消费品价格、主要农副产品采购价格以及肉蛋菜等主要副食品价格；1988年通过整顿粮油计划供应范围，基本实现购销同价，把国家对居民的价格补贴改暗补为明补，价格改革取得了决定性成果；绝大部分消费品和工业原材料实行了市场调节，取消了除居民口粮、民用煤之外的所有凭证供应。在治理整顿的后期，进一步放开了民用煤、食糖、粮食的销售价格，用两年时间完成了生产资料价格"双轨制"的并轨。至此，福建的价格机制发生了根本性转变，单一由国家定价体制已经解体，基本形成了以市场价格为主的价格形成机制，为市场经济运行机制的建立迈出了决定性的一步。

价格改革取得的经验，一是始终坚持市场形成价格机制的改革目标，使价格符合价值规律和市场供求规律的要求。在治理整顿期间，仍然坚持不重发票证，不增加财政补贴，改革没有出现大的反复。一些紧缺物资在放开的初期一度出现价格上涨，但也有效地促进了生产的增加，供给迅速增加，形成市场的繁荣局面，价格又逐步趋于稳定。经过多次实践，增强了群众对价格改革的心理承受力，市场取向的改革取得了社会的认同。二是正确处理改革、发展、稳定三者关系，适时突破与稳步推进相结合。价格改革牵动千家万户，必须处理好对群众生活、社会生产的影响；所以能够比较顺利地闯过难关，重要的是在推进方式上坚持适时突破与稳步推进相结合。适时突破即要抓住改革的有利时机，迅速推进改革。福建经受住1988年物价大幅度上涨的风波和在治理整顿期间能够坚持不重发票证，正是得益于1988年以前比较早地抓住机遇，放开了部分农副产品和工业消费品的价格，刺激了生产，为改革提供了物质基础，同时改暗补为明补，稳定了民心。稳步推进即根据条件和时机，分步推进。放开价格从对市场影响轻微的小商品开始，逐步发展到较大影响人民生产生活的重要商品，尽管起步较早，也历时10年之久，其中比较集中的动作经历了6年。这对减少震荡，发挥效益，增强社会承受能力，都是必要的。

（二）以市场为中心配置资源的市场体系迅速发展

由于较早改革商品流通体制，取消农副产品统派购制度，确立了消费品市场多渠道经营的格局，并且较早地放开了生产资料市场，使商品市场得以较快发育。最早从沿海一带的服装和小商品市场兴起，随后以乡镇企业为基础，伴随商品生产的发展，各类商品专业市场应运而生，并以强劲的势头，迅速辐射到全国各地。同样，由于三资企业和乡镇企业的迅猛发展，带动了要素市场的发育。1988年土地使用权作为商品进入了市场，目前全省所有城市和大部分县城的商业房地产开发用地基本都实行了有偿转让。据不完全统计，从1988年到1994年底全省通过土地有偿使用获得了来自土地的收入80多亿元，初步建立了社会主义市场经济体制的土地配置机制。土地使用制度改革，促进了房地产市场迅速发育，全省已确立了三级管理的房地产市场体系。此外，以招聘为主要形式的市场用工制度极大地推进了劳动力市场的培育，全省设立了各类职业介绍所1191个，为农村剩余劳动力有秩序地向非农产业转移创造了条件。

在市场体系的建设中，注重把市场硬件建设与市场网络建设结合起来，使市场的覆盖面日益扩大。商品市场网络已遍及全国各地，乃至海外。在沿海地区有大批的供销队伍活跃于省内省外的城乡，这是一个无形的市场，同有形的流通相结合，把商品交换关系向广泛的空间延伸。福建对市场的建设注重不断完善综合配套的服务功能，类似石狮服装市场那样的大型专业市场中，都有发达的银行结算、邮电通信、立体交叉联运以及旅客生活服务设施相配套，把市场的资金融通、商品运输与商品交易行为结合在一起，既扩大了市场的功能，又带动了第三产业的发展。许多城市还积极发展综合性劳动力市场，把求职求聘登记、职业介绍、信息服务、培训导向、社会保险等有关手续结合起来，把建立劳动力市场和企业用工信息等融为一体，形成了多功能配套服务的市场网络。市场体系的初步建立和不断完善，使全省大部分的经济生活进入了市场运行轨道。即使在目前直接调控比重较大的金融市场，"双轨制"运行的情况也比较普遍。福建比较发育的市场经济运行机制，促进国民经济进入了快车道。

（三）深化国有企业改革，重构经济运行的微观基础

从计划经济向市场经济过渡，要解决的问题不仅是校正价格信号，而且在于如何形成面向市场，按市场信号进行经营，真正做到自负盈亏的市场主体。因此，深化国有企业改革，构建市场经济主体，始终是经济体制改革的重要内容。

国有企业改革从指导思想上经历了从扩大企业自主权，减税让利；到转变企业经营机制，进行企业制度创新；进而以改制、改组、改造、改善经营管理相结合，对国有企业进行战略性调整的发展过程。1986年前以扩大企业自主权为主要内容，其特征是在旧体制的框架下对企业进行"松绑放权"的政策调整，使僵化的旧体制受到冲击，改革取得了初始成果。从1987年至1991年，全省普遍推行了经营承包责任制，一定程度上刺激了企业积极性，1987—1990年全省工业承包企业上缴利税每年增长16.65%，大大高于承包前增长速度，全省商业承包企业固定资产原值从1986年的4.64亿增加到1990年的7.23亿，增长56%，上缴利润实际入库数净超3005万元。但承包制仍然没有触及企业机制的核心问题，激励作用逐步弱化，企业短期行为严重等弊端日益突出。因此在此期间，开始了企业产权制度改革的探索，出现了内部职工持股，法人持股等多种形式的股份制企业，经营机制明显转变。1992年邓

小平南方谈话以后，国有企业改革进入一个新的阶段，其主要特征是从理顺产权关系入手，改制、改组、改造、改善相结合，"抓大放小"进行资本调整，改革从原体制框架下的微调转向从根本上改变原有企业制度，建立企业法人财产权，真正实现政企分开。4年来股份制改革蓬勃发展，现代企业制度试点起步，放开小型国有企业有了较大进展。

国有企业改革呈现出几个特点。一是依托于对外开放和非国有经济迅速发展的优势，引入三资和乡镇企业经营机制，对大批国有企业进行嫁接改造。1992年泉州37家国有企业一揽子嫁接港资迈出了重大步伐。至1994年底福州市预算内工业企业94家中，有55家采取多种形式引资嫁接，盘活了国有资产存量。国有企业与乡镇企业、私有企业产权融合的混合所有制形态也逐步发展，把国有企业技术、管理强的优势与乡镇企业、私有企业机制灵活的特色相结合，显示了较强的活力。二是资产的流动重组相对比较活跃。由于多种经济成分比重大，经济实力提高较快，创造了国有资产流动与重组的良好条件。尤其是沿海一带，多种经济成分迅速发展，为国有小型企业的拍卖、转让、联合、兼并提供了资金的准备和劳动力安置的社会条件，使企业改革得以较为平稳地进行。另一方面经济发展速度较快，形成了比较广泛的个人资本基础，因此在国有小型企业改革中，职工投资入股的股份合作制形式，逐渐增多。三是注重企业综合配套改革，把社会保险制度建立放到重要位置，除较早推出国有和集体企业职工养老保险改革外，还于1992年普遍实施失业保险，为国有企业改革提供了社会保障。

国有企业经过17年深化改革，尽管改革的目标还未达到，但企业的生产经营已经面向市场，多数自主权得到了落实，动力和压力均有所增强，内部管理制度改革取得不同程度的进展，为建立现代企业制度打下了良好基础。

（四）改变政府对经济的管理方式

从计划经济走向市场经济转轨过程，必须相应转变政府对经济的管理方式。福建主要从两个方面入手。一是改革高度集中的决策体制，下放经济管理权限，实行分层次决策，赋予地方政府在计划投资、利用外资、土地批租、物价管理和财政收支安排等方面更大管理权限，大大调动了各级政府和各部门的积极性。二是在政府与企业关系方面，强化政府的宏观管理职能，逐步退出对企业微观活动的直接控制。首先是改革和完善计划管理办法，逐步形成了一个以市场为基础，以指导性计划为主体，市场调节功能逐步增强、直接计划与间接计划并存的计划管理格局。其次是改革投资体制，对部分项目试行企业投资法人责任制和建设项目投资包干责任制，把投资的决策和责任统一了起来。第三，打破单一的、高度集中的工资管理体制，形成以按劳分配为主体多种分配形式并存的格局，运用税收杠杆对个人收入进行调节，既有激励又有调控的收入分配机制正在形成。

（五）加强改革开放综合试验

改革开放初期，对外开放的政策尚待具体化，经济体制改革还处于"摸着石头过河"的探索阶段，许多措施要通过试点接受检验并加以完善。党中央决定福建、广东列为改革开放综合试验区，这就把福建全省推向了综合试点的前沿。基于同样的思路，省委、省政府也在全省各不同地区，建立了不同类型的综合改革和单项改革的试点。目前列入全国试点的有：厦门经济特区跳出现行体制，率先建立社会主义市场经济体制和同国际惯例接轨的运行机制的试点；泉州市国家综合改革试点城市；福州、厦门金融开放试点城市；三明市国家南方集体林区改革试验；宁德农村开放促开发，脱贫致富综合改革试验；以及福清市国家县级综合改革试点。省里还先后选择了石狮、晋江、涵江、永安作为改革开放综合试验区和14个县（市）进行综合改革试点。试点的任务在于：创造全国还未出现的新鲜经验；对还未经过实践检验的新思路、新举措，通过试点，取得经验以供推广；对在面上受旧体制制约不易实施的改革措施，先在试点地区求得突破。这说明改革开放的试点，实质上是充分发挥群众积极性创造性，尊重群众首创精神的实验基地。

试验,意味着没有现成模式的探索,意味着成功与挫折两种前景;特别是新生事物不可能立即被社会认同,也不可能在出现时就已臻完善。综合试验的实践中,确实经历了风风雨雨。这既要求试验地区的干部、群众,特别是领导者具有敢想、敢闯、敢于坚持真理修正错误的勇气和胆略,也要求上级领导部门创造比较宽松的试验环境。福建省委、省政府在指导改革试验上掌握了如下几条,一是权放一级,为试点地区经济发展创造更多的机遇。赋予厦门、泉州和四个县级市具有相当其上级政府的部分经济管理权限,使其在国家宏观指导下,有临机决策的效率。实践证明这在当时计划经济体制尚未打破的情况下,有力地促进了地方经济的迅速发展。二是不拘一格。指导各试验区从实际出发,找准经济发展的新增长点进行突破,围绕中心环节展开综合配套改革,不搞一个模式。三是允许成功,也允许失败。提出"支持改革者,鼓励探索者,帮助失误者,惩治犯罪者",划清正确与错误界限、罪与非罪界限。特别是对符合改革方向但出现一时失误的,给予正确引导,保护了干部群众开拓创新的积极性。这些措施,对于保证综合改革试验的推进起了重要作用。

福建省的各项试点,总体上获得了成功。一是推进了试点地区经济的快速增长,构筑了新经济体制的成长点。厦门经济特区经过15年的努力探索,在国家宏观指导下,在移植和融合国外适合社会化大生产的合理机制和管理经验,率先建立社会主义市场经济新体制方面,取得了突破性进展,奠定了以公有制为主体、多元结构、充满活力的社会主义市场经济微观基础,形成了统一开放、内外辐射、竞争有序的市场体系和经济管理体制。在省里帮助下,建成了全国首家由地方投资兴办的国际机场,成立了全国首家地方航空公司和首家中外合资银行。首创在经济建设的同时着力治理环境、美化城市,率先进行政府机构改革,都为全国、全省提供了重要的新鲜经验。泉州市早在1992年就明确提出以多种经济成分为主,以市场调节为主,以外向型经济为主的发展方针。围绕投资主体多元化,经济结构多成分,转换机制多形式，企业经营多手段，市场建设多类型，商品流通多渠道，对外开放多层次的基本框架，大力推进各项改革，走出了一条依托侨资侨力，"'三来一补'起步，乡镇企业辅路，三资企业上路，成片土地开发迈大步"的外向型经济的发展路子，已成为全省最具活力，经济发展最快的地区。国内生产总值在1987年实现第一个翻番后，1992年、1993年又连续实现第二、第三个翻番，1995年比1993年又增长2.56倍。经济总量在全省9个地市中的位次，由1978年的第5位，跃升为1994年的第一位。财政收入1978年只有5000万元，1995年已达到26.46亿元。泉州改革开放综合试验的先行和缩影——晋江、石狮两个县级市，分别创造了乡镇企业的"晋江模式"和按照"经济体制更活一点，机构设置更小一点，经济管理权限更大一点，干部素质更高一点"的要求，实施"小政府、大社会"，使市场调节进入经济生活各个环节的石狮经验。晋江1995年以工业总产值占工农业总产值比重96.33%，财政收入超5亿元，农民人均纯收入4321元为标志，基本完成了农村工业化的历史任务，正向农村城市化和经济社会协调发展迈进。石狮自1988年建市以来，7年间地区生产总值、财政总收入分别增长9.5倍和11倍，在农村集镇的基础上，矗立起一座粗具规模的现代化侨乡城市。二是综合改革试验的成效已远远超越局部时空的界限，不但发挥了先行作用，而且对周边、对全省产生着示范效应和联动效应，为面上改革的平稳推进积累了经验。福建省的许多单项改革，如生产资料价格双轨制的并轨、粮食购销体制改革、土地使用制度改革、农业规模经营、国有资产管理体制改革、集体林区系列改革，都是在试验区取得突破后，逐步推向全省。事实表明综合改革试验是改革开放的启动器和领头雁，试验地区既是新经济体制的生长点，也是区域经济发展的增长极，对于推动福建经济起飞作出了历史性贡献。

（本文为上海远东出版社出版的《中国东南沿海的经济起飞》第十一章第二部分中的两个小节。该章文稿与陈桦、刘义云、陈德津合作撰写）

参加 WTO 与政府职能转变

经过多年努力，我国已于去年12月正式成为世界贸易组织（WTO）的成员国。这对于深化改革、扩大开放，促使我国经济进一步融入经济全球化进程，利用国内外两种资源，加速经济结构调整步伐，促进国民经济持续快速增长，具有重大战略意义。也标志着我国对外开放，从过去主要实行政策优惠，进入了全面体制创新的新阶段。

我国基本建立了社会主义市场经济体制，但还不完善，不规范。WTO的规则，是市场经济的规则；我国参加WTO的承诺，就是承诺按照市场经济游戏规则运作。这势必要求我们对经济运行机制中还不完善不规范的部分作出调整，要求体制创新。也就是说，今后扩大开放更多更直接地要靠体制改革来推动。而诸多改革中，最重要的是政府职能的转变。这是基于：其一，我国入世的承诺，涉及的是政府行为，其目的是约束政府对经济活动的不当干预；其二，政府职能的定位在体制的转换中处于关键地位；其三，也是根据我国经济体制改革进程中政府职能转变严重滞后的现实情况。由于我国经济体制改革是以重塑微观主体起步的，宏观管理体制改革大大滞后于实际市场化进程。在不少地方，政府仍控制着主要资源和生产要素，资源的行政性配置，用行政手段指挥资产重组，实行市场封锁，庇护落后企业，进行暗箱操作，以"规范管理"为名与民争利，束缚民间发现的市场商机，市场准入门槛高企不下，等等，均在相当范围和不同程度上存在。从而阻碍生产要素按市场经济规律流动和组合，导致经济运行效率低下，寻租性腐败滋生。现在已形成多数共识："入世"，首先是政府入世；"挑战"，政府面临更高的挑战。这一判断是有其充分的现实依据的。

政府职能转变，首先要正确定位。社会主义市场经济的基本要求是市场对资源配置起基础性作用。政府必须避免直接介入市场和干预企业微观经济活动。政府的经济职能，主要负责：一是对国民经济规划协调，保障国家经济安全，运用经济杠杆，调节总量平衡，指导产业结构优化；二是制定市场规则，规范市场经济秩序，监督和保障市场主体合法经营；三是调节收益分配，搞好社会保障，维护社会公平；四是提供公共服务；五是保护资源和生态环境。总之，政府必须从计划体制遗留下来的直接管理微观经济活动中退出，担当好宏观经济组织者、调控者、保障者的角色。为此，要切实解决越位、错位和缺位的问题，完成由直接的行政管制向间接调控的根本转变，对经济活动从管制型向服务型的转变，把市场能够解决的问题交给市场去解决，着力加强法治、监管、服务等薄弱环节，使政府职能真正到位。

政府职能转变，当前需要做好以下工作：

第一，加强法制建设，推进法治进程。社会主义市场经济要求完备的法律体系，政府依法行政，各市场主体依法经营。我国的法律体系必须与国际接轨。这是应对入世的关键所在。但我国现行法律制度不健全，突出存在两个问题，一是现行法律法规的内容，与WTO规则相抵触。有的还带着不少计划经济的痕迹。入世半年来，国家对涉及对外开放的一部分法规条文已作了修改。但还有大量已经过时的、不符合市场经济要求的政府规章和地方性法规需要全面清理修订。二是法律空缺。已有法律法规中原则性规定多，具体规定少，致使国外投资和贸易不敢贸然进入；且许多方面该立法的没有立法，依据行政性规章乃至"红头文件"操作，或者定几条规则内部掌握，随意性、主观性很大。急需根据实际需要，制定符合当前实际且具操作性的法律。这又要解决法治理念和立法程序的转变。在法治理念上，要从过去强调

"管制"向强调维护市场主体平等权利方面转变。在立法程序上，要改变由政府部门起草法律法规，使部门利益合法化以及小法凌驾大法，行政规章凌驾法律，规章之间互相矛盾，使人们无所适从的不当做法，切实加强立法过程中的公正性、协调性和公开性，扩大公众的参与度。

第二，继续推进行政审批制度改革。大量的行政审批事项，是计划经济体制强调管制、强调直接干预微观经济活动的重要手段；是导致效率低下，扼杀经济活力的根源之一。所以，转变政府职能，要求从改革行政审批制度入手。去年福建省行政审批制度改革取得较大进展，省级政府部门共减少审批事项626项，占审批总事项40.4%，改革面为55.7%；各设区市一般也达到削减一半左右的比例。但是，触及部门重大利益的审批项目，特别是审批收费项目，改革的难度较大。有的陷入设机构设人员搞审批收费，靠审批收费养机构养人的怪圈；有的避重就轻，削减一些无足轻重的项目，而把实权保住不放；有的一面削减，一面又新增审批项目；还有一些项目理应削减，但涉及地方性立法，需要先修改法规。所有这些，都需要继续做艰苦细致的工作，加强力度，进一步清理。对必不可少的审批项目，要规范程序，简化环节，公开过程，尽可能采取市场化方式运作（如公开招标等）。为促进行政审批制度改革的深化和富有实效，必须建立审批追究责任制和取消审批收费，或建立统一的财务结算中心，砍掉得利，加重责任。

第三，改革人事管理制度。服务型的政府，需要树立服务的理念。人们观念的改变，是转变政府职能的前提条件；而观念的转变，一靠教育二靠制度性安排。行政性配置资源之所以容易顽强地持续，往往在一定程度上与各种追求"政绩"及追逐小团体利益相联系。要把人们职务的升迁，从习惯上向上级乃至一两个主要领导负责转变为向人民群众负责和向上级负责相统一，扩大纳税人说话的权利，使公务员名副其实地成为为公众服务的公仆，才能使政府管理体制创新具备组织保证。

第四，培育发展市场中介组织，承接政府职能转变后交给市场解决的事情的中介性服务，沟通宏观管理与微观活动两个层面的有机衔接。中介服务机构覆盖面很广，当前重点关注两类。一类是保证市场交易公开、公平、公正运作的各种公证、验证、评估、代理机构，如律师事务所、会计师事务所、资产评估所等。这类机构数量上还不能适应经济发展要求，服务质量也有待进一步提高。在参加WTO后，外资同类机构相继进入的情况下，面临激烈竞争，亟须提升其业务素质和职业操守。最近，国内外不断揭露一些中介服务单位与当事人相互勾结，造假账，作假鉴证，实施欺诈，使投资者蒙受严重损失的重大案件，使市场一片恐慌。需要通过立法，强制规范其行为；实施严格的监管，形成发现问题的自动机制；以及采取包括行政、经济、司法等手段的严厉追究制裁措施。另一方面，要支持、保护公正执业者，使之健康发展。再则，不少鉴证类中介服务机构，仍然保持着与其从属的政府行政主管部门的依附关系，进行业务垄断，乱收费，服务质量不高。对之，必须彻底割断其与行政主管部门的联系，打破垄断，真正推向市场，开展平等竞争，在竞争中发展壮大。

另一类是由同行业企业自愿组成的行业自律性组织即各种行业协会或同业公会。其职能和作用是：作为政府和企业的桥梁，协助政府引导企业贯彻政策法规和法律；代表企业利益向政府反映要求；为企业提供生产经营过程中的服务；制定行规行约，协调同行业经营行为；并承担部分由政府转移的行业管理职能。行业协会的发展，有利于国民经济整体运行效率的提高，有利于国家和企业国际竞争力的增强。特别是参加WTO后，在应对国外反倾销反补贴诉讼，代表本国企业提出反倾销诉求，以及协助企业扩展国外市场等方面，行业协会越来越显示其重要作用。总体上说，当前行业协会要有一个较大的发展、壮大，需要政府的扶持和培育。但由于我国多数行业协会是在政府机构改革中从政府部门转化的自上而下建立的组织，往往带有较浓的二政府色彩，功能不完善，职能不到位，运作缺乏活力。而考察那些由民营企业自主组成的民办行业协会，如我省的福安电机电器同业商会、平和茶叶协会等，则发现它们运作活跃，对促进行业发展发挥了很好作用，深受会员单位拥护。由此可见，行业协会的发育壮大，首先应实行"政会分开"，自主发展，其会员单位应覆盖本行业大多数企业，注意吸纳民营企业加入，办成真正的民间组织。政府则通过立法，明确行业协会职能和管理机制，实行依法办会；有些该放未放的行业管理职责，应尽快转移出去。

第五，规范市场秩序，重建社会信用制度。政府管理经济的职能，今后着重转向规划协调、服务与监管。监管的目的在维护市场秩序和发挥市场机制的作用，其立足点还要体现服务。只有立足于为企业服务的监管，才能维系健康的市场环境，保护企业有序地开展竞争，使市场机制充满活力。当前亟须解决的，一是放宽市场准入，建立公平的游戏规则，保证市场参与者平等竞争。对外资国民待遇的承诺，也应给予内资企业。要放宽对非公有制企业投资领域的限制，消除在政府提供的公共服务方面对非公有制企业的歧视，使各类市场主体的经营，具有公平的环境。二是加快建设社会信用体系，大力扭转当前企业信用、社会信用低下的状况，鼓励诚实守信经营，促使市场健康发展。政府要搭建信息资源平台，将分散于各部门的企业信用信息统一、合规地披露，实现信息资源共享。同时培育信用中介机构，提供信用征集、评价、担保、咨询等服务。政府的法制建设应涵盖信用体系，对失信者要有严格的惩戒措施。另一方面，政府也要率先垂范，重视政府行政中的守信重诺，避免朝令夕改，更不能对失信企业搞地方保护主义。

（本文发表于《发展研究》2002年第9期）

接受海南改革发展研究院采访笔录

金凌主任访谈笔录 1

时　间：2015年12月7日上午
地　点：福州闽江饭店
受访者：金凌
采访者：朱冠宇、余秀娟
整　理：余秀娟

记者：首先感谢金主任接受我们中改院信息库口述改革访谈这个项目。金主任从80年代初就开始主管体改工作，就想请您回顾一下福建省改革开放的早期一个改革历程。首先是国家1979年7月份就已经批复福建实行改革开放，为什么福建省委会把1983年作为改革开放之年呢，还有福建省早期经济改革的状况是怎样的，请说明一下。

金：首先我也感谢中国（海南）发展改革研究院对保存福建早期改革开放历史的关心。我介入改革开放是1980年8月开始，当时我到省政府办公厅担任二处的处长。二处是一个大的经济处，涵盖了工农业、内外贸、计划建设各方面。1983年开始我当办公厅副主任分管体制改革工作，1984年我转任省体改委副主任，1986年1月主持省体改委的日常工作，一直到1994年，

1995年正式办理离休手续。这一段改革的历史，感觉到是惊心动魄、惊涛骇浪，在这个历程中我自己也很受教育。

早期的改革，中央是1979年7月给福建特殊政策灵活措施的。当时福建的状况，我想起码有这么四点。第一，福建是解放台湾的前线，30年没有什么像样的建设，也没有像样的大工业，基础设施落后。第二，当时的福建省是一个底子比较薄的穷省。改革是需要成本的，但是我省财力有限。80年代初的时候，福建省一年的财政收入只有12亿多，还不如现在的一个乡镇。第三，当时全国是计划经济体制，从上到下是严格控制的，一个省要想突破这样的体制，困难还是比较多的。第四，当时还有一些意识形态理论上的问题，还有很多没有搞清楚。比如，最主要的是"姓社姓资"问题。当时很多改革措施，对外开放措施，动不动就被批判是"卖国主义"，"让我们吃亏了"。

当然福建也有优势，不然中央为什么给我们特殊政策灵活措施呢。福建的优势，我们总结"山海侨特热"。我把它再重新归纳一下，叫"山海热、侨台特"。就自然条件而言，是"山海热"，依山傍海亚热带。人文条件，是"侨台特"：海外侨胞多、台胞的祖籍地就在福建；特，中央又给特殊政策。虽然有这些优势，但是由于前面所讲的前线的历史，侨资、台资不来呀。我们要搞对外开放、欢迎投资，但怎么做，自己还不太清楚；此外当时投资条件也较差。当时外商到福建，能直飞的机场都没有，要绕道香港转火车汽车才能到。不具备条件，人家就不来。所以1979年签订的外商投资协议，这里说的协议还不是真正的到资，就签合同金额，仅仅80多万美元，到1980年合作合资加起来也才400多万美元。所以省委、省政府当时抓的就是大力加强基础设施建设，也就是在福建大家经常说的"十大基础设施建设"。

首先是"两个机场"——新建厦门国际机场、扩建福州义序机场。其中厦门要搞特区，没有机场可不行，但是我们没钱啊。后来中央给我们介绍可以借科威特国家贷款，是科威特阿拉伯基金会的一个贷款，当时借了600万第纳尔，折合2200万美元。当时是一个副省长张遗具体抓这个项目，非常努力，在他的带领下我们大家都很努力。所以1981年3月动工到1983年10月就建成，再一年多就通航，这是历史少有的，而且质量也很好，贷款方科威特来考察，非常满意。所以后来他们又给中国贷款里专门指定，其中有一笔要给福建的沙溪口水电站，我们的努力做出了信誉。另一个是福州义序机场扩建，义序机场本是一个军用机场，我们把它改造成为军民两用。

其次是"两个电站"，一个就是刚才讲的沙溪口水电站，它在南平、三明之间；还有一个是永安火电厂的三期扩建工程。

第三是"两个港口"，重点建设厦门东渡港和福州马尾港。

第四是"两条铁路"，这两条铁路并不是新建，而是扩建我省最早的铁路——鹰厦铁路和莱福铁路。鹰厦铁路本来为了解放金门修到厦门的，莱福铁路是它的一条支线，我们把它扩建，扩大运力。

最后是"两座万门程控电话"。程控电话福建省做得很早，福州是全国第一个引进、开通万门程控电话的城市。我1980年去省政府办公厅当处长的时候，就了解到这个项目。当时在邮电部的支持下福建省和日本富士通公司谈判引进程控电话系统。而且通过这个项目，也总结了如何与外商谈判的经验、商业谈判里面有什么策略等技能。这个项目大概1980年八九月份开始谈判，我是8月份去当处长的，所以大致了解这个项目的谈判过程，后来大概在1982年左右正式投产。还有就是厦门的万门程控电话也跟着建设起来了。

"十大基础建设"，就是这两个机场、两个港口、两个电站、两条铁路还有两个万门程控电话系统，极大地改善了我们的硬件环境。

比如万门程控电话，我们现在可能很难想象，当时国内打电话何等困难，效果何等差。当福州全国首套系统开通后，把电话打到北京去，我们国家体改委的领导同志来接听，惊呼说这个电话声音好像就在北京本地打一样的清晰——因为之前长途电话效果是很差的，这些现在可能都想象不到。在开通程控电话之前，打长途电话是要排队等候的，半天都连接不通，等得非常焦急。甚至很多地方，等长途电话还不如直接坐长途汽车过去还更快。程控电话的开通，把信息沟通的效率极大地加强了。

除了这十大基础设施建设，还有成立一个国际信投投资公司华福公司，全称是中华人民共和国福建投资企业公司。国务院批准它有金融资格可以去对外借款。这是很早批的，好像在1979年底，还是廖志高当省委书记的时候，有个省委副书记郭超抓对外开放、抓华福公司。通过它去贷款，借美国的芝加哥第一商业银行、休斯敦银行的商业贷款。最初借800万美元，后来大概又借了一点。当时靠这些商业贷款，我们买了一些货轮，可以直接运输进出口货品。还买了两条客轮，开通厦门到香港的航线，分别叫做"鼓浪屿号""集美号"。虽然商业贷款利息比较高，但我们都顺利还掉了。通过这些贷款，我们进出口货物有了自己的船队，有了客轮。另外华福公司还做一些电子产品的贸易。这是全国地方上第一家有金融权的信投公司。

还有就是厦门特区的建设也开始起步，开始是省里抓的厦门经济特区，第一任管委会主任是省委副书记郭超，第二任管委会主任是省委常委王一士。他们任职时间都不长，后来到第三任就是厦门市市长邹尔均。到邓小平同志来视察厦门的时候已经到了第三任特区管委会主任了。特区管委会最初的两任主任都是省领导兼的，省里主抓，当然少不了厦门市委支持，他们做了很多前期工作。这些都是为吸引外商投资来打基础的，我们做了很多工作来改善投资环境，这是对外开放的方面。

从改革方面来讲，我们首先是从体制外突破。因为体制内计划经济不好动，体制外的突破体现了自下而上的群众性。首先是农业承包经营责任制，这个方向福建稍微慢了一点，因为当时思想有一点禁锢，开始不敢做承包，只敢做什么小段作业包工、建作业组、包工到组，或者定个基数，超产奖励，就是不能分田到户。一直到1981年2月项南同志来当常务书记，主持省委工作。他来后第一个做的就是倡导解放思想。第一次召开省委工作会议，做的报告就是谈解放思想，以很大的力度去推动改革。他是1981年来的，当年就突破了农业承包责任制。因为符合民心，所以上面一推动，把干部的思想解决了，上下同心，很快就突破了。

第二是乡镇企业蓬勃发展，这也是体制外的改革，是跟包产到户连在一起的。

还有一个是流通领域放开。本来过去商品都是统购统销、派购、计划收购，主要的商品价格都要国家定。此时全国也开始做一点放开的改革了，重要商品比如粮食油料等是不肯放的，但很多小东西，比如鸡蛋、鸡鸭等等，有些计划经济下的"第三类物资"就开始放开了。所谓"三类物资"指国家按物资对国计民生的重要程度，分三类管理，即由国家统一分配的物资、中央各主管部门分配的物资和地方管理的物资。福建放开的力度比全国更大，农村很多第三类物资以及部分第二类物资都放开，取消派购计划收购，取消国家定价，让它们自由流通。还有一部分小手工业品也放开，比如扫帚、拖把之类的小商品、日杂品。因为这些商品是竹子、木头做的，原来因为竹子木头是计划收购的，所以它们的制品也是要控制的。改革后用竹子木头边角料做的小商品也都放开了。

还有让私人进入流通领域。因为乡镇企业起来了，很多私人小贩肩挑手推从农村到城市贩运商品。后来，不光允许他们做小贩零售，甚至包括批发也允许了。而且城市里的一部分小商店，允许个人开店了，老百姓可以摆摊了，这样城乡之间的流通，以及城市里的一部分小商业也放开了。所以我们商业开始活了，过去"什么都买不到"的情况有一些改变，群众也有了就业的门路。商业也是从体制外开始在突破。

从这几方面的努力，经济有了一些活力，这是我们早期的经济体制改革的状况。我们现在说，1983年是福建改革之年，但并不是说1983之前这几年没有改，而是能改的在改，为对外开放打基础。到了1983年，省委决定这一年作为改革之年，改革要进入城市，要加大力度、加快进度、加宽领域。

记者：谢谢金主任给我们讲这么多早期经济体制改革。您刚才从改革和开放两个角度给我们讲了很多，您讲得非常精彩。

金：我还要再讲两个事，再补充一下。我们早期的合作项目，就是中外合作跟中外合资项目，第一个项目就是厦门的卷烟厂跟美国骆驼牌烟草公司合作，利用厦门烟厂的生产设备代骆驼牌加工香烟。加工的香烟一部分就是用骆驼牌的商标把在国内销售，另一部分拿去国际市场。从美国骆驼公司引进好的机器设备还有管理经验，这些设备和经验可以用于我们生产自己品牌的香烟。这是第一个项目，做得比较早，好像是在1980年1981年左右这个就开始做起来了。当时也有些人反对，觉得我们吃亏了，认为我们只收加工费，给外商生产它们的品牌，不合算。但是我们利用这些设备和管理经验，做起了自己的产品。所以面对新生事物，总有很多不同意见的，最后还是改革推进下去了。

还有一个项目是福日电视机公司。是福建电子设备厂和日本日立制作所，合作生产电视机，既有黑白电视机也有彩色电视机。当时福日电视机质量非常好、市场上非常畅销，都是要凭票才能买到。福日公司一年生产黑白电视机16万台左右，彩色电视机12万台左右。由于我们的配套能力不足，有一部分零部件还要从日本进口，但是协议里要求日方逐步帮助我们国产化。就是说我们不是光加工装配，以后零部件要实现自己生产。这个项目也是张遗副省长抓的，谈判的时候大概是在1980年，后来真正投产在1982年。合作过程中，要给日方专利费，每一台彩色电视机给它们多少钱，这本来是国际通用的规则，但是当时国内不了解。所以项目一时引起轩然大波，说这是卖国主义——"我们生产一台电视机还要给人家钱，还要进口零部件"。这还不是福建内部在讲，上面有大领导都还这样认为。福建省顶住压力，同时也向各方面说明了情况，说明这是爱国不是卖国。后来反对的声音也就没有了，因为福日的彩色电视机就是质量好，其他地方生产的彩电质量就不如福日的合资产品。这些事例说明，一开始对外开放的时候，起步是困难的，谈判的进度不是很快，还经常面对这样那样不同的声音。是在这样的情况下，我们开始改革开放的。

后来有一种说法，说"改革进入了深水区"，好像过去是浅水区，容易改的都改完了，剩下难改的。最近我遇到体改委的有些老同事，当时他们是青年人进入我们省体改委的，现在已经到了中年了，大家回忆起当年的工作，很多同事都觉得，改革哪有浅水区呢，每一步改革都是很困难，只是历史条件不同。在当时的历史条件下，现在看来很初步的改革，也是很困难的，其实水也是蛮深的。当然这种看法也算是一家之言。

记者：所以说其实早期的改革也是很困难，因为不仅是思想方面会受到束缚，而且当时的改革也是很受争议的。所以在1980年10月份国务院批准厦门成立经济特区，面积是2.5平方公里，金主任，您能给我们讲一下当时厦门经济特区成立的背景和经过吗？

金：厦门经济特区成立的背景就是中央50号文件，就是邓小平同志决定对外开放，福建、广东先走一步，全省实行特殊政策灵活措施，给予一定的权限，财政也给了一个包干。那四个经济特区就是这样，广东三个福建一个，先搞深圳，厦门放后一点。中央1979年发的50号文件，厦门经济特区批下来是1980年。经济特区破土动工是1981年10月，所以这就是厦门特区的成立时间。当时国务院批的是在湖里划出2.5平方公里，是一大片的山头，靠近东渡港那里。在做的过程中，就感到2.5平方公里面积太小，项目施展不开。搞了那么多基础设施，就是为这2.5平方公里服务，生产力布局不开。还有不能利用老市区原有的生产要素跟生产能力。虽然我省当时经济落后，但到底多多少少有一些配套的工厂，就算没有合适的配套工厂，我们还可以拿一个原有工厂出来和外商合资。但在湖里那2.5平方公里区域里，什么都没有，统统都要新建，不能利用原来市区的一些生产要素，发挥市区的潜力。所以就要求扩大特区，把2.5平方公里扩大到全岛。

邓小平同志1984年2月来视察厦门的时候福建省就提出了这个要求，同时要求实行自由港政策。当年邓小平同志听汇报，就问："那自由港是怎么回事啊？"其实当时我们谁都不懂自由港。项南同志因为过去在农机部当副部长，出过国，在当时可以说见多识广了。所以在项南领导下，大家就商量，我们要的自由港是什么，提出了三条：货物自由进出、人员自由往来、货币自由兑换。邓小平同志说："货币自由兑换看来是不大行，回去再研究吧。"所以以后国务院批下来的是"实行自由港的某些政策"。所以厦门经济特区的变化就是到邓小平同志考察以后，中央对福建很支持的。1984年考察，当年国务院就开了一个会，会上已经口头同意，特区扩大到全岛。正式文件批下来是1985年。

记者：1985年6月29日国务院批复关于厦门实施经济特区方案的报告，这个报告当时国务院批的背景是怎样的，它对厦门经济特区产生哪些影响？

金：背景就是邓小平同志考察，向他报告。邓小平同志觉得有道理，给支持，就是这样一个背景。除此之外，我还要讲到邓小平同志考察的问题。邓小平同志考察时给厦门题字，"把经济特区办得更快些更好些"，这个不光是对厦门经济特区扩大到全岛，并实行自由港的某些政策有重要意义，实际上对我们全省都有非常重要的意义。因为邓小平同志来考察，我领会他的基本思想就是对外开放，让实践来证明对外开放是正确的，要进一步放而不是收。所以邓小平同志考察回去以后，接下来国务院很多措施，不光是对厦门，而且是对福建全省的，让我们进一步开放。

首先就是福州列入沿海开放的十四个城市，1984年就批下来了。同时成立马尾经济技术开发区，马尾是福州的一个区。第二闽南三角地区十一个县市列入对外开放。第三原定福建广东的特殊政策灵活措施本来是先试行5年，1984年底到期了。现在呢延长，凡是行之有效的政策措施继续试行，再延长5年。因此福建初步形成了一个多层次的对外开放格局。但只是初步形成，还没有完全，完全形成是以后的事。对外开放格局有不同层次，全省是实行特殊政策灵活措施；闽南三角地区是沿海开放地区；福州是沿海开放城市，还有马尾经济技术开发区，以及厦门全岛的经济特区。这样多层次的对外开放格局初步形成。邓小平同志的考察，对推动福建的改革开放作用这非常重要，意义非常深远。

记者：从1983年以后福建对外开放的格局加快推进了。另外在改革这方面福建也是决心大步推进改革，1983年9月19日，您和王福根同志造访国家体改委，请您给我们讲述一下这一次前去的原因是什么，又对福建的改革产生哪些影响。

金：省委决定1983年是改革之年，省委也做组织上的准备，准备成立省体改委。当时正处在机构改革定编的时候，当时听省委书记项南同志跟国家体改委副主任童大林同志谈话里面透露出来，上面一些部门对福建上报的设立体改委的报告没有同意，可能是编办的意见。所以省里决定先成立一个经济体制改革办公室，这不是虚设是实体，和省政府办公厅合署办公，合署办公就不算多一个机构，就控制在编制之内。就是这些组织上的准备。省委给我的工作很明确，叫我搞体改。

当时省体改办由省长当主任，副主任是省委常委原厦门特区管委会主任王一士，他调回来当省政府秘书长，他来兼副主任。还有两个副主任都是资历很老的厅级干部，一个是原来的财办主任，姓郭，还有一个，原来是基本建设委员会的主任姓罗。这两个是在办公室坐岗的。最后我是省政府办公厅副主任分管经济体制改革工作，也算是绝大部分时间都是在体改委。虽然正式名字是体改办，但当时大家都习惯叫体改委。大概8月底，我们三个到位办公室，三个官只有两个兵：一个兵是管文件收发，还有一个兵就是王福根。王福根是财政厅借来的干部，后来成为我们分配体制处处长，当时就是这几个人。

体改机构成立前后，省政府做了很多工作，调查研究。胡平省长亲自主持开了很多座谈会，王一士也开座谈会，就是说现在福建要推行改革，往什么方向推进，突破什么，当前的主要问题在哪里，等等。另外我们体改办，也开了很多座谈会。总结前期改革经验，因为当时企业里面已经有一些很好的新鲜经验了，比如福州铅笔厂的承包就是一个例子。福州铅笔厂的厂长龚雄，就是后来55个厂长呼吁松绑放权的重要人物，后来成为福州市副市长。福州铅笔厂做得很出色，所以做了总结经验、调查研究的座谈会，研究改革如何推进等一系列的准备工作。这还是在体改办成立之前。等到我们五个人进了办公室，体改机构正式开门了。

开门后我跟王福根两个人去北京，找国家体改委，主要是两个目的。一个当然是联络了，上下挂钩，报告国家体改委，福建省已经成立体改机构了，争取国家体改委指导。第二了解一下全国有什么改革措施。因为胡平省长一直认为，一个省推出的改革要跟全国的改革相衔接。如果一个省的改革不跟全国衔接，很难推进。更不能由于现在的改革，为以后全国改革的推进造成阻力。

我们去，国家体改委也很重视，童大林副主任是厦门人，跟项南同志联系也比较多。他的秘书用汽车把我们接进中南海去。童大林叫国家体改委各组去介绍，说现在国家体改委在干什么，现在进程进展怎么样。最后我得出一个概念，现在各部门正在制定方案，当时争论很多。特别是计划体制，有很多争论。还有国家体改委在常州搞试点，在重庆、沙市搞试点，试点花样很多，有市管县、经济网络、劳动工资、利改税等方面。我现在回想，那个时候大家对改革的认知还不是很清楚。第一理论上还没有理清楚，需要突破。1983年上半年，童大林在常州召开个理论讨论会，我跟郭亮如副主任几个人去参加，有很多名家如林子力等在这个会上发言，就开始讲商品生产商品交换了。有人提出商品生产的计划经济，或者叫计划经济的商品生产，反正计划经济还不能丢掉。但是要讲商品生产商品交换了，要讲等价交换、价值规律了。那么到底要改成什么样子大家都不是很清楚，还没有改革的大框架。第二，国务院组织力量，在一个个定方案。童大林说："大家都在制定方案，到现在只有一个半方案。"半个方案是什么我不大清楚，一个方案我所知道的是第二步利改税。就是把已经做的企业搞承包、利润承包，进一步改革，把利润改成税收。但是税收不是统一的税率，除了统一的所得税之外，还有调节税。调节税一个企业一个样，比如原来上缴利润50万，交了15万所得税，剩下的35万还要交，就用调节税收上来。一个企业一个样，每个企业的调节税定好，以后剩下的利润就是企业的。所谓第二步利改税就是这个样子。所以这一次我们到北京去，了解到的情况就是上下挂钩，取得指导。童大林鼓励福建大胆干，叫福建先做，他说："不要等，福建先做的，也叫试点，你们自己试吧。"

我们就是领了一个自己先做不要等这样一个任务回来。同时了解了第二步利改税的做法。我们就请财政部利改税办公室主任陶司长，请他来给福建指导，请他来讲课，第二步利改税怎么做等等。这都是改革进程中的探索，等一下讲松绑放权时我还会讲到第二步利改税以后碰到的问题。

1983年12月我们开全省第一次体改工作会议的时候，请国家体改委派人来指导。国家体改委委员李岩来了，他在会上做了长篇发言。国家体改委有很多老同志，李岩同志曾经是周总理的秘书。他来了，我们的目的都达到了。

记者：1984年3月7号，您参加了中央党校和国家体改委联合举办的第一期体改研究班。您能给我们回忆一下当时这个体改研究班有哪些学员吗，还有这次您学习的经历，以后对福建改革一个影响，对您以后工作的影响。

金：中央党校第一期体改研究班培养很多人，我也去学习了，知道了很多事。当时它是中央党校和国家体改委联合举办的，以后大家都经常开玩笑说是黄埔一期。第一期大概40多人，大多数是各省体改委的领导或者地级市的市领导。当然了也有一部分优秀的青年干部，虽然职务没有达到，但是他们改革的意识比较强。国家体改委专门派了两个干部在中央党校办班，其中一个是司局级的。分两阶段学习，我们学了三个多月。第一阶段由党校的老师讲课，讲《资本论》第二、三卷的节选，书很厚，是马克思主义再生产理论。第二个环节就是专题报告，有20多个人，著名的经济学家基本上都请到了，像刘国光、厉以宁、蒋一苇，还有国家体改委的领导，童大林、廖季立等，还有司局长，高尚全、杨启先等。还有中央各部委，像国家计委、财政部、物资总局、建设部等，他们的部级或者局级领导来讲课。

讲课的内容，概括起来说，首先是厘清现在中国经济体制的弊端在哪里。统得过多，管得过死，单纯依靠行政命令，和分配上的平均主义大锅饭，这个就是根本的弊端。根源在哪里？就是否定商品生产、商品交换，否定价值规律作用。改革的方向要搞活，就是要承认，商品经济是一个不可逾越的阶段。这对我来说，很受教育，系统性地弄清楚了这方面的问题。当时是1984年的上半年，十二届三中全会还没有召开，各家有各家的说法。比如蒋一苇讲企业主体论，厉以宁讲西方经济学，讲宏观经济怎样调节，市场竞争发挥重要作用，等等。各家说法虽不尽相同，但说到底要承认商品生产、商品交换，我觉得这是最大收获。

学员之间也有互相交流，比如无锡来了一个市政府的副秘书长，我跟他交流。他说："无锡经济发展快，经验是最大限度地利用市场调节的作用。"当时只是允许市场调节，还没有讲怎么做市场经济，但下面实施改革的人已经用到了，就是要发挥市场的作用。所以我最大的收获就是，改革必须是市场取向。后来我在省体改委的工作中，特别是，1986年1月后我主持省体改委的工作中，每一项改革都注意看市场取向这个目标怎么走。应该说这一次的中央党校体改研究班，起了一个很重要的作用，打下了非常好的理论基础。

我回来以后，写了一个大概两千多字的报告，向省里汇报，主要简括说明学习收获，提出自己的看法，今后改革往哪些方向突破。当时省委常务书记叫胡宏，他看了之后呢，认为不错，他在报告上批了："报告写得不错，发各个委办厅局参阅。"就把这个报告由省委办公厅打印给各个委办厅局的党组。这是提出我的看法，实际也是一种宣传，交流今后改革的走向。

中央党校的体改研究班后来办了很多期，但是我们第一期的这些学员最活跃，每次体改工作会议也都有到会。后来有些干部成长起来了，比如广东省的卢瑞华，当时是佛山市委常委，后来当市委书记、广东省副省长、广东省省长，跟我是同一个小组的，他是最突出的。还有其他的人都在改革岗位上发挥作用，大多数都是回去做了体改委主任。后来我们也经常在会议上见面。班上我算是年龄比较小的，一直到前年（2013年），我们去出席中国改革论坛，那个时候只有三个人了。

　　记者：金主任，在中央党校学习期间，刚好1984年3月份的时候福建55位厂长经理要求呼吁松绑放权，您当时听到这个事件，反应是怎样的，您对于它在福建改革开放中的作用是怎样评价的，它的历史地位是怎样定位的？

　　金：55位厂长经理呼吁松绑放权这件事发生的时候，我不在福州，在北京。但是这件事的后续，放权是连续的，那个时候我回到福州了。所以我对松绑放权后来的一些情况很了解。简单说来就是当时开厂长经理研究会成立大会，有55个厂长经理参加。在这个会上，这些厂长经理觉得他们都在改革，而改革的阻力比较大。关键就是涉及省里一些部门不放权，也有涉及再上一级的问题。当时中外合资福日公司已经成立两年了，福日公司在会上的发言，说明他们经营层有什么权，比如用人的自主权就比较大，另外奖金也比较宽。其他厂长经理听了，就有人说："哪怕是福日公司的权给我们一部分，我们也就好做了。"这些呼吁，通过当时省经委的副主任黄文麟，归纳大家的意见写了一封信送到省委办公厅。项南同志当天就批，就在《福建日报》发表，而且《福建日报》的按语就是项南自己拟的，以后发生了全国的影响。

　　对全国的重大影响，大家都知道，因为《人民日报》都转载了。我的体会，当时厂长经理所提出的问题是全国许多企业都碰到的问题，所以才会发生如此大的影响。松绑放权这个呼吁为什么会发生在福建，当然首先是福建企业家锐意改革的精神迸发出来的。此外我想还有三点。第一点，当时福建已经对外开放了，他们有参照系，参照系就是中日合资的福日公司，可以做到那些事，效果怎么样，都能看得见。所以从某种程度来讲，这也是开放的产物。第二点，正在开厂长经理研究会成立大会，他们有个发言的平台，55个人的声音都凝聚在一起了。如果没有这个平台，一个一个去怎么形成合力的呼吁。而厂长经理研究会这个平台也是改革的产物。第三点，最关键的就是省领导的支持和采取了非常有力的措施来推动，思想解放措施得力。项南同志亲自抓，而且批示要在《福建日报》发表，如果不是这样得力的措施，就不可能引起这么大的震动跟反响。所以省领导的支持还加上非常得力的推动改革的措施，才能够形成这样一个大的气势。这讲产生的过程。

松绑放权呼吁信发表之后，项南同志开了很多会，要求各单位揽着的权要放。要求省委办公厅督促，我妹妹当时任省委办公厅副主任，她也知道，省委办公厅开会，要推动要支持要督促有关部门。省政府这边也开会，下达了很多放权文件。现在看都是我们省权力范围里面的，一般就是中层干部的任免权，还有内部机构设置。另外他们最强的呼吁的就是企业没有自我发展的能力。中央文件说企业要自主经营、自负盈亏、自我发展，企业家说自我发展，没钱啊。当时是第二步利改税的时候，调节税搞得很紧，把企业的留利大部分都作为调节税的形式收上去了。以后财政厅就把调节税下降，给企业增加一点留利。而企业留利还要分三大块：生产发展基金、奖励基金、职工福利基金。这些基金，上面原来都规定了只能做什么。此外技术改造还有一块，以及折旧费。但折旧费年限太长，每年只能提一点点。我们就采取加速折旧，把年限从一二十年降为七八年，每年提的折旧费就多了些。再把技术改造、折旧费、生产发展基金，这三块可以捆绑起来用，这样子的话要去升级机器设备的钱就能多一些，还能勉强凑付。否则光靠一点留利的生产发展基金，买一部机器的零件都还不够。

关于职工奖金问题，原来全年的奖金不能超过两个月的工资，超过了到银行领不到钱的。后来额度慢慢地增加，增加到三个月四个月。类似这一些，在省的权限内放了一些，现在看来是小打小闹，但是当时来讲还是很高兴的，调动了企业积极性。

但是有的东西是上面规定的，省里不能变。比如招工指标，国家劳动部下达下来的。企业不需要的人，上面要分配，硬塞给你，有招工指标的都要收下。其实当时大部分企业要的是技术工人，不想要的不能不收，想多招一点也不行，上面有指标限制，工资总额也有指标控制。还有计划分配物资，也是从上面下来的，当时实行指令性计划，有的有上调产品的计划任务。当时原材料很紧张，能源电力，也紧张。但分配来的只有这么一些，因为是上面有控制的，不能变。当时企业最迫切的需要，一个是奖金、工资的灵活性，一个是技术改造。因为我们都是老旧企业，要发展，不搞技术改造不行。

我们省里只能在自己的权限范围里面解决，上面曾经一度允许工资总额跟效益挂钩，效益指的是企业上缴的税收利润。国务院规定的，如果效益提高了，工资总额可以相应地增长。采取先试点，试点多少家，要报在劳动部的全国工资改革领导小组办公室批。我们最初试点一百多家，效果不错。后来真正上面批下来只有四十多家。那原来的我们省、市政府已经同意的签了合同的，不算数，只能缩小。所以说有的受到上面的限制，有的权不可能再放。

第二个问题，有的权放了又收。这既有客观原因也有主观因素。客观因素是当时经济过热，1985年就进行财务税收大检查，很严格，很多省里自己放活而不符上面规定的都改回来。国家体改委的一位司长带队来福建，还是比较实事求是的。还有，有的部门本来就对放权思想不太通，趁着整顿经济过热也收权。还有一种情况叫中梗阻，就是在部门中间层次挡住，当时项南专门批评中梗阻。

比如说当时某市有一家企业要跟外地搞横向联合，都谈好了，但是市主管局不同意。这个厂长也有点个性，他就反抗，说："我有横向联合自主权。"

局领导就说："你有你的自主权，我有我的管理权。"对他压制。情况反映到省委，项南批示，凡是中梗阻的都要严厉处置，省政府也发文件，叫省体改委去检查。体改委去把情况弄清楚了，也说服局领导了，这个事算解决了。可是人家记住一辈子，我离休后有次在一个医院碰到这位老局领导。我自我介绍："我叫金凌。"他说："我认识你，当年就是你来检查我的。"我说："我没有来。"他说："你派人来检查我的，印象可深刻呢。"

还有把企业领导干部撤掉的。外地有一个商业企业，要搞股份公司。本来我1984年就开始在研究股份制，体改委从1985年起就已经支持搞股份公司。所以就批准了他们搞股份公司。企业领导让所有的供货单位都来投资股份，把业绩做大了，到外面去拿货也很方便了。特别是紧缺物资，那时股份公司去拿就有点吃香。他们有了自主权后就有点不太听主管局的话了，局里最后就把企业领导调走了。这个人反映到省体改委，我找市领导商量，说这家股份公司在我们省里做得不错，看能不能不调走继续干。但因为这个干部不是市里管的干部，而是局里管的干部，市领导做不了主。局里说我调动他是为了重用，这个股份公司还要继续办的，最后还是把这个干部调走了。调动以后，这个股份公司就垮掉了。

这本来是省里最早成立的商业部门的股份公司，最后就因为这个领导的调整，最后也就没有了。说明人们习惯的思维方式，行政控制力的束缚，是很强的。这有一个过程，只能是逐步解决。松绑放权取得很大的成绩，但也付出了艰巨努力。也不是一说松绑，省委书记项南一批，《福建日报》一登，全国一登，就能把问题解决了。实际上有很多艰苦的工作，也有很多反复，才能一步一步使企业得到自主权。

记者：所以当时呼吁信发表以后，企业扩权还是经历了很多困难的。那具体的省政府出台了十条措施，您能给我们讲述一下十条措施的具体的一个出台背景，和它对后来企业扩权产生了哪些重大的推动作用吗？

金：其实省委、省政府出台的不光是十条具体措施，很多部门都下放了权力，像人事、劳动、财政等有关的部门，都有很多文件出来。省政府的这十条措施是1985年2月出台的，在十二届三中全会之后了。十二届三中全会的意义远远大于这十条措施。因为十二届三中全会是一个非常重要的会议，对我们福建来讲，十二届三中全会以后改革掀起很大高潮，有很多改革的措施。我先讲十二届三中全会以后的改革措施，然后我再讲这个十条。

十二届三中全会以后，省委制定了一个文件。先是省委常委开会学习，我们综合部门列席。学习以后，决定形成一个文件，叫体改委起草，就全省经济体制改革提出一个推进意见，叫《近期经济体制改革的设想》。设想里讲的是"六个活、四个放、三个改革、一个配套"。四个放是思想解放、内外开放、权力下放、政策放宽；六个活，就是搞活企业、搞活流通、搞活城市、灵活对外、搞活侨乡、搞活人才；三个改革，就是物价改革、工资改革、机构改革。一配套就是配套改革。对于搞活企业，文件提出，扩大供产销的自主权，把小企业放开经营，企业内部实行经济责任制，还有领导班子的建设等等。就是说这是一个全面的文件。

十二届三中全会一个最大的意义，是在理论上讲清楚了，现在实行有计划的商品经济。当然"有计划的"商品经济还是个过渡，但是当时我们看到已高兴得不得了，因为长期实行的是计划经济，现在改革开始了。以前只敢讲商品生产、商品交换，经济两个字不敢讲的。现在明确讲商品经济，社会主义制度就是公有制基础上的有计划的商品经济，这个是理论上的突破，在社会主义初级阶段这是个不可逾越的阶段。邓小平评价，这写出来一本马克思主义的政治经济学。理论上弄清楚了，做事就大胆了。《近期经济体制改革的设想》这个文件经过省委工作会议讨论，最后由省政府颁发。十二届三中全会后，大家的改革热情很高。首先是群众的热情很高，接受改革，拥护改革。在搞活企业上，省里提出让包字进城，就是企业承包经营制。对国有大企业，只讲包不一定合适，所以承包经营制搞了两轮就停下来了。但是对小企业，承包是一个激发积极性的很好的一个手段。所以大批的小企业放开了。如国有商业小企业全部放开，或者改成国家所有集体经营，或者转为集体经营，或者是转为租赁。就是说不用国有的那套管理办法了，全部放开。小工业也放了一部分，厦门的小工业也有一部分放开。所以放开小企业，大企业内部实行经济责任制，起了很好的作用，这是一个方面。

第二个价格改革。过去蛋、鱼、肉等都凭票供应，到1985年这一次改革的时候，把许多票证取消了，改成议价供应，副食品都改成议价。当然粮油没有改。蔬菜当时是不凭票的，经常烂菜，国有商业亏本。怎么搞好管理，保证供应？肉、水产品、蛋的票取消了，价格有点上涨，但是我们问卷调查，群众拥护。为什么呢，过去有钱也买不到啊。比如一个月只能买肉票定额的肉，凭一斤肉票跑到商店去，商店排队长得不得了。我要想买瘦肉，等到我排到队的时候已经是大肥肉。所以商品凭票，价格虽然便宜，但是我们买不到东西。现在取消之后价格上涨一点，但是东西多了，可选择的多了。我们的问卷调查证明，群众接受这个涨价。因为当时经济欣欣向荣，群众就业面扩大了，就业的门路多了，一家就业的人口多收入就多了，大家接受取消票证加价购买。所以当时的价格改革，做到了副食品取消凭票供应，我们在1985年就实行了。后来我大概1989年去北京，上街看到卖鸡蛋，外地人没票还是不能买的，这说明福建价格放开非常早。而且物价最初的上涨过后，东西生产多了，价格自己又跌下来了。当然广东也是放得很早，广东也出现了放开了以后物价先上涨，促进了生产，接着价格慢慢掉下来的情况。

所以1985年十二届三中全会以后，福建、广东进行价格改革，群众的生活丰富多彩了，物资供应充足了。这次价格改革取得了很大成功。

还有社会保障制度的改革，我们是比较早就开始的。在1983年底，全省第一次体改工作会议就酝酿了，1984年制定方案1985年实行。就是国有公交企业退休金全省统筹。比如说有的企业退休工人多，由企业里发退休金，负担很重。而那些新企业，像福州棉纺厂，当时才建了不久，都是新工人，发的退休金就少，企业之间负担不平衡。当时体改委跟财政厅共同研究，成立一个省退休基金管理所。企业按人头，有多少工人，按比例提交退休基金，都交到退休基金管理所。根据现在实际要发多少退休金，由退休基金管理所拨给企业，发还是企业去发。这样做，新企业不上算，怎么推进？而当时第二步利改税不是有调节税，财政厅在管这个事，给你调节税上调整。你如果交了退休基金多的，我调节税给你少交一点。采取这样统筹，老企业可以减轻负担，由新企业先补上。

所以我们1985年开始国有公交企业退休金全省统筹，这个是很早的。那后来有人求全责备，说这只是公交企业，不是全覆盖。我觉得这种说法是求全责备，公交企业是我们国有企业里的大头了。起步的时候我们起点就很高，做到全省统筹。这要一步步走，能走出这一步新生事物，非常不容易，是全国第一的。但是有的人不了解，因为是财政厅在搞，不是劳动部门在搞。后来一直到1987年才把这个退休金统筹制度总体的连管理所、带任务、带人统统移交给劳动部门。财政厅本来也不想管这个，只是为了改革，暂时没人搞，先承担起来。那劳动部门呢，现在有能力了，财政厅就移交过去。所以推行退休金的全省统筹，正式开始是1985年1月，但实际上1984年都在做准备了。这也是我们省一个很重要的改革措施。

其他方面改革就是横向联合蓬勃发展。横向联合也是1984年提出来的，1985年发展的势头非常好，已经是跨行业跨部门的联合。所以大体有这些方面的改革。当时主要是干部群众精神面貌很好，很有改革的信心，也知道要向什么地方改怎么努力。而且当时生活有改善。所以说改革有一个小高潮。1984年松绑放权，接着就是十二届三中全会以后的1985年的改革。

那么现在回到讲省政府的十条措施了。十条措施是搞活企业的项目。十二届三中全会以后，国务院有关的部门也有一点放权的措施了。我们省里进入改革高潮，省委的措施很得力，下面改革的呼声又很高，奖金、技术改造、厂长负责制等方面改革要求强烈。已经制定了《近期经济改革的设想》，所以说出台的十条措施，就是上面说的背景的具体化，像厂长负责制，大企业可直接对外出口，放开小企业等，对促进企业搞活都有作用。

我们一直说，旧体制的弊端，企业是行政的附属物，所以必须实行政企分开。对政企分开之前省里采取了一些措施，一个是把省属企业下放到所在地市。现在回过头来看，下放地市，还是一个婆婆搬家到另外一个婆婆（当时大家把主管局叫婆婆），省的婆婆变成地市的婆婆而已。最关键的是企业要有自主权，松绑放权就是为解决这个问题，光省厅向市局下放不够。第二个主管局不要光管几家国有企业，要面向全行业。省的局不是把省属企业都下放了，下放了以后不要管企业了，要想的是怎么把整个行业搞好。当时有一种讲法，"今后我这个厂长遇到问题不要找市长了，找市场，到市场解决问题"。但试行了一段，觉得有些事情，找市场还不能解决，还得要找市长。因为有许多东西，别人还没有改。比如，上面物资供应是部委条条分下来的，计划供应市场不给企业解决。当时生产资料还是双轨制，计划外的一块才可以在市场上解决，计划内的一块还是分配的。还有很多事情有关部门的规定都是要叫主管局作证明，当时甚至出差要买飞机票，民航规定必须是县级单位才能买。于是必须主管局出个证明，证明企业是县级单位，企业的厂长才能买到飞机票。民航当时就这个规定，光靠市场解决不了。还有企业到银行去领工资发放，银行要求每个月企业工资表上必须有主管局盖印，盖了印银行才能给钱。银行、民航局都是中央直属部门，条条就是这样规定的，来不及改。

所以企业当时就说："现在没有婆婆还不行。"他的意思就是婆婆不要管死孩子，希望有一个能够带孩子的好婆婆，能帮助企业解决困难的好婆婆。这就是十条措施出台的背景，措施里面的有些规定现在还在实行的，比如实行厂长负责制。还有技术改造资金的筹措，当时放到地市统一调剂，还不是企业自主，但也是起作用的。十项里面的有一些现在已经没有作用了，比如实行指令性调配的，有指令性上调任务的企业它的原材料必须是由上面保证供应，像这一类的，后来随着形势的发展，已经没有指令性上交任务了，这一条也就没有意义了。总之进一步搞活企业的十条措施，是紧接着松绑放权以后在十二届三中全会之后根据企业的要求做出的规定，对进一步搞活起了作用的。但这还不是企业经营机制的转换。企业经营机制的转换必须到后面的产权改革，学问还更多，文章更大，后面会详细讲。

记者：所以当时对企业改革是有一定的推动作用，那具体的还是后面边改革边实现这样的。

金：对。企业改革是任重道远的，需要不断深化，不断向前推进，当时试点，后来逐步推开。光这个十条没管多久。

记者：所以改革还是摸着石头过河的感觉，那谢谢金主任，今天上午我们先讲这么多，然后下午咱们再继续。

金凌主任访谈笔录 2

时　间：2015年12月7日下午

地　点：福州闽江饭店

受访者：金凌

采访者：朱冠宇、余秀娟

整　理：余秀娟

记者：项南是一位很重要的人物，是推动福建经济体制改革一个很重要的人物，项南是从1981年1月到任福建，然后到1986年2月这一段期间您也是在福建体改一直是分管工作，您和项南也是有很多直接或间接的接触。那您谈一下项南同志在任职期间，做了哪些重大的贡献，在改革方面有哪些重大的贡献，以及这些事件对福建改革产生了什么样的影响。

金：项南是一位我们很崇敬的领导同志。我觉得他思想解放、思路开阔，而且敢于担当，是一个人物。他在福建群众中的口碑比在全国所知道的影响更大。曾经看过一个纪录片，里面讲到邓小平考察广东福建的改革开放，电视里展示的是广东省省长和厦门市市长。不少观众反映少拍了两个省委书记：任仲夷跟项南。他们一个是广东省委书记、一个是福建省委书记，他们没有出现，观众们好像觉得有些遗憾。这说明这是群众的一种呼声。

项南来福建到任就是带有一点戏剧性的。中央刚公布项南当福建省常务书记，有一天我突然听说项南已经来了，有点吃惊："啊，怎么来了？"原来的计划是他秘书先到，他后到，所以省委派人去接他的秘书。结果到了火车站，下车的除了秘书还有项南本人。他不愿意惊动大家，不愿意兴师动众，就悄然而至。这个到职过程就体现了他的这一种作风，非常简朴、非常廉洁、非常严于律己这样一个作风。

他到职以后，做了很多事情，我想主要有这样的十条：

第一，他在干部中间发动解放思想。他到职以后不久开省党代会，他做的报告就是谈解放思想。福建要上去，首先思想要解放，而且在以后做的一系列的事情中都体现了要促进思想解放。

第二，他大力推动农业联产承包责任制。原来福建的领导层对包产到户是有一点顾虑的，允许小段包工作业，但是不要包产到户。项南来了之后，以很大的气魄，强调解放思想，抓典型，抓落实，很快就把这件事解决了，包产到户就推开了。

第三件事，他以非常大的热情，推动乡镇企业的发展。他讲"乡镇企业一枝花"。沿海的晋江、泉州的经济要上去，乡镇企业要打头阵。他在晋江陈埭镇开了现场会，大力推动。另外省政府也在莆田召开了会议，推动乡镇企业的发展。所以乡镇企业来势劲头非常的大，可以说蓬蓬勃勃。乡镇企业最初是在晋江那一带开始兴起的。利用闲人闲钱闲房，利用跟海外的关系、华侨的关系，他们或者捐一点设备，或者来一点样品，就在这里做加工，很快乡镇企业遍地开花。

其中曾经碰到了晋江假药案。当时晋江假药案全国沸沸扬扬，报纸批评。这件事的情况是这样的：晋江陈埭镇的涵口村，村子里面有几个专业户，做一种饮料。不是药品，但是他们当药卖，好像算感冒冲剂，说可以治病。这个吃不死人也治不了病，是一种保健品。《人民日报》对此展开批评，反响很大。晋江假药案中央来处理，省里也很认真对待，马上加强质量管理等，已经生产的东西马上进行销毁。省委还提出来叫治虫护花，虫我们要除掉，但是花还是要保护，还要发展，所以乡镇企业很快就恢复了。为这个事项南同志后来也受到处分。

晋江的群众对项南同志非常有感情的，他离开福建5年以后，再重新回到福建来，做些调查研究。结果到晋江的时候，群众自发地到处挂了鞭炮：树上也是鞭炮，电线杆上也是鞭炮，住房的阳台上也挂着鞭炮。他进到镇里的时候，全镇噼里啪啦响，这说明群众对他的感情。他离开福建以后，很多人还经常到他家里去看他，谈生产情况。他对扶植乡镇企业起了很大的作用，这是第三个。

第四，是支持松绑放权。作为省委书记，不是一般的支持，而是用很大的气势、气魄，把这件事一抓到底。他的特点，抓工作就是抓得很实，就抓出比较大成效。

第五就是向邓小平同志汇报，力促把厦门的特区由2.5平方公里扩大到全岛，并且实行自由港的某些政策，这部分我没有亲历。

第六是关于制定实行对外开放更加优惠的政策。当时我们跟外商进行合资合作，给的政策要更优惠。为了吸引外商更多投资，省委定下了三条，"三个要干"。一、双方互相都有利的我们要干。二、对方有利，我方利益不大的，但是对经济发展有利的也要干。三、对方有利，我方暂时可能有一点小亏，但是作为长远的发展经济有利的也要干。这三个要干，是更加优惠的政策，来吸引外商投资。

第七就是大规模的落实政策，其中包括宗教政策、地下党干部政策、民族政策、侨务政策。我重点讲讲侨务政策，因为侨胞是我们福建一个很重要的特点。侨胞有血脉关系，也是来福建投资支持福建建设的重要力量。我们福建知名的华侨领袖有两个。一个叫陈嘉庚，这是全国有名，他办学办事业爱国这些大家都知道的，我们福建继续发扬陈嘉庚的这面旗帜。

第二个叫胡文虎，胡文虎也是非常有名的一个侨领，他是龙岩人。曾经一度我们对胡文虎的评价打上过一些问号。项南来福建以后要人把历史弄清楚，到底胡文虎抗日战争时期做了什么事情，以历史说话。有人专门整理了历史，最后正式肯定胡文虎是爱国的，所以项南来了以后给胡文虎定性是爱国的，原来胡文虎的财产还给他家属。当时胡文虎已经不在了，他的女儿叫胡仙，香港、新加坡的星系报纸都是她在办，是一个很有名的华侨领袖，归还的财产她是主要接收人。胡氏家族就把归还的房子、财产捐给当地成立了一个基金，这个基金委托福建省管理，而且他们以后还向这个基金继续捐资。这就是落实华侨政策的一个例子。胡仙回来的时候，不但我们省里的领导接见，后来她去北京，国务院的领导也接见，给予了很高重视。

除了这两个侨领，还有一些其他的华侨的财产在"文革"中曾经被别人占有了，主要是住房被占。现在落实华侨政策全部退还。所以我们福建华侨政策落实得相当好，激发华侨爱国爱乡的热情，回来投资就很多。

第八就是十大基础设施建设。这当然不完全都是他功劳，在他到福建之前有两三个已经开始在谈判或者起步了。但是更多的项目是在他推动支持下，跟省政府的一班人共同来做的，当时他是班长啊。所以他推动福建十大基础设施建设也做出过比较重要的贡献。十大基础设施建设具体内容，前面已经讲过了。

第九，他提出以智取胜，省委制定以智取胜的战略方针，发展文化教育事业。现在福建民办大学，比如说仰恩大学在泉州就是华侨办的。最初它本来是一个专科学校，现在是升格为仰恩大学了，它就是民办的。还有一个民办的大学叫做福建华南女子职业学院，1949年前是教会办的，叫华南女子文理学院，就像过去金陵女子大学那样，1951年后已经停办了。项南同志来了以后又推动原来的老校友，一批在教育界有名、在海外有威信的这些老大姐，又到美国联络一批人才，最后把这个华南女子学院恢复起来。另外我们省又办了艺术学院，包括在厦门大学里面合办个艺术学院等等。因此办学不但是增强小学中学，还有大学方面他也花了很多力气，这是以智取胜。他建议中央，福建的大学要招收台湾的学生，所以福建中医大学就由中央批准可以招收台湾的学生，学针灸、中医。还有的就是各厅局要办专科学校，各个地市要办职业大学。福建本来教育比较出名的是公办的小学跟中学，而现在办大学这方面他也是做了开拓贡献的。

第十，他提出八大基地建设。念好"山海经"。八大基地主要是发展多种经济，建成林业基地、畜牧业基地、渔业基地、经济作物基地、轻工业基地、外贸基地、科教基地，此外还有我们面对台湾，是祖国统一的基地。他提出念好"山海经"，山海是福建的优势。"山海热侨台特"，福建的优势是这六个字。所以"念好山海经""建设八个基地"也是他提出来的。

我大概总结这十条，总体上他的视野开阔，思想解放，善于抓住新的东西，而且抓住了之后呢一抓到底，很有气魄地推动下去。所以项南在福建是群众很怀念的一位领导同志，因为确确实实他为福建做了很多事。

记者：您跟项南同志私下有一些交情吗，或者是您对他有没有印象比较深刻的一些事情啊。

金：我们都是在会议上见面，因为省委开常委会，有些讨论经济工作的，一般都会叫体改委列席。所以我对项南同志应该说是不陌生，但是我们私下没什么交往。

记者：那金老咱们再谈一下1988年初中央提出沿海地区经济发展战略，今天上午您也讲了，关于当年3月份国家体改委召开的一个沿海经济发展战略座谈会，影响还不够大。那么您说影响比较大的一次是哪一次，您给我们讲一下。

金：沿海地区经济发展战略是1988年初中央提出的，沿海地区要利用世界经济结构转变这个机会发展外向型经济，实行两头在外。所谓两头，就是一头原材料在外面，另一头市场在外面。过去我们都是自己的原材料加工的产品出口，现在是我们要进口外面的原材料，利用我们国内廉价的劳动力制造成产品，然后再出口。当时要求"两头在外，大进大出"。大进大出就不是小打小闹，就是中央提出来发展外向型经济。

当时福建是一个什么情况呢，自从邓小平南方谈话以后，福建是初步形成了多层次的对外开放格局。最初我们投资环境差，台商外商不来投资。后来我们慢慢地改善了投资环境，而且我们软环境也有改善。所谓投资软环境就是改善服务，提高办事效率。过去衙门审批，等了好久一个项目都批不下来。当时国内外办事效率差距较大，国内拖拖拉拉，十天半个月一件事还办不下来，外资着急。同时我们部门太多，办一件事情要跑很多部门。于是我们省里搞了一条龙服务，一个窗口办公，提高办事效率，这就是改善投资软环境的一项措施。

还有我们的政策，项南同志提出就是三个都要干，不能动不动就扣卖国主义帽子。关键是眼光要放长远，从发展经济的这个角度来看，哪怕眼下吃小亏但是从长远来讲对经济建设有利的也要干。通过"三个要干"我们政策更加优惠。另外我们设立了外商投资服务中心。过去外商来了摸不到门，不知道怎样进行投资，建立服务中心为他们提供服务，进行指导，这也是投资软环境改善的一部分。这样一来外商投资慢慢增加了，到邓小平考察厦门以后，我们各方面的投资环境改善更加加速，政策也更明确。邓小平考察更加明确中国是要对外开放的，要进一步地放。结果慢慢地外商投资就增加了。1979年全省外商投资只有80多万美元，1980年的时候也不到400万美元，到了1985年的时候外商投资签订协议的，将近400个项目，3亿多美元。我们福建的经济慢慢地起来了，是这样一个背景。

中央实行发展外向型经济战略，还是广东福建先行。广东先打报告，中央批准了，有具体政策措施，涉及中央宏观控制的那一块，继续放宽，支持发展外向型经济。福建接着广东批准以后呢也在打报告，《关于福建深化改革扩大开放加快发展外向型经济的请示》，报给中央，内容有十一条，所以把这个文件简称"十一条"。是在中央的大政方针下我们具体化的政策。在这个之前国家政治局委员、体改委主任李铁映同志主张要召集沿海地区的一些体改委主任开个座谈会，贯彻沿海地区外向型经济发展战略。在我担任省体改委领导期间，国家体改委专题开对外开放的会议，只有这一次。以国务院名义召开的，国家体改委承办每年都开深化改革的工作会议，规格也很高，都有省领导参加。同时也开一些专题会议，如住房改革等。其中，对外开放的专题会议就这一次。

我理解的意思，第一推动我们这些搞体改的人也要面向开放，改革要跟开放更加紧密地结合。开放促改革、改革促开放，是一个推动。第二也是交流经验。当时安排了四个省交流经验，我们福建算一个，还有浙江、广东，还有一个是山东或是江苏，我记不清了，这个会开了两三天。

会议开完，国家体改委有个试点司，专门搞试点的，试点司的司长就通知我说，金凌你先留下来，还要开一个会，国家体改委要论证一下福建的报告。福建的报告就是我刚才讲的"十一条"。其实里面实际是向中央要政策，请国务院批。当时省委、省政府主要领导也在北京，去找国务院领导要求支持。同时我们省里财政、计划、银行等部门的一把手都已经到北京，跟财政部、银行、国家计委等都已经在对口谈，要求支持，大概基本上都已经谈妥了。国务院也把这个文件发到各个部委也征求过一轮意见了，即将开会讨论了。我们省的常务副省长蔡宁林，兼省体改委主任，带了一个汇报小组到北京，汇报小组的成员就包括计划财政银行的领导，还有一个省政府副秘书长，争取国务院通过这个文件，批下来。

正在这个时候，国家体改委说要对福建这个报告进行论证。省体改委最初没有参与这个文件，文件本来是财政银行金融等各方面提出要求，省政府办公厅综合的。现在国家体改委要开论证会了，我就去给蔡宁林常务副省长汇报。中间见他不断接电话，说谁明天去参加国家体改委的汇报。他们商量了好久，省委书记去、还是省长去、还是秘书长跟省长去，来来回回电话商量。说明省领导很重视，但可能原来没有跟国家体改委协商过，所以也有点担心。最后确定下来，省长王兆国和常务副省长蔡宁林兼体改委主任去。既然是国家体改委开的会我当然也要去了，还有汇报小组的人，一起到国家体改委去。

国家体改委有关司局都已经做了准备，李铁映同志亲自主持的会议。各司局在会上都提出了很好的意见，就是说一方面肯定这个报告，一方面又认为从深化改革的角度还有若干方面需要做，也提出了不足的方面。这些意见很好，但是我心里想，要修改文件很难办，因为国务院快要讨论了，再大改怎么行啊。到最后李铁映同志总结了，说同意这个文件。他说里面有一些不足，以后在试行中间慢慢地再完善，就是等于对各个司提的一些建议采纳了，但是不需要马上修改文件。他说可以以厦门为主，先进行试点，逐步总结经验，逐步完善，在福建做试点风险可能更小一点，也就是同意这份文件了。他对工作人员讲："你们向国务院报告，我们国家体改委已经通过了。"这样我们就很高兴啊。这件事说明，国家体改委对福建改革开放很支持的。同时也说明，原来开放这一块是特区办在管，改革这一块是体改委在管，开放和改革其实以后应该互相结合更紧密一点。

这个文件通过，福建有一段时间改革又掀起一个高潮，改革蓬蓬勃勃，省体改委忙得不得了。当时我们的人已经不是刚开始时候三个官两个兵了，直接确立为省的经济体制改革委员会，原来省政府体改办公室这一层已经取消了。王兆国省长批给我们55个编制，当时我们实际四十几个人，工作忙得不得了。各种改革事务，有的是主办，直接抓，有的是参与研究，提交报告给省政府。全省在省委、省政府领导下，做了几个很重要的事，改革和开放合起来，主要有下面几个：

首先一个是实施沿海地区经济发展战略，我们的多层次对外开放格局形成了。1985年是初步形成，到1988年中央批准福建"十一条"，国务院批准我们不断增加开放的县市，到1987年底1988年初，福建总共67个县市中，已有34个县市对外开放。面积已占全省总面积的34%，人口占了全省的60%，这么大的部分都是开放的。多层次就是又有特区、又有经济技术开发区、又有开放城市、又有闽南开放地区，不断地加，多层次对外开放格局形成。再就是还有一批镇，比如晋江陈埭镇，它的乡镇企业非常发达，都在做出口，这些重点卫星城镇也享受对外开放的政策。

另外我们又批了很多试验区，有的是国务院批准的，有的是省里定的，例如东山县新型农业试验区，湄洲岛旅游度假开放区等等，都建设起来了。所以真的可以说是繁花似锦，多层次地实行对外开放，一片欣欣向荣的气象。

其次实行的重大改革，是外贸经营体制改革，对外贸体制做了一个很大的突破，由分管外贸的副省长直接抓，王兆国省长重点抓，省政府多次开会讨论。

改革第一是重组外贸经营企业。原来我省有个外贸总公司就在我们现在所在的闽江大饭店斜对面，外贸中心酒店的位置。它又是企业，又带有行政职能，管着很多专业的进出口公司。通过改革把它重组，此后外贸总公司就是企业，行政管理权交给省对外经济贸易委员会。原来被它管理的许多专业进出口公司独立经营、自负盈亏，从此企业就是企业了。

第二是地市的外贸公司。因为很多省专业外贸公司在地市都有机构，它们的职责主要不是出口，而是收购。比如土产进出口公司，在地市的机构主要是收购土特产，香菇笋干之类的，再由省土产进出口公司负责出口的。现在各地市也成立外贸公司，让他们也可以直接出口。这样经营权就放开了。本来出口经营权都在省里，什么东西，只有我省公司可以经营，什么东西是全国公司可以经营，都是有一个目录的。现在放开，除了一小部分品种限制在必须省里经营，大部分地市也可以做，省公司可以做代理。

第三是工贸公司。所谓工贸公司就是各工业部门的贸易公司。譬如轻工厅重工厅等等，他们搞工业生产，同时也搞贸易。此时对工贸公司扩大出口权，还有大型的生产企业，生产出口产品的，也扩大出口权，符合一定条件的，都可以直接对外。

所以这样重组以后，把地市的出口积极性，也调动起来了。而且让地市能了解国外市场情况。过去都通过省外贸公司，地市不了解国外到底需要什么。比如德化县的瓷器本来都专门供出口的，但都得通过省外贸公司出口。什么样的瓷器在国外适销对路，外贸公司了解，但生产企业不知道。生产企业只跟外贸公司打交道，对于国外的需求很不敏感。现在生产企业可以自己对外，他就更加了解国外市场。还有地市的外贸公司、县的外贸公司，过去都是搞收购的，现在也可以出口，也了解国外市场情况，这样把各级的积极性都调动起来了。这里面有很多技术性的细节，很专业，都是省政府开了很多次会，做了多次研究而确定下来的。

外贸改革还有很重要的一项就是承包经营。当时外汇是很复杂的，我们有出口收汇上缴任务。因为当时我们国家很缺外汇，不像现在外汇那么多。上面有指标下来，要求福建省一年要有多少出口收汇、上缴全国多少的任务。上缴外汇任务的汇率是比较低的，按照牌价，或者称为平价，跟市价差别很大。当时市价1美元可以兑换6—7元人民币，但是平价最初只有2.8元，后来调整到4元多，差价很大。另外当时很多出口是亏损的，那上缴外汇也是亏损的，于是国家给省里补贴。省里上缴1美元，国家给补贴多少钱，这些都是有任务的。改革后，实行外贸经营承包责任制。把这些出口收汇任务、上缴外汇任务、财政补贴任务等，都分到地市外贸公司和各个专业外贸公司的省公司里。这个措施叫"两级承包，包到企业，条块保证"。这就解决了外贸吃大锅饭的问题。过去外贸吃大锅饭，下面收购上面出口卖，根本不管亏不亏本。反正上面要给补贴，所以下面敞口花钱。现在采取承包经营责任制之后，省里不能吃中央大锅饭，地市不能吃省里大锅饭，都要注意利润注意盈亏了。

这个四方面改革之后，因为各方面积极性都调动起来了，外贸出口马上上去了。1988年当年全省出口总值比上一年增加了65%，第二年又增加了16%，1990年又增加了35%。三年增长了1.6倍，这个数字是很大的。福建出口在全国的位次，1987年排在第11位，到1990年就到了全国第6位。

第三位的重要改革的就是价格改革，也叫价格闯关。价格闯关是邓小平同志提出来的。那时候我们对价格闯关，心里热乎乎的。福建省价格改革本来就搞得不错，1985年副食品的票证都取消了。那1988年价格改革要大步往前推。这一次福建价格改革跟全国的指导思想我觉得有一点不完全一样。当时全国的重点是重要的商品价格要调整到合理水平，中央当时在做准备，但后来也没有推出来，因为一宣布闯关就发生抢购了。而福建的改革主要是放开，是改革价格形成机制。不是计划决定价格，而是市场定价，把价格决定机制交给市场，让它自然形成一个合理水平。这是省委、省政府的指导思想，也是包括我们省体改委在内具体办事的指导思想，走市场化改革之路。而具体措施要稳妥，不是马上都放，而是重要商品先调价，调的步子比较大，调完后再放开，同时给消费者补贴，叫"调、放、补、管"四个字。全国闯关，广东福建先行一步，所以我们上半年就开始研究。全国的计划是1988年研究，1989年推出。我们1988年上半年就开始着手，研究针对价格里面几个关键的问题来解决。

所以我们在1988年4月、5月、6月这三个月里，走了三大步。4月开始，首先放开的是电视机之类一些高档的工业品。当时电视机本来就是紧俏品，大家开后门要电视机票才能买到，类似的还有高档烟酒之类一批轻工业品。现在对这一类高档工业品先提定价，提价了之后就是取消票证限制，把它们价格放开。5月份就提高粮食收购价格。这是件大事，粮食价格是中央管的，而且全国互相影响。比如福建生产粮食少，但隔壁就是浙江、江西。我们一担谷子收多少钱，那江西、浙江的价格也要跟我们福建有一些衔接。如果衔接不好，我们的价格太高，他们的粮食就往我们这里流，他们会收不到粮食。所以粮食收购价格，中央是要管的。同时粮食的收购价格在其他方面也是非常复杂的事。讲起来粮食是计划收购，国家定的价格。但是因为定价太低，农民种粮不上算，因此出台了很多跟收购粮食挂钩的补贴，补生产资料。比如说农民卖给国家一担粮食稻谷，国家可以按平价供应农民多少斤的化肥，或者多少农用薄膜（当时农用薄膜过去也是很紧俏的，靠供销社供应），或者是供应农民多少柴油。

这些措施的意图是给农民粮价太低的补贴，但实际上不实惠。农民需要化肥，但不一定需要柴油、农用薄膜这些。而且他们要跑到供销社去买，才能兑现这些优惠，这也非常麻烦。农民住在农村，而供销社在镇上。今天跑一趟供销社，化肥还没有来，明天跑供销社，管理的人不在。农民不方便、也不实惠。所以这一次福建省干脆就是取消补贴，提高粮食收购价格，把原来的补贴折算到粮食收购价格里面去。但是粮食收购价格提高，会影响江西、浙江啊，所以我们做了"价外补贴"，就是原来定价之外另给现金补贴，实际是变相提价。粮食价格要动是牵一发动全身的，所以在提高粮食收购价格之前，国务院专门把广东福建的物价部门的人召集去开会，怎么衔接好，然后再动粮食收购价格。

6月份则提高粮食销售价格，这个动作是非常大的。过去城市居民的口粮是定量供应，一个月多少斤大米，按居民粮油证平价供应。其实当时粮食供应也是五花八门，不止城市居民，还有海岛的渔民、农村缺粮地区的农民，也要国家供应一定的粮食。还有用粮食加工的食品，比如酱油豆腐，它们的加工作坊用的黄豆也要供应，还有军粮。所有这些原来的供应价格都有一点差别，但是都是牌价。这一次我们研究下来，军粮还是原来牌价保证供应，其他的都提高销售价格，把原来销售价低于收购价的改为拉平。居民的口粮，还有农村缺粮户的粮食、海岛渔民的粮食、侨汇粮等等都提高销售价格。

豆腐酱油工厂需要的粮食原料就到市场直接买黄豆，国家不保证供应了。还有养猪养鸡养鸭的饲料粮、米糠什么的原来也是国家供应，也都市场化了。

这样一来，老百姓生活就要增加很多负担了。那怎么办呢，给补贴，补贴是省财政拿钱。记得居民一个月是补贴10元钱。大中专学生也给补贴，财政拿钱给学校发。但是有的学校是中央部属的，比如厦门大学，它经费是教育部给的，这一部分学生怎么办呢，还有老师怎么办。解决办法是地方上补，由厦门市补给他们。同时我们市场管理要加强，市场供应要做好，所以前面说"调、放、补、管"四个字，调就是调整价格，包括粮食还有食油的主要原料花生、大豆的价格。放，就是放开，这个范围就大了，包括以粮食为原料的各种副食品。补，补贴。管，加强市场管理。四管齐下，但是核心是"放"。

这是一个很大的措施，惊动千家万户，可以说人人都牵涉到了。所以做得兢兢业业，事先非常保密，明天要提高销售价了，今天把各地市的专员市长找到省里来开会部署，而且还制定了宣传提纲，回去动员。要各家各户去宣传，总之做了非常多的工作。过去粮食分议价和平价。平价就是牌价，议价就是指标外的，贵一点，现在统统按市场价。那这样的话，猪肉、鸡鸭蛋都要涨价，因为饲料粮涨价了。所以说补贴不光是补居民口粮，也包括以粮食为原料的副食品，工作是很复杂的。总之，6月份就把粮食价格提高，以粮食为原料的各种副食品价格也都放开了，原来猪肉票、蛋票、水产票都取消了，按照市场价格敞开供应。

下一步是糖，糖是福建的特产，用甘蔗榨糖，甘蔗的收购价格也提高。收购季节甘蔗的价格提高，然后糖价也放开，取消定量供应了，油票、糖票都取消了。走到这一步，福建就基本取消供应票证了。只剩下两个"票"：一个是粮票，当时虽然国家供应价和市场价的差别已经很小，但是粮本还在，所以粮票还有发。还有煤票，福建省煤是不够的，需要国家供应。除了粮票跟煤票，其他的票统统取消，这是一个很大的步伐。

本来想研究这步推出以后，下一步怎么改。到8月份，全国发生了抢购风潮，与此同时又叠加了经济过热。我们改革每一次都是这样，经济上去的时候就是过热：投资过热，货币过多，物价上涨发生抢购。北京上海都是这样，福州也有抢购。结果这一年物价指数上涨得很快。所以到8月份以后价格改革暂停，全国开会，要治理整顿。国务院开会，治理整顿经济过热。那8月我们就把价格闯关这件事停下来，但福建省实际已经闯了很大一步。1988年物价指数升了很多，真正的原因还是因为货币太多，结余购买力太多。所以虽然全国治理整顿，但到了1989年、1990年全国物价指数仍然涨得很多。但当时我们省1988年已经涨得很高了，也就没有再涨了，所以这两年我们价格指数上涨甚至还比全国低了。这一次福建省价格闯关很惊险，也出了一点纰漏，就是物价指数涨得比较高。

当时我们推出这一步，从工作来看，步骤急了一点、快了一点，当时情况下，这是一个缺点。但是这一步也就走出去了，按价格形成机制的市场化走向的指导思想，向前走了很大的一步。本来粮食统购统销，是计划经济的支柱之一。我们数次冲击，1985年冲击一次，1988年又冲击一次，冲击很大。再后来取消粮食统购统销，各方面非常容易就接受了，这是后话。这次价格闯关，涉及的品种，从生活资料到生产资料，从基础产品到日用消费品，几乎包括各大类商品项目。而且力度很大，光是农产品提价部分，幅度达到32%，是新中国成立以来少有的，全省每个农民一年增加收入80元，这在当时是很大一笔。

注意，前面说的放开，是不包括粮价的。粮食的价格是提价，不是放开。过去历史上，国家给农民粮食收购之外的补贴，再低价把粮食卖给城市居民，出现购销价格倒挂，因此国家财政年年给国家粮食部门补贴很大的数字。价格改革历程中，先是把粮食收购价格和粮食销售价格都提高，把销售价跟收购价拉平。但是1988年又提高了收购价，因此又出现了倒挂，但这一次倒挂不敢完全拉平，如果拉平，销售价格就会提得太多了。但是即使如此，销售提价的步子还是比较大，所以要给城市居民补贴。因为粮食价格没有放开，因此粮票还保存的。

除了价格闯关，还有其他的改革，最重要的就是1988年上半年的石狮改革，这个我明天再说。还有一些其他的改革，比如说土地批租。过去的土地是无偿划拨的，现在开始逐步实行土地有偿有期使用。但还不是像现在这样由政府拍卖土地，而是开始冲破土地不能买卖的禁区，进行土地有偿使用的试点。要用土地，就要出代价。当时不敢叫卖土地，叫土地批租，就是用土地要有租金。

金凌主任访谈笔录 3

时　间：2015年12月8日上午
地　点：福州闽江饭店
受访者：金凌
采访者：朱冠宇、余秀娟
整　理：余秀娟

金：我先补充下前面讲的一些漏的地方。

松绑放权那个时候，当时我是在北京，我在中央党校，福建松绑放权了，声势很大，改革的气氛很浓。福建企业家改革的气势，也非常好。当时国家体改委邀请这些呼吁松绑放权的部分企业家到北京去，做一点讲演，给大家传授。

福建就组织了，由省经委副主任黄文麟带队，组织了十来家企业去了。其中我知道的有福州铅笔厂的厂长，有东街口百货大楼的经理，还有福日电视机公司的党委书记等。他们住下以后，国家体改委的干部就陪我去看他们了，到市区他们的驻地，在福建驻北京办事处，用车把我从中央党校接出来，送到他们的驻地，我去看望他们。等到回去的时候，我也不想给驻京办添麻烦了，就自己回去吧。陪我去的国家体改委干部，名叫李峻，是青年干部，他是骑自行车到驻地的，他就说干脆你就坐在我的自行车后架上面吧。当时交通规则还没有说自行车不允许载人，我就坐在他的自行车后架上面，他载着我，把我载到德胜门。德胜门有公交车站，坐公交车回中央党校。当时，大家的作风都是很简朴的，似乎那个时候也没有出租汽车。

接着就是这一批人，先是在北京组织了一个报告会，是国家体改委主持的。这个报告会我没有去参加，组织了几场我不太清楚。接着选几个企业家到中央党校体改研究班来介绍他们企业改革的状况，福建来了四个人。主要是由黄文麟介绍情况，有关福建企业改革情况，还有福州铅笔厂的厂长龚雄介绍他福州铅笔厂的改革。龚雄讲得还是很精彩的。我们体改研究班的全体学员以及一些相关的人，听他们介绍情况。后来听说，我是听说（似乎是听黄文麟说），龚雄还到天津去介绍情况，人数很多，会议很大。总之，福建的这一次企业松绑放权影响很大。

记者：您刚才补充的是松绑放权这一段。然后咱们就讲石狮市做试验改革，然后您给我们讲一下这个改革试点的一个全过程，然后它产生的一些改革意义。

金：石狮综合改革试验在1988年上半年开始，就是实施沿海地区经济发展战略同时进行的。先要介绍一下石狮的情况，它原来是一个镇，属于晋江县。晋江是闽南泉州的一个大县，石狮是晋江县里面的一个镇，还不到10万人口，但是它是一个很著名的侨乡，华侨特别多，华侨侨眷跟海外和台湾的联系特别广泛。所以历史上石狮的商品交换就很发达，是很繁华的一个集镇。比如说在三年困难时期，大家都买不到东西的时候，大批的华侨把食油、粮食、花生等食品寄到家乡，侨眷就把它们拿到石狮街上出售，所以它很繁华的。

改革开放以后呢，它就自然生长了。首先，它服装市场非常发达，因为旁边就是晋江的乡镇企业，乡镇企业模仿香港好的款式、好的布料来做服装。当时我们国内的衣服，布料也不好，款式也陈旧。华侨把香港的服装带进来，让家里的人踩缝纫机，模仿出来，做成很漂亮的服装，拿到石狮街上去卖。不到10万人的这样一个集镇，每天车来车往，人流有两三万人，客车和运货的汽车近万架次，非常繁华。人家当时形容石狮叫"铺天盖地万式装，有街无处不经商"，意思是这里有几万种形式款式的服装，街道上到处是店铺卖服装。而且商业带动了运输业发展起来了，旅馆也兴旺了，还有打包这样附加的为商品交易服务的服务行业都发展起来了。但是也出现一个问题，就是乱。这个镇体量有限，也没多少人来管理，街道比较肮脏，秩序也乱。后来中央领导来考察的时候，当地干部向他汇报，说这里就是一个镇的建制，连垃圾清洁工都不够、市场管理员也不够，等等。总之一个镇的建制，无法把这个市场做得有序。另外石狮是一个非常有活力的地方，如果把它弄好了，它发挥的辐射作用对带动周围经济的发展有很大的作用。所以后来大家一致的意见，石狮要建市。省委领导以后给我们传达的，说当时中央领导的意见：如果建市，要实行小政府大社会，一步到位，不要搞老一套的模式。

1988年1月份，上面批文下来了，要建市。省委决定石狮建市要有全新模式，叫省体改委具体负责指导。把石狮一个镇以及旁边的乡共四个乡镇，总共24万人口从晋江划出来，建一个市。本来按石狮的人口跟它的经济层次，不够建市条件的。当时等于是民政部就拿石狮市作为一个特殊的地方批准的。石狮级别比较低，是一个县级市，它的上一级是地级，本来应该由地级，也就是晋江行署来管（晋江行署后来很快改成泉州市了）。但是，当时的体制，地级不能管市，只能管县，市都要由省管。所以，石狮一个县级市，当时归省管，省里也采取特殊的办法，委托泉州代管。等于说绕过了地不能管市的规定。这是第一个问题。

第二个问题，石狮的创新究竟新在哪里，现在大家都非常清楚，它是小政府大社会。而且这个创新，在改革三十周年的时候，中国改革杂志的评选活动，全国三十个创新的模式、三十个改革人物等的评选，石狮是福建唯一评上的，就是小政府大社会。是当时上万件资料里，评上的创新项目。小政府大社会好像看来是个机构设置问题，实际上，它不仅仅是机构设置问题，它更是一个经济运行模式的创新。因为政府机构的背后实际上关系到经济如何运行——到底是市场经济模式的运行，还是审批经济计划经济模式的运行。因为不同的运行机制就有不同的机构设置。如果审批型经济就有一大批的政府机构，如果主要是按市场机制来运行，政府主要是实行服务、监督，这样机构肯定是小的。同时如果机构小，管理模式不变是搞不下去的。所以机构小，必须对应经济运行模式变化，要有创新。好在石狮它本来就没有市政府，原来只是一个镇政府，它没有县的那一套机构，所以它是从新的起点来做县级政府的架构。所以相对来说，在机构设置上的、机构运行模式上的创新，相对阻力也比较小一点。

还有石狮的群众，也有非常强烈的愿望。我们当时去调研，石狮经济本来就是企业推动型的，很灵活，市场化程度高。我们开座谈会，征求意见，许多群众，特别是侨界、商业界都说建市很好很拥护，但是希望不要把它管死，把一个活狮，管成了死狮。所以群众的要求，也是不要成立了市以后，把原来灵活的机制搞没有了。这个是群众的愿望，也是经济发展的要求，同时它也有经济运行的基础。因此第二个问题，究竟创新在哪里，不是一个机构的问题，而是机构背后经济运行机制的创新。

第三个问题，石狮建市要遵循什么原则。我们省体改委提出了四条，后来分管的常务副省长兼体改委主任蔡宁林给我们更加提高完善，最后省委同意这四条，叫四个一点。

第一叫机制上更活一点。其中包括两层意思，一个意思就是经济是非国有经济为主，它本来就是这样的，它本来也没有什么国有企业，所以是以个体私营集体经济，多种经济成分为主的。当时它还没有多少三资企业，因为它本来只是一个商品交换的集镇，今后发展经济要对外开放，三资企业要占很大比重，这是一个层次。机制上更活一点还有一层意思，就是它的运行机制主要是市场调节。当时十四大已经召开了，提出了在国家宏观调控下，市场配置资源起基础性作用。也就是说石狮的经济运行应该是市场机制的运行，所以它机制要更活一点。

第二个是权限上更大一点。给它泉州地级市的管理权限。因为当时还有一些项目，还有一些分配是要审批的。比如说大项目，有的要国家计委批的，国家计委下放给我们省里的大项目的审批权限是两亿人民币，或者三千万美元。你如果生产条件具备，可以批两亿人民币三千万美元的项目。所谓具备，能源不要向上面要，交通运输也不要上面给你安排车皮支持，原材料不要上面拨，下面自求平衡。这就是个很大的项目了，可以办个大工厂。省里把这个权限分成两个档次，放给泉州跟石狮两级。这个权限我放给你们，你们自己考虑，实际上他们要办大项目，有的自求平衡有困难的，还要找上面解决，那找上面解决当然还要报上面批。所以说经济管理权限更大一点，它有地级市的管理权限。外商投资要进来，还有怎么合资等，泉州有多大权，石狮也有多大权。既然如此，那么泉州代管，管什么？它主要是指行政领导关系，管干部，管石狮跟周围地区的协调。这个很需要。石狮是从晋江县划出来，它是被晋江县包围的；在晋江旁边还有闽南很多县，都是泉州管的，各县互相之间的协调，上下的联系，要由泉州管。权限更大一点，这是说经济管理权限更大一点。

第三，机构设置更小一点。我们跟他们共同研究的，市政府一共是十四个局，比其他一般的县政府，上面定编控制的局级机构少三分之二。也就是人家可以设四十多个局，但是他只设十四个局，后来又加了两个局，变成十六个局。其实我们最早设想是十一个局，省里大多数厅局都支持不搞上下对口，也有一些厅局比较坚持，说根据法律必须单独设置，所以最后又增加了几个。另外石狮自己在运行中间，觉得外经局需要另外设，这是后话。所以正式定下来十四个局，后来又加了两个局，省委、省政府正式批文，市政府设十六个局。其中一个有特色的局，叫经济管理局，就是石狮跟上面省市两级包括计委、经委、农委，还有财办，以及经委底下信息局、轻工厅、重工厅等，财办底下物资厅、商业厅、粮食厅等对接的机构。它的一个经济管理局，对应的方方面面，实际上是十几二十个厅局。但经济管理局不是这二十几个机构职能的总成，因为它是按市场机制运行的。

泉州市委考虑到石狮经济管理局对应二十几个厅局，上面开会都应付不了，那就这样，反正有的会也不去开了，有的会兼着开的。另外各个局的图章都给你刻上，什么石狮市粮食局、石狮市物资局、石狮市工业局什么的，这个图章刻在那里，都给经济管理局保存，如果需要对应上面的时候，就把有关的图章盖上去。后来我们省体改委了解，这些图章只用过三次，其他的都不需要。一个是粮食局的图章，它要到省外去运粮食。因为石狮是一个缺粮的地区，省外去运粮食进来，经济管理局的图章外省的粮食厅不认，那就盖个粮食局的图章。还有一个海关报关，这个要外贸局的图章，不然海关也不认账，那就盖外贸局的图章。还有一个是到国家计委，申请优惠贷款的项目，我要开个介绍信，那就盖一个石狮市计委的图章，就是盖用过这么三次，其他的图章都没有用。为什么？不需要，它是一个市场经济的机制，他们自己在那里活动，没有人找到政府。

当然，实行这十四个局也是不容易的。省里开会讨论石狮机构设置时，蔡宁林副省长主持，召集各单位开省政府办公会议，要求各单位不要上下对口。这个就是省领导思想解放，非常重要。因为当十四大以后，大家思想也解放了，各个部门都表态同意，不上下对口，对石狮一样的支持。也有个别一两个厅局，强调法律法规说必须设，那最后也接受他们的意见。所以统一思想，各部门支持，不搞上下对口，这个是很重要的。石狮能够实行小政府机构设置的一个很重要的条件，当时也是一种改革的气势，改革的大背景，大家都是热浪滚滚，思想也挺开放，所以都充分地支持。

这是政府机构。党委的机构，当时我们也提出一个设想，党委本来有组织部宣传部统战部，还有政法委，等等。石狮党委部门的机构也在省政府的会议上，省委有关部门参加，一起讨论。大家也说石狮市委不要那么多的部，它刚刚成立。一个市委办公室，还有一个市委党建工作部，两个机构也就可以了。宣传部跟统战部合在一起，组织部也可以合，其他委办都不要。市委主要抓大政方针，经济的宏观决策，抓好党的建设，这个意见后来省委也同意。这是第三点，机构设置上更小一点。

第四，干部素质上更强一点。就是干部人要少，因为机构也小，但是质量要高，懂经济、思想解放、善于管理等等。只给了石狮200人的编制，不包括政法系统垂直下达的编制。两百个编制，等于普通的一般县级的二分之一。这些人员面向全国公开招考，报名经资格审查通过的大概900多人，最后录取了198个人。人少了，要求他们要干得好，跟人家一样低工资、大锅饭，也不行啊。1988年当时还没有实行公务员的工资制度，那就给他公务员补贴。这个也是由体改委、人事局、财政厅联合下发通知的。就是说这些事情都由体改委牵头在弄，机构设置也是体改委在牵头，前期工作好了省委、省政府批，就往下发通知。我们做这些工作都是定期向省政府汇报，特别是向体改委主任，就是省委常委、常务副省长蔡宁林汇报，他分管这，重大事情省委、省政府开会讨论。这是讲第四点，干部素质要更强一点。

"四个一点"构成了石狮的小政府大社会，以及它面向市场的经济运行机制。石狮的领导干部怎么来的，市政府领导干部，也是公开考，加上竞选。这是省委直接抓的，不是我们省体改委职能。省委有一个政治体制改革办公室，跟省委组织部他们在抓的。事情我们也知道，因为各种事情都是互相配合的。他们市长也是自己报名，当然可以组织推荐，组织推荐包括经过组织部考核认为某人适合就动员他来报名竞选，还有副市长都自己报名。然后一系列的程序，审核、准备、考核、公开问答，就是这样的竞选，有问答等这样的手续，最后定下来，一个市长三个副市长。市长就是后来兼市委书记的刘成业。刘成业是组织考核动员他去报名竞选市长的，也是经过一系列的竞选程序的。录用当时还没有人大怎么办，石狮人大还没有，那就由上一级的泉州市政府先任命。

后来大概过了一年多，他们要增加一个女的副市长，那也是竞选，这是建市以后的事了，也是公开面向全省，然后报名竞选。后来竞选上的是厦门大学的一个老师，叫周真平。她来报名，反正符合条件的都可以报名，机关干部也有报名的，最后她竞选上了，就是一点人际关系都没有的。周真平后来又曾经当过泉州市体改委主任，后来任泉州市副市长、政协副主席。当时是厦门大学的一个老师，她一面在教课，一面在做研究生，是读财政学的研究生，她来竞选的，就这样进入政界的。所以说石狮建市有很多创新。

可惜的是，后来慢慢地改革的气势不大了，高潮好像有点不那么高了。各方面的要求又很多，慢慢地它的机构又恢复原样了。等到21世纪的时候，我为了写《起航》这本书，就问问石狮你们现在情况怎么样啊，最后他们报来的机构设置已经跟其他市差不多了。

第四个问题讲石狮市对外开放政策。石狮建市，省里也要支持它，机制要活，外资企业要占相当比重，发挥它侨乡优势，怎么吸收侨资啊，把经济更加繁荣起来。所以给他对外开放专门搞一个政策，搞一个文件，由省体改委跟省特区办公室联合制定，拿到省政府去讨论，然后由省政府下达下去。具体的开放政策很多条，基本精神就是说，凡是沿海开放地区和重点卫星城镇所有的开放政策，它都可以享受，这是第一点。第二点，还要给它特殊的。因为它个体私有企业发达，没有多少国有企业，这个特点。因此它的个体和私有企业在对外开放中可以享受跟国有和集体企业同样的待遇，这一条是针对它的经济运行机制，是多种经济成分发达来的。因为按过去的规定，可以跟外商合资的，只限于国有和集体企业，还没有说私有和个体可以跟外商合资，乡镇企业算集体企业可以跟外商合资。还有出国考察、进口一点小设备之类的，当时也是限于国有集体企业，个体私有没有的。我们给它的政策就是私有、个体企业同样都可以。它也可以搞合资，同样可以出国考察，而且给它方便，不需要特批，就是同样的待遇，办起来就快了。诸如此类的，就是在对外交往中间，给个体私有企业、民营经济跟国有、集体企业同样的待遇，这是给它享受的很重要的一个对外开放政策。还有一个就是它专门成立外贸公司，这就可以直接对外，而且口岸开放。就是大政策来讲，这个对石狮是很大支持的。

最后一个问题讲财政支持。石狮经济发展得很快，财政也是给它一定3年，给它包干。包干基数定得比较低，因为它原来就是一个镇，再加三个乡，很小的一个地方。基数本来就不是城市的，基数定得比较低，但没有给它建市开办费，从留利中解决，超基数的部分全部留给它。后来石狮的经济蓬勃发展了，速度大幅度上升了，所以它有钱了，它就搞了很多基础设施建设，修马路、建输变电站、程控电话、自来水厂等市政公用设施，这样蓬蓬勃勃城市建设跟上去了。石狮过去连个像样的道路都没有，进镇只有一条小道路，汽车挤来挤去。后来开了很大的大道，建了几个工业园区，已经像个城市的样子了，不是农村街镇的那个样子了。

1988年9月30日石狮市政府挂牌，因为省政府定的，10月1日以前成立。从市政府成立这一天算起，到1992年，石狮进入全国百强县，就4年3个月的时间。一直到我后来了解的，至少到2000年，连续8年它都是全国百强县。可能现在还是全国百强县。建市的成果还包括精神文明建设取得很大成绩。所以说，石狮的这个试点，确实有很多创新，不但是组织机构上的创新，还是经济运行机制的创新，而且对外开放上也给它更多的实际措施，这些措施是应该做的，本来讲就是我们应该给的公民待遇，但是当时石狮得到了，所以它发展非常快，势头非常好。

记者：谢谢主任，讲这么详细，给我们把石狮的综合改革试验试点这个过程回顾这么好，这么精彩。石狮综合改革试验，到了1989年，是因为国家整个的经济体制改革遭遇了一个很大的困难，然后外界对石狮这个改革也是存在了一些质疑，当时福建省委是怎样处理这种局面呢？

金：1989年那段时间，外界对石狮的指责，好像除了国旗是红的，其他都已经变色了，意思是资本主义复辟了。这个问题的实质，就是对多种经济成分和市场经济运行机制的质疑。石狮当时有很大的压力。但是它的多种经济成分经济运行模式，还在运行，所以从微观的层面上来讲，已经是不可逆转的趋势，只要政策稳定，它可以自我修复。所以不仅是石狮，包括闽南的乡镇企业，当时闽南乡镇企业也有倒闭了一批，因为银行贷款也贷不到了，也碰到困难了。但是整体经济又有内生力量，自己回去想办法，所以很快又有一批企业发展起来。

第二个方面，从党和政府层面，泉州市委、石狮市委，它们都出台文件明确多种经济成分不变，主要是安定民心。至于经济运行机制，不是政府出通知的问题，是他们自己在运行的。在省里面，省委召开扩大会议，这是比照全国的做法。此前全国开了经济工作会议，安排国家体改委贺光辉副主任书面发言。福建省委也就比照全国的办法，叫省体改委做一个书面发言。我们省委体改委的书面发言里面就对多种经济成分、市场调节、市场机制、石狮综合改革等，给予正确评价，给予肯定。而且非常明确这是社会主义性质，是正确的。这个稿子经过审查，当然也有个别的人觉得体改委这样讲好像太大胆了。最后省委秘书长审查了这个稿子，他们同意，就在扩大会议上发表了。虽然是体改委的书面发言，实际在省委扩大会议上发表，就是表达省委的一个态度。

还有1989年以后涉及的不仅是石狮的试验，还包括我们省已经进行的改革，怎么评价的问题。当时常务副省长蔡宁林调到中央物资部去了，所以王兆国省长又兼了我们体改委主任了。他多次布置我们省体改委要明确：一个是全国的大形势我们要知道，当时是治理整顿，要服从，物价不能再涨，要有控制指标。另外投资规模要缩小，把过热的经济压下来。同时我们根据全国的部署，结合福建实际情况，做得好一点。已经推出的改革，不退回来。比如我省已经取消了票证，不恢复。外界在传，哪个大城市又恢复票证了，我们不恢复，已经取消了就取消了。当时福建只剩下粮票跟煤票，其他票证已取消不恢复。还有根据我们福建的实际情况，我们可以做得更好一些，比如我们市场调节比重高一点，我们多种经济成分比重多一点，这个也是适合福建的实际情况，要求稳住。这个很重要，就是上面指导思想明确，要怎样做得好一点。

王兆国还指示体改委，下一步的改革要审时度势，首先不能否定过去的改革。改革没有错，这是很重要的一条。改革现在有的能推进的还要推进，省体改委对上该提建议的提建议，对下该提醒的要提醒。王兆国省长跟我谈了差不多五六次，定期找我去谈指导思想谈形势，使我们思想上更加明确。但是总体应该承认，那个时候主基调是治理整顿，所以首先能守住，改革不后退。至于改革往前推，需要审时度势，实际上当时我们还推进了一些改革。还有一个问题是对外开放，当时还有经济制裁，外商也要看看中国现在怎么样，人家不来投资了。所以在对外开放方面努力工作，比如说我们当时对基建项目要压缩投资，但是外商合资的项目不压，压的是内资这方面的。另外领导层做了很多上层的工作。这个我就了解不具体了，领导同志说当时台商投资有几个大项目，他们一直拉住他们继续来。这是我所知道，而不是我亲身经历的。大家都在努力，总体的情况就是改革开放必须坚持，尽可能地推进。开放我们继续推进，有的改革适当地量力而行。但是总体上那几年改革也好开放也好，是遇到一些困难。

记者：那么金主任，咱们再谈一下1992年邓小平南方谈话对福建改革的一些重大影响。

金：邓小平南方谈话就像全国评价是改革的第二个春天，对福建改革的推动是非常大，意义是非常深远的。首先理论层面，因为我们干事情都要有指导思想的，所以理论层面来讲邓小平同志解决了。第一个是姓社姓资，他提出的标准要看是否三个有利于。第二个是计划跟市场，不是资本主义社会主义的分界线。资本主义也有计划，社会主义里面也可以有市场，市场经济不能跟资本主义画等号。这两个问题的解决，对我们从事改革的人来讲，是解除了最大的思想压力。过去老是遇到争议，扣在头上，要顶住压力，现在干活更大胆了。再从实际工作层面讲，邓小平同志强调，改革不能像小脚女人，还要大胆地闯、大胆地试，改革要更有力度。所以福建的改革如沐春风，推进得也更加地快，思想也更加愉快，各方面思想容易统一，推进也比较顺利。

当时的改革有几个特点。一是改革从浅层次向深层次发展。例如明显表现在企业改革上，过去只是经营机制转换，现在进行到产权改革，涉及股份制改革。我们福建股份制的推进，1992年以后在国有大中型企业里面取得突破。股份制改革一直是省体改委在关注指导推动的，我们从1986年就开始指导推动，文件出了两个，除了文件布置试验，还不断调查研究总结经验，经常开理论讨论会，做了大量工作。但是以往推进的都主要是在集体企业或者股份合作制企业里面，或者小型企业里面、小工业里面，还没有进入到大工业。

比较像样的试点是在1991年，发行股票。我们1986年就有发行股票，是在小企业，也就是发行几十万股，主要在内部职工里认购，是经银行正式批准的，但是规模很小。以后又有几家小企业发行股票，但股票卖不掉。到1991年开始进行像样的股份制改革，准备发行股票。但是上面还没有批准地方可以发行股票，发行股票都要上面批准的。那我们怎么办呢，我们选了三家企业试点，发行所谓的内部股票。一家就是石狮的，名叫新发股份公司，是石狮一家村办的集体企业。福建综合改革试验的十一条政策中有讲到，证券公司可以代理企业发行股票，而石狮是一个试验地区，所以人民银行这一次是同意的，是我们体改委跟人民银行共同批准的。我们叫内部股票，所谓的内部股票就是说限于本地，虽然实际也发到了社会上，但是讲起来还在石狮本地，没有到石狮外面就叫内部了。

还有一家很重要的叫福耀玻璃厂。福耀玻璃现在已经是世界有名的了，它生产汽车用的玻璃。它是从一个乡镇里面的小企业开始的。当时已有一点点外资入股，算是多元化的民营企业，批准发内部股票。1991年那个时候，有的人对股票没有热情，有的人却知道股票是好东西，想买。但是我们很怕报纸去宣传，一宣传就怕不好收拾。所以省体改委跟省委宣传部，专门联合开个新闻界座谈会，介绍股份制改革有什么意义，福耀玻璃公司这家企业经营业绩是怎样的。第三它准备要发股票了，但是我拜托大家不要宣传。不是请他们宣传，而是请他们不要宣传。省委宣传部一位副部长到会，我们两个人主持的会议。他就跟大家讲股份制的意义可以宣传，福耀玻璃公司的经营业绩也可以宣传，但是福耀发行股票不要宣传。当时我们承担责任，就是说这是我们体改委干的试点，所以事先没有跟省政府讲。等到差不多了，省政府开会我们去汇报，当时贾庆林当省长，他说内部股票可以发，股票叫了好几年，能够推出去就是好，内部股票可以大胆一点。这说明省领导是很支持的，这样，我们就发行了。而且我们跟大家讲，现在发股票不能上市，将来争取上市。公司股份制改革以后越搞越大，再加上公司领导层也经营很得法，发展壮大成了世界著名的汽车玻璃厂，是跨国集团了。这是第二家。

第三家试点的是福联纺织公司。福联纺织公司是一家纺织行业的工贸公司，也就是纺织品的贸易公司。它是多家联营的，多元化，由很多纺织企业共同投资的。那么就要界定什么叫股份制什么叫联营，它原来到底是联营企业还是股份制企业。我们认为除了老板（股东）投资主体是多元的之外，还要看经营机制，如果经营机制还是搞国有的那一套，就不能认为它是股份制企业。它的经营机制上，是独立的法人实体，建立了法人治理结构，比如股东大会、董事会、经理层等，这样法人治理结构完善的，是股份制企业。而且福联纺织公司的资产经过评估，这些都是做得非常到位的，按股份制企业做法做的，把它从联营企业改制为股份制公司。

这三家发股票之前，都做了一系列符合股份公司要求的改制工作，包括章程的制定，资产的评估，产权的界定等等，历时半年多。股票当时发了近3000万股，募集资金近4000万元，因为发行价不同。石狮新发公司是1元钱1股的，福耀玻璃是1.5元，福联纺织公司是1.25元，总共募资募了近4000万元，发行的股份约占他们总股本的20%。这是在1991年的事。就是说搞股份制改革，从1986年开始试点，一些小企业改制为股份制企业；后来个别企业发股票，只有几十万元，而且没人要没人买；到1991年，有三家正规的股份制公司发行股票了，发行的范围比较大，募集的资金也比较多。福建股份制改革走了这三段路。

到了邓小平南方谈话那个时候呢形势非常好，取得突破了。突破在国有大中型企业。我们首先突破了福建水泥厂的改制。福建水泥厂是一个大型的骨干企业，年产水泥100多万吨，总资产2.5亿元，净资产1.3亿元，利润4000多万。这一家企业要搞股份制，有的部门还不同意，认为这个国有大中型企业搞得好好的，不需要改股份制。但是也有思想开拓的领导，说股份制是大势所趋，香港都是股份公司。总之在新形势下比较容易取得共识，这个厂最先领到试点。后来其他的企业知道股份制有哪些好处，都来申请了，所以很多的大企业进来了。像青州造纸厂也是当时的一个重点，是福建的重点企业。还有中福公司，它是一个工程建设公司，全称是中国福建工程公司，它在香港就有好几个营业牌照，营业额都在香港；还有东街口百货大楼（最早学北京天桥百货商场，搞股份制），还有泉州的豪盛瓷砖公司，是中外合资企业，就是说各种类型的大企业都来了。

邓小平南方谈话以后总共两年，1992年到1993年就搞了26家。他们要争取发股票，争取要在交易所上市。当时遇到一个问题，股份公司要大家投资，当时投资都是靠企业之间互相参股。但是每个企业自己钱都不够用，它哪里有资金来投资别人。譬如说福建水泥厂的发起人，是省建材工业公司，还有其他三四家企业来投资，投资认股份。福建水泥厂是顺利解决了，而其他的试点企业，靠发起人认股了，而真正钱要来，他自己没有钱。当时又一股投资热起来了，建设热情高了，所以企业资金紧张，都想向外部抓钱。总之股份制改革高潮来了。就是说改革从浅层次向深层次，向产权制度改革推进。

第二个特点是改革涉及的领域很广泛。如金融改革、土地批租、住房制度、投资体制、物资体制等，还有社会保障改革。改革的面是广泛的，不光限于企业改革或者价格改革，而是各个领域广泛开展。

第三个特点是市场的发展，市场机制的作用更加增强。改革向市场化推动的程度更高。比如说，生产资料的改革，我们本来实行的价格双轨制，当时就由体改委推动把双轨变成单轨。1991年先试点，取得了经验以后，1992年由几家联合：物价、计委、财政、物资部门联合部署。先是多点试验，各个地市很积极，一讲每个地市试点一个县，结果有的愿意要试点两个，有的说不要说县里，连市里也可以并轨了。1991年多点试验，1992年上半年布置普遍并轨。这是邓小平南方谈话后布置的，出了文件，到1992年底就完成了。实现了生产资料并轨，双轨制变成单轨制。那么向哪一轨并呢，向市场轨并，计划轨取消了。

还有取消粮食计划供应，放开供应，取消粮票。当时全国四个县试点取消统购统销，石狮是一个，四川有广元县。先搞试验，统销取消。统购在石狮也取消了，收购任务怎么办呢，市里对上仍承担计划收购任务，对农民则按市场价收购，对居民按市场价供应，其间的差价由市财政承担，并靠粮食企业开展多元化经营来避免亏损。石狮是全国最早放开粮食统购统销的。到了1992年的时候，福州市城市居民的粮食供应已经基本平、议价拉平，不再依靠粮店定量供应了。统购统销是计划经济体制里很重要的部分，包括粮食、棉花、食油。棉花棉布的统购统销全国比较早就取消了，我们省的食油统购统销取消也早一点。粮食一直不敢取消，怕不能保证人民的供应，会天下大乱的，民以食为天嘛。但到这个时候，粮食很多，街上都可以买到，稍微价贵一点，所以取消也没关系，所以粮食统购统销取消水到渠成。福建省1992年放开，1993年4月全部完成，我们比全国早了半年多。关于市场发育，还有房地产市场，以前对房地产根本不讲"市场"，尤其是地产市场。房产交易在房屋交易所，土地叫土地批租，现在都改叫房地产市场了。特别是土地，过去是无偿划拨；后来在闽南选择少数地块，实行批租；到1992年，在山区的小县城，也实行招标、拍卖，全省基本上实行了土地有偿出让形成了土地一级市场。

第四个特点是改革敢于探索，各种试验试点，纷纷推出。因为石狮的试点很成功，所以后来很多县市要求参加县级综合改革试验。譬如晋江，它是石狮的"老家"，石狮是从晋江分出来的。晋江是个大县，比石狮大得多，它也是华侨众多，现在在那里还有个机场。因为晋江华侨喜欢家乡有个飞机场，坐飞机到晋江，自己就很光彩。晋江1992年撤县建市，它是闽南龙头老大，经济实力很强，地域也很广，人口也很多，它也到体改委来申请综合改革试验。对晋江的综合改革试验，和石狮不同，它是老县，非常重要的一条就是给它放权。放权也不容易，等于把泉州的权都放给晋江，那要做工作的，有很多衔接。譬如全国规定的，工商局登记执照，规定是省里发的，当时采取变通办法，执照放到泉州地级市，如果晋江已经审查过了，也不要泉州再审查了，盖上图章就行。总之，是省里的权，我们放；如果有些是上面规定的，不好放的，我们就变通，来给它灵活处置。就是根据晋江的特点，泉州地级市的权限给晋江，晋江也很快就发展起来了。

而泉州市的权给晋江也是要开会的，打通有关部门的思想，让泉州市的有关部门思想通，权才能放下去。省市两级有关部门到晋江开会，最后大家思想一致放权。如果没有邓小平南方谈话，这些都是不可能的。现在改革气势来了，大家思想解放了，就像1988年石狮那个时候的情况一样。石狮改革的时候，机构不要上下对口，大家思想都很统一，因为当时有这个气候。现在又有这个气候了，所以权力下放、打通思想，也不是那么难了。泉州地级市说，我也要综合改革试验，希望把省里的一部分权限放下来，就像泉州对晋江一样。省里当然也给泉州放权。

另外，泉州市的经济发展，我们文件上给它写了"三个为主"，属于指导思想，非常要紧，是省里给它的定位：以外向型经济为主，多种经济成分共同发展为主，市场调节为主。这三个为主，使泉州敢于放开手脚去干。这是原则，大原则有这几条，它就放开了、敢干了。所以，泉州市市长说，你们写出了我们想说而不敢说的话。

后来泉州做了很多改革，其中有两条要讲一下。一条是有一个大桥，搞了一个BOT的项目。BOT就是建设运营移交的英文缩写，这是国际上通行的投资方式。就是由某一方来投资、建成后交给他经营，经营若干年（譬如二十年或三十年）以后，全部还给政府。当时BOT方式，全国只有一个地方实行，就是在广西来宾的一个水电站，但是，它按外国人来投资的方式做的，做得很慢，文件做了很久。我们这个BOT是本土的，民营企业投资，就是由泉州的各家民营企业，联合成立一个股份公司，叫名流实业股份公司，由它来做BOT。我们土办法，不像洋办法程序那么规范，但是呢，进度也比较快，它利用了民间资金，建设速度很快，18个月这个大桥就建起来了。总投资2.5亿元。当时贾庆林省长为大桥题字，刺桐大桥，刻在一块石头上。

这个桥建成之后，碰到一个问题，旁边又有一个高速公路桥建起来。这座桥比高速公路桥的地理位置稍微差一点，高速公路没有建起来之前，刺桐大桥生意很好，后来生意就会差一点。但总是投资体制改革一个创新的项目，是国产的BOT，国家计委还来总结。

泉州还有一项改革，就是全部的国有工业企业跟港商合资，所有国有工业企业共38家，全部跟一个香港企业名叫中策投资公司合资，一揽子全行业合资。合资以后由对方来注入资金，把这些企业改造。当时阻力很大，有人觉得等于把国有企业卖掉了，意识形态通不过。还有一个原因，当时有许多企业快要倒闭，员工比较自由散漫，上班不正规，工资虽然很低，但是还有一点，最后还有退休费，很多员工在外面做私活。现在要合资了，要整顿了，要产品转换，要引进设备或者正式开工了，上班就要正规了，但前途怎样还看不清，所以也反对合资。还有土地怎么办，厂区里面很多土地，评估不好国有资产要亏本。泉州市委、市政府解决的办法，就是土地不入股，租给合资公司，所有权还是国家的，没有流失国家资产。因为土地很值钱，将来企业如果改变土地用途，要重新再评估。还有退休工人最关心，合资了，把厂卖掉了，工人退休费往哪里拿呢。所以在改革时，注意了把退休工人安排好。还有因为过去工厂快要倒闭了，工人多出来很多，这些工人也要安排好。这样慢慢地就把这个事情稳定下来了。后来，李鹏总理来考察，听取了汇报，他肯定这样的一揽子合资，企业机制转换了，又投入了资金，进行技术改造，这个路子是对的。所以，泉州有综合改革试验权，它就敢于做，这点很关键。

综合改革试验还有一个涵江镇。涵江是在莆田市，在福建是很出名的。它靠海，过去叫成小上海，很繁华的。但是1949年后几十年的变迁，这个镇经济老是起不来，后来省委领导指示他们搞综合改革试验。综合改革试验的内容，就是批给它具有完全的县级行政管理功能，肯定它以民营经济为主，大力发展外向型经济，成片的经济开发区搞起来，所以涵江镇经济也上去了。

除此之外，那个时候，单项试验也很多，综合改革试验一共搞了十四个县，最有代表性的是前面介绍的这几个，搞综合改革试验的县都有一定的权，把改革推进。

总起来说，邓小平同志南方谈话以后，改革的推进力度很大，有上述四个方面特点。还有很多内容，例如金融改革也起来了，过去很多慢的领域，现在也快起来了。福建的改革蓬勃发展，又有了一个好势头。

记者：1992年7月21号，闽发证券公司，在《福建日报》上面刊登一则广告，引起了大家以为是卖股票，出现抢购股票现象，幸好没有造成不好的影响，请您给我们讲述一下，福建省在股票发行上面的前后风波。

金：简单说，其实这件事很快解决了。因为第一，我们确实没有发股票。闽发证券公司登了广告，弄了夸张的笔调"你想发财吗？"说公司可以代用户在上海证券交易所开设股东账户。但有的人没有看清楚，以为闽发证券公司卖股票了，马上到闽发证券公司门外去排队。当时是我们体改委工作非常忙，大家都加班到晚上7点才下班。那天我们体改委的一个干部，下班7点多钟，路过闽发证券公司，看很多人到排队，他就给我打电话，就说有这件事，排队的人好像等着买股票那样。这个干部非常负责，到午夜11点他不放心，再去看，他又给我打电话，说这个排队越来越长了。我赶紧给人民银行的领导打电话，人民银行的领导又赶紧到省委那边汇报。省委马上就开会，事情搞清楚了，并没发股票，就是登了个广告，群众看错了。于是很快就安排公安部门，开了个大汽车，用大喇叭广播进行宣传，差不多午夜1点多钟了，把事实讲清楚，人群就散掉了。解除了群众的误解，这个事很快就平息了。

当时，在发行股票时，主要碰到的一个问题，是省级的有关部门意见不一致。

邓小平南方谈话后，成立股份公司，在国有大中型企业取得突破，成立股份公司的热情很高，各企业纷纷申请成立。但是企业之间没有钱来投资，而老百姓手里有钱，是银行存款。大家看到广东有采取工会集资的办法。工会募集会员的钱，其作为法人，具备投资的资格，投资到股份公司里面。我们也学习，采用工会集资入股的办法，这样投入资本够了成立股份公司的条件，股份公司就可以成立了。发股票面向社会，募集更多钱，可以用来搞活企业的经营，也转换企业的经营机制。这时候就出现了工会集资的社团法人股问题。我们省级机关里面，人民银行，有不同的意见。他们认为这是乱集资，不同意这样做法。青州造纸厂搞了社团法人股以后，人民银行就冻结了青州造纸厂的银行账户，公司募的资金不能动。这样，领导机关关注了，我们就不断去汇报，到省政府汇报，到人大财经委汇报，到人大常委会汇报，最后一次到国家体改委汇报。因为上面也知道这个情况了，国务院批示，叫国家体改委牵头组织有关部门来调查，一共来了两次调查组。

调查的结果，是认为福建搞得还算规范，也没有什么乱象，工作也很细，很认真。我们到国家体改委去汇报，国家体改委副主任贺光辉跟洪虎听取的。他们肯定工会可以有资格做社团法人，可以集资，好管理。另外认为福建做得也比较规范，是向广东学的，广东做得更多。调查组来到福建，深入调查，也认为可以。调查组最后向省政府领导汇报的时候，肯定了我们的做法，同时还不客气地给我们提出来，说福建省是改革开放试验区，照理应该先行先试，但是现在股份制落后了。全国已经成立定向募集公司2000多家，募集资金264亿元，福建只有20多家，募资还不到10亿元，你们落后了。

其实各部门都是想把工作做好，主要是不同部门的角度不同。有的部门认为宏观调控要加强，集资不能搞。体改委认为股份公司要多搞一点，有利于企业转换经营机制。另外股份公司多一点，省里向国家争取的股票额度就可以多一些。当时全国股票发行，各省是有额度的，这也是计划经济的色彩。另外，省里各部门之间的不同意见，实际也反映了，上面国家的一些部门，对股份制的认识，对产权改革，对发展资本市场，对发展得快一些还是慢一些，有不同的认识。因为股份制改革既是企业的产权制度改革，也是资本市场的发育。管企业产权制度改革的部门，着眼于更快地把企业改革推向更高的层次。管金融市场、资本市场的部门，他们觉得需要稳步推进，不同的部门有不同的认识角度。

最后呢，我们发行股票认认真真做了二三十家，所以国家最后给福建省的额度也不算少，给了2亿元的额度，可以发2亿股的股票。如果一个公司发行2000万股的话，可以有10个公司发股票。我们突破的，还有一个就是泉州的豪盛瓷砖公司。这是一个闽台合资企业。合资企业在A股上市，豪盛是第一家。其他的还有福州东街口百货公司，1986年成立的，当时学北京天桥百货，成立了股份公司。1992年省体改委给它规范，做得很细致周到，也成功上市了。第一批推出了7家企业。除此之外，厦门市还有单列的额度，推出3家企业。总之，福建省推出发行股票的公司质量都是不错的，其中包括1991年发行内部股票的福耀、福联两家企业，也成功上市了。福耀玻璃公司后来发展得很好。

记者：谢谢金主任，最后一个问题，总结一下福建改革开放，您觉得福建改革开放有哪些特点。

金：我从1983年接触到改革工作，一直到1995年。这段时间我的评价是，基本冲破了计划经济体制；社会主义市场经济体制框架，虽然还不够完善，但已基本建立。这也是全国对经济体制改革的评估。如果从党的十一届三中全会确定改革开放算起，到1995年是17年。17年渐进式的改革，我们福建跟着全国的大形势，以理论突破为先导，经历了三次改革的高潮。第一个理论突破，就是十二届三中全会，有计划商品经济。第二个理论突破，就是十四大，国家调控市场，市场引导企业，在国家宏观调控下，市场对资源配置起基础性作用。第三个理论突破，就是邓小平南方谈话和接着的十五大，确立了社会主义市场经济。

第一个高潮，1984到1985年，松绑放权。时间是十二届三中全会到1985年的治理整顿。第二个高潮是1988年，贯彻沿海地区经济发展战略，虽然时间比较短，还不到1年，但改革的形势非常好。第三个高潮，就是1992年邓小平同志南方谈话以来。这三次高潮，改革蓬勃兴起，群众热情很高，我们体改委也是工作非常忙，但心情非常愉快。像1988年，天天有事情，礼拜天都有人找上门谈工作。当时体改委人数也不断扩大，到1988年已经扩大到55个编制了，实际人数有四十多人。

现在回顾福建改革的特点，我想有三个特点。第一是改革开放互相促进，所以福建的经济外向度比较高，很多的产业包括乡镇企业，都具有外向型的特征。到1994年的时候，已经开业的外商投资企业，占全省工业总产值的40%，是很高的数字。同时，全省出口总值占国内生产总值35%，这是外向度的统计数。1995年的外商投资的合同金额，在全国我们是排第三位。1994年涉外税收是1984年的151倍，占全部税收的七分之一。所以我们外向度比较高。

第二个特点，就是多种所有制经济比较发达，比重比较大，非国有经济占相当的比重，其中当然包括乡镇企业。到1994年来计算，国有经济占33%，三资企业占40%，乡镇和民营企业占26.45%。全省是这样水平，在有些地区，非国有经济占比更高。有的乡镇企业在某个乡，或者某个镇，甚至占到80%。非国有经济里面，乡镇企业和三资企业是两大主力军，这个也体现了我们对外开放的特点。这也显示了项南同志主持工作的时候，支持了乡镇企业一枝花，乡镇企业打头阵，确实是开花结果了，成了一个很重要的经济力量。

第三个特点，就是改革坚持了市场化取向。改革到底改什么，不是计划经济体制的修修补补，而是向市场化、市场经济这个目标走。我们比较早就开始，而且步伐坚定。可以这样讲，我们一开始就是往市场化的取向走的。这里有人家研究的成果，可以作为参考。樊纲教授领导的中国改革基金会国民经济研究所，设计了一个指标体系，去调查各省市场化程度，有五个方面，19个指标。1998年的调查数据，按得分排名，第一名是广东，第二名浙江，福建是第三名。有的小指标福建也有排在第一位、第二位的，譬如产品市场的发育程度，我们是第一位，价格由市场决定，我们也排第一位，非国有经济的发展我们是第二位，要素市场的发育程度我们是第三位。但是也有指标我们比广东、浙江差，有的还落后很多。譬如，政府和市场的关系，我们是排到21位，排到很后。说明我们政府对市场的干预还蛮大的，像石狮那样的小政府、大社会，最后小政府还是变大了。市场中介组织的发育，我们排在第14位，中等。对生产者合法权益的保护排在第23位，也很差。还有一个指标，银行业的竞争，我们也排得比较后了，排在16位，中等偏下。这些就是我们不足的地方。

所以这三个是我们福建改革取得了成效的特点。我想，因为国家给了我们特殊政策灵活措施啊，我们走在前面是应该的。如果说还有什么不足，应该说是我们工作做得还不够。总之，17年内，历届省委、省政府领导全省人民群众艰苦奋斗，取得不少成绩，生产总值、财政收入、人民文化程度提高、居民收入的增长等等，是几十倍的增长，体现在经济成效和社会发展上非常明显。这是在省委、省政府领导下，全省人民努力的结果，也是改革开放的成效。

记者：谢谢，金主任给我们分享这么多。

后　记

没想到，我这个重病在身的老人，居然能把过去已经发表过的文章，再次汇集成册，积聚成书，这几乎是一个奇迹。本书记录了一个改革激荡的时代，从中央到地方部门都存在对邓小平改革开放路线的支持者与反对者之间激烈的较量，最终邓小平以搞活经济为手段、市场化为方向的改革开放路线取得了胜利，这是真理的力量所在。

本书可以给改革开放历史的研究者，提供一定的史料，而且行文流畅，对于普通读者也不无可读之处。

陈桦同志促进了本书的出版；在搜集资料的过程中，老部下刘义云参与了编辑工作；孩子金海翔帮助搜集了大量文档。我感谢他们，是为记。